U0126364

探索現代中國的政治轉型：
《新青年》與民初政治、社會思潮

周麗卿 著

臺灣 學生書局 印行

序 言

謹以此書獻給劉人鵬老師與趙園老師

　　不同於既有《新青年》研究偏重於思想啟蒙的詮釋進路，本書對於《新青年》的探究，主要將《新青年》視為一動態歷史文本，置於清末民初的政治轉型——從專制帝國走向現代民族國家建國——此一政治整合艱難且擺盪的思考背景下。主要梳理以下幾個問題：

　　一、《新青年》回應與介入的「時政」內涵的實證考察。既有的研究，多從文化性雜誌的角度理解《新青年》，卻較忽略《新青年》從民初復古復辟的時代洪流中披荊斬棘，如何以刊物實踐，批判性地介入現實政治的種種策略與戰鬥，因而較無法看出《新青年》與時局之間的互動及時政之間的緊張關係。本文試圖釐清《新青年》並非後來人們所見被歸納、凝固的主義或思想，而是在當時的政治社會脈絡中，作為一種動態的社會介入，以刊物進行論題的操作及與時政的互動。據此進一步梳理《新青年》因應不同政治現況，而有不同的抵抗策略與行動方針，作一縱觀視野的較全面考察。

　　二、民初獨特歷史情境下，文化／政治的錯綜糾葛。文化與政治在當時的互動與關係，牽涉到解讀《新青年》如何介入時政的關鍵問題。這個問題必須追溯歷時性與共時性兩種時空脈絡的考察：第一是追溯清末民初《新青年》同人，如何以思想文化啟蒙作為革命運動的另類革命，之後又延續為民初不良政治的突破口；第二，分析前清遺民、舊官僚與袁氏及之後的軍閥政府攜手的文化復古、政治復辟風潮，復古與復辟的相生共構，使得民初新舊之爭不但是文化的，也表現在現實政治的兩派政治角力。植基於此，方能較

好的說明《新青年》的文化運動，其淵源及論述脈絡的一個維度，即在回應當時部分舊派引發的文化與政治相扣連的時政問題。

　　三、《新青年》同人面對當時現實政治與社會思潮而有不同的回應方式，以及不同階段成員的分裂與整合。從回應方式來看：不單只是《新青年》議題對當時政治社會的介入與批判，《新青年》同人此時的論述、創作與活動，同樣也是他們實踐時政批判的一種方式。主要梳理同人之間，不同階段面對政治的態度、思想、以及解決時政方式的差異。這個問題將有助於解答日後看似立場迥異的《新青年》同人，何以一開始能同聚一堂；然而，隨著時局演變與同人心態展演的不同取向，政治思想與理念的分歧，逐漸凸顯同人之間認知的差距。據此，我們方能重新思考後來《新青年》同人介入、批判政治的位置與轉折也各有不同，進而展開後來政治論述的不同模式，形成 20 年代初期多層次、多脈絡的政治光譜。如此方能較完整的說明新文化運動的核心刊物《新青年》，何以最後是形成一種新政治光譜的展開，由此而深深影響往後中國的政局。

　　四、在西方思潮方面，除了自由主義的思潮，主要梳理清末民初社會主義脈絡下的無政府主義、馬克思主義與《新青年》的關係研究。與西方無政府主義的發展起源不同，西方的無政府主義是對資本主義高度發展的反撥，而中國無政府主義的在地化脈絡，卻是因應中國政治環境的發展而產生的政治解決方案。稍後繼之而起的馬克思主義，更強調其政治激進化而為五四後期知識分子所信仰。並且，《新青年》本身涵蓋多重的聲音，其中自由主義、馬克思主義的線索，較為人所熟知且有一定的學術積累，而無政府主義，在《新青年》所產生的影響，實不亞於以上兩種思潮。但從當前的研究取向來看，或從《新青年》同人個案探討的方式，或將同人與當時無政府主義團體作一區分的論述方式，實未能較為完整梳理《新青年》與清末民初革命派以及無政府主義團體的互動關聯。

　　五、政體形式與國家未來，牽涉到《新青年》如何因應當時中國政治的核心問題——政治轉型息息相關，具體來看也就是共和／民主在民初政治語境的分合過程。「共和」（republic）在《新青年》的語境，一開始是作為與

「專制」或「君主」對立的意象生產出來，背後點名批判的就是「帝制」，這與民初共和政體不穩，八年之間即有兩次著名的復辟有關。「共和」實施的方式就是「憲政」，也是《新青年》同人念茲在茲的民國理想，而「共和」更與《新青年》的「德先生」（democracy）劃上等號。基本上在五四運動以前，同人的理想是一致的，都是為剷除帝制的基礎而努力；但巴黎和會、五四運動之後，「共和」、「立憲」的共同話語逐漸崩潰，而「民主」一詞的內涵在《新青年》同人開始有了巨大的分歧，「共和」與「民主」漸形陌路。當中值得深入分析的，正是《新青年》「共和」與「民主」的語境從等號到漸行漸遠的變遷過程。而透過此一分析，折射出民初中國漫長而曲折的救國建國以及新的政治整合之路。

　　據此，我希望在本書中能較具體的呈現出民初歷史的動態性結構，以此鋪陳《新青年》與民初政治之間，彼此是變向、對話的複雜關係。並且透過各章的分析，以呈現《新青年》此一面向：從其創刊前的前史研究到文化運動的提倡、同人的活動與實踐，其實正是圍繞在對民初政治與社會思潮的反省、探索與批判。在此意義上說明作為新文化運動核心刊物的《新青年》，為何它所形成的是中國新政治形式探索、實踐的可能，而不僅僅只是文化傳統的改造。

IV　探索現代中國的政治轉型：《新青年》與民初政治、社會思潮

探索現代中國的政治轉型：
《新青年》與民初政治、社會思潮

目　　次

前　言

　　二十五年來，只有三個雜誌可代表三個時代，可以說是創造了三個時
代：一是《時務報》；一是《新民叢報》；一是《新青年》。[1]

　　本書所要討論的《新青年》，主要從 1915 年 9 月創刊到 1922 年 7 月終
刊為止，歷時將近八年，總共發行九卷五十四期的月刊型雜誌。[2]對於《新
青年》與五四新文化運動的密切關係，學界已有極為豐富的闡釋，然多由思
想啟蒙或新文學的進路詮釋《新青年》，《新青年》被覆蓋在五四新文化的
話語中，無法清楚說明《新青年》在清末民初政治語境中的關鍵思考位置。
本文則試圖提出不同的解釋向度。

　　如按照日本學者溝口雄三的思路，辛亥革命的特質並非以某一新體制為
目標，而只是令舊王朝解體，於其時可謂有多樣選擇性[3]。從民初到 20 年

1　這是作為《新青年》主要編輯者之一的胡適，在《新青年》終刊後不久，對《新青
　　年》的歷史定位提出的高度評價。參見：胡適，〈與高一涵等四位的信〉，《努力週
　　報》75 期（1923 年 10 月）。

2　一般談論作為五四新文化運動的經典名刊所指乃是前九卷《新青年》，至於 1923-
　　1926 年間，由瞿秋白主編，陸續刊行的季刊或不定期《新青年》，由於已經成為共
　　產黨中央的理論性機關刊物，純粹以宣傳馬克思主義的思想為主，與在此之前多少仍
　　具有「新文化運動統一戰線的形式」的《新青年》不同，因此筆者認為應另立門戶加
　　以闡述。（「新文化運動統一戰線的形式」一語出自：中共中央馬克思、恩格斯、列
　　寧、斯大林著作編譯局研究室編，《五四時期期刊介紹》（香港：三聯書店，1979）
　　第一集對《新青年》的介紹，頁 28-29。）

3　陳光興、孫歌、劉雅芳編，《重新思考中國革命：溝口雄三的思想方法》其中一章
　　〔日〕溝口雄三作，林少陽譯，〈辛亥革命新論〉（臺北：臺灣社會研究雜誌出版：
　　唐山出版社發行，2010）。

代，袁氏專權後的北洋軍閥割據年代，是中國幾從春秋戰國以降最為熱鬧的百家思想大鳴大放的年代。革命黨、前清官僚、立憲派⋯⋯等，繼續在「民國」這塊場域運作、馳騁其間，又有來自傳統思想與西方的各種政治思潮的交鋒。那麼，作為歷史的後見者，我們想問的是：在那樣多重選擇性的背後，何以日後是以《新青年》及其所掀起的五四新文化運動政治想像為主流話語的思考，進而影響國民革命的北伐，這個過程是如何形成的？

在這樣的思考底下，我以影響五四新文化運動的核心刊物《新青年》作為討論對象，主要將《新青年》視為一動態歷史文本，置於清末民初的政治轉型——從專制帝國走向現代民族國家建國——此一政治整合艱難且擺盪的思考背景下。《新青年》如何繼承辛亥革命未竟的政治命題，經歷民初混亂的政局：二次革命、兩次復辟、巴黎和會、南北和談的危機，同人的回應及其時代選擇，產生哪些關鍵性的要素，進而影響之後 1926 年國民革命北伐之路。

過往，由於《新青年》詮釋史長久以來在五四新文化運動的籠罩下，為兩岸政治與文化意識形態重層遮蔽。首先我將說明這個遮蔽是怎麼產生的，主要回顧並整理了兩岸《新青年》詮釋史的生成與研究概況，以帶出本文的問題意識；其次提出歷史化與脈絡化的差異閱讀，說明《新青年》與民初政治之間，雙向而多層次的複雜脈絡，以下將做進一步的說明。

一、作為動態歷史文本的《新青年》：
歷史化與脈絡化的差異閱讀

《新青年》作為影響二十世紀中國文化與思想動向的重要刊物，然而關於《新青年》的研究與詮釋，是與五四新文化運動分不開的。1949 年以前，五四的詮釋一直成為國共兩黨政治鬥爭的一部分：國民黨認為，中國共產黨「災禍性」的產生，歸咎於這些忙於批判中國文化的知識分子；毛澤東發表於 1940 年 1 月〈新民主主義論〉，則認為五四是「無產階級世界革

命」不可分割的一部分。[4]另外，從 1949 年兩岸分裂後，兩岸官方與學界對新文化運動的不同詮釋，也意謂著關於歷史人物與政治團體的探討，伴隨著時代的定位與服務於政治的不同需要，互相拔河角力。誠如美國學者舒衡哲（Vera Schwarcz）所指出的：

在二十世紀的中國歷史中，有關正確的官方「五四」形象的爭論，隨著中國革命的政治鬥爭而展開。革命過程的迂迴曲折，一直反映在著名政治領袖精心構思的「五四」學說之中。這些革命領袖為了強制性地界說「五四」，他們只從過去挑選對自己有用的東西，並拋棄其餘的一切。[5]

於此當時政治、文化立場激進的《新青年》同人在兩岸的詮釋中，成為最具反差效果的歷史評價，也因而所形塑的《新青年》圖像時常是南轅北轍，各執一詞。

在臺灣方面，解嚴之前，《新青年》的核心人物陳獨秀、李大釗、周氏兄弟由於其左翼色彩的敏感，他們的相關著作亦被列為禁書，並且五四著名自由主義知識分子胡適、羅家倫、傅斯年與國民政府來到臺灣，因此造成在臺灣產生理解《新青年》與新文化運動的侷限。另外，臺灣史學界的研究因有多年的積累，成果豐碩，蔚為大觀。然而關於《新青年》的研究，大抵是附屬於「五四」的相關研究中。誠如楊念群從對岸的眼光所做的概括，他指出臺灣史界秉持的是「西方自由主義的解釋傳統」，亦即把個人的覺醒看作是「五四」最珍貴的歷史遺產，想以此消解「五四」運動本身所具有的特殊

4　關於 1949 年以前自由派、國民黨、共產黨所建構的不同認知模式，另可參看張艷的博士論文《五四運動闡釋史研究（1919-1949）》，已作相當詳細的梳理，浙江大學歷史學博士論文 2005 年 5 月。

5　〔美〕舒衡哲著，劉京建譯，《中國啟蒙運動：知識分子與「五四」遺產》（北京：新星出版社，2007），頁 291-292。上文五四的詮釋成為國共兩黨政治鬥爭的一部分，相關的討論亦可參見氏著，頁 291-298。

政治意義。[6]也就是胡適一脈自由主義者的五四敘事，無形中成為臺灣史界繼承的傳統，而政治成為文化運動的對立物，排除在新文化運動作為「中國的文藝復興」之外[7]。

在大陸方面，50-80 年代詮釋《新青年》的角度，多強調《新青年》作為共產黨的機關刊物，刻意忽略第八卷之前非黨刊的自由多元立場，與當時大陸官方意識形態認為五四運動是受俄國十月革命、馬列主義影響的立場相互呼應，此時學界與官方對於《新青年》解釋的步調相近。誠如李憲瑜所指出的，大陸學界在 1949 年以後相當長的時期內，對《新青年》的處理相當低調，原因有二：一來因為《新青年》是屬於舊民主主義革命時期的領導刊物；其次，陳獨秀和胡適的歷史身分均有很多複雜因素，因此對這部分的研究沒有充分展開，評價也是毀譽參半，倒是對八卷之後的評價頗高。[8]理由顯然與八卷以後《新青年》已逐漸成為共產黨的機關刊物有關。

目前大陸學界針對《新青年》大致存在以下幾種研究趨勢：

第一是思想史的梳理方式。如張寶明《現代性的流變：《新青年》個人社會與國家關係聚焦》，以《新青年》為藍本，作者選擇一現代性的關口──個人、社會與國家的關係此一視角切入。[9]其次是孟慶澍《無政府主義

6　楊念群，《「五四」九十周年祭：一個「問題史」的回溯與反思》（北京：世界圖書出版公司北京公司，2009），頁 5。

7　經由胡適的宣揚，五四新文化運動在西方是以「中國的文藝復興」為人所熟知。相關討論見余英時，〈文藝復興乎？啟蒙運動乎？──一個史學家對五四運動的反思〉，《五四新論：既非文藝復興，亦非啟蒙運動》（臺北：聯經出版公司，2005 年初版 2刷／1999 年初版 1 刷），頁 1。

8　李憲瑜，《《新青年》雜誌研究》，北京大學中文系 1999 年博士論文，頁 2。

9　2007 年，張寶明在《現代性的流變：《新青年》個人社會與國家關係聚集》（北京：社會科學文獻出版社，2005）的基礎上又多了三篇主題，分別是：從知識經濟學的視角看《新青年》啟蒙情懷的生成、從文化社會學的視角看《新青年》現代性焦慮的殘酷、從社會心理學視角看《新青年》與中國馬克思主義的起源。因為視角多元，因此新的書名更定為《多維視野下的《新青年》研究》（北京：商務印書館，2007）。

與五四新文化：圍繞《新青年》同人所作的考察》[10]，爬梳《新青年》同人
與無政府主義之間的複雜關係，令人一新耳目。上述的思想史研究取徑，主
要從《新青年》思想理路爬梳，或仍從思想與文化的面向來立論，其中能另
闢蹊徑，把握時代語境，為何玲華《在歷史語境中審視：《新青年》同人反
「傳統」問題研究》[11]，聚焦於《新青年》「反傳統」主張歷史語境的爬
梳。

　　第二是從刊物生產與傳播的傳媒研究視角。最早是北大陳平原所開啟的
報刊研究，蔚為一代風氣，在這股刊物研究風潮的引領之下，從刊物編輯方
針、欄位、編輯群的演變、封面等刊物內部細緻的文本梳理，較早如：李憲
瑜《《新青年》雜誌研究》[12]。之後陳平原發表長文〈《新青年》研究〉，
結合思想史與文學史視野的研究方法，從文化資本與文學傳播的視角，開啟
報刊與公共空間的共振關係，誠為《新青年》研究的里程碑[13]。以及近來陳
斯華從傳播理論的視角來研究《新青年》作為大眾傳媒的傳播行為。[14]

　　第三是文學史的進路，主要集中於探討文學革命，將胡適〈文學改良芻
議〉，以及陳獨秀〈文學革命論〉作為現代白話文學發端的標誌。由此而深
入討論文體觀念的變革、文學史的重新評價與定位等等，如：李永中《文化
傳播與文學想像：《新青年》雜誌研究》，探討文學的現代觀念如何形成，
以及文學與現代民族國家建設之間的關係[15]；從翻譯文學的視角，如：潘豔

10　孟慶澍，《無政府主義與五四新文化：圍繞《新青年》同人所作的考察》（開封：河
　　南大學出版社，2006）。
11　何玲華，《在歷史語境中審視——《新青年》同人反「傳統問題研究」》（北京：中
　　國社會科學出版社，2009）。
12　李憲瑜，《《新青年》雜誌研究》，北京大學中文系 1999 年博士論文。
13　陳平原，〈《新青年》研究〉上、下，《中國現代文學研究叢刊》2002 年第 2 期、
　　2003 年第 1 期，後收錄於《觸摸歷史與進入五四》（臺北：二魚文化事業公司，
　　2003）。
14　陳斯華，《文學革命與《新青年》傳播》（北京：中國社會科學出版社，2011）。
15　李永中，《文化傳播與文學想像：《新青年》雜誌研究》（武漢：武漢出版社，
　　2006）。

慧《《新青年》翻譯與現代中國知識分子的身分認同》[16]；從文學審美的角度，探討新文學與思想啟蒙的關係，如：王桂妹《文學與啟蒙：《新青年》與新文學研究》。[17]其次，也由於《新青年》文學革命對於現代文學的重大影響，為後來的文學社團流派開闢了道路：較早是陳安湖主編《中國現代文學社團流派史》，將《新青年》納入文學社團[18]；近年則有庄森《飛揚跋扈為誰雄：作為文學社團的新青年社研究》，探討以胡適、陳獨秀為核心的新青年社團的發生和遷延流變的過程[19]。

從上述《新青年》研究的成果來看，不同的研究進路，對於豐富、拓展《新青年》理解的視野，均有一定的貢獻。然而無論是思想史、刊物傳播史或文學史的研究方式，多是將《新青年》置諸五四新文化、思想啟蒙的思維架構下。但是一旦繞開了民初革命建國的核心政治命題，許多問題將會說不清，纏繞《新青年》知識分子的論題選擇。並且產生的共同盲點是，容易形成各自抽離開來的議題討論，而沒有充分注意到，縱使在議題性文章的縫隙間，《新青年》作者的微言大義，不是抽空的問題，而是具有文章歷史脈絡的上、下文。[20]

因此，目前《新青年》既有研究隱含的概念系統，較無法看出《新青年》與當時政治的密切性及與時局之間的互動，進而較無法具體的觀照並說明《新青年》與時政之間的緊張關係。但此一政治動因的實證考察，一來由

---

16 潘豔慧，《《新青年》翻譯與現代中國知識分子的身分認同》（濟南：齊魯書社，2008）。

17 王桂妹，《文學與啟蒙：《新青年》與新文學研究》（北京：中國社會科學出版社，2010）

18 陳安湖主編，《中國現代文學社團流派史》（武漢：華中師範大學出版社，1997）。

19 庄森，《飛揚跋扈為誰雄：作為文學社團的新青年社研究》（上海：東方出版中心，2006）。

20 例如：文學革命與孔教問題在第二卷被提出時，表面上二者各自獨立，其實在更深一層次同時指向當時中國政治的核心問題——帝制復辟的國體問題，而此正是《新青年》推動文化運動的主要目的：改造社會與改變中國的政局。將在本書進一步闡述，詳見第二章。

於方法進路的侷限，無法互相參照；二來受限於兩岸官方五四詮釋的意識形態，也就是抽離當時政治歷史語境的闡述方式。在官方禁區重重與心理、時代因素層層的關卡上，《新青年》研究仍有待新的突破。

不同於以往《新青年》研究的方式，筆者在本書中，主要採取一歷史語境化的考察方式——將《新青年》視為一動態歷史文本，置諸民初至北伐前夕的政治論爭背景下進行解讀。背後宏觀的歷史背景是清末至北伐，中國面對從帝制皇權邁向現代民族建國的艱難轉型。眾所周知，中國作為一幅員遼濶、歷史悠久的國家，如何從傳統帝國轉型為現代民族國家，過程尤其曲折而艱辛，飽受內外環境與歷史條件的制約。在民初政治敘事主軸中，民族國家的建構及其制度選擇，包含：議會政黨政治——北洋軍閥官僚政治——列寧主義式政黨的出現（共產黨成立、國民黨改組），構成民初主要的政治形態與基本課題。因此，我將以《新青年》為聚焦的核心，透過《新青年》文本含蘊、如何指向上述問題，及時人／同人各自表述爭論、甚至內部不同意見的眾聲喧嘩，說明前人摸索中國未來政治道路的具體環節，藉以呈現一幅更為複雜的歷史圖景，多元並陳的豐富樣貌。

這個問題意識的機緣，來自於筆者在大陸訪學的機緣。當我在各大圖書館逐一翻閱拍攝由館員拿出泛黃而薄脆的原刊[21]，這些原始一手資料給予我的衝擊是不可言喻的，這是一個我所熟悉卻又陌生的五四世界，它有它獨特的歷史脈絡生成的思考語境，任何去歷史脈絡的想當然爾的解讀都是極為危險的。因為真正進入相關龐大的民初五四相關史料中，綜合考察、梳理當時《新青年》面對、因應的迫切問題與產生的後果、影響，真正關鍵的問題更複雜、細膩，且多層次、多脈絡。那麼由此來看《新青年》，就不是我們後

---

21 如：早期國民黨人吳稚暉、張繼等創辦的無政府主義色彩刊物《新世紀》、《勞動》、《旅歐雜誌》；《新青年》同人陳獨秀、李大釗在 1918 年創辦政治色彩濃厚的週報《每週評論》；與《新青年》形成一校一刊時期的《北京大學日刊》、《北京大學月刊》；為《新青年》撰稿人的無政府主義成員相關雜誌《自由錄》、《進化》、《奮鬥》、《互助》、《工學》雜誌；梁啟超研究系的報刊——北京《晨報》、上海《時事新報》等。現在臺灣各大圖書館已逐一搜齊原件之複刻本典藏。

來看到的凝固的一代名刊；而是在當時，作為月刊型雜誌的《新青年》很動態的面對現實問題，其中有相當部分是回應時政問題。而且《新青年》同人回應時政的方式、立場、強度，所產生論述實踐的不同位置，也隨著時局的嬗變而有微妙的變化，有一政治探索的不同光譜的展開。

　　因此，有必要重返《新青年》雜誌，當時刊物與議題生成的歷史語境與彼時政治、社會、思潮的重層構造，透過此一跨越學科界限的研究，思考《新青年》研究的新方向——《新青年》的政治脈絡研究，也就是重新梳理《新青年》與民初時政的共振關係；並進而提出《新青年》的歷史功能——從帝制皇權到民族建國的艱難政治轉型中，如何探索中國未來政治道路。

二、《新青年》「與」民初政治、社會思潮

　　早在 1919 年底，《新青年》為重印前五卷而刊登一廣告，已經指出自家刊物的經典價值：「這《新青年》，仿佛可以算中國近五年的思想變遷史了。不獨社員的思想變遷在這裏面出現，就是外邊人的思想變遷也有一大部分在這裏而表現。」[22]十餘年後，史學家郭湛波在《近五十年中國思想史》亦提出類似的看法：「由《新青年》可以看他（引注：陳獨秀）個人思想的變遷，同時可以看到當時思想的變遷」[23]，顯然當時的知識界已經認識到《新青年》具有代表一代思想變遷的重要性。而此一思想變遷並不是單純指向文學史、思想史或刊物史的脈絡，而是與當時他們如何看待國家政治的問題，也就是與現實政治的鬥爭、反抗息息相關——表現於《新青年》刊物內容、議題的展現與轉變，甚至是雜誌的欄目、廣告、封面等等——如何直接或間接的回應當時政治現況。因此，《新青年》如何與當時時政作一迅速回應，

22　〈《新青年》第一、二、三、四、五卷合裝本全五冊再版〉，《新青年》7 卷 1 號（1919 年 12 月）。

23　郭湛波，《近五十年中國思想史》（上海：上海古籍出版社，2005 年／初版 1935 年），頁 72。

進而開創新議題，日後進而成為思想史、文學史、文化史的重要議題，此一因果關係的重新梳理，無疑是更有助於我們了解民初時空脈絡下的《新青年》；而其議題的生成，有沒有可能其實是透過這些非政治性的新議題領域的開創，在現實政治的層層壓迫下，也藉此開拓一新的論述空間，作為與當權抵抗的戰鬥性策略。

　　誠如陳平原所言：「思想刊物之提倡文學革命（如《新青年》）不管是『常規』還是『變異』，研究者都需要認真面對。」[24]陳平原提出此一《新青年》研究的突破口，值得我們再思考：單從「文學」此一面向研究《新青年》文學革命的侷限性，以及未能梳理其背後蘊含複雜內涵的多重可能性。這個問題也在於提醒研究者「去熟悉化」的過程。事實上，《新青年》並非打從一開始就是經典名刊、聲名遠播，《新青年》初期在上海的慘澹經營，起初每期只印一千本，後來銷量才日漸增加。《新青年》後來形成經典名刊的過程中，30 年代《中國新文學大系》的編纂[25]，趙家璧邀請原《新青年》同人如蔡元培、胡適、魯迅、周作人等撰寫導言，編選文章，不斷宣傳《新青年》的文學革命政績，重刊的《新青年》有了《新文學大系》的加持，使得暌違十幾年之後的《新青年》在一般知識青年的印象再度鮮明，並且形成某種知識權威與新文學正典的確立。之後《新青年》同人如：陳獨秀、胡適、李大釗、魯迅等，在文化思想界與政治界亦享有盛名，使得《新青年》在後學研究者眼中，已經是帶有「一代名刊」的光環，而往往忽略了當年《新青年》披荊斬棘、與當權、復古派對抗的姿態與戰鬥性位置，以及四面受敵的現實處境。因而，必須將《新青年》置回此一動態的歷史語境中，方能提供另一種理解《新青年》提倡文學革命的思考：作為新議題發聲的文學，成為一種啟蒙與維護共和的新利器，與此同時的《新青年》倫理改革、

24　陳平原，〈文學史視野中的「報刊研究」——近二十年北大中文系有關「大眾傳媒」的博士及碩士學位論文〉，頁 6。本文乃是陳平原在「文學史視野中的『大眾傳媒』」學術研討會（香港中文大學，2008 年 6 月 13 日）上的專題發言整理而成。

25　趙家璧主編，《中國新文學大系》10 卷（上海：上海良友圖書公司，1935）。

女權論述亦然。

　　然而，後來史家或研究者多以「文化」刊物的性質來闡述《新青年》，問題亦在於人們所熟悉的《新青年》敘事主要是由胡適所建構，陳獨秀作為《新青年》主編的關鍵言說位置，反而淹沒不彰。以下筆者將逐一分析當時《新青年》同人陳獨秀、胡適與魯迅，如何看待《新青年》的政治位置與功能；其次，兩岸學者過往研究的思路之外，近來學者展開的新方向；最後綜合說明本書研究的取向與方法論。

　　首先，從陳獨秀的立場來看《新青年》。早在《新青年》創刊號，陳獨秀創辦《青年雜誌》初始的立意，一般都會引用陳獨秀在創刊號回答讀者王庸工的來信「改造青年之思想，輔導青年之修養，為本誌之天職。批評時政，非其旨也」[26]。從陳獨秀的回答看來，看似刻意迴避當時政治問題，純粹以青年刊物自許。周策縱即指出《青年雜誌》實際上是藉由通信欄、國內外大事記等雜誌邊緣欄目提醒讀者時政問題，發揮社會影響力。[27]而我們仔細從前三卷「國內外大事記」欄來看，對於重要時事問題，《新青年》常以連續追蹤報導的方式詳細闡述，幾乎涵括 1915-1917 年中國最重要的政治議題，並保有史家針砭人物、事件的本色。

　　因此，《青年雜誌》此時並非不關心政治、避談政治，而是因民國三年袁氏制定的《治安警察條例》、《出版法》、《報紙條例》、《預戒條例》，剝奪人民言論、集會、出版、集會結社自由、書信秘密等基本人身自由權，動輒得咎，主編被捕、報館被禁時有耳聞，如何能批評時政？[28]而此也與陳獨秀對當時政治問題的判斷有關，不從《甲寅》式的政論文入手，在

26　陳獨秀回答讀者王庸工的來信，《新青年》1 卷 1 號通訊欄（1915 年 9 月），頁 2。

27　知名史學家周策縱在《五四運動史》即指出類似的觀點。周策縱，陳永明譯，《五四運動史》（長沙：岳麓書社，2001 年第 3 刷／初版 1999 年），頁 62。

28　北洋軍閥政府時期的言論、集會、出版、集會結社自由、書信秘密等基本人身自由權，直到 1920 年，胡適、陶履恭、李大釗、高一涵等《新青年》同人，仍必須發表〈爭自由的宣言〉，爭取「基本的最小限度的自由」。

《新青年》發刊詞〈敬告青年〉特別提出青年的時代責任[29]，宣告的是──在無法直接介入現實政治鬥爭的情況下，發揮《新青年》作為雜誌傳媒特有的思想文化啟蒙功能。因此在《青年雜誌》[30]第一卷袁氏未過世之前，藉著較不為人注意的邊緣欄目，進行政治問題的思考、介入。[31]換言之，第一卷的《青年雜誌》透過邊緣、隱晦的方式介入政治議題，在當時袁氏政權高壓政治的限制下，不但有其雜誌生存的考量，亦包含陳獨秀思考當時政治問題的解決之道。

但是等到袁氏過世，隨之而來的言論自由限制的鬆動，孔教問題、文學革命紛紛上場。孔教問題、文學革命與當時時政之間的互相指涉性，其實當時眼尖的讀者顧克剛已發現，因此他來信質疑《新青年》主編「不當參以時政，亂其時思想也。」，時值黎（元洪）、段（祺瑞）因歐戰參戰問題衍生的府院之爭，釀成驕兵叛將張勳、倪嗣沖自京津自稱起義，陳獨秀已經看出軍事政變的可能性。因此，陳獨秀毫不客氣的回答：「然有關國命存亡之大政，安忍默不一語。」[32]從「批評時政，非其旨也」到「安忍默不一語」，說明前三卷主編陳獨秀在政府言論控制從高壓到鬆弛的不同階段，也有不同的因應策略。

在《新青年》成為同人雜誌之前，國內外大事欄與通信欄常常是主編陳獨秀以記者之名，藉由編輯選題的操作與回答讀者之便，以貌似客觀的評述時政議題偷渡自己的政治見解。但此發聲空間在《新青年》成為同人雜誌後，被刪除。從第四卷起，《新青年》北遷北京，成立編輯委員會，原一至

---

[29] 青年的時代責任包含：自主而非奴隸、進步而非保守、進取而非退隱、世界而非鎖國、實利而非虛文、科學而非想像。見《新青年》1卷1號（1915年9月），頁6。

[30] 《新青年》創刊時名為《青年雜誌》，第二卷起改名為《新青年》，本文為論述不生混淆起見，概稱為《新青年》。

[31] 王曉明即指出，即使是發表學術思想的論文，《新青年》也透過種種方法，例如在句子下面點圈，在文章後面刊登「編者附志」等等，以突出學術思想論文的政治意義。王曉明，〈一份雜誌和一個「社團」：重評五四文學傳統〉，《批評空間的開創：20世紀中國文學研究》（上海：東方出版中心，1998），頁189。

[32] 《新青年》3卷5號「通信」欄（1917年7月），頁5。

三卷所設國內外大事欄消失，取而代之的是文學革命的創作。可以看出，《新青年》兩種編輯方針的歧異逐漸呈現：「本志同人及讀者，往往不以我談政治為然」[33]因而也相對壓縮到陳獨秀發表政治言論的空間。因此，在段祺瑞政府與日本簽署「中日陸軍共同防敵軍事協定」（1918 年 5 月），更加深山東問題的危機感之後，陳獨秀發表〈今日中國之政治問題〉（5 卷 1 號）再次強調，他現在所談的「政治」：「不是普通政治問題，更不是行政問題，乃是關係國家民族根本存亡的政治根本問題。」[34]而由於此一時政問題緊迫，稍後在該年底與李大釗等人另創一政治性週報《每週評論》，以更具時效性的週報形式，集中評論當時國內外重要的時政議題。在五四運動過後不久，《每週評論》被禁（1919 年 7 月），陳獨秀被補釋放後，第七卷編輯權再度回到陳獨秀手中，發表〈本誌宣言〉再次提出政治的重要性：「我們雖不迷信政治萬能，但承認政治是一種重要的公共生活；而且相信真的民主政治，必會把政權分到人民全體⋯⋯」[35]到 8 卷 1 號首篇，標題更是直接：〈談政治〉，提出一種實踐、理解當時政治問題的新位置：「我們正要站在社會的基礎上造成新的政治。」從以上以陳獨秀為視角的《新青年》可以看出，從思想文化介入時政的趨向，到以社會為基礎，政治問題的關懷立場始終一致。而《新青年》如何談論政治的歷史脈絡卻隨著時局的嬗變，有其不同的位置與功能。[36]

另外，從胡適的視角來看《新青年》。《新青年》另有一名重要主將胡適，1918 年初自美留學歸國的胡適，船到橫濱就聽到張勳復辟的消息。回到中國觸目所見出版界的孤陋、教育界的沉寂[37]，胡適才「打定二十年不談

---

33 陳獨秀，〈今日中國之政治問題〉，《新青年》5 卷 1 號（1918 年 7 月 15 日）。

34 同上註。

35 〈本誌宣言〉，《新青年》7 卷 1 號（1919 年 12 月）。

36 必須說明的是，本文主要針對《新青年》的政治內涵作一歷史化、脈絡化的閱讀，至於現今「政治」的多重意涵與各種理論，則不在本文討論之列。

37 胡適，〈歸國雜感〉，《新青年》4 卷 1 號（1918 年 1 月）。

政治的決心，要想在思想文藝上替中國政治建築一個革新的基礎」[38]。這樣的決心體現在張勳復辟不久，新成立的《新青年》編輯委員會的編輯方針。胡適日後回憶這段經歷指出：「在民國六年，大家辦《新青年》的時候，本有一個理想，就是二十年不談政治，二十年離開政治，<u>而在教育思想文化等等非政治的因子上建設政治基礎。</u>[39]」從這段胡適追憶《新青年》合辦的文字敘述看來，不談政治之約，是新成立的編輯委員會的共識。胡適這個看似將自己與政治撇清關係，只從事文化運動的事後追認與回憶，其實正不證自明的點出胡適等人的政治傾向與行動：胡適等人「不談政治」的理想，是透過「非政治的因子」上建設「政治」基礎。由此看來，「不談政治」其實指的是不直接介入官場上的政黨政治，但從事教育思想文化的訴求策略，卻是起因於現實政治中張勳復辟引發的共和脆弱問題，尋求奠定共和理想之高遠理念的紮實基礎。[40]並且，胡適等人的「不談政治之約」是在張勳復辟的政治環境、社會思潮的條件下，文化領域與現實政治的糾纏，尋求改造中國社會的方法；然而隨著現實的政治形勢急劇的惡化，巴黎和會、五四運動接連的發生，凸顯政府的顢頇無能，迫使他們必須更直接面對政治。也方能說明不久之後，1920 年胡適等人聯袂提出〈我們的政治主張〉，以及 1922 年提出「好政府主義」，其實是因應時局的變化，政治環境的氛圍，或隱或顯、或明或暗的介入時政。那麼從上述陳獨秀、胡適的視角來看《新青年》，胡、陳所描繪的《新青年》關注並介入時政的趨向並無不同，較大的差異在於胡、陳本身，如何談政治的位置與距離。

---

[38] 胡適，〈我的歧路〉，《努力》第 7 期（1922 年 6 月 18 日）。

[39] 〈陳獨秀與文學革命〉，為胡適於 1931 年 10 月 30 日在北京大學的演講辭，徵引自《胡適學術文集・新文學運動》（北京：中華書局，1998 年第 2 刷／初版 1993 年），頁 188。劃線部分為筆者所加。

[40] 王曉明即認為胡適等人離開政治，是為了更好地返回，從非政治的因子入手，目的卻還在政治上面，這等於是把他們那份深藏的政治動機，表達得更明白了。王曉明，〈一份雜誌和一個「社團」：重評五四文學傳統〉，《批評空間的開創：20 世紀中國文學研究》，頁 188。

　　魯迅更一語道破，當時人們對《新青年》普遍認知、想像的方式，存在著誤區。在《中國新文學大系・小學二集導言》即指出，人們所熟知的《新青年》是「提倡『文學改良』，後來更進一步而號召『文學革命』的發難者」，但事實上「《新青年》其實是一個論議的刊物，所以創作並不怎樣著重，比較旺盛的只有白話詩；至于戲曲和小說，也依然大抵是翻譯。」[41]魯迅與周作人後來是《新青年》文學革命大將中，獨自撐到最後的同人，因此魯迅的說法其實提出了人們對《新青年》文學刊物的「認知」與論議刊物「事實」之間的差距。作為《新青年》重要成員的魯迅，他點出了《新青年》「論議」的基本性質，那麼論議的內容，指涉、批評的對象，欲達成的目的，則需要研究者對《新青年》文本史料（包含議題、封面、欄目、文章、廣告等等），進行精細的解讀和縝密的整體剖析，對當時讀者不辨自明的內容，進行考察挖掘的史料鉤沉。

　　從上述《新青年》同人陳獨秀、胡適、魯迅的說法看來，仔細分析，其實殊途同歸，只是趨近方式各有不同。而他們所從事的思想文化等改革，成為介入、批判時政的一種迂迴策略，同時指向兩次復辟與共和理想的存續，使他們能在思想分歧的狀態下，能為共同的政治使命奮鬥。那麼，植基於此，可以再思考的是：由於《新青年》被認為是提倡新文化運動最重要的核心刊物，因而文化與政治在當時的互動與關係，牽涉到解讀《新青年》如何介入時政的關鍵問題。過往的認知，傾向從較純綷的「文化」面向來理解《新青年》，較為忽略《新青年》文化運動的政治面向。[42]然而單從純粹的

41　魯迅，《中國新文學大系・小學二集導言》（上海：上海文藝出版社，2003 年影印本／據 1935 年上海良友圖書公司版），頁 2。劃線部分為筆者所加。

42　例如：林毓生批判五四激烈的反傳統，基本的假設是將五四運動定位為「文化」運動，而較不論及《新青年》同人與當時時政批判、政治運動之間的問題。見 Lin Yu-sheng（林毓生），*The Crisis of Chinese Consciousness: Radical Antitraditionalism in the May Fourth Era* (Madison: University of Wisconsin Press, 1979)。另外，余英時亦贊同五四的本質為文化運動的說法，並進一步說明，五四首要是回應西方理念刺激的一種文化運動。余英時，〈文藝復興乎？啟蒙運動乎？一個史學家對五四運動的反思〉，《五四新論：既非文藝復興亦非啟蒙運動》（臺北：聯經出版公司，2005 年初版第

「文化」運動來定調，往往容易忽略了《新青年》文化運動議題產生的政治社會等歷史條件，回應的時政問題，也較難以說明，何以 1918 年底《新青年》又另行成立一談論時政的週報《每週評論》？也就是較為忽略歷史短時段的劇烈變化，國內外政治與思潮的演變，尤其是重大歷史事件，如何影響《新青年》同人心態的轉變與刊物變遷。

　　不同於上述「文化」定調的思路，其他學者對於《新青年》回應的時政脈絡與政治目的，有一些深刻的觀察。最早是 50 年代李龍牧指出，在袁世凱進行帝制運動時，《新青年》就極力地宣傳民主主義思想，主張建立「唯民主義」的國家；袁世凱死去了以後，《新青年》對繼起的帝制復辟的陰謀又進行了一系列的抨擊。因此，《新青年》所進行的思想鬥爭與當時的實際政治鬥爭其實正有緊密的聯繫。[43]以及美國學者賈祖麟（Jerome B. Grieder）[44]、李澤厚[45]亦提供我們了解《新青年》提出文化思想議題動因的重要視角。

　　稍後，結合文學史或思想史的進路，闡釋《新青年》與當時政治、社會之間的互動，在學界的研究也漸漸嶄露頭角。例如結合文學史的進路，並輔以政治與社會的角度思考，跳脫以往單純從文學或思想史脈絡來討論《新青年》的是王曉明〈一份雜誌和一個「社團」：重評五四文學傳統〉[46]。結合

二刷／初版 1999 年），頁 15-16。

[43] 李龍牧，〈「五四」時期報刊工作的改革〉，《中國現代出版史料》丁編（上海：中華書局，1959），頁 27。

[44] 〔美〕賈祖麟（Jerome B.Grieder）著，楊肅獻譯，〈五四時代的「政治」問題〉，《五四與中國》（臺北：時報文化出版公司，1979），頁 316-322。賈祖麟認為假如我們能把五四時代的知識分子對政治的看法和理由，作更清楚的認識，那麼，在五四之後的歲月發生的許多問題，將可以得到更深入的理解。

[45] 李澤厚指出，儘管新文化的運動的自我意識並非政治，而是文化，「但從一開頭，其中便明確包含著或暗中潛埋著政治的因素和要素。」已經開啟從政治等不同思路來思考新文化運動。李澤厚，《中國現代思想史論》（北京：生活・讀書・新知三聯書店，2008），頁 6。

[46] 王曉明，〈一份雜誌和一個「社團」：重評五四文學傳統〉，《批評空間的開創：20世紀中國文學研究》，頁 186-209。

思想史的進路，如王汎森〈思潮與社會條件：新文化運動中的兩個例子〉，從思潮與社會政治條件入手，深入分析袁氏稱帝與張勳復辟對《新青年》知識分子所產生的「轉轍器」功能，並非僅從思想史的脈絡出發，而是從與民初政治社會條件相結合的思考方式，說明《新青年》立足於現實社會政治的思考[47]。近期則有羅志田《激變時代的文化與政治：從新文化運動到北伐》，考察從「五四」前夕的士人心態與政治的關聯，到「五四」後各種思想觀念、行為取向和政治勢力之間的競爭[48]。另外，林志宏則從相反的角度，透過民初清遺民的立場看待民初政治文化的糾葛，為新文化運動的文化與政治的關係，提供一個民初參照的視野。[49]晚近汪暉指出五四新文化運動的根本特徵，是文化與政治之間的相互轉化、滲透和變奏，其中指出《新青年》的基本政治主張在於奠定真正的共和根基——「不僅反擊帝制復辟的政治企圖，而且鏟除帝制復辟的社會基礎。」[50]立論新穎而有洞見。另外，近年有華東師大的羅崗，從民初的憲政危機立論，指出對「民國危機」的克服，成為了「五四」新文化運動興起的語境和動力[51]，點出五四新文化的形成與民初政治環境息息相關。

從上述的研究成果看來，晚近學者將《新青年》置於民初文化與政治之間的複雜糾葛，已經開啟了新的思考方向，本文即是站在前人的肩膀所作的進一步全面探索。[52]我的主要努力是，具體考察《新青年》文本所指涉的現

47　王汎森，〈思潮與社會條件：新文化運動的兩個例子〉，《五四新論：既非文藝復興，亦非啟蒙運動》，頁 103-144。

48　羅志田，《激變時代的文化與政治》（北京：北京大學出版社，2006）。

49　林志宏，《民國乃敵國也：政治文化轉型下的清遺民》（臺北：聯經出版公司，2009）。

50　汪暉，〈文化與政治的變奏：戰爭、革命與 1910 年代的「思想戰」〉，《中國社會科學》2009 年第 4 期，頁 118。

51　羅崗，〈一九一六：「民國」危機與五四新文化的展開〉，《書城》2009 年第 5 期，頁 20-28。

52　必須提到的是，章永樂《舊邦新造：1911-1917》（北京：北京大學出版社，2011）以及汪暉在此書的序〈革命、妥協與連續性的創制〉一文，雖然沒有直接談到《新青

實歷史語境，將文本論爭對象脈絡化，並且將民初文化與政治之間的糾葛拉出一條新的縱深：加入帝制／共和／民主這三種話語彼此之間在民初搏鬥的過程。透過《新青年》對外及內部的多重論爭，那麼我們所看到的《新青年》就不單只是新文化思想啟蒙的刊物，而是曲折而深刻的體現了中國從帝制走向現代民族國家的政治整合之路。這是一條漫長的重建之路。來自於民國初建，中國處於帝制過渡到共和的巨大陣痛期，以及對共和／民主內涵的理解，兩者從等號關係到逐漸背離的過程，這在《新青年》同人有一脈絡化且幽微的轉變過程。透過這個視野，我們看到的《新青年》就不單是思想文化啟蒙的巨匠，而是上承辛亥革命未竟的政治命題，下啟國民革命北伐之路，中國如何邁向現代民族國家政治轉型的關鍵論述位置。

　　上述的思考具體落實到《新青年》文本的實際分析，首先透過此一社會文化歷史語境的脈絡考察，進而爬梳《新青年》文章理路、議題的提出等等生成、回應的現實政治問題。也就是提出史料的「感覺世界」，不是用我們習以為常的概念性解釋，而是去細緻的梳理《新青年》在民初至五四時期動態展演的政治社會環境中，面對的問題、焦慮困惑與抉擇。[53]這樣的思考其實十多年前的韋政通已經提出，數十年前，他曾針對《新青年》提出一些批評，但當他在「對『五四』前後的歷史場景和當時的國內外情勢，有了較多的認識之後，不能不說我對他們所承受的壓力與苦心，『同其情』的程度是不夠的。」並且重點不在反思、批判《新青年》此一視角的正當性或合理性，而是如史學大師陳寅恪所言：「同情之了解」。[54]在上述的基礎上，進一步提出《新青年》研究的新命題：「《新青年》與民初政治、社會思潮」，試圖對以往《新青年》的研究作一改變，說明並分析《新青年》介入

年》，但對筆者的思考甚具啟發。

[53]　尤其是《新青年》作為民初各種思想、文化等等轉變的關鍵史料，我們研究者已習於將裏頭的文章自動分門歸類，因此各自形成碎片式的《新青年》研究進路，而較難以貼近歷史場景。

[54]　參見：韋政通，〈序二〉，《回眸《新青年》‧語言文學卷》（鄭州：河南文藝出版社，1998），頁6。

時政的方式、功能與影響，透過此一更歷史脈絡化閱讀的《新青年》，對民初時政、社會思潮也因而就有不同的理解；更重要的是，對《新青年》的歷史功能與政治影響將有更深入且具歷史縱深感的理解。

　　在此尤需進一步解釋的是標題「與」的特殊功能，一般性的解釋是《新青年》受民初政治的影響，但是在此「與」的功能具有雙向、對話、無窮變化的關係，借用德勒茲（Gilles Deleuze, 1925-1995）的論點來說明，他以黃蜂與蘭花的變向為例，「兩者形成一個獨特的變向過程，是一種對話」，「與」對德勒茲來說，「不是一個簡單的連接詞，而是近乎一個『張量』的符號，它包含著黃蜂與蘭花交接的無窮變數。」[55]因而，德勒茲為「與」提出了一個獨特的解釋：

> 「與」本身就是變異，它不是非黑即白，而是非黑非白，也可黑可白。「與」是一個過渡、一種聯繫，也是一堵阻隔的牆、一塊狹路爭鬥的領地。「與」本身就是一個複雜的變向，一條逃走的線，從僵化的二元對立之中逃走出來的線路。[56]

那麼《新青年》與民初政治兩者之間，兩者是複雜的變向、對話關係，我們原以為「民初政治」作為主導語的思考概念就有了翻轉的可能，而《新青年》在此也進一步得以重新認識其歷史功能。

三、重新認識《新青年》的歷史功能

　　如何去認識《新青年》？是侷限在 1915-1922《新青年》的出刊時期，還是有一種更廣濶的視疇，來看《新青年》的緣起緣滅。我在本書一開始，花費許多力氣，梳理五四那一代人在清末的思想活動史，因為《新青年》的

55　羅貴祥，《德勒茲》（臺北：東大圖書公司，1997），頁 67。
56　同上註。

出刊與後來的大鳴大放，與那一代人成長於清末中國的窘境有關。因為，清末中國是在一被西方帝國主義壓迫的歷史情境下，進入到所謂「現代」世界，知識分子關懷的是眼下中國迫在眉睫的生存危機與現實政治問題。這種國族生存的危機感，沉澱而成那一代人的集體潛意識，《新青年》的緣起緣滅也必須放在此一思考框架，才能調動更多的思想與論述資源，重新認識《新青年》這一代名刊的歷史意義。

　　不同於既有《新青年》研究偏重於思想啟蒙的詮釋進路，本書對於《新青年》的探究，在於帶領讀者重新認識《新青年》，其內涵可區分為以下四個層面：第一，對民初政治的介入與影響，說明民初政治如何影響《新青年》，而《新青年》如何藉由刊物介入時政，因而反過來又影響民初政治的發展。第二，民初獨特歷史情境下，文化與政治的互相滲透、介入。植基於此，《新青年》如何孕育文化思想啟蒙的政治能動性格，在更深的層次上也等於有一種新的視野來看待五四新文化運動。第三，知識分子的救國之路。《新青年》雖是同人雜誌，但較為人忽視的是其「眾聲喧嘩」。這個問題在於思考《新青年》不單是議題的介入，同人介入、批判政治的位置與轉折，亦隨著時局的變遷，而各有不同趨向與選擇，背後即體現其未來中國道路選擇的多樣性。第四，西方思潮對民初五四這一代知識分子的影響，體現在《新青年》同人的聚合與分裂重整之路。

　　而透過上述四個層面來說明民初中國之路的抉擇：政體形式與國家未來。《新青年》恰恰體現了中國從民初到北伐前夕，從帝制邁向民族建國──政體轉型與政治整合的重要思考，並且深切影響此後學運、工農運動及社會思潮。

　　誠如王汎森所說的，「事件的邏輯」與「史家的邏輯」是不同的[57]。在本書中我希望以《新青年》為主軸，呈現 1912-1922 中國政治發展的多樣性與可能性，各種競爭論述奔逐其間，以及報刊雜誌與民初中國政治文化互動

---

[57] 王汎森，〈中國近代思想文化史研究的若干思考〉，《新史學》14 卷 4 期（2003 年 12 月）。

的複雜課題。於此從而凸顯《新青年》的時政批判精神與抵抗政府位置的能動性；在更深的一層的意義上，進而理解民初中國從帝制邁向民族國家轉型的政治整合艱難之路。

這齣《新青年》歷史劇敘說的是這樣的故事：它有晚清革命運動緣起的前世今生、因應「民國」危機而起的新文化運動。在這過程中，如何結合各方英雄好漢，匯聚至《新青年》的園地，形成一種發聲平台，以謀抵抗北洋軍閥政府。然而，歐戰前後詭譎多變的國際形勢，政治典範的打破與再確立，各種思潮紛至沓來，知識菁英們一時無所適從。歐美／德俄等等各種路線的選擇，不單使《新青年》同人產生分裂，縱使同屬新文化運動這一陣營，在如何再造新中國的命題上，關於組織、方法、政體的選擇上，各方不斷論爭與相互角力。

那麼，中國要往何處去？1920 年代的中國，從前清王朝轉型至民國共和政體的過程中，歷經二次復辟、軍閥混戰的重重危機，它掙扎著存活過來，此刻正是它蛻變新生的時代。選擇中央集權還是地方分權，即是中央集權又有不同路線。然而，時代真的賦予它許多的選擇權嗎？20 年代的國際風雲，歐美日俄等列強，虎視耽耽的覬覦中國；而中國從稍早對內的反封建，到對外反帝國主義對中國的壓迫侵略。如何救國的急迫性，並不在於此時救亡的當務之急壓倒了啟蒙，啟蒙本身在新文化運動的命題中，即內蘊了救亡的意識。因此，關鍵在於何種組織、方法、政體的選擇，在民初至 20 年代，隨著不同時間階段面對的國家問題，而有不同的思考選擇，這是我在本書中想敘述的一段大時代的故事。它的階段性展衍整合說明如下：

一、緣起：辛亥遺人軼事──《新青年》網絡空間的形成

二、奮起：「民國」危機──文化運動的政治命題

三、整合：《新青年》園地激進勢力的形成

四、逆轉：十字路口的徘徊──威爾遜／列寧的時代選擇

五、低谷：五四落潮期的分裂與再整合

六、蛻變：再造革命──國民革命的前奏

第一部　緣起：辛亥遺人軼事
——《新青年》網絡空間的形成

第一章　舊邦如何新造：
《新青年》崛起的問題視野

> 袁世凱要做皇帝，也不是妄想；他實在見得多數民意相信帝制，不相信共和，反對帝制的人，大半是反對袁世凱做皇帝，不是真心從根本上反對帝制。[1]

　　1915 年 9 月，一份在當時不起眼的報刊《青年》雜誌[2]誕生了；然而，作為歷史的後見者，我們知道它深切的影響了二十世紀中國歷史文化的命運。穿越時光隧道，回到民初中國，從數千年的封建專制國家，甫改制為民主共和國，當時各種勢力在這國體甫變更的中國逐鹿著。《新青年》何以崛起於民初歷史舞台，發揮其關鍵的影響力？這必須拉長歷史的縱深，從《新青年》的前世今生說起。

1　陳獨秀，〈思想與國體問題〉，《新青年》3 卷 1 號（1917 年 3 月）。
2　第一卷名為《青年》雜誌，第二卷以降，改名為《新青年》。

　　關於《新青年》崛起的前史研究，較早對此問題作一開創性梳理的是陳萬雄《五四新文化的源流》，打破以往認為除蔡元培外，五四新文化是與辛亥革命力量無關且不同世代的說法[3]，為我們較清晰的勾勒出，《新青年》創刊之初與清末民初革命派的淵源。除了《新青年》與革命派的淵源，我認為促使其崛起於民初歷史舞台，更重要的是，在當時各家各派多種解決方案中，《新青年》如何準確掌握並回應當時中國最複雜的時代問題。

　　原來帝制解體，進入民國之際，由於民初代議政治的不良運作，導致國家社會更形紊亂。在回應皇權甫崩潰，新的政治秩序未能有效建立，此一當前迫切的時政命題上，前清官僚、遺民與革命黨人、新知識分子，關於如何維繫社會的長治久安，新舊兩派產生了不同的文化取向。對於新派而言，共和民主與西方文化的平等、自由精神互為一體；對於舊派（文化保守派）[4]而言，舊政治體系的崩解，尤需納入傳統禮治秩序，方能確保社會的穩定。但是如果問題只是單純侷限於文化取向的不同思考，基本上不致形成太大的紛爭。關鍵在於民初某些舊派的文化課題，如：尊孔、讀經等，不但是他們自我文化認同的方式，同時也帶有政治目的（復辟）的實踐。而此一問題漸形複雜化，在於袁世凱帝制運動、王朝復辟派與此文化復古思潮的相生共構；另一方面，民國元年的開國氣象，隨著袁氏解散國會、二次革命的失敗，革命派一再頓挫，革命黨內部隱然分化為兩種陣營，軍事激進／文化緩進兩種解決政治問題的方式。[5]

3　陳萬雄，《五四新文化的源流》（香港：三聯書店，1992）。

4　必須說明的是，本文無意討論所有的舊派，只針對當時的社會思潮與復辟派之間的關聯作一說明，下文將對本文針對的舊派（主要是復辟派）的對象作較詳細的說明。

5　〔美〕魏定熙（Timothy B. Weston），已指出，發動新文化運動的並不是政治上的激進派，而是曾經支持辛亥革命、革命失敗後又喪失信心的溫和派。本文進而討論：民初知識分子何以產生以思想文化推動政治改革的動因，以及清末民初革命派的政治文化運動如何遞嬗至《新青年》文化運動的生成，其間思想、政治與文化勾聯的脈絡仍有待更細緻的爬梳，如此方能釐清日後《新青年》文化運動與現實政治的複雜關聯。見氏著，金安平、張毅譯，《北京大學與中國政治文化（1898-1920）》（北京：北京大學出版社，1998）。

因此，考察《新青年》崛起的政治動因，本章著重的是兩個脈絡的釐清梳理：第一是追溯清末民初《新青年》同人，如何以思想文化改造作為革命運動的另類革命，之後又延續為民初不良政治的突破口；第二，分析前清遺民、舊官僚與袁氏政府攜手的文化復古、政治復辟風潮，使得民初新舊之爭不但是文化的，某一層次上也表現在現實政治的政治角力。說明面對民初混亂的政局，1915 年創刊的《新青年》恰恰是在上述的基礎上，回應民初中國最重要的三個時政命題：辛亥革命與二次革命、袁氏帝制運動、民初復古復辟風潮，掌握時代關鍵脈動，成為開創一代風氣的重要雜誌。

第一節　緣起：晚清《新青年》同人的革命運動與思想文化革新

從《新青年》成員在清末的革命活動看來，他們創辦啟蒙報刊、投身革命運動，除了宣傳革命，更著意在文化思想上啟迪民眾，教育人民。本節所要闡述的正是追溯《新青年》同人清末革命運動的線索，藉以考察他們所倡導的思想文化革新與革命運動兩造之間，如何縝合以超越現有革命軍事行動的思考與侷限，從而梳理出日後《新青年》提倡文化運動的動機、線索與歷史淵源。

一、晚清《新青年》同人的革命行動：啟蒙報刊與文藝運動

《新青年》主要成員有：陳獨秀、胡適、錢玄同、李大釗、周氏兄弟、劉半農、高一涵、蔡元培、吳稚暉等人。根據陳萬雄《五四新文化運動的源流》以及相關資料的考證，《新青年》核心成員可說幾乎都是參與晚清革命運動或為革命報人。如：陳獨秀《蕪湖白話報》（1902）、《國民日日報》（1903）、《安徽俗話報》（1904）；蔡元培《俄事警聞》（後改為《警鐘日報》）（1904）；錢玄同於 1904 年上海創辦《湖州白話報》，胡適於 1906 年

上海主編《兢業白話報》，周氏兄弟創辦《新生》雜誌（1906）[6]、合譯《域外小說集》（1909），吳稚暉於巴黎編輯《新世紀》（1907）、劉半農編輯《江陰雜誌》（1911）即歸屬於此一革命啟蒙報刊之列。他們除部分參與清末革命軍事行動，這股革命勢力尤著重啟蒙報刊的創設——不但是宣傳革命，而且是從民族文化的內面剖析與啟迪人民受專制奴隸的壓迫，使人民進而具有民主國家人民權利的自覺——這是他們較不從滿漢種族革命的面向，而是從專制／民主的對立，來看革命運動的本質。接下來，我將以陳獨秀為線索，進一步闡述清末革命報刊的啟蒙意涵，作為《新青年》生成之前，同人的辦刊意識之參照。

1902 年春，俄國進兵東三省，其中張繼、陳獨秀、蘇曼殊等人組織留日學生最早的革命團體「青年會」。青年會即為 1902 年春，俄國進兵東三省號召留日學生產生的拒俄義勇隊的前身。[7]另外，在上海一地，章太炎、蔡元培、吳稚暉等人，以改良教育著眼，發起中國教育會，組織愛國學社。正是中國教育會和愛國學社，以及其機關報《蘇報》，在當時輿論鼎沸的拒俄運動中，起了指導全國運動的作用；但由於滿清政府對於拒俄運動的錯誤解讀，反而將這股留日學生仇外的愛國情緒逆轉為對內的反清革命。在《蘇報》被禁後，另起爐灶的革命派報紙《國民日日報》，是章士釗與陳獨秀合辦的刊物[8]，「發刊未久，風行一時，時人咸稱為《蘇報》第二。」[9]在《國民日日報》連載小說《慘社會》（蘇曼殊、陳獨秀合譯），當中有七回，節外生枝塑造了一個以暗殺手段來除暴安良的革命志士形象明男德，已經脫離原有囂俄（筆者按：法小說家雨果）小說脈絡，正是藉由翻譯小說宣傳革命思想，

6　《新生》雖流產沒有辦成，但魯迅為《新生》準備的文章發表於劉師培《河南》雜誌，周作人亦發表多篇文章於革命報刊《天義》、《民報》。

7　馮自由，〈癸卯留日學生軍姓名補遺〉，《革命逸史》下（北京：新星出版社，2009），頁 836-839。

8　章士釗，〈蘇報案始末記敘〉，《辛亥革命》（一）（上海：上海人民出版社，2009），頁 389。

9　馮自由，〈上海《國民日日報》與《警鐘報》〉，《革命逸史》上，頁 106。

不僅有助於混淆清廷官吏耳目，也有助於革命思想在社會大眾的傳播。[10]

　　該譯著（後來發行單行本《慘世界》），時時有逸出原著擅自增譯的言詞，也夾雜了一些反傳統的言論：「那支那國孔子的奴隸教訓，只有那班支那賤種奉作金科玉律，難道我們法蘭西貴重的國民，也要聽他那些狗屁嗎？」[11]並且，《國民日日報》以「國民」為名，說明了它的政治傾向，是立憲國家享有民主權利的人民，是與「奴隸」為對立的詞語，在〈箴奴隸〉即指出：「奴隸者，國民之對點也。民族之實驗，只有兩途，不為國民，即為奴隸。」[12]因此《國民日日報》也上溯到對中國兩千年專制意識形態的批判，與將孔學重新定位思考的文章（如〈道統辨〉）。除此之外，《國民日日報》另有相當篇幅宣傳民主、反專制、恢復民權的文章，如：〈國民日日報發刊詞〉、〈箴奴隸〉、〈道統辨〉、〈說君〉、〈上海黑暗社會自序〉、〈黃帝紀年論〉、〈中國古代限抑君權之法〉、〈奴隸獄序〉等。此一反傳統思路，實已預示了十年後《新青年》倫理革命的先聲。

　　郭湛波即指出，當時孫中山正籌備組織同盟會，但陳獨秀「首先反對興漢滅清的狹猛民族主義」，故而未參加「狹猛民族主義的孫中山路線」；而他此時與章士釗、張繼等人創辦《國民日日報》，即主張「實行徹底的『德謨克拉西』革命，反對專制」。[13]從《國民日日報》的思想、文字看來，陳

10　楊天石，〈蘇曼殊、陳獨秀譯本《慘世界》與中國早期的社會主義思潮〉，原載《中國社會科學研究院研究生學報》1995 年第 6 期。今徵引自《哲人與文士》（北京：中國人民大學出版社，2007 年），頁 183。

11　蘇曼殊、陳由己合譯，《慘世界》（上海：東大陸圖書譯印局，1904）北京大學圖書館藏本，頁 37。關於《慘社會》與《慘世界》的變遷：《慘社會》的翻譯從 1903 年 10 月 8 日至 12 月 1 日連載於《國民日日報》，只登完十回及第十一回的上半回。後來在 1904 年上海鏡今書局刊成單行本，改名為《慘世界》共十四回，但署名已改為蘇子穀、陳由己（陳獨秀）同譯。

12　《國民日日報彙編》第一集「社說」欄（上海：東大陸圖書譯印局，1903-1904），頁 6。

13　郭湛波，《近五十年中國思想史》（上海：上海古籍出版社，2005／1935 年初版），頁 71、80。

獨秀著重的是思想文化上的啟迪民智，成為立憲民主國家的國民，與較偏向種族革命路線的孫中山不同。稍後，陳獨秀於安徽蕪湖創辦的《安徽俗話報》，更是以最淺白的文字，教育民眾，使民眾關心時事，進而了解身為國民的權利和義務。另外，其他《新青年》成員早年的活動，如：錢玄同與張界定創辦《湖州白話報》（1904）、胡適等人主編《競業白話報》（1906）等，亦為清末白話文運動的一環。陳萬雄即指出，我們不能認為這些白話報是「狹隘的宣傳工具」，他特別強調，這些白話報背後表現了「對平等思想的體認，國民意識的豁醒」，目的是「煥發全體民力」、「革新社會」，對當時中下層社會所產生的作用和影響，是不能輕忽的，而且在日後更成為《新青年》推動白話文運動、五四新文學運動的源頭。[14]

　　其次，以魯迅為例，說明文藝運動作為革命運動的另一種行動實踐，是透過國民性內面的改造，進而改造社會，達成拯救國家的心願。人們所熟知的魯迅棄醫從文的經過，是起源於 1902 年在日本仙台醫專留學時，看到日俄戰爭幻燈片下麻木圍觀的中國人。這件事引起魯迅很大的刺激，促使他後來決定棄醫從文，以文章喚醒國民的自覺。魯迅認為愚弱的國民，「只能做毫無意義的示眾的材料和看客」，因此他認為「我們的第一要著，是在改變他們的精神，而善于改變精神的是，我那時以為當然要推文藝，于是想提倡文藝運動了。」[15]1906 年，魯迅從仙台醫專回到東京，從事文藝活動。周氏兄弟計劃準備出版《新生》，意謂「新的生命」，但最後因資本不足，宣告流產，後來論文發表在劉師培的刊物《河南》雜誌。其中魯迅發表〈摩羅詩力說〉[16]，當中勇於反抗傳統、堅持真理的摩羅派詩人形象[17]，即是魯迅欲藉之以為先覺者，透過文藝創作對廣大讀者進行啟發，喚醒沉睡的民眾，使民眾產生自覺精神，成為真正獨立覺醒的現代國民，相當能代表周氏兄弟此

14　陳萬雄，《五四新文化的源流》，頁 156-157。另外相關的討論亦可參考羅秀美，
　　《近代白話書寫現象研究》（臺北：萬卷樓圖書公司，2005）。

15　魯迅，〈吶喊‧自序〉，《魯迅全集》第一卷，頁 417。

16　發表於《河南》月刊第 2、3 號（1908 年 2、3 月），署名令飛。

17　摩羅派詩人即作為精神界的戰士，包含尼采、拜倫、雪萊等。

時欲藉由文藝潛移默化的手段來達到根本政治改革的目的。[18]《新生》之後周氏兄弟合譯《域外小說集》（1909），為的是糾正當時林譯小說的缺失，有選擇性的介紹俄國及東歐弱小民族具現實主義精神的作品。

錢玄同的學生任訪秋日後即指出，其實《新青年》提倡的文學革命，之前在晚清已出現兩次文學革新運動：一次是維新派梁啟超等人倡導詩界革命、小說界革命；另一次是辛亥革命前夕由革命派所倡導，以魯迅為首而未能成功的第二次文學革新運動。[19]與此文學革新運動同時並行的是魯迅的革命活動，魯迅作為光復會成員，日後魯迅於《新青年》發表小說〈藥〉即以光復會成員秋瑾殉難為藍本，〈狂人日記〉亦提及徐錫麟起義被挖心一事，說明魯迅與晚清革命運動的淵源及反省。

由上述魯迅、周作人清末的文藝實踐看來，他們想要透過文藝的無用之用，產生國民自覺的實踐能量，進而達成在當時以政治軍事方式進行革命運動之外，開啟另一種文學思想啟蒙的途徑，以達成魯迅的心願：「國民之覺至，個性張，沙聚之邦，由是轉為人國」。[20]

除了上述革命報刊的啟蒙意涵、文藝運動，接下來，筆者將進一步說明刊物思想是如何藉由輸入西方社會主義思想，作為中國反專制行革命的論述資源，也掀起對內部中國傳統思想文化的批判浪潮。

二、革命派反專制行革命的思想論述資源：
文化革新與西方社會主義

20 世紀初，革命派引介西方社會主義思想，特別著重於介紹俄國革命運動（虛無黨事蹟）。例如：蔡元培後來回憶當時他與劉師培主編的《俄事警

18　彭明偉，《五四時期周氏兄弟的翻譯文學之研究》，頁 23-26。

19　任訪秋，《中國近現代文學研究論集》（鄭州：河南人民出版社，1992），頁 139。由於周氏兄弟的努力，當時未能引起足夠的重視，因此任訪秋在該書稱此次的文藝運動為「未能成為運動的運動」，頁 144。

20　魯迅，《墳‧文化偏至論》，《魯迅全集》第一卷，頁 56。最初發表於 1908 年 8 月《河南》月刊第七號，署名迅行。

聞》：「不直接談革命，而常譯述俄國虛無黨歷史以間接鼓吹之。」[21]以及與其他革命同志創辦愛國女學校「其時並不取賢母良妻主義，乃欲造成虛無黨一派之女子」[22]。蔡元培的想法正代表早期（1900-1905）多數介紹俄國虛無黨的文章，認為虛無黨就是無政府黨；而介紹虛無黨的目的，反而不在凸顯它的無政府主義精神，而是暗殺的革命精神，俄國虛無黨「倒專制、殺特權」是作為當時革命知識分子仿效的對象[23]。因此，楊芳燕指出，其反權威、反專制、主張革命破壞的實質意義，實遠多過於提倡無政府主義社會革命的成分，當下目標仍聚焦於「民族建國」的反滿革命。[24]基本上，1905 年之前，因拒俄運動、《蘇報》案的發生，組成當時重要的啟蒙革命報刊系統與革命團體，在當時他們即積極引介俄國虛無黨事蹟與其他西方社會主義思想；而《蘇報》案的發生，更進一步促成知識青年的激越化與革命左翼潛流的現形。[25]日後蔡元培入主北大校長起用新人陳獨秀為文科學長，正是與1904 年同為革命暗殺團體愛國學社的成員、以及啟蒙報刊的創設有關[26]。

　　之後中國社會主義相關思潮的傳播，在 1907 年以後，因為革命派成員分別在東京與幸德秋水有更進一步接觸，在巴黎亦接觸到西方無政府主義的經典思想。早先俄國虛無黨為無政府主義的認知脈絡，在此時有了較大的轉變。無政府主義思想根源的道德主義與反政治傾向，又相當影響了東京派與

---

21 新潮社編，《蔡子民先生言行錄》（臺北：文海出版社，1973），頁 14。

22 新潮社編，《蔡子民先生言行錄》，頁 17。

23 張繼在〈理想虛無黨緒言〉指出，虛無黨人「倒專制、殺特權」，也是「最俠烈、最博愛的黨人」，因此他要宣傳虛無黨的主義。見《國民日日報匯編》第四集（上海：東大陸圖書譯印局，1903-1904），頁 53-54。

24 楊芳燕，〈激進主義、現代情境與中國無政府主義之崛起〉，《臺大歷史學報》第33 期（2004 年 6 月），頁 369。

25 同上註，頁 368-369。

26 蔡元培，〈我在北京大學的經歷〉：「我對陳君（按：陳獨秀）本來有一種不忘的印象，就是我與劉申叔在《警鐘日報》服務時，劉君語我：『有一種在蕪湖發行的白話報，發起的若干人都因苦及危險散去了，陳仲甫一個人又支持了好幾個月。』」《東方雜誌》31 卷 1 號（1934 年 1 月 1 日）。

巴黎派對中國傳統文化與政治認知的傾向，並且兩派也形成了截然不同的取向。由於巴黎派的刊物《新世紀》對《新青年》的影響頗大，論者亦有一定的研究成果。下文筆者將從 1907 年西方社會主義思潮[27]中國在地化的視角，說明西方的思想對中國革命運動，產生了何種新的思考角度，以至於對中國傳統思想文化有更激進的批判，但目的仍是切入當時的革命問題。其中特別是巴黎派的《新世紀》，對傳統文化的批判、道德思想的改革，對後來《新青年》文化運動產生了莫大的影響。

原來 1905 年，革命黨旗下三派：興中會與光復會、華興會，此時共謀光復大業，合組成同盟會；可惜過了兩年，原本革命黨彼此合作的關係，卻因孫中山餽金事件產生嚴重的分歧。原先派系與思想的不同，尚能為民族大業共謀合作的基礎，然而餽金事件成為引爆點，派系的思想分歧至此浮上枱面，分化為孫中山一派、東京派與巴黎派無政府主義團體。[28]同盟會內部的分歧，其實也就是革命的目標與進路問題：是種族革命還是全民革命？是透過政治軍事革命來解決革命問題，還是從思想文化的啟迪，促成群眾的覺醒，以達成革命？

餽金事件是如何形成引爆點？1907 年，孫文離日之際，受日本政府餽金未經眾議，以致遭受章太炎、張繼、劉師培等人的強烈反對。在章、張、劉等人看來，仰賴外力莫若自力更生，從科學和哲學兩方面去尋求系統的革命思想理論，以喚起群眾的覺醒，從這種願望出發，才走上了研究社會主義的道路[29]。在孫文一派，雖然他們也研究社會主義，提出「土地國有」與單稅論等主張，但是基本上他們把社會主義理解為「社會政策」，用國家政治

---

27 當時的用法是「社會主義」，如東京派「社會主義講習會」其實是研究無政府主義。

28 關於此時革命黨內部的分歧參看：張玉法，《清季的革命團體》（臺北：中央研究院近代史研究所，1974）第五章第四節〈內部衝突與派系之爭〉，頁 358-373。另外，必須說明的是，巴黎派在立場上並不似東京派與孫中山一派涇渭分明。

29 〔日〕竹內善朔，〈本世紀初日中兩國革命運動的交流〉，譯自《國外中國近代史研究》第 2 輯（北京：中國社會科學出版社，1981），頁 348。

干預的方式消滅不平等，進而控制社會革命與衝突。[30]劉師培認為「土地財產國有之說，名曰均財，實則易為政府所利用」，原因在於雖然平民無貧富之差，但形成貴賤的新階級：支配階層——政府／非支配階層——平民，形成一種新的特權階層。[31]東京派批評孫文派的革命菁英觀點，不能為貧民發聲，這也與他們認為革命是全民革命的立場有關。

　　此時與東京派遙相呼應的是遠在法國的巴黎派[32]，在《新世紀》也可看到類似的批評。例如：褚民誼指出，社會主義並非與民族民權主義背道而馳，而是稍有異同，有民族民權主義之作用，而無其自私自利，能為貧民計。[33]同樣面臨清廷新政的威脅與立憲運動的興起，與東京派著重喚起人民思想上的覺醒的全民革命視角相同；巴黎派則更強調廢國家、廢財產的無政府主義主張，以因應當時因革命黨武裝起義失敗，加上清朝籠絡留學生賜予進士出身的策略，所產生的留學生急劇分化的事實。因此他們所辦的刊物《新世紀》，希望藉此端正革命黨的名利之心[34]，主要從道德革命、文化思想加以改革。

　　從上述觀點看來，東京派與巴黎派同樣針對孫文派傾向菁英革命的觀點，重視民族革命，而不重視民生疾苦與人心覺醒的問題，進一步提出全民

30　〔美〕阿里夫·德里克著，孫宜學譯，《中國革命中的無政府主義》（桂林：廣西師範大學出版社，2006），頁74。

31　劉師培，〈西漢社會主義學發達考（續）〉，原載《天義報》第4、5卷（1907年7月25日）。徵引自萬仕國輯校，《劉申叔遺書補遺》上（揚州：廣陵書社，2008），頁472。

32　以吳稚暉、李石曾、褚民誼為主。蔡元培此時留學德國，通過《新世紀》等刊物受到無政府主義的洗禮，在思想上亦傾向巴黎派。

33　民（褚民誼），〈伸論民族民權社會三主義之異同再答來書論新世紀發刊之趣意〉，《新世紀》6號（1907年7月27日）。

34　相關討論可參見：民（褚民誼），〈無政府說：書《民報》第十七號「政府說後」〉，指責一些革命分子熱衷於功名利祿，嚮往「新政府之大統領」或「開國元勛」，《新世紀》34號（1908年2月15日），頁4；仇來稿，〈論留學生之作官〉，《新世紀》19號（1907年10月26日）；四無，〈無政府主義可以堅決革命黨之責任心〉，《新世紀》58號（1908年8月1日）。

革命——農工等弱勢參與革命的問題，以及著重革命道德與人格的自我完善。對於孫文派傾向菁英革命與重視軍事革命的觀點，其實已經有如預言般地預示革命：未能在一般人民思想生根，日後《新青年》對此問題即有深入的反省探討[35]。但東京派與巴黎派根本的差別在於對待傳統文化的態度：一是保存（東京派），一是批判（巴黎派）。其中，巴黎派批判傳統的倫理道德、文化、思想、文學等領域，藉以反省當時的革命問題，從而成為日後《新青年》文學革命、倫理革命的先聲，下文將進一步說明。

　　清末巴黎派成員如吳稚暉與傾向者如蔡元培[36]，為《新青年》形成與北大一校一刊的聯結，促成新文化運動的興起，產生關鍵性的影響。其他成員與日後《新青年》雖無直接的人脈關聯，但對《新青年》思想文化改革觀念的形成，影響甚大。從日後吳稚暉與陳獨秀「在《新青年》發起時晤到」看來[37]，吳與陳所屬的革命團體、刊物相關，應早在清末已認識彼此，只是未曾謀面而已。而蔡元培早年為革命刊物《俄事警聞》主編，以及與陳獨秀同為暗殺團成員的共事經歷，在蔡元培掌北大期間，成為邀請陳獨秀擔任北大文科學長的機緣。吳稚暉與蔡元培為清末無政府主義刊物《新世紀》的創辦者與傾向者，新文化運動頗富盛名的倫理革命與文學革命，其淵源即與清末巴黎派《新世紀》密切相關：

　　首先，在語文改革方面。《新世紀》派提倡廢除漢字，採用世界語。其中《新青年》同人錢玄同即深受影響：清末錢玄同對《新世紀》評價不高，但至五四時期，則對《新世紀》肯定有加。在《新青年》4 卷 4 號甚至摘引了一大段《新世紀》40 號上吳稚暉痛斥漢字的文字，與他當時對中國政治

---

[35]　《新青年》著重人民思想文化的啟迪，正與辛亥革命的失敗、袁氏帝制運動有關，在本書第二、三章對此問題將有更進一步的討論。

[36]　蔡元培雖不為清末巴黎派的成員，但從之後民初與原巴黎派成員李石曾等人籌組進德會與著重文化教育的革新，重要理念是一致的，因此本文將蔡元培列為巴黎派傾向者，當然蔡元培本身思想的複雜性仍是有待進一步討論。

[37]　吳稚暉，〈章士釗——陳獨秀，梁啟超〉，《吳稚暉先生文粹》（二）（臺北：華文書局，1968），頁 316。

的判斷（袁氏稱帝）有關，因而採取激進的文學革命，進一步主張廢除漢字、改用世界語。[38]

其次，對傳統倫理文化的批判。值得深思的是，無政府主義在西方原來是一種政治思想，主張個人自由、社會平等、反抗強權，但何以《新世紀》吸收此一西方思潮後，有相當部分成為反抗傳統綱常名教的論述資源？相較於另一無政府團體東京派的復古傾向，提倡「保存國粹以發揚種性，鼓吹攘斥滿洲以光復舊物」[39]，國故作為發揚種性、光復漢族的民族主義來源[40]；與此相反，巴黎派對於傳統文化的態度可以說相當激進，主張全盤歐化、排斥舊文化。然而這個在地的脈絡與視野是如何形成，實為思考中國無政府主義者（巴黎派）何以將政治問題以文化問題呈現的關鍵。

上文即提到，早在《蘇報》、《國民日日報》時期，反傳統的言論，即與人民作為「奴隸」（專制）而非「國民」（民主）的反清政治思路息息相關。這樣的思路，四年後在巴黎派有了更進一步的發展。巴黎派《新世紀》雖然是在西方無政府主義影響下的刊物，但不同於西方無政府主義者的實踐，巴黎派主要將無政府主義運動「看作是一種教育手段，將政治革命轉為思想革命」[41]。因此，巴黎派主將吳稚暉指出：「所以無政府主義之革命，無所謂提倡革命，即教育而已。更無所謂革命之預備，即以教育為革命而

---

38 廢除漢字、改用世界語的討論可見《新青年》3 卷 4 號至 6 卷 2 號通信欄的一系列討論，為《新青年》的熱點問題之一。

39 為當時刊物《國粹學報》的主張，編輯者為鄧實、章太炎、劉師培等人。

40 章太炎對於國故的看法，其門徒錢玄同指出「實在是想利用它來發揚種性以光復舊物，並非以為它的本身都是好，都可以使它復活的」，相關討論見錢玄同同，〈三十年來我對于滿清的態度的變遷〉，《錢玄同文集》第二卷（北京：中國人民大學出版社，1999），頁 112-113。

41 張全之，《無政府主義與中國近現代文學》，南京大學 2004 年博士論文，頁 61。相關討論參見氏著第三章〈從《新世紀》到《新青年》：無政府主義與五四文學革命〉，頁 45-70。

已，其實則日日教育，亦即日日革命。」[42]在《新世紀》點燃革命烽火的正是對傳統倫理道德的激進批判。其中李石曾發表〈三綱革命〉[43]一文，正式提出「三綱革命」，透過對迷信宗教與科學真理的比較，他反駁三綱，主張人人平等、父子平等、夫妻平等。稍後吳稚暉的〈排孔征言〉指出「孔丘砌專制政府之基，以荼毒同胞者，二千年矣」[44]，將孔子與專制政治的關聯明確點出。並且《新世紀》持反宗教的立場，高舉科學的旗幟，認為宗教將有礙於科學的昌明與社會的進步，成為日後《新青年》倫理革命反孔、反孔教思想的基調。

如此看來，西方無政府主義是在工業高度發達後的產物，清末中國仍是農業為主，基本上仍無西方因反抗資本主義而生成無政府主義的土壤。因而巴黎派的「反強權」，主要從孔學與綱常名教著手，其實正在於此二者導致國家、社會不能進化，青年男女卑屈服從，成為孕育專制政體的胚胎。因此必須破三綱，行聖賢革命。從文化方向的批判，目標仍是指向革命派的反專制政權，以行革命建國大業。《新世紀》的影響所及，民初中國最著名的無政府主義者劉師復及其追隨者即為《新世紀》的函授信徒[45]，而日後《新世紀》派與北大、《新青年》的關聯，以及與劉師復派的攜手合作，擴大左傾勢力在《新青年》的影響力。[46]

總括來說，在《新青年》主張方面，倫理革命、文學革命可以看出與巴黎派相承的某些線索；對同人的影響來說，《新青年》早期成員，即為1902-1911 年在報刊雜誌書籍等，宣傳社會主義思想的重要人物。[47]誠如張

42　燃（吳稚暉），〈無政府主義以教育為革命說〉，《新世紀》65 號（1908 年 9月）。

43　真（李石曾），〈三綱革命〉，《新世紀》第 11 號（1907 年 8 月）。

44　《新世紀》第 52 號（1908 年 6 月 20 日）。

45　王聿均訪問，謝文孫紀錄，《莫紀彭先生訪問紀錄》（臺北：中央研究院近代史研究所，1997），頁 64。

46　詳見下兩章的討論。

47　參見附錄一：〈1902-1911《新青年》撰稿人於報刊雜誌等傳播無政府主義或社會主義〉。

全之所指出的，《新青年》同人如魯迅、陳獨秀等人，雖然並沒有全盤接受無政府主義整套理論體系，但無政府主義對國家專制的批判，成為知識分子用以追求自由、反抗專制的有利武器。[48]日後民國成立，袁氏等軍閥禍國，無政府主義思想在《新青年》同人的影響力逐漸發酵。

　　以上筆者藉由晚清《新青年》同人的革命運動與辦刊思想，將其置於清末革命運動的發展脈絡中，說明民族革命的政治軍事路線與文化思想、道德改革的啟蒙思維，作為思考革命問題的不同方向，在清末革命運動已隱約可見其端倪。而後者（文化思想改革）與數年後《新青年》倫理革命、文學革命、思想革命的主張，實有前後相承之跡。等到辛亥革命武昌起義成功，民國成立，民初政局日益混亂，袁世凱圖謀帝制方興未艾。關於如何解決民初的政治問題，清末革命運動兩造解決政治問題與「民國」核心價值的不同思維，民初又再度浮上枱面。

第二節　何謂「民國」：辛亥革命、二次革命的檢討

　　對於民初革命黨人來說，民國作為共和國家的「理想」與民國政治的「具體實踐」之間存在一種緊張關係[49]。這種緊張關係的根源來自於辛亥革命後，產生《清帝遜位詔書》統治權移轉的詮釋歧異，南京臨時政府與袁世凱各自表述，未能達成共識，種下日後（1915 年）袁氏終結共和，建立帝制的禍因。再加上民初共和政體的議會政治運作失序，以及討伐袁氏的二次革命失敗所造成，一來造成共和理想的失落，二來造成革命黨內部的分裂。如何檢討，也就是相應於民國肇建及政治社會的失序，所提出的問題與解決之道，其實帶出的是如何處理民初政治的屬性問題：是思想文化問題還是軍事問題；背後折射出的是對於「民國」願景的不同建構。

48　張全之，《無政府主義與中國近現代文學》，頁 68。
49　羅崗於北京「二十世紀中國歷史中的文化與政治──以五四為場域的反思」學術研討會，提出此一說法，2008 年 10 月。

一、「民國」成立：從《清帝遜位詔書》談起

我在參觀北京紫禁城時，聽到一個動人的故事。一位革命黨人在民國成立後，回到南方的故鄉，過了十餘年後，他再次回到北京，來到紫禁城，不禁發出深沉的慨嘆：「這麼宏偉、周延縝密的紫禁城，真沒想到，辛亥那一年，我們革命黨居然撼動了這固若金湯的紫禁城，這是多麼的不容易！」當我踏進紫禁城開始，一進又一進的宮殿，走了彷彿一世紀那麼久的路，我能感受，這個帝國的莊嚴巍峨，是多麼難以突破的重重關卡。然而民國的成立，如我們後見者所知，並沒有釀成內戰峰火連天的人間慘劇。那麼，這麼一個幅員廣濶的大帝國，怎麼和平轉移政權，又如何埋下日後民國紛擾不休的政體問題？

1911 年，武昌革命爆發之際，紫禁城內開始喧擾不休。從相關的口述史料可以得知，當時開了兩次「御前會議」，主戰派不敵主和派的強勢動員，最後在袁世凱掌控下，清帝承諾「遜位」，而後頒下《清帝遜位詔書》。[50]這裏，我想先從遜位詔書與袁世凱、革命黨之間的複雜糾葛切入，再從革命黨內部的路線分歧，拉出《新青年》成立的歷史淵源。如此一來，也許我們有較清楚的樣貌，來看 1915 年成立的《新青年》背負的政治困境與創刊使命。

民國作為一個民主共和國的產生，並沒有我們想像中的容易。在武昌起義之後，遜位詔書頒下之前，其實一開始政體形式懸而未決。根據袁氏的御用學者有賀長雄的分析，在 1911 年底展開君主立憲、共和立憲的討論，由清廷代表唐紹儀及南方代表伍廷芳，經過多次的談判，最後達成國會公決政體的協定，後因南京臨時政府的成立，而未能召開。[51]但稍早，作為清廷內

50　載濤、惲寶惠口述，溥杰記（寫于 1965 年），〈辛亥革命時的兩次「御前會議」〉，全國政協文史和學習委員會編，《文史資料選輯》第 160 輯（北京：中國文史出版社，2012），頁 46-47。

51　〔日〕有賀長雄，〈革命時統治權移轉之本末〉，王健編：《西法東漸──外國人與中國法的近代變革》（北京：中國法政大學出版社，2001），頁 101。

閣大臣的袁世凱即廣發言論，宣佈其政見：「余之主意在留存本朝皇帝，即為君主立憲政體，從前滿、漢歧視之處，自當一掃而空之」，其個人胸襟則更為遠大，目的在「保存中國」，「以免中國之分裂」。當時報紙，則一眼看穿袁氏用心：「今于共和前途，如是作梗，推其心，殆欲將萬世一系之專制君主易為袁姓而始快意也。」[52]對照 1915 年袁氏一手導演的「洪憲帝制」，時人的評論，實是未卜先知，一語中的。

如果這只是袁氏個人的野心，即如他位高權重，然而改變民國共和政體，動搖國本，茲事體大，並非如我們想像中的便宜行事。這當中理論的思想資源及動員準備，必須具有正當性與合法性，而此思想資源實最早來自《清帝遜位詔書》。1911 年 2 月 11 日頒佈的《清帝遜位詔書》正文明言「將統治權歸諸全國，定為共和立憲國體」，有賀長熊認為這是清帝明白宣示將其擁有的統治權轉移給全體國民。但章永樂發現張謇所起草的詔書草稿（即所謂的《內閣復電》），不同的是「全國」原為「全國人民」，「共和立憲」原為「民主立憲」，最後的定稿明顯的避開了「民主」、「民」的說法，重點放在「國」身上。[53]重點在「國」與重點在「民」是不同的：重點在「國」，強調國家權力，犧牲人民權利；重點在「民」，則反之，保障人民權利為優先。日後的問題是推衍成民初國權（主權在國）／民權（主權在民）之爭，而由《甲寅》延續到《新青年》，成為對抗袁氏國權論的堅固陣地。[54]

其次，即如詔書所稱「袁世凱前經資政院選舉為總理大臣，當茲新舊代謝之際，宜有南北統一之方，即由袁世凱以全權組織臨時共和政府，與民軍協商統一辦法……」。這裏產生的問題是，由袁氏還是民軍組成的南方臨時

---

52 袁氏言論，見 1911 年 12 月 2 日《時報》；後《時報》又刊一則〈袁世凱之隱衷〉，見 1911 年 12 月 29 日《時報》。以上資料均引自：白焦，《袁世凱與中華民國》（北京：中華書局，2007），頁 11-14。

53 章永樂《舊邦新造：1911-1917》（北京：北京大學出版社，2011），頁 62-63。

54 詳見第四章第一節的討論。

政府，代表行使移轉過來的統治權？章永樂的分析指出，南方臨時政府主張「新創說」，即政權是通過暴力革命而來；袁氏則認為「因襲說」，其權是由「清帝下諭授之」，即日後孫文所說：「袁氏自稱授命為隆裕，意謂非受命于民國」[55]。章永樂對《清帝遜位詔書》的梳理，說明了在 1911-1912 年清政府、袁世凱與南京臨時政府，展開的「大妥協」，評價清王朝與民國主權連續性的積極意義——政權較為和平的轉移，民國方能保有、繼承清朝的疆域與領土，以及避免邊疆分離主義運動。[56]但值得我們思考的是，《清帝遜位詔書》產生的後果是「新創說」與「因襲說」難以達成共識、互相信任合作，衍伸背後真正的問題是民國政權的來源，合法性與正當性無法真正有效確立。由誰執國家統治權之牛耳，成為民初袁氏與革命黨不斷鬥爭角力的問題，新的共和民國也因此而傷痕累累。

民初共和民國的傷痕，不單是體現在革命黨與袁氏的角力鬥爭，也發生在革命黨內部的路線問題。以下我將從作為共和政體配套的政黨政治、議會政治著眼，從中觀察革命黨共和政制的實際運作狀況；以及當運作不良時，革命黨的因應之道，從而理解當時亡命天涯的革命黨人陳獨秀力圖辦一個雜誌，改造中國的創刊背景。[57]

二、辛亥革命：革命黨轉型與建國問題

早在武昌起義成功後不久，天津《大公報》刊載章太炎的一份電文，赫然提出「革命軍起，革命黨消」的問題，指出「以革命黨人召集革命黨人，

55　孫文，〈致南洋革命黨人函〉，1914 年 4 月 18 日發表，見《孫中山全集》第 3 卷（北京：中華書局，1982），頁 82。

56　章永樂《舊邦新造：1911-1917》，見第二章〈1911-1912 的「大妥協」：過程、意義與侷限〉，《舊邦新造：1911-1917》，頁 49-81。

57　據汪原放，《亞東圖書館與陳獨秀》（上海：學林出版社，2006）指出：「民國二年（1913 年），仲甫亡命到上海來，……，他想出一本雜誌，說只要十年八年的功夫，一定會發生很大的影響……」，頁 33。這在後來由群益書社承接，初名《青年》雜誌，後來才改做《新青年》。

是欲以一黨組織政府，若守此見，人心解體矣。」[58]從內容看來，章太炎思考的是：當體制的變革完成之後，革命黨從在野的秘密會黨到執政的共和政黨，應進一步思考性質的轉換與接下來的任務。章太炎認為，秘密會黨的革命黨應該取消，而且應以公心、同舟共濟來合力組成政府。楊天宏的分析指出，「革命黨」不能等同於西方近代政治意義的「政黨」，章太炎的政治理念，其實正明確主張以「政黨」代替「革命黨」，期待革命黨蛻變為議會政制下的「政黨」，背後則體現章氏多黨政治的共和政治運作思維。[59]

　　針對此一命題，不久孫中山即發表〈中國同盟會意見書〉反駁，他說：

> 吾黨偏怯者流，乃唱為「革命事起，革命黨消」之言，公然登諸報紙，至可怪也。此不特不明乎利害之勢，於本會所持之主義而亦瞢之，是儒生闒茸之言，無一粲之值。[60]

顯然孫中山並不贊成章太炎的思考，而將焦點放在「本會所持之主義」，而主義的具體內涵即為「是吾黨當亟為一致之行，操必死之決心，秣馬屬兵於鐵血中，而養其潛勢力以為之後盾。」[61]仍然是基於軍事政治的考量。

　　孫、章不同之處在於：章太炎著重的是革命黨內部的檢討，以及作為建國政黨在革命成功後，所必須展開的轉型工作；也就是說，它必須從革命的秘密會黨身分成功轉型為共和國政黨。「德不孤，必有鄰」，稍後熟悉西方政治學理論的章士釗提出「毀黨造黨」的主張——即「以造黨之目的而毀

58　〈章炳麟之消弭黨見〉載於 1911 年 12 月 12 日天津《大公報》第 5 版。

59　楊天宏，〈政黨建置與民初走向——從「革命軍起，革命黨消」口號的提出論起〉，中國社會科學院近代史研究室與民國史研究室、四川師範大學歷史文化學院編，《一九一〇年代的中國》（北京：社會科學文獻出版社，2007），頁 1-7。

60　本文原載於上海《天鐸報》，1912 年 1 月 2 日〈同盟會本部改定暫行章程並意見書〉，引自〈中國同盟會意見書〉，《孫中山全集》第一卷（北京：中華書局，1986），頁 577-579。

61　同上註，頁 578。

黨」，更進而推進民初政黨政治的準備。[62]但民初革命黨轉型為政黨，並沒有想像中如此容易，以孫中山為代表的革命黨人，更多時候是抱持「男兒志在沙場，馬革裹屍氣豪壯」，而不是國會殿堂上的唇槍舌戰。而孫、章的不同，後來在二次革命失敗後，革命黨內部路線的分歧，更進一步彰顯。

　　民初革命黨人爭論的焦點，除了革命政黨的轉型之外，另一重要的問題即是反省何以建國失敗的問題。辛亥革命既然成功，何以說建國失敗？原來民國成立以後，革命的果實落入軍閥袁世凱之手，使得專制帝國甫轉型為共和民國一開始就步履維艱，然而此並不意謂著革命黨全無機會。當時袁世凱雖然逐步走向獨裁政治，但在袁氏政府解散國會前，仍然保留共和民主的形式：議會、政黨、內閣仍然存在；然而黨派林立，形成嚴重的黨派鬥爭傾軋——尤其是革命黨因缺乏內在的向心力與作為建國政黨的擔當責任，以致於內部分化為許多派系。當時革命黨的主要兩派——同盟會與光復會，兩派的勢力衝突日益加劇，甚至蔡元培必須回國調停兩派的紛爭。[63]

　　從當時陳獨秀為章士釗帶有自傳性質的小說〈雙枰記〉作序看來，陳氏自述當年投身革命的心路歷程，更顯革命志士回首前塵往事的悲涼：

> 十年前中國民黨之零丁孤苦，豈不更甚於今日。當年咸以脆薄自傷，由今思之：<u>有道德、有誠意、有犧牲精神。由純粹之愛國心而主張革命</u>，如：趙伯先、楊篤生、吳孟俠、陳星台、何靡施者。[64]

62　關於章士釗的主張，相關的討論可參看：楊天宏，〈政黨建置與民初走向——從「革命軍起，革命黨消」口號的提出論起〉，《一九一○年代的中國》，頁 6-8。

63　蔡元培，〈蔡孑民傳略〉，原文為：「辛亥，武昌起義，孑民受柏林同學之招，赴柏林，助為鼓吹。未幾，回國，于同盟光復兩會間，頗盡調停之力。」見沈雲龍主編，《近代中國史料叢刊》第九十四輯，《蔡孑民（元培）先生言行錄》（臺北：文海出版社，1973 年 7 月影印初版），頁 21。

64　陳獨秀，〈《雙枰記·序一》〉，《甲寅》1 卷 4 號（1914 年 11 月），頁 1-2。劃線部分為筆者所加。其中何靡施為〈雙枰記〉中的小說主角。

此五人正是陳獨秀於清末革命經歷出生入死的夥伴。其中「趙楊吳陳不惜自
戕以勵薄俗，恐無人已忘甚教訓」[65]；對比當年有道德、誠意、犧牲精神的
革命，反照今日的民黨內訌外患，陳獨秀在此寄寓其悲憤。小說讀起來是一
革命家不幸的戀愛悲劇，然而陳獨秀的解讀主要側重「革命」的敘事基調，
由此籠罩的不祥，點出作為曾經赴湯蹈火，在所不辭的革命志士對過往革命
時代的憑弔。因此劉納指出：「被作者描述為故事人物之一的陳獨秀最理解
小說所包含的憑弔之意」[66]，正是基於陳獨秀對當前辛亥革命後政治亂象的
沉痛思緒加以投射。不單是陳獨秀有切膚之痛，魯迅的摯友范愛農自沉而死
與光復會領袖陶成章遭人暗殺，都與革命黨內部的紛爭息息相關。

　　當時民黨內訌外患的具體原因，日後陳獨秀在《新青年》發表〈我之愛
國主義〉也有一深切反省：

> 至於革命乃何等高尚之事功，革命黨為何等富於犧牲精神之人物，宜
> 不類乎貪吏矣。而恃其師旅之眾，強取橫奪，滿載而歸者，所在多
> 有。此外文武官吏，及假口創辦實業之奸人，盜取多金，榮歸鄉里，
> 儼然以巨紳自居者，不可勝數，社會亦優容之而不以為怪。[67]

從革命黨本身應負有高尚的道德人格與當前巧取豪奪的革命黨人，作一強烈
對比。從陳獨秀對革命黨的檢討思路來看，主要是從革命黨人拋棄原有理想
精神與道德感，而且未能深入人心思想作一改造啟迪的工夫。並且，從周作
人當時發表的文章〈民國之徵何在〉，革命後的新政府「官威如故，民瘼未
蘇」[68]，差別只在於從滿清政府變成民國新貴。政府新貴尚且如此，一般普

65　同上註，頁 1-2。

66　劉納，《嬗變：辛亥革命時期至五四時期的中國文學》（修訂版）（北京：中國人民
　　大學出版社，2010），頁 109。

67　陳獨秀，〈我之愛國主義〉，《新青年》2 卷 2 號（1916 年 10 月）。

68　周作人，〈民國之徵何在〉，發表於 1912 年。見：鍾叔河編訂，《周作人散文全
　　集》第一卷（桂林：廣西師範大學出版社，2009），頁 36。

羅大眾的反應，在魯迅於辛亥年發表的小說〈懷舊〉裏，辛亥革命成了長毛
造反（筆者按：太平天國造反）的同義詞。換而言之，從政府新貴到一般民
眾，整個社會思考政治運作的思維仍在專制政體的軌道，而未能進入共和體
制的運作思維。因此，高一涵日後於《新青年》的檢討：「辛亥革命是以種
族思想爭來的，不是以共和思想爭來的。所以皇帝雖然退位，而人人腦中的
皇帝尚未退位。」[69]說明的正是人心共和思想的缺乏，導致辛亥革命的共和
建國之路崎嶇難行。在這裏，我們看到陳獨秀、周氏兄弟經歷辛亥革命的挫
敗思路是一致的，這場革命（辛亥革命）在政體上的轉換——推翻滿清專制
政體，乍看成功，但潛伏更大的問題因子，如果人心未能真正改變，共和政
府終將成為明日黃花！這樣的錐心之痛，在蟄伏醞釀幾年之後，將在未來掀
起滔天巨浪。

　　此外，原清末革命黨人李大釗[70]，日後亦為《新青年》同人，有鑑於民
國建國肇建失敗，對有志之士的沉重打擊，賦予文化思想上的建設性新能
量。針對陳獨秀於《甲寅》發表〈愛國心與自覺心〉的悲觀語調引發讀者爭
議[71]，李大釗在「通訊欄」發表致《甲寅》雜誌記者的一封信〈厭世心與自
覺心〉，為陳獨秀緩頰。他認為陳獨秀該文「厭世之辭，嫌其泰多；自覺之
義，嫌其泰少。」而此厭世之感，具體表現為民初有志之士對推翻滿清，進
入民國之後，由滿懷希望到對國事萬念俱灰的絕望心理：

　　　　滿清末造，吾人猶有光復之希望、共和之希望，故雖內虐外侵，壓迫
　　　　橫來，而以有前途一線之望，不肯遽灰其志，辛忍受其毒苦。今理想
　　　　中之光復佳運，希望中之共和幸福，不惟毫末無聞，政俗且愈趨愈

69　高一涵，〈非君師主義〉，《新青年》5 卷 6 號（1918 年 12 月）。
70　詳見陳萬雄，〈李大釗與辛亥革命運動〉，《歷史與文化的穿梭》（北京：中國社會
　　科學出版社，2000），頁 1-8。
71　章士釗於〈國家與我〉提到，他身為主編，接到讀者「詰問叱責之書，累十餘通」，
　　《甲寅》1 卷 8 號（1915 年 8 月），頁 1。另外，陳獨秀，〈愛國心與自覺心〉，
　　《甲寅》1 卷 4 號（1914 年 11 月）。

　　下，日即卑污，傷心之士，安有不痛憤欲絕，萬念俱灰，以求一暝，
　　絕聞睹于此萬惡之世也。[72]

表現在當時的是自殺蔚為風潮，李大釗認為這種國政之苦的能量是可以轉化
的，「文學為物，感人至深……社會之樂有文人，為其以先覺之明覺醒斯世
也」[73]也就是說，文人的行動力在於發為文章，以先覺者的姿態啟迪世人，
而此種苦的能量匯聚，在稍後刊行的《新青年》的成員匯集，更形成一種撼
動人心的能量。

　　從上文的闡述看來，這裏其實已經呈現兩種思索辛亥革命何以成功、建
國何以失敗的思考：其一是辛亥革命成功來自於革命黨的軍事武力取勝，因
此仍需維持軍事武力的優勢，以孫中山為代表；其二是建國失敗來自於革命
黨缺乏共和思想與道德理想的思考，以陳獨秀、李大釗、高一涵為代表。後
者入民國以後，對於中國政治的走向深感失望，基本上他們仍延續清末時期
對中國政治改革的看法，從教育和道德思想文化的改革著手，以解決中國的
政治問題。下文我將繼續說明，促使民初革命黨路線分化，進一步明朗化的
關鍵因素是二次革命。

三、二次革命後革命黨的分化

　　革命黨分裂主要的導火線是宋教仁案發生後，內部對於是否發動二次革
命一事，產生的分歧，其中較為明顯分野的主要有兩派：一派是激進派，以
孫中山為代表，主張「立即興師討袁」，認為宋案的發生是袁氏帝制自為的
結果，應乘機調集各省兵力，一致討袁，不可延誤時機；一派是穩健派，以
黃興為代表，認為革命軍元氣大傷，仍有待重新整備，才能作戰，因而主張
「稍緩用兵，以觀其變」。[74]可以看出當時兩派對救國主張的嚴重分歧。然

72　李大釗，〈厭世心與自覺心〉，《甲寅》1 卷 8 號（1915 年 8 月），頁 13。
73　同上註，頁 13-14。
74　據國民黨湖南代表周震鱗的回憶，〈關於黃興、華興會、和辛亥革命後的孫黃關

而二次革命不但軍事上失敗，再者，由於宋教仁被刺一案尚在司法審理階段，南方革命黨人即起兵反袁，在法理和輿論層面，亦難以獲得民心支持。[75]二次革命後，兩派的反省亦見差異。其中激進派認為革命團體渙散，應進行更強而有力的結合，以維繫民黨，振發偷惰的人心，以孫中山一派為代表，在三年七月成立中華革命黨；穩健派則認為民黨新敗，應遵養時晦，採漸進主義，以圖進取，以培養人才為要務，以黃興一派為代表[76]。後者在黃興赴美之後，依舊別樹一幟，與孫中山隱然形成對抗，成立歐事研究會，當時他們主張對國事採取「浸潤漸進主義」、「力圖人才集中，不分黨界」，顯然是與孫派主張激進軍事革命、裁汰異黨分子不合。[77]張繼即指出：「歐事研究會，多克強（筆者按：黃興）舊屬，計劃討袁。」[78]說明此一淵源。然而從歐事研究會的協議條件看來，亦主張「對於孫中山先生取尊敬主義」，顯然又不希望造成黨內的分裂[79]。但誠如章士釗所言，歐事研究會的成立，

係〉，《黃興評傳》（臺北：傳記文學出版社，1968），頁 181。另外，史學界關於民初革命黨孫中山、黃興兩派的討論亦有一定的研究成果，如：章開沅，〈「孫黃軸心」的歷史演變〉及呂芳上，〈二次革命後國民黨孫黃兩派的政治活動〉，均載於《黃興與近代中國學術討論會論文集》（臺北：政治大學歷史研究所，1993），頁次分別為 103-159，161-193。

[75] 汪朝光，《中國近代通史》第六卷《民國的初建（1912-1923）》（南京：江蘇人民出版社，2007），頁 35-52。

[76] 參考：曾毅，〈九、護國軍秘密運動史〉，《革命文獻》第四十七輯（臺北：中國國民黨中央委員會黨史委員會，1969），頁 43；蔣永敬，〈歐事研究會的由來和活動〉，《傳記文學》第 34 卷第 5 期（1979 年 5 月），頁 66-67。

[77] 呂芳上指出，從民國三年到民國五年，孫、黃兩派有共同目標的不同組織，以不同方式進行改革中國政治的活動，雖非全面對壘，也談不上嚴重分裂，但「各行其是」則係事實。並且孫、意見的分歧，並不光是個人問題，而是分別代表國民黨內對黨務與政治改革分持鬆緊、緩急不同態度的一批人。呂芳上，〈二次革命後國民黨孫黃兩派的政治活動〉，《黃興與近代中國學術討論會論文集》，頁 160、173。

[78] 張繼，《張溥泉先生回憶錄・日記》（臺北：文海出版社，1985），頁 13。

[79] 歐事研究在民國三年八月，議有協議條件，說明如下：
一、力圖人才集中，不分黨界。
二、對於孫中山採取尊敬主義。

雖然以研究歐戰為名，「此不過假借世運，掩飾內訌，非本會之真實職志也。」[80]

除了政治主張激進／緩進的程度不同，黃興一派不願意加入中華革命黨，更深層的原因在於對二次革命失敗的不同解讀與解決方式，凸顯兩方更深的思想分歧。在孫中山看來，二次革命失敗的原因，在於同志不服從黨魁，因此孫中山提出「為捲土重來之計，當與同志秘密組織。因鑒于前此之散漫不統一之病，此次立黨，特主服從黨魁命令，並須各具誓約，誓願犧牲生命、自由權利，服從命令，盡忠職守」[81]，也就是建立絕對服從黨魁個人的中華革命黨。因此中華革命黨總章規定：「凡進本黨者，必須以犧牲一己之身命、自由、權利而圖革命之成功為條件，立約宣誓，永久遵守。」[82]並且在入黨的方式上還採取了每人按指印的方式。

對於以建立現代民主政體為宗旨，甫推翻一個君主專制王朝的革命黨人來說，要他們宣誓效忠於某一個人，其難於接受是可以理解的。[83]黃興認為，中華革命黨的入黨規定，要求按指印、立誓約，不但幫會習氣過重，也違反「自己所提倡之平等自由主義」[84]。張繼的回憶錄亦指出，當年他婉拒加入中華革命黨的經過，在於孫中山「以手強余打指拇，余挽拒之」，中華

三、對於國內主張浸潤漸進主義，用種種方法，總期取其同情為究竟。

四、關於軍事進行，由軍事人員秘密商決之。

微引自蔣永敬，〈歐事研究會的由來和活動〉，《傳記文學》34 卷 5 期（1979 年 5 月），頁 64。

80 章士釗，〈歐事研究會拾遺〉，《章士釗全集》第 8 卷（上海：文匯出版社，2008），頁 280。

81 〈致南洋革命黨人函〉（1914 年 4 月 18 日），《孫中山全集》第 3 卷（北京：中華書局，1986），頁 81。劃線部分為筆者所加。

82 〈中華革命黨總章〉（1914 年 7 月 8 日），《孫中山全集》第 3 卷，頁 98。劃線部分為筆者所加。

83 薛君度著，楊慎之譯，《黃興與中國革命》（香港：三聯書店，1980），頁 143。

84 章士釗，〈孫黃遺札密詮〉，《章士釗全集》第 8 卷（上海：文匯出版社，2008），頁 361。

革命黨成為秘密會黨，當時革命同志心理無法接受，於是轉而赴法，從事反袁運動。[85]張繼沒有說出來的是，打指模看似一種儀式象徵，其實根本的癥結在於，正是中華革命黨宣誓效忠於某一個「個人」，此與他們甫推翻的君主專制政體，建立共和民國的核心價值「民主」精神相違背。

　　因此，在黃興等人看來，以犧牲個人自由權利為代價，不但嚴重違反了平等自由的精神，並且革命變成只為一人效忠服務。甫推翻君主專制的革命黨，其行徑竟與專制無異，這種思想觀念的分歧，才是兩派最終產生分裂的主要原因。此時，辛亥革命後原擔任柏文蔚秘書長的陳獨秀，積極參與二次革命，革命失敗後亡命日本，於《甲寅》雜誌亦曲折的表示，反對中華革命黨為團體而不惜犧牲個人自由為代價：「團體之成立，乃以發展個體之權利已爾，個體之權利不存，則團體遂無存在之必要，必欲存之，是曰盲動。」[86]該文亦指出章士釗當時即有類似的思考：「爛柯山人（筆者按：章士釗）素惡專橫政治與習慣，對國家主張人民之自由權利，對社會主張個人之自由權利。」[87]可以說，有別於中華革命黨強調團體紀律，《甲寅》這股高舉個人自由權利的思考方向，後來成為《新青年》思想的泉源。[88]

　　上述這股主張緩進改革而不願加入中華革命黨的原民黨勢力，有鑑於歐戰影響中國局勢至為嚴重，必須注意其發展演變，因而發起組織「歐事研究會」（1914 年 7 月），其淵源則與山東問題，及其後的二十一條要求有關[89]。既以「會」名而不以「黨」集結，說明它不以強迫性的組織成立。事實上，根據歐事研究會所謂「協議條件」第一條有「不分黨界」的規定，即非以政黨的姿態出現；然而在實際活動方面，仍有「排他性」的作用，形成某種特

85　張繼，《張溥泉先生回憶錄‧日記》（臺北：文海出版社，1985），頁 12。

86　陳獨秀，《雙枰記‧序一》，《甲寅》1 卷 4 號，頁 2。

87　同上註。

88　詳細的討論參看第三章第一節。

89　相關的討論參看第四章第一節。

定的影響力。[90]從歐事研究會民國三年冬擬訂的活動計劃看來，他們對於當前的政局，主張「緩和的改進主義」，他們認為激進的主張不能喚起國人的同情，唯有「鼓吹共和國家組織之原則」、「共和國民應具之知識」，以養成健全的輿論，而欲達成此目的，提出開辦日報、雜誌，作為灌輸民眾知識之法。[91]可以說是一年後成立的《新青年》初期主張的核心內涵——正是因應共和危機，提出「國民政治」，透過雜誌的傳播媒介，灌輸民主智識，著意塑造人民民主政治的公共輿論空間，才能達成維持共和國體的目標。[92]

　　另外，二次革命後，黨人多流亡日本，陳獨秀在日協助章士釗編輯《甲寅》雜誌，章士釗亦為歐事研究會成員，《甲寅》雜誌亦可說是歐事研究會理念之實踐。等到該年 8 月，楊度等人發起籌安會，部分歐事研究會成員組織「共和維持會」，嚴斥袁氏政府進行帝制變更國體；李根源等歐事研究會成員亦出版《中華新報》，吳稚暉、陳獨秀即分別為該報編輯、撰稿人，透過傳媒與政府對抗，惜不久即遭袁氏禁刊[93]。稍後袁氏宣佈帝制，歐事研究會從原先的緩進改革（報刊輿論的批判、文化思想的啟迪進行反袁），部分逐漸走向激進的軍事行動，而有討袁的護國軍之役；而部分仍持緩進路線，《新青年》則是在《中華日報》、《甲寅》相繼被禁之下，繼承此一文化思想啟蒙思路的報刊。而《新青年》的創刊，前二卷更是主要得力於《中華日報》、《甲寅》的人脈。[94]並且根據劉仁靜的回憶指出，陳獨秀曾對他說起當年辦《新青年》的動機：

　　　一九一五年袁世凱承認二十一條的時候，對他刺激很大，他認為中國

---

[90] 蔣永敬，〈歐事研究會的由來和活動〉，《傳記文學》第 34 卷第 5 期（1979 年 5 月），頁 71。

[91] 同上註，頁 66-67。

[92] 詳見第三章第一、二節的討論。

[93] 李根源，《雪生年錄》（臺北：文海出版社，1966），頁 67。《中華新報》創刊於 1915 年 10 月 10 日。

[94] 陳萬雄，《五四新文化的源流》，頁 12。

還是軍閥當權，革不成什麼命，在中國進行政治革命沒有意義，要從
思想革命開始，要革中國人思想的命，因此他就寫文章批判孔子，批
判舊禮教。[95]

由此看來，袁氏對內改變共和國體，進行復辟稱帝；對外勾結日人，變相賣
國，是促使當時《新青年》知識群體凝聚共識，進行思想革命，而非以政治
革命手段改造軍閥中國的轉轍器，下文將進一步說明。

　　根據歐事研究會發起人在 1915 年初所列的名單，即包含《新青年》的
主編陳獨秀，以及從《新青年》2 卷 1 號新增的撰稿人名流之士：吳稚暉、
張繼，以及促成北大與《新青年》一校一刊的蔡元培。[96]吳稚暉、蔡元培即
清末巴黎派成員或傾向者，入民國後，他們尤將心力著眼於道德改造與教育
革命兩大訴求，成立「進德會」與「勤工儉學」相關活動；以及蔡元培時任
北大校長，即切實從教育著手，揭示「不涉政界之決心」[97]，此正與當時中
華革命黨的政治軍事主張大相逕庭，因而當時他們亦未加入中華革命黨。另
外，由於張繼對中華革命黨、歐事研究會保持較中立的態度，「不立界限」
[98]，其後南下參加由孫中山領導的護法運動，因而在《新青年》也未撰文。
從張繼、吳稚暉、蔡元培與中華革命黨的關係看來，正是與中華革命黨關係
較疏離的吳稚暉、蔡元培，方與《新青年》長相左右，並產生關鍵性的影響
力。另外，其他《新青年》同人雖未加入歐事研究會，但在民初的活動，亦
主要從事教育文化事業，例如：錢玄同自述其心路歷程，他曾於 1907 年加

95　劉仁靜，〈回憶黨的「一大」〉，中國社會科學研究院現代史研究室、中國革命博物
　　館黨史研究室選編《一大前後》（二）（北京：人民出版社，1980），頁 214。

96　李根源，《雪生年錄》，頁 65。蔣永敬，〈歐事研究會的由來和活動〉，《傳記文
　　學》第 34 卷第 5 期（1979 年 5 月），頁 65。

97　蔡元培，〈致汪兆銘函〉，《蔡元培全集》第二卷（北京：中華書局，1984），頁
　　26。

98　張繼，《張溥泉先生回憶錄‧日記》，頁 13。

入同盟會，「但革命（筆者按：辛亥革命）以後，我卻沒有入國民黨」[99]。民初錢玄同任教於浙江第三中學，之後至北大任教，正是由於錢玄同的牽引，在教育部任職的魯迅，與其弟周作人，之後成為《新青年》的生力軍。

由以上的分析可知，《新青年》核心成員在民初的活動多從事於文化教育的啟蒙、思想的啟迪，不同於孫中山一派的革命黨致力於政治軍事活動，體現出對於共和國體存續問題解決的不同實踐途徑。而從《新青年》成員在清末的革命活動看來，他們創辦啟蒙報刊，著眼於思想文化的啟迪；入民國後，眼見辛亥革命、二次革命的失敗，他們對於革命的失望以及對革命黨的反省檢討，面對當時袁氏帝制運動如火如荼，使他們匯聚至《新青年》的旗幟下，進行以思想文化啟迪國民的反袁戰爭。下一節，我將進一步談到，後來《新青年》掀起波瀾洶湧的新文化運動重要議題的生成，不但是承續前文所提清末反傳統的主張，更直接的動因來自於：民初部分舊派文化主張與現實政治中的兩股復辟勢力互為勾連。

第三節　「文化」危機：民初復古復辟思潮的反動

針對民初代議政治運作失敗，導致國政紊亂，民不聊生的慘狀，相較於上述革命黨人的反省，民初政壇的另一股勢力，原清末立憲派與守舊派的傳統仕紳則認為，欲重建此一社會失序的亂局，必須有賴於傳統倫理道德的規範。但傳統文化的復興若僅在「文化」的領域上活動，基本上有助於百家爭鳴，關鍵在於此一傳統文化主要集中表現在尊孔、三綱禮教的提倡；更重要的是，尊孔復古思潮又進一步朝向兩種政治復辟之路的生成：王朝復辟與袁氏帝制運動，並且在當時袁氏尊孔運動的推波助瀾下，形成一股強大的復古輿論勢力。

作為歷史的後見者，我們感興趣的是：復古與復辟思潮為何產生於甫誕

---

[99]　錢玄同，〈三十年來我對滿清的態度的變遷〉，《錢玄同文集》第二卷（北京：中國人民大學出版社，1999），頁114。

生不久的共和民國？這個問題的根源其實源於民國雖然成立，但仍然存在兩種與民主共和國非常不協調的現實：首先，為促使清室退位而產生的《清室優待條件》，衍生國中之國、朝中之朝的問題。溥儀仍擁皇帝尊號，北京皇宮的小朝廷仍沿用宣統年號，清朝的似亡未亡，給予遺老及宗社黨伺機而動的希望。其次，若以《清室遜位詔書》中「即由袁世凱以全權組織臨時共和政府」的話為根據，袁世凱可以不向民國負責。事實上，袁氏即於 1914 年召開約法會議，重新制定《中華民國約法》，取代民國元年臨時約法，其根據在於「其權不特因國民選舉而得，且由清室下諭之」[100]，說明承續的是清室法統，而非國民總意。因此在溥儀、袁世凱身上進一步反映兩種復辟思想：一是王朝復辟派的「復清朝之辟」，二是袁氏的「復帝制之辟」思想[101]，進而衍生民國初年兩種復辟派與革命黨人、新知識分子的政治角力問題。

　　這個問題的產生有其特定的時代氛圍。原來，尊孔、讀經的要求雖然民元官方的禁止[102]，但在民間仍然具有一定的影響力。隨著民初政局日益混亂，讀經與尊孔就不只是部分舊派自我安身立命的目的，而是進一步作為世局穩定、社會重整的政治實踐方式。林志宏指出，民初清遺民的政治與文化認同合為一體，讀經作為一種政治工具，是他們支持傳統文化的重要原因；相反的，新派認為經書代表帝制的附屬品，因此主張共和就不讀經。而尊孔則因進一步與孔教運動相聯，關係到選擇未來中國的國體，涉及到複雜的政

---

[100] 1914 年 4 月 12 日《申報》譯載《大陸報》北京訪函〈論中國政局之將來〉，微引自：白蕉，《袁世凱與中華民國》，頁 122-123。

[101] 陳旭麓，〈「五四」前夜的政治思想逆流——民國初年的反動復辟思想〉，《陳旭麓學術文存》（上海：上海人民出版社，1990），頁 618-636。

[102] 對中國教育大刀闊斧的改革，首推當時接掌南京臨時政府教育總長的蔡元培。蔡元培甫上任之初，發表〈對於教育方針之意見〉，主張對清末學部定的忠君、尊孔、尚公、尚武、尚實的教育宗旨加以修正，提出「忠君與共和政體不合，尊孔與信教自由相違」。另外在實際的教育措施方面，南京臨時政府教育部廢止小學讀經，將經科併入大學文科（經科本為獨立一科），停止祭孔等規定。

治角力問題。[103]假如舊派的行動，只是單純文化方面的復興，自是無可厚非；但現實的狀況是立孔教為國教的政治呼聲，正在全國蔓延開來。同時這些尊孔團體介入政治的訴求，實與《清室優待條件》相關。由於該文案仍存大清皇帝名稱與仍居紫禁城等字眼，實與未退位無異，我們可以理解，對於舊派的心理必定產生某種程度的影響；也證明了《清室優待條件》所產生的國中之國，朝中之朝的問題，更進而催化王朝復辟派的形成。

王朝復辟派的主要成員來自於宗社黨人、遜清遺老、保皇會分子、舊官僚群，當時他們多以拜謁崇陵、提倡尊孔、纂史修志等方式表明眷戀故君舊朝的心理。[104]必須說明的是，宗社黨人、遜清遺老等這些人，入民國後，有些原本不排斥共和，後因民初政治混亂，文化認同上難以安身立命，而選擇眷念舊朝，如：梁濟、林紓即為著名例子，其成員政治屬性的複雜曲折，仍需另立專文討論。我在這裏主要分析的是，部分活躍於民初政治檯面的王朝復辟派，不但散播「共和不適於中國」的「國情論」[105]，還大力鼓吹復辟，以致復辟謠言四起，滿城風雨；並且他們也多利用尊孔、讀經、辦報等相關活動，宣傳三綱五倫，為政治復辟製造理論論述的根據，其中尤以「尊孔」作為復古與復辟的溝通。老一輩學者陳旭麓即指出：民初尊孔復古是文化上的復辟，恢復君主制是政治上的復辟；文化復古是為政治復辟作思想準備，尊孔復古正是和政治復辟合唱雙簧。[106]與此同時，另一股重要政治復辟勢力：袁世凱的帝制運動也正沸沸揚揚的進行著。

由於尊孔讀經對忠君、綱常的強調，與袁氏帝制復辟的目的若合符節，

---

103 除了清遺民讀經、尊孔，林志宏尚舉出「五代印象」、「共和」之辨，相關討論參見氏著《民國乃敵國也：政治文化轉型下的清遺民》第四章〈重建社會秩序：政治與文化的議論〉，頁179-222。

104 胡平生，《民國初期的復辟派》（臺北：臺灣學生書局，1985），頁1。

105 如：遺老派勞乃宣撰〈共和正解〉（1911）、〈續共和正解〉（1914），又有劉廷琛的〈復禮制館書〉、宋育仁的〈還政清室〉的演說。

106 陳旭麓，〈「五四」前夜的政治思想逆流──民國初年的反動復辟思想〉，《陳旭麓學術文存》（上海：上海人民出版社，1990），頁618-620。

因此作為袁氏帝制運動的重要一環，即以國家領導人的權力大力提倡。從袁世凱民國初年的尊孔活動來看：1912 年 9 月至 1913 年 6 月，袁世凱先後頒布〈通令國民尊崇倫常文〉和〈通令尊崇孔聖文〉；1914 年 1 月，袁世凱向政治會議提出祭天祀孔，政治會議秉承袁氏的意旨議復，袁氏遂據以通令全國；當年 2 月，公佈〈崇聖典例〉，規定孔孟後裔仍然享受前代所賜予的榮典[107]；9 月 28 日，袁世凱率領部會首長及文武官員，穿著新制的古祭服，在北京孔廟舉行祭孔典禮。此時學校恢復尊孔讀經，著重帶有復古色彩的教育思想：原南京臨時政府教育部的新措施「壬子學制」中的廢止中小學讀經、將經科併入大學文科的主張，一變為採取經訓、大學院添設經學院，明示「尊孔尚孟之主旨」、中小學讀經列為專科。[108]不但一改民元的教育新措施，袁氏並恢復具有封建帝王色彩的祭天祭孔儀式，這件事魯迅日後也寫進他的雜文：「袁世凱也如一切儒者一樣，最主張尊孔。做了離奇的古衣冠，盛行祭孔的時候，大概是要做皇帝以前的一兩年。」[109]

　　從以上的說明看來，王朝復辟派與袁氏帝制運動雖然對象不同，但目的皆為帝制，殊途同歸。因此，王朝復辟派原先為民初教育部所壓抑的各種尊孔讀經活動，在袁氏掌權後，又得以法令的形式，要求遵行，此一復古風潮在二次革命以後，更是甚囂塵上。而民初的尊孔復古思潮，誠如時人所言「民國三四年的時候，復古主義披靡一世，什麼忠孝節義，什麼八德的建議案，連篇累牘地披露出來，到後來便有帝制的結果。」[110]可見尊孔復古並非單純的文化復古思潮，有些正與政治勢力的復辟運動互為表裏，形成民初

---

[107] 以上參考郭廷以編著，《中華民國史事日誌》（臺北：中央研究院近代史研究所，1979）。

[108] 相關法令參見：〈教育部整理教育方案草案〉（1914 年 12 月）、〈袁世凱「頒定教育要旨」〉（1915 年 1 月）、〈袁世凱「特定教育綱要」〉（1915 年 2 月）等教育法令，原文載於舒新城《中國近代教育史資料》上中下（北京：人民出版社，1985年第 9 刷／初版 1961 年）。

[109] 魯迅，〈從胡須說到牙齒〉，《魯迅全集》第一卷，頁 249。

[110] 毋忘，〈最近新舊思潮衝突之雜感〉，錄自《國民公報》，《每週評論》17 號，1919 年 4 月 13 日特別附錄專刊「對於新舊思潮的輿論」。

共和國體的極大威脅。並且，梁啟超於〈復古思潮評議〉（1915 年）指出，中國近年的風氣敗壞的原因為佻淺的新學說只佔十分之二三，敗於積重難返的舊空氣實佔十分之七、八。[111]從梁啟超對復古風氣的質疑，以及當時的復古主要是忠孝節義為主的召喚，方能瞭解日後《新青年》何以質疑孔子及三綱禮教，正是在民初復古風潮與道德論相激盪下的時代產物。

　　由此看來，舊派提倡的尊孔讀經之風，有了袁氏政府教育法令的更定，更進一步確定其合法性與正當性，並透過《褒揚條例》、《暫行新刑律補充條例》的修訂，忠孝節義等舊倫理道德成為具有褒揚及懲罰雙重功能的強制性權威[112]，可以說袁世凱已階段性的完成帝制論述的思想準備。因此，與此一復古思潮相呼應的帝制造勢運動，接連上演。[113]於此，梁啟超發表〈五年來之教訓〉一文，針對民國成立後五年來的政局指出：袁氏從民國三年以後，獎勵舊思想形式無所不用其極，雖然袁氏的用心何在，姑且暫勿深論，但所造成的影響的確是國中有一大部分人對於袁氏的行動深表同情，以為可以挽救道德的墮落，防止社會脫序；但追究它的結果，不但沒有任何成效，除了釀成「帝制」的形成外，別無所得。[114]

　　梁氏此文中，已看到袁氏帝制復辟與當時守舊派的尊孔復古風潮、道德

---

[111] 梁啟超，〈復古思潮平議〉，《梁啟超全集》第五冊（北京：北京出版社，1999），頁 2815-2818。

[112] 袁氏政府頒布《褒揚條例》，該條例提出九種可褒揚的行誼，其中前三條為「孝行卓絕著聞鄉里者」、「婦女節烈貞操可以風世者」、「特著義行可稱者」，基本上即是復古派推崇的孝、節、義的具體行為表揚。以及《暫行新刑律補充條例》的修訂，即具有懲罰的強制性權威，詳細的討論參看第二章第三節。

[113] 首先上場的是楊度撰寫〈君憲救國論〉上中下三篇，指出「非立憲不足以救國家，非君主不足以成立憲」；接著袁世凱政治顧問美國古德諾發表〈共和與君主論〉，指出中國民智未開，「率行共和制，斷無善果」；最後由楊度、嚴復、孫毓筠等六人發起「籌安會」，公開主張君主國體，倡言「君政復古」，袁氏的帝制野心，至此公諸天下。

[114] 梁啟超，〈五年來之教訓〉，《梁啟超全集》（第五冊）第九卷〈傷心之言〉（北京：北京出版社，1999），頁 2931。

復古說的提倡之間有密切的關聯性。稍早，梁氏的反省是議會失能造成共和政治的信仰中心聲譽日墜，但又不能沒有中心，解決方案是國中必須有「中堅之階級」——是以少數宰制多數，謂之多數政治，而此少數必須是少數優秀之輩，成為無形的團體，是真正與國家同休戚，而不是現在的政黨林立，各為私利奔逐。[115]之後在〈政治之基礎與言論家之指針〉（1915 年）中，梁氏說的更明確，政治的基礎在於「社會」，必須要由國民承擔起國家政治的責任，而不是如當時政論家將對話的視窗指向政府當局，無異於對牛彈琴。[116]從議會——中堅階級——國民（社會）作為共和政治的中心，我們已經看到 1915 年同年創刊的《青年》雜誌，突破當時盛行的政論式報刊，主要以國民為對象，號召社會青年為宗旨[117]，正是此一趨勢下的具體行動。

　　而於此時，新知識分子已經開始形成一些不同於復古派的思考與批判聲浪，如：藍公武批判中國的禮教，所謂的忠孝節義與近世國家的文化相違背，更明白提出改革的重點：「改革之道，不在復古，而在革新；不在孔教，而在科學；不欲以孔孟之言行為表率，而欲奉世界之偉人為導師。」[118]以及《甲寅》雜誌在最後一期黃遠庸與章士釗對話的焦點在於改革時政之方，黃遠庸提出從「新文學入手」的改革時弊方案：「根本救濟，遠意當從提倡新文學入手。綜之，使吾輩思潮，如何能與現代思潮相接觸，而促其猛省。」[119]李大釗亦提出相近的思路：「時至今日，術不能制，謀諞洪

---

[115] 梁啟超，〈多數政治之試驗〉，《梁啟超全集》（第五冊）第九卷〈傷心之言〉，頁 2598-2600。

[116] 梁啟超，〈政治之基礎與言論家之指針〉，《梁啟超全集》（第五冊）第九卷〈傷心之言〉，頁 2793。

[117] 《青年》雜誌發刊詞〈敬告青年〉提出青年六義：自主的而非奴隸的、進步的而非保守的、進取的而非退隱的、世界的而非鎖國的、實利的而非虛文的、科學的而非想像的。見陳獨秀，〈敬告青年〉，《青年雜誌》1 卷 1 號（1915 年 9 月）。

[118] 藍公武，〈辟近日復古之謬〉，《大中華雜誌》第 1 卷第 1 期。轉引自陳旭麓，〈「五四」前夜的政治思想逆流——民國初年的反動復辟思想〉，《陳旭麓學術文存》，頁 632-633。

[119] 黃遠庸，〈釋言〉，《甲寅》1 卷 10 期「通訊欄」（1915 年 11 月），頁 2。

濤，昌學而已。」[120]《新青年》所繼承的正是藍公武「科學」、黃遠庸「文學救國」、李大釗「昌學」一脈的思路，而非章士釗「政治差良」的政制救國之路。這些稍後都成了甫創刊的《新青年》提倡倫理革命、文學革命、提倡科學的論述資源。

並且，在袁氏掌權的這段時間，除了上述復古風潮與復辟運動的相生共構，袁氏言論控制的高壓手段，干涉人民的言論、集會、出版等自由權利，正與其帝制運動的進行互為表裏。從 1912 年到 1914 年，袁世凱政府宣告了一連串的法律和命令，包含《戒嚴法》、《治安警察條例》、《預備戒嚴條例》、《報紙條例》、《出版法》。根據這些法律和條例，政府可以干涉人民的言論、集會、出版等自由權利。二次革命之後，袁氏為排除異己，解散國民黨，贊同國民黨或反袁傾向的報紙，幾乎全被查禁。尤其《報紙條例》的公佈，政府得以檢查郵電、拘捕記者，民初臨時約法公佈的人民言論自由，在袁氏的高壓統治下，早已灰飛煙滅。並且對於持反對論調報紙，在內地則勒令停版，在租界停止郵遞，在國外則禁止輸入。當時革命黨機關報《民權報》、《民立報》、《民強報》，以及歐事研究會一系的《中華新報》，尤在嚴格取締的範圍之內。[121]

因此在袁氏稱帝前後，中國的雜誌界一片沉寂，除了商業導向報刊，如《申報》、《東方雜誌》尚能屹立不搖，其他發行量較大的全國性雜誌《小說月報》、《婦女雜誌》傾向保守復古的編輯取向，而反袁色彩強烈的《民權報》走向《民權素》已是強弩之末。之後《甲寅》被廢刊，革命黨人反袁勢力的再次集結，一個新的發聲舞台的出現，那就是《新青年》雜誌。蔡元培指出，在當時軍閥政府壓制自由思想的暴力壓迫之下，「自由思想的勃

---

[120] 李大釗，〈風俗〉，《甲寅》1 卷 3 期（1914 年 8 月）。

[121] 見張靜廬，《中國近代出版史料二編》（上海：群聯出版社，1954），頁 304-305、314-315 註釋第四條。及戈公振，《中國報學史》（臺北：臺灣學生書局，1964 年再版／初版 1926 年），頁 241、246 註釋第一條。

興，仍不可遏抑，代表他的是陳獨秀的《新青年》。」[122]並且，針對袁氏復辟與當時的復古風潮能作出具體回應，又不唯獨「政論文」式的論說——僅將對話的窗口針對政府當局，而是面向社會青年，以文化思想啟蒙者的姿態，惟恃《新青年》掀起文化運動，以文化運動作為介入時政、啟迪民心的途徑。

第四節　結　語

綜上所述，誠如蔡元培所言「孔子是孔子，宗教是宗教，國家是國家，義理各別，勿能強作一談。」[123]文化、宗教、政治，原各自有其馳騁的領域，但民初的政治現實是——傳統文化資源被挪用至政治領域的特定狀態，文化議題成為某些特定人士操弄、被政治化的問題。因此《新青年》日後聲名遠播的倫理革命、文學革命、女權論述等文化運動議題，也必須放在民初文化議題政治化的歷史語境中加以理解。而《新青年》在民初特定的時空語境提出上述的文化議題，說明了《新青年》文化運動與民初政治之間的複雜關係，一開始就不可能是立意純粹的文化運動，下一章將對此作一詳細說明。

---

[122] 蔡元培，〈總序〉，趙家璧主編，《中國新文學大系・建設理論集》（上海：上海文藝出版社，2003 年影印本／據 1935 年上海良友圖書公司版），頁 8。本論文所選《中國新文學系》係出自該版本，不另加說明。

[123] 陳獨秀，〈再論孔教問題〉徵引蔡元培所言，《新青年》2 卷 5 號（1917 年 1 月）。

第二部 奮起：「民國」危機
——文化運動的政治命題

第二章 「民國」危機：
《新青年》文化運動的時政命題

> 舊文學、舊政治、舊倫理，本是一家眷屬，固不得去此而取彼；欲謀
> 改革，乃畏阻力而牽就之，此東方人之思想，此改革數十年而毫無進
> 步之最大原因也。[1]

　　武昌起義一聲巨響，革命浪潮席捲全國，但真正的問題才剛開始。最初
幾年，在風雨中飄搖的共和民國，經歷數年極其慘澹的歲月。當中，各種復
古復辟的勢力伺機而動，不但在文化領域，也在政治領域，動作頻頻。1919
年初，陳獨秀在《新青年》撰寫一篇〈本誌罪案之答辯書〉，針對時人（尤
其是舊派人物）的批評，陳指出：「他們所非難本誌的，無非是破壞孔教，破
壞禮法，破壞國粹，破壞貞節，破壞舊倫理（忠孝節），破壞舊藝術（中國
戲），破壞舊宗教（鬼神），破壞舊文學，破壞舊政治（特權人治），這幾條

---

[1]　胡適之、陳獨秀回覆易宗夔的來信，《新青年》5 卷 4 號通信欄（1918 年 10 月）。

罪案。」[2]即是概括《新青年》文化運動的主要範疇。其中又以倫理革命、文學革命、女權論述，成為日後廣為人們所熟知的《新青年》文化運動，為民初思想史、文學史、婦女史的熱點問題。然而，基本上，上述的討論多是採取特定途徑的議題研究方式。比方說，思想史之研究倫理革命，文學史之研究文學革命，這兩者之間是各自割裂出來，獨立的研究對象；但卻無法整合說明，這些議題背後共同指向的核心問題——也就是 1919 年五四運動以前，中國政治最嚴峻的國體問題。

　　上一章談到民初新舊派在民初文化與政治領域的紛爭，在袁世凱過世之後，舊派勢力並沒有消聲匿跡。蔡元培當時明指三種舊社會流毒：官僚、學究、方士[3]，不但沒有隨之消失，反而與軍閥政府狼狽為奸。除了針對方士，《新青年》另外展開靈學大討論外，文學革命、倫理革命與女權議題，在這些議題字裏行間，我們不斷感受那個隱藏對話者，呼之欲出。

　　在這樣的思考底下，本文將結合《新青年》倫理革命的孔教議題，文學革命的文白之爭，以及女權論述的女子問題專欄、貞操問題——各為《新青年》動員人力最多、討論時間最久的代表性議題為例——藉以說明《新青年》看似以「文化」為主軸的文化運動，所關注的核心議題，最終都指向國體危機此一政治問題。而此正是《新青年》同人推動文化運動的主要目的：不但在於批判、介入當時復古守舊的勢力與實際政治行動，也在於鏟除帝制復辟的社會基礎。

2　陳獨秀，〈本誌罪案之答辯書〉，《新青年》6 卷 1 號（1919 年 1 月）。

3　陳獨秀引用蔡元培之語：「雖然袁氏之罪惡，非特個人之罪惡也。彼實代表吾國三種之舊社會：曰官僚，曰學究，曰方士。畏強抑弱，假公濟私，口蜜腹劍，窮奢極欲，所以表官僚之黑暗也。天壇祀帝，小學讀經，復冕旒之飾，行拜跪之儀，所以表學究之頑舊也。武廟宣誓，教會祈禱，相士貢諛，神方治疾，所以表方士之迂怪也。今袁氏去矣，而此三社會之流毒，果隨之以俱去乎。」原載《旅歐雜誌》第三號，陳獨秀徵引此文於〈袁世凱復活〉，《新青年》2 卷 4 號（1916 年 12 月），頁 1。

第一節 入憲與復辟：《新青年》孔教問題的政治意涵

　　關於《新青年》反孔、孔教議題的相關研究，研究者往往較著力於從反傳統或思想文化的進路，討論《新青年》同人論孔子、孔教的是非，而較忽略《新青年》同人批判孔教、孔子，有其現實政治問題的背景。本節著重探討《新青年》反孔、反孔教議題的提出，其主要目的是將當時國會沸沸揚揚的孔教入憲相關議題，透過相關文章不斷的討論，公諸輿論，喚醒讀者大眾，共和國體危機的可能性。因為這不單是新舊勢力交鋒的問題，而是關鍵在於孔教「入憲」將衍生復辟的後續效應，仍是緊扣《新青年》反抗帝制、維護共和的政治立場。

一、入憲與復辟：孔教問題與國體問題的連帶性

　　從晚清以降，關於尊孔、保教（孔教）的議題在維新派已是熱點問題，有其回應時代問題的特定背景；相反地，時人非儒反孔的言論亦不絕如縷。[4]但到民國五年，為何陳獨秀等人於《新青年》再度號召反孔、反孔教議題？差別在於清末偏重在解決黑暗專制的政治是改造舊思想、舊文化的前提；然而民國五年，陳獨秀於《青年雜誌》發表〈一九一六年〉、〈吾人最後之覺悟〉，已經呈現相反的思考。[5]陳獨秀指出民國成立以來最大的痛苦在於：「吾人於共和國體之下，備受專制政治之痛苦。」而此政治問題的根本解決，陳獨秀斷言指出「倫理的覺悟為吾人最後覺悟之最後覺悟」。[6]也就是說，舊思想、舊文化是造成舊政治的罪魁禍首，解決中國政治問題的關鍵在於破除舊思想文化，特別是舊文學、舊政治、舊倫理本是「一家眷屬」

---

[4]　清末康有為等人發起的孔教運動即包含西學、西政思想及借保教以推動變法改制的企圖，當時即招來守舊派、革命派的反對。相關討論可參看范玉秋，《清末民初孔教運動研究》（青島：中國海洋大學出版社，2006）第一章、第二章。

[5]　相關討論可參看王汎森，〈思潮與社會條件——新文化運動中的兩個例子〉，《五四新論：既非文藝復興亦非啟蒙》，頁114-115。

[6]　陳獨秀，〈吾人最後之覺悟〉，《新青年》1卷6號（1916年2月），頁1-4。

7，因此《新青年》要發起倫理改革、文學革命。

　　陳獨秀〈吾人最後之覺悟〉批判儒者三綱與共和立憲絕不相容，對照梁啟超〈五年來之教訓〉一文指出，推崇儒家三綱道德導致釀成帝制的後果，儒家三綱與帝制於焉產生某種連帶關係，在當時的政治現實有其合理性。[8]類似論述亦出現於《新青年》同期易白沙發表〈孔子評議〉一文，該文以董仲舒之徒類比籌安會成員為帝制背書，指出「孔子尊君權，漫無限制，易演成獨夫專制之弊」，意圖點出袁氏正是利用尊孔以進行帝制復辟的陰謀。[9]

　　這種想法其來有自，從袁世凱民國初年的尊孔活動來看，袁世凱先後頒布〈通令國民尊崇倫常文〉、〈通令尊崇孔聖文〉，公佈〈崇聖典例〉，規定孔孟後裔仍然享受前代所賜予的榮典，並在北京孔廟舉行祭孔典禮。袁氏的種種復古措施，當時歐事研究會一系的《中華新報》即撰文批判：「所謂祀孔子者，不外歷代君主為鞏固君權為手段」，並揭穿袁氏實以「借祀孔之名，為收拾人心之具，帝制復活之實。」[10]說明袁氏尊孔祀孔正是為帝制運動作思想的準備。然而在當時袁氏稱帝，言論發表自由極度壓縮的情況下，陳獨秀、易白沙等人文章中的含沙射影，實已挑動當局的敏感神經，因此《新青年》2 卷 1 號被迫延至當年 9 月才出版。《青年雜誌》之後改名為《新青年》，除了上海基督教青年會的抗議而改名，其實在袁氏稱帝的這個敏感時間點，陳獨秀、易白沙等人挑戰當局、反對帝制的勇氣，雖然造成刊物延期出版；但清末革命派的同路人，可以說是受到《青年雜誌》的號召與鼓舞，此時正重整旗鼓，整裝待發，匯聚至改名後的《新青年》旗幟下，吳稚暉先生自己即明言參與改名後的《新青年》的發起[11]。而《新青年》倫理

7　胡適之、陳獨秀回覆易宗夔的來信，《新青年》5 卷 4 號通信欄（1918 年 10 月）。

8　梁啟超，〈五年來之教訓〉，《梁啟超全集》（第五冊）第九卷〈傷心之言〉，頁2931。

9　易白沙，〈孔子評議〉（上），《新青年》1 卷 6 號（1915 年 6 月），頁 3。

10　徵引自馬大中，《大中華民國史》（北平：中華印書局，1929），頁 393。

11　吳稚暉提到當年他與陳獨秀初次見面的印象：「見獨秀兩個名詞，尚以為是個絕世美男子，後我在《新青年》發起時晤到。」吳稚暉著，《吳稚暉先生文粹》上（臺北：

改革的主張，也正與吳稚暉、蔡元培於民初發起一連串的道德啟蒙與教育文化運動理念相合[12]。

　　事實上，陳獨秀〈吾人最後之覺悟〉嚴詞批判儒家三綱之說，尚未正面點出孔子。同期易白沙〈孔子平議〉，也並非全然反對孔子，而是站在諸子學者的立場，肯定孔子作為一家學術代表，「孔子自有可尊崇在」[13]，批判的是那些獨夫民賊利用孔子為其專制服務，尚未真正觸及孔教問題。孔教進入讀者的視野開始是在 2 卷 1 號（1916 年 9 月）的通信欄，讀者陳恨我主張尊崇孔教，因為「孔教固我國之精神之國魂」，記者（陳獨秀）的回覆，也沒有多作發揮，只是不屑的答道：「無有一語在析理辯難範圍，愚誠無詞以答」，建議通信者閱讀〈孔子平議〉、〈吾人最後之覺悟〉二文。但為何在 2 卷 2 號（1916 年 10 月）陳獨秀發表〈駁康有為致總統總理書〉，孔教問題已呈星火燎原之勢，這與 1916 年 9 至 10 月當時的現實政治息息相關。

　　原來當年 6 月，袁氏過世，黎元洪繼任為總統，8 月國會重開，召開制憲會議，以袁氏時期的《天壇憲法草案》為基礎，繼續討論制憲問題。此時國會欲刪除憲法尊孔條文，引起新、舊兩派勢力的爭論。原來該條文源自民初《天壇憲法草案》19 條第二項之後，加上尊孔條文「國民教育以孔子之道為修身之大本」。然而，明定孔教為國教的提案未獲通過。因此，9 月 11 日陳煥章等孔教會代表，又再次向國會提出定孔教為國教的聲明；加上內務部取消祀孔的拜跪禮的刺激，9 月 20 日康有為就在《時報》公開發表〈康南海致北京政府書〉，再次要求「以孔子為大教，<u>編入憲法</u>，復祀孔子之拜

　　華文書局，1968），頁 316-317。在改名後的《新青年》2 卷 1 號「通告一」即宣告吳稚暉的加入。蔡元培在 1916 年末，邀請陳獨秀擔任北大文科學長，於此時間，蔡元培應信教自由會的邀請，在中央公園演講，經陳獨秀以「記者記錄」的名義刊登於《新青年》2 卷 5 號，為蔡元培刊登《新青年》的首篇，象徵推動新文化運動北大與《新青年》一校一刊的結合。可參看陳萬雄，〈蔡元培三顧陳獨秀〉，《歷史與文化的穿梭》（北京：中國社會科學出版社，2000），頁 337-8。

12　詳細的討論參看曹世鉉，《清末民初無政府派的文化思想》（北京：社會科學文獻出版社，2003），頁 230-237。

13　易白沙，〈孔子平議〉下，《新青年》2 卷 1 號（1916 年 9 月）。

跪明令，保守府縣學宮及祭田，皆置奉祀官。」[14]等於是民初《天壇憲法草案》立孔教為國教失敗的再度翻案，舊調重彈。

何以陳獨秀〈駁康有為致總統總理書〉，該文特別聚焦於「康有為」孔教運動的批判，其來有由。原來康有為在民國成立後，認為共和革命之所以失敗的原因在於失掉所謂「國魂」，亦即「中國之政治禮俗典章制度」，而應「以道德為先，以政治為後」[15]；也就是說，中國傳統的「禮治」反而較西方「法治」更具有維繫人心、國家長治久安的力量。當時康有為即針對民初教育部的舉措，以及道德敗壞衍生的社會危機，寫了一封〈復教育部書〉（1913 年），要求教育部收回成命，以尊孔保教。[16]在康有為的引導之下，各地「尊孔會」、「讀經會」等相關社團紛紛成立，強調尊孔讀經的重要性。[17]因此在 1913 年，康有為發表〈擬中華民國憲法草案〉，在第九十六條提議「凡國民苟不擾治安，不害善俗，不妨民事政事之義務者，許其信教自由，而以孔教為國教，惟蒙藏則兼以佛教為國教」[18]明確提出立孔教為國教的要求。當年憲法起草委員會於天壇起草憲法（即《天壇憲法草案》），文化保守派與王朝舊官僚，即要求憲法起草委員會將孔教載入憲法立為國教。後來雖然沒有將孔教立為國教，卻在憲法草案第十九條第二項之後加上尊孔條文「國民教育以孔子之道為修身之大本」，引發此時袁氏去世，重新召開制憲會議一連串的風波。

因而，陳獨秀對於此時康有為又拋出孔教入憲議題如此敏感，事出有

---

[14] 湯志鈞編，《康有為政論集》下（北京：中華書局，1981），頁 955-957。劃線部分為筆者所加。

[15] 康有為，〈中國顛危誤在全法歐美而盡棄國粹說〉，《康有為政論集》下，頁 892-906。

[16] 康有為，〈復教育部書〉，《康有為政論集》下，頁 863-867。

[17] 而其中規模最龐大、組織最健全的是孔教會，早在 1912 年 10 月 7 日即已成立，以康有為為會長，陳煥章為主任幹事。該會以「昌明孔教，救濟社會」為宗旨，相關雜誌包含《不忍雜誌》、《孔教會雜誌》等尊孔刊物。

[18] 康有為撰，《不忍雜誌彙編》（一）（臺北：華文書局，1987）據民國三年上海書局石印本影印，頁 205。

因。正因民初孔教入憲的問題，其實正不單純是為昌明孔教，而是欲立孔教為國教。我們可以從民初北京孔教總幹事李時品的日記，日記作為私密形式的書寫，更貼進他本人真實心態的描述，一窺孔教團體的居心：

> 為長素（筆者按：康有為）而立孔教會者，其目的恐不在教。今京內外尊孔團體何嘗不多，大抵藉昌明孔教之名，為弋取政權之計；明為教會，陰為政黨，予人以可攻之隙，實他日自敗之原。[19]

「為弋取政權之計」，正可看出尊孔團體的政治目的，在於舊王朝復辟。所以，針對康有為此時又上書政府列孔教為國教一事，陳獨秀反應才會如此激烈。他很快發表〈駁康有為致總統總理書〉，一開始就將矛頭針對康有為，痛批康有為詛咒共和，所辦的《不忍》雜誌，不啻為籌安會開先河；接著再指出康有為所提倡是「別尊卑、重階級、事天尊君、歷代民賊所利用」的孔教，惟恐中國「帝制根本思想」被遺忘；並明言「孔教與帝制有不可離散之因緣」，「主張民國之祀孔，不啻主張專制國之祀華盛頓與盧梭」，孔教與民國共和體制根本就是自相矛盾。[20]從〈駁康有為致總統總理書〉看來，孔教開始成為《新青年》眾矢之的的關鍵在於：孔教「入憲」引發的帝制與共和國體之間的矛盾與衝突[21]。在下一期陳獨秀發表〈憲法與孔教〉更明白帶出「孔教問題，不獨關係憲法且為吾人實際生活及倫理思想之根本問題」[22]，可以說至此，陳獨秀〈吾人最後的覺悟〉提出的「倫理的覺悟」聚焦於「孔教問題」。

---

[19] 李時品，《知類彊立齋日記》，1913 年 6 月 27 日，轉引自林志宏，《民國乃敵國也：政治文化轉型下的清遺民》，頁 202。劃線部分為筆者所加。

[20] 陳獨秀，〈駁康有為致總統總理書〉，《新青年》2 卷 2 號（1916 年 10 月）。

[21] 衛純，《「文學革命」的另一面──民初言論視野中的「政治」與「文學」》，2008 年北京大學碩士論文，頁 60-61。衛純點出了問題的核心在於「入憲」，但衛純並未針對《新青年》同人如何討論孔教問題作一詳細分析，以及入憲背後問題的癥結。

[22] 陳獨秀，〈憲法與孔教〉，《新青年》2 卷 3 號（1916 年 11 月），頁 1。

　　但此孔教問題，隨著康有為又投出新的變化球，陳獨秀也見招拆招，迅速因應。在此之前，康有為致總統總理書的主要訴求是「孔子為大教，編入憲法」，但前者衍伸的討論是孔子是否為宗教家、孔教是否為宗教的問題；後者則有違憲法宗教自由、思想自由的根本問題，立孔教為國教的要求招致一定的批評。因此康有為稍後在《國是報》寫給教育范總長的信中又改變說辭，提出尊孔以為人倫日用之道，孔門修身之道，為吾國德教之源，因此應載入憲法以為教育之大方針，其實主攻的是憲法尊孔條文「國民教育以孔子之道為修身之大本」。此因「定孔教為國教」的主張在憲法會議組成的審議會議懸而未決，因而「國民教育以孔子之道為修身之大本」一案一併遭到擱置。《新青年》於 2 卷 4 號「國內大事記」欄詳細列舉此事的討論過程，可見對此案的高度關注。[23]

　　康有為的新說辭明顯是為孔道修身的條文解套，尋求輿論支持，但此招很快就被陳獨秀識破。陳氏緊接著發表〈孔子之道與現代生活〉，諷刺康有為之新說「是又明明不以孔教為出世養魂之宗教而謂為人倫日用之世法」，前後顯然自相矛盾，而此新說反而將孔教不適合現代生活之缺點，暴露無疑。[24]不獨如此，陳獨秀於〈再論孔教問題〉直指將孔門修身之道載入憲法之疑問：

　　　　1、孔門修身倫理學說可否與共和立憲政體相容，禮教可否施行於今世國民之日用生活。

　　　　2、憲法可否涉及教育道德問題。

　　　　3、萬國憲法條文有無人名發現。[25]

23　《新青年》「國內大事記」欄有其獨特的書寫方式，詳見第四章的討論。

24　陳獨秀，〈孔子之道與現代生活〉，《新青年》2 卷 4 號（1916 年 12 月），頁 3。
　　陳獨秀該文即引用康有為在《國是報》寫給教育范總長的信並加以批判。

25　陳獨秀，〈再論孔教問題〉，《新青年》2 卷 5 號（1917 年 1 月），頁 2-3。

第一項其實提出孔門禮教的綱常階序實與共和平等觀背道而馳；第二項提出憲法與教育道德有一定的界限，不可干涉；第三項指出憲法條文的普世性。若不能解答此三項疑問，陳獨秀認為，憲法中加入孔道修身之說，甚至較定孔教為國教荒謬。

基本上，《新青年》批駁孔教之說，一開始陳獨秀是頗為寂寞的，也因陳獨秀早已看到此一問題的嚴重性。因為打從袁氏過世以來，社會的風氣如：主張復古、提倡禮教國粹、小學讀經等等，以及排斥新人物、仇視民黨，無一不是當年袁世凱的行徑作風，因而造成「袁世凱復活」的印象。陳獨秀看到的是，康有為極力提倡立孔教為國教、孔道為修身之本，其實正是藉由此一「別尊卑，重階級，主張人治，反對民權之思想之學說」，不斷生產複製無數個「廢共和復帝制之袁世凱」。[26]因此他必須大聲疾呼，不斷反覆評述此一問題，希望引起知識界及輿論的重視。

於此時，新派陣營所面對的形勢更加險惡。不單是康有為、陳煥章等孔教會成員上書，1916 年底，陳煥章召集參眾兩院贊成定孔教為國教的議員在北京組成「國教維持會」，並呼籲各省督軍「一致主孔教為國教」[27]；繼而連督軍團也加入此一行列，聯名電請政府「請定儒教為國教，加入憲法」[28]。而從憲法會議的召開時間（1916 年 9 月至隔年 1 月），就收到要求定孔教為國教的相關來電「不下一萬三千件」[29]，可以說是憲法會議最受全國矚目的議題之一[30]，也是孔教會動員各路人馬，藉由運作國教議題形成一股復古勢力的人脈匯集。時值袁氏帝制失敗未久，復古派即動作頻頻，這是《新青年》面臨的嚴峻時勢，因此《新青年》更必須打響「孔教問題」，攪動當時

---

26 陳獨秀，〈袁世凱復活〉，《新青年》2 卷 4 號（1916 年 12 月），頁 2。

27 《申報》1916 年 11 月 14 日第二版。

28 標題為「張倪又電爭孔教」，《申報》1917 年 2 月 9 日第 2 版。

29 《申報》1917 年 1 月 11 日第 3 版。

30 李大釗在〈議會之言論〉一文中指出自憲法會議召開以來，爭喧最激烈的三件事情，一是省制問題，二是孔子問題，三是今日的院制問題。發表於 1917 年 2 月 22 日《甲寅》日刊「社論」欄，署名守常。

知識界的一潭死水，藉以抵抗復古派的強勢動員，所形成的一股龐大的輿論勢力，欲強行使制憲會議表決討論的尊孔相關條文通過。

　　果然陳獨秀的大聲疾呼，立刻引起同道的注意，陳獨秀也因而得到一個重要生力軍，即是日後被胡適譽為「四川省隻手打孔家店的老英雄」[31]吳虞。吳虞於《新青年》2 卷 5 號通訊欄與陳獨秀聯繫上，來自於早年《甲寅》雜誌的一段淵源。[32]吳虞自述其非孔的方式是從他所熟知與關懷的「六經五禮通考唐律疏義滿清律例及諸史中議禮議獄之文」著手，認為「孔子自是當時之偉人，然欲堅執其學，以籠罩天下後世阻礙文化之發展，以揚專制之餘焰，則不得不攻之者勢也。」。[33]之後又貢獻〈家族制度為專制主義之根據論〉（2 卷 6 號）、〈禮論〉（3 卷 3 號）、〈儒家主張階級制度之害〉（3 卷 4 號）等諸篇，使《新青年》批孔、反孔教立論更為周延。

　　另外，甫從日本棄學回國的李大釗[34]，於《青年雜誌》改名之際，正式加入《新青年》陣營[35]。針對此一案，李大釗雖未於《新青年》發表專文立論，但他於《憲法公言》發表〈制定憲法之注意〉、〈憲法與思想自由〉、〈矛盾生活與二重負擔〉、〈孔子與憲法〉、〈自然的倫理觀與孔子〉等多篇文章，聲援陳獨秀的看法。[36]李大釗指出「國民教育以孔子之道為修身之

31　胡適，《吳虞文錄·序》（上海：上海書店，1990／1927 年亞東圖書館影印版），頁 7。

32　《新青年》2 卷 5 號「通信」欄，獨秀致吳虞的信：「久於章行嚴（士釗）謝無量二君許，聞知先生為蜀中名宿。甲寅所錄大作，即是僕所選載，且妄加圈識。」，1917年 1 月。

33　吳虞致獨秀的信，《新青年》2 卷 5 號「通信」欄（1917 年 1 月）。

34　李大釗回國以後身兼多重身分：在 1916 年 7 月，李大釗擔任《晨鐘報》的編輯部主任，《晨鐘報》是由研究系創辦的報紙；1917 年 1 月他與章士釗、高一涵等人合編《甲寅》日刊；在此同時，他又身為《新青年》撰稿人。1918 年 2 月，李大釗經由章士釗的推薦，進入北京大學接替圖書館主任一職。

35　《新青年》2 卷 2 號「通告一」（1916 年 10 月）。

36　這些文章發表於 1916 年 12 月至 1917 年 2 月，詳見《李大釗全集》第二卷（石家莊：河北教育出版社，1999），頁 432-455。

大本」此一條文，是將孔子此一專制帝王的護身符納入自由之憲法，將為野心家所利用，為專制復活的先聲。而孔子代表專制時代的道德為其當時政治制度立說有其價值，之後成為專制君主的護符，已不適於今日的時代精神。因此，李大釗強調他之所以掊擊孔子：「非掊擊孔子之本身，乃掊擊孔子為歷代君主所雕塑之偶像權威也；非掊擊孔子，乃掊擊專制政治之靈魂也。」[37]亦與陳獨秀、吳虞論點甚為接近。

在這裏，我們看到關於孔教入憲衍伸的相關問題，陳獨秀、李大釗、吳虞有著極為相似的論述邏輯。對《新青年》同人而言，他們念茲在茲的不是打倒孔子、打倒孔教，而是在於孔子或孔教入憲為專制陰謀者所利用，而衍生的共和國體危機問題。因此他們反孔、反孔教的關鍵是在當時國會重開討論「入憲」問題，決定了什麼樣的議題、內容，可以被納入、什麼被排除，其實也正是政體與意識形態之爭。這也正是為何在之後憲法二讀討論「定孔教為國教」與「國民教育以孔子之道為修身之大本」兩案討論未決遭到擱置，引發督軍團解散國會、張勳復辟一連串政治效應。

二、孔教問題的後續效應：孔教會與張勳復辟的連帶性

《新青年》3 卷 3 號「國內大事欄」，標題為〈憲法二讀之經過〉密切注意修憲的相關經過。當年四月二十日，憲法二讀告終，原案否決者八條，修正案通過者十三條，懸擱未決者一章十五條，均詳細臚列。懸擱未決者第一條即國教問題：「孔教徒之議員主定孔教為國教在原案第十條後增加一條，討論未決，遂牽涉原案第十一條信仰自由及第十九條第二項條身大本，併遭擱置。」[38]在同期《新青年》，劉半農致陳獨秀的信中已指出《新青年》的立場：「破壞孔教，是一時的事業。……孔教之能破壞與否，卻以憲法制定之日為終點。」[39]可以得知孔教與「入憲」的關聯，才是《新青年》

37 李大釗，〈自然的倫理觀與孔子〉，《李大釗全集》第二卷，頁 454。

38 《新青年》3 卷 3 號「國內大事欄」（1917 年 5 月），頁 3。

39 《新青年》3 卷 3 號通信欄，頁 22。

密切注意孔教問題的緣由。

但兩案「併遭擱置」的結果，督軍團是極不滿意的。上文曾提到，制憲會議期間，督軍團曾受孔教會的召喚，聯名電請政府定孔教為國教的入憲問題，此一電報主要以張勳、倪嗣沖為首，可以看出督軍團與孔教會的密切關聯，然而制憲會議的結果卻與他們的心願大相逕庭。《新青年》下一期（3卷 4 號）「國內外大事欄」即刊出「督軍團呈請解散國會」一事，督軍團呈文政府，以「憲法不適國情」為由，要求解散國會，但總統留此呈文不發，導致「各督軍遂全體出京，麇集徐州」。同期錢玄同致陳獨秀的信中亦提及督軍團及康有為的後續反應：

> 近日解散國會之呼聲日高。然欲解散者，無論其居心何若，而做到文章，打到電報的理由，要不能太離本文，故僉以「制憲不善為詞」。獨康聖人別開生面，以不定國教為議員萬惡不赦之罪。自吾儕觀之，「尊崇孔子」四字寫在憲法上面，已經覺得不倫不類。……[40]

錢玄同已看出這一陣子以來的種種怪現狀，其實根本問題仍是「新舊之衝突」[41]，陳獨秀的回答更直截了當：「今之左袒孔教者，罔不心懷復辟。……康南海意在做大官，尊孔復辟，皆手段耳。」[42]稍後陳獨秀回答李寅恭的信中亦明言指出「政界有力者與在野之舊黨，方以尊孔教復帝制復八股」[43]說明此新舊衝突看似尊孔與否的文化觀點衝突，只是檯面上之爭，檯面下的其實是新舊政治角力的激盪。雖然此時張勳並未發動復辟，但陳獨秀實已料到康有為、督軍團圖謀復辟之舉。

陳獨秀看出的是，康有為、督軍團絕非只是在意孔教入憲的一紙憲法之

---

[40] 錢玄同致獨秀，《新青年》3 卷 4 號「通信欄」（1917 年 6 月），頁 6。

[41] 同上註，頁 5。

[42] 獨秀致錢玄同，《新青年》3 卷 4 號「通信欄」，頁 6-7。

[43] 陳獨秀覆李寅恭的信，《新青年》3 卷 5 號通信欄（1917 年 7 月），頁 2。

爭。事實上，張勳發動復辟之前，早有預謀，1916 年 10 月，張勳曾通電請
定孔教為國教，而由他一手策畫的四次徐州會議，其實正與復辟活動密切有
關，也與康有為互有聯繫。當時黎（元洪）、段（祺瑞）因歐戰參戰問題衍生
的府院之爭，予張勳可乘之機，促成張勳擁前清遜帝復辟。[44]《新青年》對
於此事在 3 卷 6 號「國內大事記」欄，標題為〈督軍稱兵與復辟〉，花了 6
頁的篇幅，詳細記敘此事的轉變：最初由軍事會議，一變而為外交問題，再
變為憲法問題，三變為內閣問題，四變為總統問題，五變而為復辟問題。並
詳列督軍團解散國會電文的原文，主要理由是本屆國會雖以制憲為要義，但
「考之各國制憲成例，不應由國會議定」，從根本上推翻國會制憲的正當
性。[45]

國會制憲問題，其實從督軍團的視角看來，可拆成兩個問題：一是國會
問題，事實上，國會不良只是託詞，在本質上，國會與獨立督軍本身即自相
矛盾；二是制憲問題，督軍團既然通電請定孔教為國教，代表他們對此一議
題的高度重視，孔教與修身大本的議題最後都被擱置了，此一紙憲法對他們
而言便無價值。而當時的督軍團正是復辟派的大本營[46]，最後由張勳乘機發
動辮子軍進行復辟。

《新青年》不但在「國內大事記」欄，詳細說明此事的前因後果，陳獨
秀更在該期正文發表〈復辟與尊孔〉，將尊孔、孔教與復辟之間的關聯正式
提出。因為，擺在眼前的事實是：如果說袁世凱的帝制活動與孔教之間的關
聯尚有討論的餘地；那麼，張勳、康有為作為溥儀復辟的主要策畫者，又是
孔教運動的主要倡導者和積極推動者，提倡孔教必然導致帝制已成無可爭議
的事實。張勳、康有為不但為孔教會相關組織名譽會長，而且此次的復辟事

---

44 相關內容可進一步參考胡平生，《民國初期的復辟派》第三章（臺北：臺灣學生書
　　局，1985）。

45 《新青年》3 卷 6 號「國內大事記」欄，標題為〈督軍稱兵與復辟〉，1917 年 8 月，
　　頁 4。

46 有虛君共和說，有徐東海（筆者按：徐世昌）攝政說，有袁克定（筆者按：袁世凱之
　　子）說。同上註，頁 6。

件，從孔教會的一些主要成員也參與此事看來，孔教與帝制、尊孔與復辟千絲萬縷的關係，已成當時知識分子的共識。[47]因此，陳獨秀指出：「提倡孔教必捧共和」，「主張尊孔，勢必立君，主張立君，勢必復辟。」[48]孔教與帝制有不可離散之因緣，擁護孔教的孔教會及督軍團與復辟之間的連帶性，張勳事件成為最佳註腳。

另外，陳獨秀也強調，他非難孔子的主要原因，不單是孔子之道不適用於今世[49]，最重要的原因是「今之妄人強欲以不適今世之孔道支配今世之社會國家，將為文明進化之大阻力」。「今之妄人」從陳獨秀該文主力批判「張康雖敗，而所謂孔教會、尊孔會，尚遍於國中，愚皆以為復辟黨。」顯然是指督軍團、康有為、孔教會等復辟派人士之。[50]從陳獨秀反孔主張與立場看來，他極力要區分的是作為思想學派的儒家與列為國教的孔教，作為思想學派的儒家誠然與專制思想不可分割，誠屬於封建時代的過去式，無可厚非；但是一旦現在被某些人利用，將孔教列為國教，或與專制政治聯結，它已經衍伸為政治問題，甚至根本動搖共和國體。即如督軍團繼袁氏之後二度解散國會，這些驕兵叛將影響所及，誠如陳獨秀所言，不單是共和能否存在的問題，乃是國家能否存在的問題[51]。這是《新青年》同人反對孔教的關鍵，也是同人批判孔子的主要根由。換言之，這些新知識分子努力在各種刊

---

47 范玉秋，《清末民初孔教運動研究》（青島：中國海洋大學出版社，2006），頁172-176。

48 陳獨秀，〈復辟與尊孔〉，《新青年》3卷6號（1917年8月），頁1-4。

49 羅志田指出陳獨秀認為孔子之道不適合現代生活背後有其論述的思路，因為「現代」在民初的用法除了時間意義的表述之外，也特別包涵空間意義，即是指「西方」；換句話說，根據陳獨秀的思路，孔子之不能不「非」其實產生於歐化之「是」。西方共和政體文明社會的追求，與現實政治中袁世凱、孔教會的帝制與孔教的運動，促使陳獨秀批判孔子、孔教，有其明確的用意與目的，並非從根本上推翻孔子的學說與思想。羅志田，〈自序〉，《裂變中的傳承：20世紀前期的中國文化與學術》（北京：中華書局，2003），頁15-16。

50 陳獨秀，〈復辟與尊孔〉，《新青年》3卷6號（1917年8月），頁4。

51 陳獨秀，〈時局雜感〉，《新青年》3卷4號（1917年6月）。

物發聲，影響憲法會議的視聽，但督軍團等復辟派可以一筆抹消，將所有的努力付諸流水，這是之後《新青年》同人極力批判的武人干政，衍伸 1918 年南北和談時，知識界提倡廢督、裁兵相關問題。而沉寂的知識界日漸活躍起來，也與當時青年紛紛去函《新青年》討論尊孔、孔教問題，逐漸形成一股輿論風氣有關。

從《新青年》在當時輿論界的地位來看，原本沒沒無名的《新青年》，在提出倫理覺悟之後，迅速聚焦於國會制憲、孔教會拋出的孔教議題，在當時輿論尚處復古的風潮中，獨樹一幟，逐漸打響議題。除了《新青年》同人前呼後應，以及「國內大事記」欄同步記載孔教入憲相關議程的發展，另一重要因素為「通信」欄的設立。原來《新青年》在創刊初期即仿效《甲寅》雜誌設立「通信」一欄，專門刊載讀者來信、社外來稿等文章，並由主編親自回覆，為編者與讀者、讀者與讀者之間提供了一個自由對話、討論的空間。[52]從通信欄來看，讀者來信踴躍，在 2 卷 6 號已至十數頁，尤以孔子問題討論異常熱烈。時值孔教問題沸沸揚揚之際，雖然讀者有贊成亦有反對者，但可以看出此一議題已成功吸引當時知識青年的高度關注，也逐漸打響《新青年》的知名度；而且孔教問題也是《新青年》3、4 卷通信欄讀者詢問度最高的議題之一（另外為「文學革命」），根據筆者的統計，計有 16 則之多。[53]

通信欄讀者的身分，可分為兩類：一類是學者（或後來成為同人）的互相通信，其中錢玄同、吳虞已如上述，蔡元培以附錄答覆他文的方式，表達他反對孔子為宗教家的看法[54]。另一類為青年學子，意見大致可分為兩類：一類是完全贊同《新青年》的意見，如署名曄及劉競夫的讀者，記者（陳獨

---

[52] 針對《新青年》「通信欄」的輿論效應，楊琥《民初進步報刊與五四新思潮：對《甲寅》、《新青年》等的考察》北京大學 2000 年博士論文，於第三章〈民初報刊「通信」欄與五四新思潮〉已作相當精闢的分析，頁 76-95。

[53] 參見附錄二：「《新青年》「通信欄」批孔、孔教問題一覽表」。

[54] 不久《新青年》在 3 卷 6 號，即刊出蔡元培的演講文〈以美育代宗教說〉，即是呼應《新青年》反宗教的觀點。

秀）反而不作回答或約略回答；陳獨秀花費最多心力的是反對者的來信。按照陳獨秀在〈憲法與孔教〉的思路，反對者主張尊孔，分為甲、乙兩派：甲派「以三綱五常，為名教之大防」，其中讀者陳恨我、傅桂馨、佩劍青年屬之；真正具有學理挑戰性的是乙派，將原始孔教與宋儒以後之偽孔教作一區別，其中讀者有常乃惪、俞頌華屬此思路。且此二位讀者來信兩次以上，與記者（陳獨秀）往來論難，其中常乃惪更將他的意見鋪敘成文，發表於 3 卷 1 號「讀者論壇」欄，標題為〈我之孔教觀〉。陳獨秀剛好藉此可將其批孔理由等正文欲強調的重點，或讀者未清楚明瞭的地方，再詳細作一說明。而讀者如：常乃惪、俞頌華，也頗受陳獨秀的欣賞，其中常乃惪之後更成為《新青年》撰稿人[55]。

三、《新青年》孔教議題的淡出

然而原本熱鬧非凡的《新青年》孔教議題到了第四卷之後，張勳復辟事件結束之後半年，幾乎聲寂寥寥，這是為什麼呢？

即如陳獨秀所宣稱的，他對孔教的批判是全盤性的；但就實質上看來，他所批判的焦點仍在於以尊君為中心的禮教和三綱，反對立孔教為國教，區分歷史上的孔子與今之孔教的差別，主要因應現實政治嚴峻的孔教入憲與督軍團復辟問題，引發共和國體的危機。因此當孔教問題的政治性因素逐漸消退之際，其他更具政治性的議題出現時，它再也不是「問題」，陳獨秀發表於 5 卷 1 號的「隨感錄」十四，提供最好的佐證：

> 吾人不滿於儒家者，以其分別男女尊卑過甚，不合於現代社會之生活也。然其說尚平實近乎情理其忠，教孝，教從，倘係施者自動的行為，在今世雖非善制亦非惡行。故吾人最近之感想，古說最為害於中國者，非儒家乃陰陽家也；一變而為海上方士，……去邪說，正人

55　常乃惪，〈紀陳獨秀君演說辭〉，《新青年》3 卷 3 號（1917 年 5 月）。

心,必自此始。[56]

反對孔教甚力的陳獨秀,在當時靈學大盛、方士橫行之際,同人陳大齊發表〈闢靈學〉[57],錢玄同、劉半農在「隨感錄」專欄發表〈斥《靈學雜誌》〉[58],以及陳獨秀、易乙玄、劉叔雅三人展開有鬼論大辯論[59]。因此1918-1919年傳統方士靈學再度流行於中國,迅速成為《新青年》的當紅議題,孔教問題漸漸淡出,退居幕後。

另外,胡適的解釋也可提供《新青年》孔教問題的形成與淡出的答案,起因於:「有一班信仰孔教的人妄想要用**政府法令**的勢力來恢復孔教的尊嚴;卻不知道這種高壓手段恰好挑起一種懷疑的反動。因此,民國四五年的時候,孔教會的活動最大,對孔教的人也最多。孔教成為問題就在這個時候。」也就是說孔教之所以成為問題其實是部分舊派引來政治勢力介入造成的反動,但是等到「大多數明白事理的人,已打跛了孔教的迷夢」,於是孔教問題又漸漸的不成為問題。[60]

因此,出現在《新青年》的孔教問題,其實更大的因素在於回應時政的核心問題,重在問題的政治內涵,而非論斷「孔子」、「孔教」本身傳統文化的是非。誠如陳獨秀回覆常乃惪的信中即指出,孔教若能有益於今之社會,「則數千年之國粹,吾人亦何忍無故廢棄之」,但現在孔教已為他種勢力所擁護,所利用,這正是從袁氏執政以來,必須破壞孔教的理由。[61]並且,在《新青年》同人看來,由於儒家強調尊卑貴賤的思想,在傳統中國即

---

56 陳獨秀,〈隨感錄·十四〉,《新青年》5卷1號(1918年7月),頁76,劃線部分為筆者所加。

57 《新青年》4卷5號(1918年5月)。

58 《新青年》5卷1號(1918年7月)。

59 易乙玄,〈答陳獨秀先生《有鬼論質疑》,附陳獨秀跋語;以及劉叔雅,〈難易乙玄君〉,皆載於《新青年》5卷2號(1918年8月)。

60 胡適,〈新思潮的意義〉,《新青年》7卷1號,頁7-8。粗體字為筆者所加。

61 《新青年》3卷2號通訊欄(1917年4月),頁2。

作為專制帝國服務的意識形態，本身即不符合當今共和國體的要求。如今孔
教會等復古派人士強行將孔教納入憲法，一方面違背共和國信仰自由；一方
面將此專制意識形態加諸共和國最高指導憲法，勢必危及共和政體。因此，
《新青年》其實是從專制意識形態的層次去批判孔教入憲造成共和政體的自
相矛盾，以及孔教－忠君－復辟之間邏輯思想上的內在關聯，如何必然導致
督軍團解散國會、張勳復辟等政治實踐問題。

　　另外，本來舊派所提倡的傳統道德價值，應屬文化層面之爭，但部分舊
派為使孔教成為國教，倡導孔教入憲，動員政治勢力的介入，導致後來督軍
團解散國會，更釀成張勳復辟的禍端。這是一開始陳獨秀洞燭機先，從康有
為致總統總理書，看到新共和政體的基礎仍是舊專制思想，不可避免的是袁
世凱再度復活。因此他必須一而再，再而三的談論孔教問題，喚醒國人注
意，也因而吸引同道的注意，逐漸形成了一股輿論勢力。但等到張勳復辟，
孔教與復辟之間的聯結已經不再只是理論，而是現實政治發生的問題，孔教
會相關成員或提倡者的言行已不再具有說服力了；相對的，他們在政治上呼
風喚雨的能力也相對減低，淪為知識界嘲笑的過時戲碼。誠如胡適的批判：
「只有康有為那種『聖人』，還想用他們的『戊戌政策』來救戊午的中國。
只有辜鴻銘那班怪物，還想用二千年前的『尊王大義』來施行於二十世紀的
中國。」[62]

　　然而民初新、舊派的交鋒並未隨著孔教議題的淡出而停止，《新青年》
批孔、反孔教的激進主張，除了新文化青年的熱烈響應外，在當時學界也招
來文化保守主義者的反對，最著名的是林琴南上書給當時北大校長蔡元培，
指責北大教員「覆孔孟，剷倫常」[63]。而林紓與《新青年》的矛盾糾葛，此
為另一個複雜的問題，主要與《新青年》文學革命的倡導密切相關。《新青
年》同人與林紓，如何以文白語文書寫之爭，各自代表新／舊陣營，展開文

62　胡適，〈易卜生主義〉，《新青年》4卷6號（1918年6月），頁506。

63　林琴南，〈附林琴南原書〉（筆者按：即〈答大學堂校長蔡鶴卿太史書〉），《中國
　　新文學大系‧建設理論集》，頁171。

化霸權的爭奪戰與政治認同的衝突。而《新青年》同人點名林紓，也在於當時他們當時所認定林紓的屬性：在古文方面的「桐城謬種」、在政治方面的前清「遺老」，以及與民初復辟派、清皇室的淵源，從而與《新青年》同人關心的國體危機問題環環相扣。

第二節　文白之爭的政治現場：
林紓與《新青年》的交鋒與國體危機

　　林紓何以與《新青年》交鋒的原因，文學史的脈絡主要是這麼說的：或根據胡適的說法，因為文學革命需要有破壞的對象，而錢玄同提出的「選學妖孽」、「桐城謬種」的口號，「為文學革命找到了革命的對象」[64]；或認為是林紓主動挑起這場論爭，發表小說〈荊生〉、〈妖夢〉，以小說影射謾罵的方式對《新青年》陣營進行攻擊，之後又寫了〈答大學堂校長蔡鶴卿太史書〉等批評新文化人「廢孔孟、鏟倫常」，因而成為《新青年》文學革命的主要敵人。前者胡適的說法，隱含的一個重要問題是：《新青年》同人何以選擇林紓作為抨擊的重心，共同的敵人？後者的問題在於，事實上，從胡適、陳獨秀高揭文學革命的旗幟（1917 年 1 月），到錢玄同提出「桐城謬種」與劉半農一搭一唱的雙簧戲（1918 年），距離林紓發表兩篇小說〈荊生〉、〈妖夢〉以來（1919 年），林紓只曾在 1917 年發表過〈論古文之不當廢〉回應胡適〈文學改良芻議〉。中間暌違一、兩年之久的時間，但在文學評論家的書寫過程中，往往將這一段時間略而不見[65]或將敘述事件的時間錯

64　胡適口述，《胡適口述自傳》，唐德剛注譯（合肥：安徽教育出版社，2005），頁165。

65　鄭振鐸在《中國新文學大系・文學論爭集》〈導言〉指出：雙簧戲之後不久，林紓即來放反對的第一炮，他先寫〈論古文白話之相消長〉，再寫〈答大學堂校長蔡鶴卿太史書〉，接著又在報紙上寫〈荊生〉、〈妖夢〉兩篇小說，頁 6-7。其實時間順序完全錯誤。

置[66]，以致造成林紓主動攻擊新文化人的印象，更加深外界林紓顢頇守舊的形象。

　　文白之爭其實背後有兩個相關面向的思考，向來為文學史敘述所忽略。首先，林紓的「白話」立場。事實上，民初林紓曾撰有〈白話諷喻新樂府〉百餘篇，五四運動前夕，又在《公言報》寫〈勸世白話新樂府〉、〈勸孝白話道情〉等。如此看來，林紓並不反對白話，甚且親自參與白話的創作實踐。其次，新文化人的「文言」立場，《新青年》陣營口誅筆伐的「舊文學」，其實有明確的指涉，並非泛指所有的古典文學。[67]並且，新文化人認為白話也必須吸納文言的必要成分，更非反對古文，而是切合時代的文明進步的需求，將古文納入國語的階段性學習當中[68]，成為多元學習的一部分，其承續意義不言而喻。那麼從上述這兩個問題向度看來，兩者之間文言／白話立場的差異並不如外人所見之大。那麼，文白之爭後來沸沸揚揚，形成新舊兩方陣營的對抗，問題究竟是出在哪裏？

　　如果按照《新青年》同人自己的說法（如胡適所言），林紓作為文學革命

66　例如：郭延禮，《中國近代文學發展》第二卷第三十章〈林紓及近代翻譯文學〉認為林紓在受到新文化陣營的批判之後仍不甘示弱，又發表〈論古文之不當廢〉、〈致蔡鶴卿太史書〉，參見《中國近代文學發展》第二卷（北京：高等教育出版社，2001），頁 574。以及張俊才〈林紓年表簡編〉，將雙簧戲劉半農〈復王敬軒書〉放在林紓發表〈答大學堂校長蔡鶴卿太史書〉之後《新青年》陣營的反應之一，參見：張俊才、薛綏之編，《林紓研究資料》（福州：福建人民出版社，1983），頁 50。以上筆者舉出兩例，顯然順序與時間明顯有誤。

67　舒蕪整理《新青年》直接反對的舊文學有九種：「1.桐城派散文；2.選體駢文；3.江西派詩（閩詩派）；4.夢窗派詞；5.鴛鴦蝴蝶派小說；6.黑幕派小說；7.『某生者』體隨筆小說；8.南社詩；9.從《新民體》蛻化下來的報紙文章。」。舒蕪，〈「文白之爭」溫故錄〉，《新文學史料》第三輯（北京：人民文學出版社，1979）。

68　胡適當年也明白時下的誤會是以為「我們竟要把中國數千年的舊文學都丟棄了。」其實在提倡用白話做文學的同時，胡適也明確的指出在大中小學「古文」的位置與教授時數，認為古文的教授應循序漸近，在學生奠定良好的國語（白話）後逐漸加重古文的比例。見胡適，〈答黃覺僧君折衷的文學革新論〉《新青年》5 卷 3 號通信欄（1918 年 9 月）。

對象出於需要革命對象的策略性選擇。據此，晚近學界對此問題，大致可以分為三種看法：一種是林紓與《新青年》沒有不共戴天之仇，林紓只是被拱上祭壇的犧牲品，以楊聯芬為代表[69]；一種是從《新青年》的重要組成分子師承的譜系，陳獨秀、錢玄同、周氏兄弟正是與章太炎有師承關係，而錢玄同批評林紓，也與民初章派弟子進入北大擠下桐城派有關，此種看法以羅志田為代表[70]；第三種是從林紓翻譯家的身分與半新不舊的文化態度，成為新文化倡導者質疑和批駁的重大藉口，以潘豔慧為代表。[71]然而這些並沒有辦法真正的解釋，為何《新青年》與林紓交鋒的過程中，新文化人批評林紓翻譯惡劣[72]、古文差勁[73]，反而針對文學語言的學理式討論，幾乎沒有真正展開，而後來林紓發表小說，闖出大禍，林紓寫給蔡元培的〈致大學堂蔡鶴卿太史書〉中：「今公為民國宣力，弟仍清室舉人」[74]，以及《新青年》同人在《每週評論》另闢一戰場，點名批判林紓的重點在於其「遺老」身分與當時政治勢力的共謀，文學語言的交鋒反而不成為主要問題。

　　因此，筆者在此提出另一種觀點，林紓成為《新青年》同人批判主要對象，關鍵在於林紓作為文化保守派所標誌的認同屬性與政治符碼：一是作為政治認同的「前清遺老」；二是作為文學認同的「古文書寫」，「古文」在

---

[69] 楊聯芬，《晚清至五四：中國文學現代性的發生》（北京：北京大學出版社，2003），頁 108-126。

[70] 羅志田，〈林紓的認同危機與民初的新舊之爭〉，《歷史研究》1995 年第 5 期，頁129。

[71] 潘豔慧，《《新青年》翻譯與現代中國知識分子的身分認同》（濟南：齊魯書社，2008），頁 269。

[72] 例如：錢玄同回應劉半農對於林紓譯文的看法：「至某氏（筆者按：林紓）『其女珠其母下之』之妙文，則去不通尚有二十年。此公之文，本來連蓋醬缸都不配，只有用先生的法子把他拋入垃圾桶罷了。」，《新青年》4 卷 1 期通訊欄（1918 年 1 月）。

[73] 胡適批評林紓〈論古文之不當廢〉中「而方姚卒不之踣」一句，不合文法，可謂「不通」。《新青年》3 卷 3 號通信欄胡適致陳獨秀（1917 年 5 月）。

[74] 林琴南，〈致大學堂蔡鶴卿太史書〉，《中國新文學大系・建設理論集》（上海：上海良友圖書公司，1935），頁 172。

民初早已成為具有政治意義的符碼，兩者互有牽涉。對《新青年》而言，兩者都指向帝制復辟的封建意識形態。彼此的爭執表面看來是文言白話之爭，但深一層則是各自的政治意識形態與屬性認同，在當時上演的新舊派政治角力的對抗。關於林紓如何透過他所堅守的文化理想，重新衡量批判現實政局，據以形成其特定的政治認同，後見者對於這樣的政治認同容易帶著批判、否定的成見，但其實有待於研究者重新檢視林紓此一遺民型人物的行為與動機。[75]本文則主要從《新青年》同人的視角，說明當時他們如何將所受的政治壓迫與舊派林紓藉小說拋出的毀謗新派之球，加以順勢運作，將此政治壓迫轉化為受舊黨迫害的新派形象。目的是訴諸輿論視聽，呈現新派目前遭受的政治壓力，這是新舊文白之爭表層之下的政治現場。以下先從《新青年》提倡文學革命的動機作一簡要說明，方能較清楚同人攻擊林紓的問題背景。

一、白話與救國：《新青年》文學革命的政治動機

《新青年》主編陳獨秀當時何以有此慧眼，將胡適〈文學改良芻議〉提升為「文學革命」的高度？事實上，這有其淵源，原來在《甲寅》最後一期，黃遠庸寫給章士釗的信提及改革時政，「至根本救濟，遠意當從新文學入手」，目的在於「使吾輩思潮如何能與現代思潮相接觸而促其猛省」。然而，此種說法不為章士釗所接受，章認為「提倡新文學，自是根本救濟之法，然必其國政治差良，其度不在水平線下，而後有社會之事可言。」[76]換句話說，章士釗認為要先做到政治改良，然後才能談到文藝改革。因此，在章士釗與黃遠庸關於「政治與新文學」救國方案的討論中，陳獨秀所繼承的

---

75 關於此一問題相關的「清遺民」深入研究，目前可見的討論有：林志宏，《民國乃敵國也：政治文化轉型下的清遺民》（臺北：聯經出版公司，2009），至於林紓的專門討論仍須專文探討。

76 章士釗，〈釋言〉，《甲寅》通訊欄 1 卷 10 期（1915 年 10 月），頁 1-4。

正是黃遠庸「文學救國」的思路[77]。在此文學寓含「救國」的政治命題，最早當可上溯到梁啟超於晚清提倡的文學改良運動，在梁氏著名的文章〈論小說與群治之關係〉已經明白指出，他是想藉由文學的感化力作手段，達到改革中國政治和社會的目的。[78]那麼，陳獨秀提出文學革命論也明白表示他的政治動機與主要訴求。

在〈文學革命論〉這篇文章，陳獨秀總結清末民初的三次政治革命，未能成功的關鍵在於「吾人精神界根深底固之倫理道德文學藝術諸端，莫不黑幕層張，垢汙深積」，因此，他主張「今欲革新政治，勢不得不革新盤踞於運用此政治者精神界之文學」，將「文學」與「革新政治」正式聯繫起來。[79]在〈舊思想與國體問題〉，更進一步指出倫理與文學的改革，作為維護共和國體的時代要求：

> 這腐舊思想布滿國中，所以我們要誠心鞏固<u>共和國體</u>，非將這班<u>反對共和的倫理、文學等等舊思想</u>，完全洗刷得乾乾淨淨不可。否則不但共和政治不能進行，就是這塊共和招牌，也是掛不住的。[80]

換句話說，文學革命目的是除去反對共和國體的舊思想，就連胡適一開始為文學革命嘗試的白話詩也與《新青年》當時的政治訴求息息相關。[81]胡適日

77　相關詳細的討論，詳見楊琥《民初進步報刊與五四新思潮：對《甲寅》、《新青年》等的考察》，北京大學 2000 年博士論文，頁 70-75。當然陳獨秀與黃遠庸的思考必須放在民初言論的政治視野加以考察，詳見衛純的碩士論文《「文學革命」的另一面——民初言論視野中的「政治」與「文學」》，北京大學中文系 2008 年。

78　周作人，《周作人自編文集・中國新文學的源流》（石家莊：河北教育出版社，2003 年 1 版 2 刷），頁 49-50。

79　陳獨秀，〈文學革命論〉，《新青年》2 卷 6 期（1917 年 2 月），頁 1。

80　陳獨秀，〈舊思想與國體問題〉，《新青年》3 卷 3 期（1917 年 5 月），頁 3。劃線部分為筆者所加。

81　在《新青年》2 卷 6 號胡適發表白話詩三首，其中一首〈朋友〉：「舊事三天說不全，且喜皇帝不姓袁。」標舉「反袁」，另外一首〈他〉副標題「思祖國也」，表達

後表明二十年不談政治的原因是當年回國後看到出版界的孤陋、教育界的沉寂，才知道張勳復辟是自然現象，因而專注於思想文藝的改革，而此改革目的也在「為中國政治建築一個革新的基礎。」[82]其實，胡適正無意間流露文藝改革為「政治」服務的目的。《新青年》的文學革命，用魯迅的話來說就是，《新青年》文學理論的出發點是「新舊思想的衝突」，是在「反封建的自覺上去攻擊封建制度的形象的作物──舊文藝」[83]，而「反封建」主要目的也正是為了「鞏固共和國體」。

　　另外，文學革命最早呼應胡、陳兩人主張的是錢玄同[84]。錢玄同最早即是以讀者的身分，參與「通訊欄」的討論，後來成為刊物的編輯同人。事實上，錢玄同由一教導語言學與文字學的北大教授，本來對當代思想與文學問題並不熱衷，關鍵在於袁氏帝制運動的刺激，因而走進《新青年》的歷史舞台。他說：

> 玄同自丙辰春夏以來，目覩洪憲皇帝之反古復古，倒行逆施，卒致敗亡也。於是大受刺激，得了一種極明確的教訓。知道凡事總是前進，決無倒退之理。……斷非可張「保存國粹」之招牌，……故比來憂心如焚，不敢不本吾良知，昌言道德文章之當改革。……[85]

因而錢玄同「道德文章之當改革」，主張廢除童子選讀選學六朝文及桐城古文，其中亦寓含排除之後，重新納入現代文明及「共和國民對國家的觀念」

　知識分子含蓄的愛國心事。

[82]　胡適，〈我的歧路〉，《胡適文存》第二集第三卷（臺北：遠流出版事業公司，1992年初版三刷），頁65。

[83]　魯迅，〈導言〉，《中國新文學大系‧小說一集》，頁2。

[84]　錢玄同當時看到胡適發表的〈文學改良芻議〉非常佩服，「其斥駢文不通之句，及主張白話體文，學說最精闢」，《新青年》2卷6號「通信」欄（1917年2月）。

[85]　《新青年》3卷5號通信欄，錢玄同致陳獨秀，1917年7月，頁13。劃線部分為筆者所加。

之新洗禮，原因即在於袁氏復辟的刺激。[86]這使得錢玄同在 1917 年初，陳
獨秀未入主北大成為文科學長之前，即密切注意發動文學革命的《新青
年》。[87]之後更提出激進的廢除漢文的主張，其實問題的癥結在於「共和的
招牌掛不長久」的焦慮，漢文作為承載幼稚野蠻頑固的思想、三綱五倫的奴
隸道德，因此要將中國書籍束之高閣。[88]如果說袁氏復辟為第一輪的轉轍
器，那麼張勳復辟則是第二輪的催化劑，之後周氏兄弟踏入《新青年》的歷
史舞台，為深化文學革命而提倡思想革命，即緣自於張勳復辟的刺激與錢玄
同的居中牽線。

　　後來魯迅在《新青年》發表新文學史上的第一篇小說〈狂人日記〉，魯
迅提到當年他創作白話小說的心情：「見過辛亥革命，見過袁世凱稱帝，張
勳復辟，看來看去，就看得懷疑起來，於是失望、頹唐得很了。……不過我
卻又懷疑于自己的失望……這想頭，就給了我提筆的力量。」[89]周作人即指
出：「經過那一次事件的刺激（筆者按：張勳復辟），和以後的種種考慮，這
才翻然改變過來，覺得中國很有『思想革命』的必要，光只是『文學革命』
實在不夠，雖然表現的文字改革自然是聯帶的應當做到的事，不過不是主要
的目的罷了。」[90]也就是說，袁氏稱帝與張勳復辟事件，的確發揮了「轉轍
器」的功能，促使新文化運動擴大它在新知識分子中的影響力，說服了一些

86　同上註，頁 12。錢玄同認為廢除選學六朝文、桐城古文之後，童子入學的教科書應
　　是歷史重大事件、科學切要知識，以及共和國民對於國家的觀念、政治法律等大概觀
　　念。

87　北京魯迅博物館編，《錢玄同日記》第 3 冊（福州：福建教育出版社，2002），1917
　　年 1 月 1 日，總頁 1479-1481。

88　《新青年》4 卷 4 號通信欄「中國今後之文字問題」（1918 年 4 月），頁 350-351。

89　魯迅，〈《自選集》自序〉，《魯迅全集》第 4 卷（北京：人民文學出版社，1996
　　年 1 版 4 刷／初版 1981 年），頁 455。其後魯迅於《新青年》陸續發表〈藥〉（6 卷
　　5 號）、〈風波〉（8 卷 1 號），即是魯迅藉由一般民眾對辛亥革命、張勳復辟事件
　　的反應，反省辛亥革命何以未能成功、復辟頻仍的理由。

90　周作人，〈一一六·蔡孑民二〉，《周作人自編文集·知堂回想錄下》，頁 383。

持不同意見或遲疑的人。[91]從以上陳、胡、錢、周氏兄弟諸人倡導文學、思想革命的動機看來，文學革命本身即寓含解決現實政治的課題，而此一創傷基本上即是回應民初的核心政治問題：共和理想的失敗，以及袁氏稱帝緊接著張勳復辟引發的共和國體危機。

　　而從文學革命作為政治革新訴求的切入點，才能進一步說明林紓何以成為《新青年》同人攻擊的主要關鍵，在於林紓所象徵的政治符碼，而此符碼是由林紓的文學認同與政治認同建構而成。

二、文、白與新、舊的交鋒：民初林紓的學術與政治

　　根據周作人晚年的相關回憶，當年《新青年》同人反對封建文藝，尤其是錢玄同把林紓罵得一無是處，但是從來不敢將箭頭朝向國粹派章太炎或劉申叔（師培），他提出的解釋是：

> 這事據我看來，很容易解答，反對封建文藝，罵**林琴南**，因為他是封建文藝陣營裏的大王，而章劉則不是。他們兩位的學問文章（劉申叔文並不好），只有極少數人知道，以為他們在中國文藝享有很高的地位，也是少數人的錯誤，其實在當時社會是並沒有什麼勢力的。我們到現在不必再來罵他，打死老虎了，但在那時候，卻正是張牙舞爪的活虎！我們也要知道，不能怪當時喊打的人，因為他們**感覺**他是大敵，後來的《學衡》與《甲寅》也都徵其次了。[92]

周作人將林紓列為當時「封建文藝陣營裏的大王」，同樣的「感覺」也出現

91　王汎森，〈思潮與社會條件——新文化運動中的兩個例子〉，《五四新論：既非文藝復興，亦非啟蒙運動》（臺北：聯經出版公司，2005 年初版 2 刷／1999 年初版 1 刷），頁 105。

92　周作人（署名鶴生），〈林琴南與章太炎〉，1951 年 3 月 28 日刊於《亦報》。徵引自《周作人文類編》第 10 卷《八十心情‧自敘‧懷心‧記事》（長沙：湖南文藝出版社，1998），頁 372-373。粗體字為筆者所加。

在胡適的說法：「在 1918 和 1919 年間，這一反對派的主要領導人便是那位著名的翻譯大師林紓（琴南）。」[93]這裏引人好奇的是，為何章、劉不是，周作人的解釋是當時他們的學問並不為世人所周知，其實周作人沒有說出來的另一政治原因及人脈因素：章、劉為清末重要革命黨人，只是後來劉師培投向端方，有損大節，而且章太炎正是《新青年》重要成員周氏兄弟、錢玄同、沈兼士的師長。

　　章、劉不是尚可理解，那麼為何與林紓並稱「譯才」[94]的嚴復也不是，而林紓才是？在此，可以從當時《清史稿》的修撰方式，一窺堂奧。原來《清史稿》紀傳的安排是將嚴復附在林紓之後，時人的觀察認為這種編排方式是因林紓篤念先朝，所以清史館諸遺老，引為同道，反以「佳傳報之」；而嚴復因參與袁氏籌安會，大節終究有虧。[95]從時人的觀察來看，在歷史書寫的《清史稿》紀傳先後的判定，不是因其文學地位的高低，而是從「政治」向度的考察來決定嚴、林的高下。那麼周作人、胡適所稱「封建文藝陣營裏的大王」、「反對派的主要領導人」也不能純粹從文藝的向度來思考，否則就難以說明何以當時《新青年》同人「感覺」林紓是「張牙舞爪的活虎」，不是紙老虎。那麼，林紓做了哪些「封建文藝」、「篤念先朝」之事，讓《新青年》深感為患，而據之以攻擊、批評的口實？

　　事實上，清末著名的「譯才」林紓，入民國後，花費最多心力的事情在於「力延古文之一線」，出版《韓柳文研究法》、《春覺齋論文》、《文徵》，均可看出他對古文理論的重視。並且林紓也應北京孔教會的邀請，到會講述古文的源流、作法（1914 年），可以看出林紓對於傳承古文命脈的用心。可以說，民國以後的林紓心力並不放在西洋文學的譯介，而是古文的重

93　胡適口述，《胡適口述自傳》，唐德剛注譯（合肥：安徽教育出版社，2005），頁179。

94　康有為，〈琴南先生寫萬木草堂圖題詩見贈賦謝〉，該詩指出「譯才並世數嚴林」，《庸言》1 卷 7 號（1913 年 3 月）。

95　詳細的內文，可參考林志宏，《民國乃敵國也：政治文化轉型下的清遺民》（臺北：聯經出版公司，2009），頁 140-141。

要傳播與捍衛者[96]。因此，當胡適提出〈文學改良芻議〉，首先回應的即是林紓[97]，他提出的理由是：「知臘丁之不可廢，則馬班韓亦自有其不宜廢者。吾識其理，乃不能道其所以然，此則嗜古者之痼也。」恰好落入胡適攻擊林紓的口實：既論古文之不當廢，又「不能道其所以然」，正是古文家（嗜古者）之大病。[98]林紓何以入民國以後，以捍衛古文自居，《新青年》同人為何將林紓視為大敵？林志宏開啟從文言與帝制復辟／白話與文明國家建構的角度，來闡述民初文、白之爭所形成的意義，以下我將進一步釐清此一問題。

首先，文言與帝制復辟的關係。由於清末科舉制度的廢除，使得以四書五經為代表的古典知識和文字，不再獲得應有的重視。辛亥革命的變革，更使得帝制王權的崩潰，民初守舊勢力透過尊孔、讀經等文化運動來維持其個人自我認同，堅守文化理想。而文言是因讀經的需求而存在，然而遺老的文化運動部分又與政治上的復辟舉措相結合[99]。因此，文言－讀經－復辟之間的連帶性，運用文言自然被新派視為與舊勢力劃上等號，「文言」至此已被賦予政治符號「君主復辟」的象徵。[100]

其次，白話與建立現代文明國家（民國）。對於林紓來說，面對民國的混亂政局，在解決「如何拯救中國」這一共同問題上，林紓提出的方法是致力於古文的復興與傳承，並竭力保存固有的文學傳統和道德規範。但此一方式在根本觀念上與《新青年》同人有所歧異。《新青年》同人提倡白話文作為適應現代社會的實際需求，與當時積弱的中國想要跟上世界文明的腳步，

---

[96] 張俊才從親自寫作、編選評比、理論撰述與招生授徒四個層面具體陳述當時已垂垂老矣的林紓為挽救古文所作的巨大努力。張俊才，《林紓評傳》（天津：南開大學出版社，1992），頁 223-226。以創作量為例，張俊才作過統計，民國以後的林紓（至民11 年）的古文創作量等於辛亥之前的四倍。

[97] 林紓發表〈論古文之不當廢〉於 1917 年 2 月 8 日上海《民國日報》。

[98] 《新青年》3 卷 3 號通信欄胡適致陳獨秀，1917 年 5 月。

[99] 詳見上一章第三節的討論。

[100] 相關的討論請參見：林志宏，〈情感和社會的互動：清末民初文言與白話地位的轉變〉，《思與言》41 卷 2 期（2003 年 6 月），頁 1-36。

不無關係。胡適在回覆黃覺僧君折衷的文學革新論中指出，他們的目的不僅是「在能通俗，使婦女童子都能了解」。胡適認為「若要使中國文學能達今日的意思，能表達今人的情感，能代表這個時代的文明程度和社會狀態，非用白話不可。」[101]背後的文化意識是以「西方文明」作為中國未來文明走向的典範。另外蔡元培在〈國文之將來〉也很實際的指出，文言是間接的傳達，無論寫或讀的人都要浪費翻譯的時間，而「現在應學的科學，很多了，要不是把學國文的時間騰出來，怎麼得及呢！」[102]從這裏可以發現，從經典的規範傳承到學科內容的多元化，國文符碼的意義已經有所轉變——從典範的權威到盛載知識的語言使用工具。因此可以儘量使其簡化，將多餘的心力放在多元知識的學習，與林紓念茲在茲「古文」是傳統文化的載體，此一轉變，不可謂不大。而從新文化人的眼光看來，林紓在民國以後的文章仍然是「大批墓銘、碑記、哀辭、祭文、壽序、游記等」[103]，就可以知道古文何以當時被批判為不適合現代生活，承載舊思想的工具。而林紓民初的文化運動，又不可避免的與林紓作為清遺民的政治活動互為勾聯，息息相關[104]。因此白話／文言在當時不單是作為文字書寫的工具，背後其實有其隱含的特殊象徵：民國／帝制的政治符碼。由上述兩種觀點，我們方能較能理解《新青年》同人攻擊林紓與林紓捍衛古文的決心。

從林紓發表〈論古文之不當廢〉，胡適雖認為不值得一駁，但《新青年》同人並沒有忽視林紓。陳獨秀的〈文學革命論〉先前已提出：「所謂『桐城派』者，八家與八股之混合體也」[105]之後，批判桐城派的主力大部

---

[101] 胡適，〈答黃覺僧君折衷的文學革新論〉，《新青年》5 卷 3 號（1918 年 9 月）。

[102] 此為蔡元培在女子高等師範學校的演說辭：〈國文之將來〉，1919 年 11 月 17 日，徵引自《蔡元培全集》第三卷（北京：中華書局，1984），頁 356-359。

[103] 張俊才，《林紓評傳》（天津：南開大學出版社，1992），頁 236。

[104] 必須說明的是林紓一開始民國方成，本樂為共和國民，後來選擇認同清室，其實是逐步調整發展起來的，仍須另有專文討論，林志宏《民國乃敵國也：政治文化轉型下的清遺民》對此略有論及。另外，林志宏並指出清遺民的政治主張與文化活動乃是政治文化雙重領域互動下的結果，見氏著，頁 22。

[105] 陳獨秀，〈文學革命論〉，《新青年》2 卷 6 期（1917 年 2 月），頁 3。

分集中在錢玄同身上。在林紓發表〈論古文之不當廢〉不久之後，錢玄同首先提出「桐城謬種」的口號：「唯選學妖孽所尊崇之六朝文，桐城謬種所尊崇之唐宋文，則實在不必選讀。」[106]對照先前的「通信」欄中，批評桐城派是「變形八股」又加一括號指出：「又如某氏與人對譯歐西小說，專用《聊齋志異》文筆，一面又欲引韓柳以自重；此其價值，又在桐城派之下，然世固以『大文豪』目之矣！」[107]某氏所指的「林紓」不難一望而知。透過對於林紓譯文「不通」的強烈批駁，錢玄同發明的口號「桐城謬種」——「在桐城派之下」所指涉的潛在對象「林紓」已呼之欲出。

　　稍晚，張勳復辟事件過沒多久，錢玄同與劉半農聯袂合演了一齣雙簧戲。由錢玄同假扮舊派文人王敬軒，給《新青年》的編者寫了一封反對新文學和白話文的長信，著意讚揚林紓「為當代文豪」、「今日之真能倡新文學者，實推嚴幾道先生林琴南先生」，實已將林紓推為箭靶的中心；再由劉半農回覆王敬軒，一一點名批判林紓古文不通與林譯小說只有「閑書」價值，末了又加上一句：「先生填了『戊午夏曆新正二日』的日期，似乎不如竟寫『宣統十年』還爽快些。」[108]諷刺王敬軒輩是舊派遺老，項莊舞劍，意在沛公，點名的正是林紓的遺老身分。

　　事實上早在民國成立之初，孫中山就任臨時大總統一職時，即公佈〈改用陽曆令〉，並通令全國要求人民遵行。而新、舊曆法的訂定或取消，並不是曆法本身的改訂而已，它其實在中國文化脈絡，牽涉到的是受命改制的政治意涵，政治正當性的確立。換而言之，王敬軒（暗指林紓）仍使用「宣統十年」，其實正反映了《新青年》同人所認定林紓的政治認同，用另一清遺民劉大鵬日記中的一段話來表達，即是：「今改民國之年，而予稱年號，仍

---

[106] 錢玄同致陳獨秀，《新青年》3 卷 5 期通信欄（1917 年 7 月），頁 12。

[107] 錢玄同致陳獨秀，《新青年》3 卷 1 期通信欄（1917 年 3 月），頁 7。

[108] 劉半農覆王敬軒，〈文學革命之反響〉，《新青年》4 卷 3 號「通信」欄（1918 年 3 月），頁 284。

係『宣統』,以予係大清之人,非民國之人耳。」[109]說明「宣統」年號的使用,背後意謂著「大清」的政治認同。除了曆法問題,林紓最為時人所注意的是民國初年屢謁崇陵的舉動,崇陵正是清光緒皇帝的陵寢,在張勳復辟之前,林紓總計謁崇陵六次。謁陵一事顯然不能以觀覽名勝古跡看待,而是從林紓每年幾近儀式化的謁陵舉措看來,謁陵正是表達他的故國之思,婉轉道出他的政治傾向與認同。

林紓不僅在私領域上與清遜帝溥儀與王朝復辟派有著密切交誼,在張勳復辟不久,國會議員提議削減優待清室條件,林紓立即上書參眾兩院,提出「皇室奇窮,何可遽裁經費」,要求「百凡如舊,一切從優」[110],著意為清室涉入張勳復辟一事開脫。看似以皇室經濟窘迫為緩頰的理由,其實涉及更複雜的問題在於林紓已預視復辟與皇室安危之間的緊迫性,先前段祺瑞討逆軍與張勳辮子軍激戰時,林紓即寫一首長詩,抒發他的心志:「此軍再挫清再亡,敢望中興作杜甫。」[111]因此在張勳兵敗後,他必須為清皇室的存廢作一緊急的危機處理。而林紓的忠心耿耿也使溥儀感激涕零,溥儀手書「有秩斯祜」春條一幅賜給林紓,林紓回一詩紀恩,詩中有言:「一身何補皇家事,九死能忘故主恩?」,一再體現他「篤念先朝」的情操。[112]

如果說,之前林紓與王室及復辟派純屬私領域的交誼尚可言說,之後林紓為清室優待條件在公領域為前清皇室發聲,並且在嚴復、康有為因兩次復辟而日漸失去影響力之際,林紓屢謁崇陵、為清室發聲的舉動,反而成為前清復辟派的焦點人物。張勳復辟一事在革命黨人看來,清室與張勳之間狼狽為奸,林紓卻為清室緩頰,實已觸動新派最敏感的一根神經:將「復辟」罪

---

[109] 劉大鵬,《退想齋日記》(太原:山西人民出版社,1990),頁 199。轉引自林志宏,《民國乃敵國也:政治文化轉型下的清遺民》,頁 95-97。

[110] 林紓著,朱羲胄編,〈上參眾兩議員書〉,《林畏盧先生學行譜記四種·貞文先生年譜卷二》(臺北:世界書局,1965),頁 28。

[111] 張俊才,〈林紓年譜簡編〉,《林紓研究資料》(福州:福建人民出版社,1982),頁 46。

[112] 同上註,頁 35-53。

行合理化。並且《新青年》同人早年多為清末革命黨人，《清室優待條件》[113]一事，實已觸及民初共和理想失敗的種種創傷，更與復辟勢力相始終，因此同人對此項條款氣憤難平。[114]

　　事實上，從辛亥建國之後，根據《清室優待條件》，清皇室從未履行移宮之約，而且所有的文書契券仍然沿用宣統年號，對於官吏的頒給榮典與賜謚亦沿用未改，因此劉半農諷刺錢玄同假扮的王敬軒舊派人士，何不逕用宣統紀年有其現實的背景。在當時一些知識分子的看法即認為，清室即使是被迫參與復辟，也是對民國的犯罪。[115]張勳復辟帶來共和國體的巨大危機，更使守舊派人士，無論是否直接參與復辟事件，易被貼上復辟派標籤。而林紓上書國會此舉，顯然意圖使清皇室繼續維持國中之國，朝中之朝，那麼張勳事件將不是偶發事件，而是一個復辟派的起點；再加上張勳策謀的督軍團，光是復辟就分成若干派別，中國更是永無寧日，這是《新青年》同人最關心的共和危機的問題。因此，在林紓上書國會後不久，李大釗於《新青年》指出：

>　　又想起我國現已成了民國，仍然還有甚麼清室，吾儕小民，一面要負擔議會及公府的經費，一面又要負擔優待清室的經費。民國是新的，清室是舊的。既有民國，那有清室？若有清室，何來民國。[116]

113　1912 年 1 月，革命黨人與袁世凱南北和談達成一項秘密協議，袁氏迫使清帝在優待的條件下退位，同意建立共和政體，之後孫中山將臨時大總統的職位讓予袁氏。當年 2 月，《清室優待條件》即在南京臨時參議院通過。

114　如：錢玄同，〈三十年來我對于滿清革命的態度底變遷〉即提及從 1912 年 2 月溥儀退位為止，一直到現在都極力反對《清室優待條件》，錢氏認為溥儀不單是（張勳）復辟一事，包括「保偽號、用偽元、發偽論」，無非是叛逆一事。《錢玄同文集》第二卷（北京：中國人民大學出版社，1999），頁 116-117。

115　王樹才、劉敬忠，〈也談《清室優待條件》問題——兼評溥儀充當日本帝國主義傀儡的原因〉，《中國社會科學院研究生院學報》，2000 年第 2 期，頁 54。

116　李大釗，〈新的舊的〉，《新青年》4 卷 5 號（1918 年 5 月）。劃線部分為筆者所加。

將「舊的」與「清室」劃上等號，點出民國與清室勢不兩立與新舊之區分，而林紓此舉更將自己陷入與清室復辟一派的政治路線。

如果說，之前《新青年》提出「桐城謬種」、雙簧戲的策略，挪用林紓為假想敵，造成新舊派激戰，以求昌明文學革命與吸引輿論效果，兩方尚非正式交戰；之後，林紓發表的〈荊生〉、〈妖夢〉小說影射新文化人，《新青年》同人不但在《新青年》，更開闢另一主要戰場《每週評論》集體迎戰。已經不單是新舊陣營文化問題的分歧，而是更多政治外力因素的介入與新舊派政治角力的對抗，引發《新青年》同人強烈的危機意識，將此政治壓迫轉化為受舊黨迫害的新派形象。

三、〈荊生〉、〈妖夢〉的後續反應：
《新青年》所受的政治壓迫

在五四運動前夕，林紓發表小說〈荊生〉，刊載於上海《新申報》「蠡叟叢談」專欄。[117]然而當時〈荊生〉何以掀起大波呢？原來湊巧〈荊生〉發表時，林紓在五城學堂教過的北大學生張厚載，在上海《神州日報》主持〈半穀通信〉的欄目，在 2 月 26 日將陳獨秀等人將被免職的消息傳播到上海，又與當時總統徐世昌、教育部長傅增湘聯繫起來，甚至將蔡元培也扯了進來，引起軒然大波。[118]關於學界對於此事的討論，有同情《新青年》的立場[119]，亦有批駁《新青年》、同情林紓的立場[120]。然而這些討論問題的方式，尚未能真正點明《新青年》當時所面臨的現實政治困境，以及《新青

---

[117] 上海《新申報》1919 年 2 月 17、18 日。

[118] 王楓，〈五四前後的林紓〉刊出張厚載《神州日報》的原文，《中國現代文學研究叢刊》，2000 年 1 期，頁 239-241。王楓此文根據大量的一手史料，為林紓〈荊生〉、〈妖夢〉引發的風波，作了詳細的考證。

[119] 批評林紓與北大學生張厚載裏應外合，散佈謠言，為舊派勢力攻擊北大推波助瀾。如：鍾揚，〈陳獨秀與桐城謬種〉，《古今藝文》29 卷 2 期（2003 年），頁 4-26。

[120] 指出林紓從沒有抱過「偉丈夫」徐樹錚的大腿，不過是張厚載在林紓背後煽風點火並穿針引線。張耀傑，〈林紓與「新青年」的文化之爭〉，《傳記文學》86 卷第 2 期（2005 年 2 月），頁 42-52。

年》同人批判的焦點於文白語言或新舊文化之爭的問題背後，關鍵仍在於政治認同的問題。

〈荊生〉主要以第三人稱全知觀點，透過荊生與三名從美洲留學歸國的青年書生同居處於京師陶然亭廂房狹路相逢，展開敘述。這三名青年書生，一名皖人田其美（影射陳獨秀），一名浙人金心異（影射錢玄同），一名狄莫（影射胡適）。當此三人正高談濶論之際，這名「書一簏，銅簡一具」的偉丈夫荊生，突然破壁而來，大罵三人，指責三人何以敗壞立國「倫紀」。三名青年書生，明眼人一看就知，關鍵在於「荊生」是誰？關係到《新青年》同人詮釋的立場與當時的政治問題。

由於林紓發表〈荊生〉小說不久，林紓的學生張厚載又散播陳獨秀等人將被免職的消息，這兩件事很快就被聯繫起來。陳獨秀（署名隻眼）於《每週評論》「隨感錄」欄發表〈舊黨的罪惡〉，指出新舊思想本身並沒有罪惡，但「若想用政府權勢，來壓迫異己的新思想」或是「夠不上利用政府來壓迫異己，只好造謠嚇人，那更是卑劣無恥了！」[121]一開始用「舊黨」的籠統說法，暗指舊黨利用政府或造謠嚇人。在下一期，即炮火猛烈，《每週評論》「雜錄」欄轉載〈荊生〉全文，並在小說之前編者按表示「想用強權壓制公理的表示」，提出有人「想借用武人政治的威嚇來禁壓這種鼓吹」，已經直接點名「古文家林紓的夢想小說就是代表這種武力壓制的政策」，將林紓與北洋軍閥的武人政治聯繫在一起，但荊生還只是林紓本人。[122]該期亦轉載《晨報》李大釗發表〈新舊思潮之激戰〉，指出新舊兩方應共存並進，指責舊派橫行，力圖引學術以外的勢力，「想抱著那個偉丈夫的大腿」[123]，荊生「偉丈夫」在此又成為當權者的代名詞[124]。陳獨秀繼而又發表〈關于北京大學的謠言〉，批評這些「倚靠權勢」、「暗地造謠」的國故

[121] 陳獨秀，〈舊黨的罪惡〉，《每週評論》11 號「隨感錄」欄（1919 年 3 月 2 日）。
[122] 署名記者，《每週評論》12 號（1919 年 3 月 9 日）。
[123] 署名守常，《每週評論》12 號。
[124] 王楓，〈五四前後的林紓〉，《中國現代文學研究叢刊》2000 年 1 期，頁 238-239。

黨，明指「這班國故黨中，現在我們知道的，只有《新申報》裏〈荊生〉的著者林琴南，和《神州日報》通信記者張厚載兩人。」並呼告林紓，他所崇拜所希望的那位「偉丈夫荊生」，正是孔子不願會見的陽貨此流人物。[125]〈荊生〉中的「偉丈夫」之後被《新青年》同人認定為軍閥「徐樹錚」[126]，也因林紓與徐樹錚的私人交情有關。[127]「荊生」的指稱，從一開始籠統的舊黨，到林紓與北洋軍閥的聯結，再聚焦到軍閥徐樹錚，說明《新青年》同人不斷將〈荊生〉政治化表述的過程。

接著林紓又發表〈妖夢〉，〈妖夢〉的批判中心仍是新文化人廢古文、鏟倫常這兩件事，但小說中的主角多了北大校長又是前清翰林的蔡元培。加上此時林紓收到蔡元培的來信，信中提到趙體孟想出版「明遺民劉應秋先生遺著」，拜託蔡元培介紹梁任公、章太炎、林琴南諸先生為品題。面對蔡元培的盛情厚意，林紓自覺小說寫得不甚妥當，趕緊請張厚載追回〈妖夢〉[128]，一面趕緊寫回覆函〈答大學堂校長蔡鶴卿太史書〉在《公言報》上發表。林紓該文批評新文化人的兩項重點是：「廢孔孟，鏟倫常」和「盡廢古書，行用土語為文字」，前者其實與民初廢經一事的衝擊有關，而廢經一事其實正是蔡元培民元任教育總長時的舉措；後者其實即林紓的「文言」作為傳統文化認同的立場。

然而，在這新舊文化、文白之爭的潛台詞中，林紓認為他與蔡元培之不同在於：「今公為民國宣力，弟仍清室舉人」，是民國／前清的政治身分差異，並藉為明遺民劉應秋遺著寫序跋一事，表明心跡：「實隱示明清標季，

---

[125] 陳獨秀，〈關於北京大學的謠言〉，《每週評論》13 號（1919 年 3 月 16 日）。

[126] 根據胡適的說法，這條推論是這樣來的：當時安福政權的護法大神是段祺瑞，段的腦筋是徐樹錚，徐又是林紓的門生，荊、徐都是州名，所以大家都很明白荊生暗指小徐將軍。胡適，〈紀念「五四」〉，《獨立評論》第 149 號（1935 年 5 月 5 日），頁 5。另外，周作人在〈蔡子民（三）〉《周作人自編文集・知堂回想錄下》當時亦認為所謂荊生乃是暗指「徐樹錚」，頁 387。

[127] 林紓於五四時期即擔任徐樹錚所創辦的正志中學的教務長。

[128] 結果〈妖夢〉覆水難收，造成隔天（從 3 月 19-23 日）在上海《新申報》也刊載〈妖夢〉的窘境。

各有遺民，其志均不可奪也。」[129]因此，魯迅稍後發表〈敬告遺老〉一文，譏刺「自稱清室舉人的林紓」，「你老既不是敵國的人」，「不要再干涉敵國的事情罷。」[130]將敵國／清室劃清界限，也同時將林紓排除在民國國民的政治屬性之外。而蔡元培針對此信作一回覆，他指出《新青年》雜誌中對於孔子學說的批評，主要針對孔教會假託孔子學說以攻擊新學說而發，並非直接與孔子為敵。[131]從蔡元培的回信看來，除了調和新／舊派的對立矛盾外，他也以「思想自由」的原則堅定的維護《新青年》的立場，對《新青年》能站穩它作為民初激進文化改革者的角色，給予極大的支持。[132]

此時，林紓小說餘波仍蕩漾。陳獨秀發表〈林紓的留聲機器〉指出林紓本想藉重武力壓倒新派，那知他的「偉丈夫」不替他作主，聽說他又去運動同鄉議員，提出彈劾教育總長與北大校長。[133]在此已經不是新舊文學或文化之爭了，小說被激化為政治權威介入的新舊對立，從「偉丈夫」徐樹錚到新國會彈劾案的流言不斷，文白之爭已經從文化問題逐漸轉為當時政治問題的論爭。林紓發表的這些小說與文章，正意謂著對新文化運動陣營的正式攻擊。此時《新青年》同人在當時相關刊物《每週評論》傾全力對林紓發動抨擊，一來與林紓的政治認同與軍閥政治勢力的聯結密切相關；二來當時國會議員張之奇提出彈劾教育當局，撤換北大校長的提案。不管上述兩因是否真與林紓有關，新派面對舊派政治力量的險峻，以及對政治干預的敏感，也因此他們必須把原本應是文學的論爭轉為「政治」的層次表述。

當時《新青年》同人如此的激憤，其實並非危言聳聽，因為 1919 年春

---

129 林紓，〈答大學堂校長蔡鶴卿太史書〉，此文以公開信的方式刊載於 3 月 18 日的《公言報》上。徵引自《中國新文學大系‧建設理論集》，頁 171-172。

130 魯迅（署名庚言），《每週評論》第 15 號「隨感錄」欄（1919 年 3 月 30 日）。

131 蔡元培，〈答林琴南書〉，《中國新文學大系‧建設理論集》，頁 165-166。

132 在五四運動過後，舊派大罵新派是洪水猛獸，蔡元培又作了〈洪水與猛獸〉一文，主張不可壅塞新思潮的洪水，卻要先馴伏北洋軍閥的野獸，該文原發表於《北京英文導報》，後收在《新青年》7 卷 5 號首篇，胡適在按語中指出這篇文章「可以代表很多人要說而不能說的意思」，蔡元培護衛新思潮的決心可見一斑。

133 陳獨秀（署名隻眼），《每週評論》15 號「隨感錄」欄（1919 年 3 月 30 日）。

天，政府要干涉的說法甚囂塵土[134]。陳獨秀〈林紓的留聲機器〉指出國會彈劾案，並非故弄玄虛，而是實有其事。根據當時《申報》的相關電文看來，如 1919 年 3 月 29 日「北京電」指出：「參議院耆老派因北京大學暗潮甚烈，傅增湘不加制裁，擬提出彈劾案。」[135]到了 4 月，陳獨秀被迫辭去北大文科學長的職位，胡適後來即針對陳獨秀被撤職一事，指出「當時外人借私行為攻擊獨秀，明明是攻擊北大的新思潮的幾個領袖的一種手段……」[136]正是新舊之爭波及至北京大學，引發的北大人事地震。當時不但中央，甚至地方政府也視《新青年》為洪水猛獸，當期的《新青年》便在「什麼話」專欄中刊載〈江蘇省長公署訓令第一千四百一號〉標題為「教育廳各道尹轉令各校各縣嚴禁購閱主張悖謬之出版物」，訓令中明確指出「近閱坊間之出版物，間有主張破除舊有倫教，毀裂吾國固有文學，以期改造一新社會者。」[137]明顯矛頭指向《新青年》。而事實上，陳獨秀之後不久的確被免職，因此張厚載的說法其實有其根據，關鍵在於《新青年》同人如何將此政治壓迫轉化為受舊黨迫害的新派形象，目的是訴諸輿論視聽，呈現新派目前遭受的政治壓力。

因此，在第 17、19 期《每週評論》增加特別附錄四大張〈對於新舊思潮的輿論〉，集結各大報刊對於林紓相關事件的輿論反應。而從報刊言論看來，批判舊黨運作政治勢力迫害新派，的確是相當多報刊一致的輿論方向。而報刊對此新舊之爭的高度關注，也使《新青年》聲名大振，銷售量大增，下一期《新青年》登出「自一卷至五卷再版預約」[138]此增張的效果，顯然不斷重覆舊派的蠻橫迂腐，也加強了新派受政治迫害的輿論公意。另外，

---

134 陳獨秀，〈關於北京大學的謠言〉，《每週評論》13 號（1919 年 3 月 16 日）。及鄭振鐸，〈導言〉，《中國新文學大系・文學論爭集》，頁 7。

135 王楓，〈五四前後的林紓〉，《中國現代文學研究叢刊》2000 年 1 期，頁 245。

136 胡適致湯爾和，1935 年 12 月 28 日，《胡適往來書信選》中（北京：中華書局，1979），頁 290。

137 《新青年》6 卷 4 號（1919 年 4 月 15 日），頁 446。

138 《新青年》6 卷 5 號（1919 年 5 月）。

從此增張收錄的《晨報》、《國民公報》、《順天時報》、北京《益世報》、《民國日報》、《時事新報》，也說明了在五四運動前夕新派內部的互相確認、呼應，成為五四前夕輿論風氣轉向的契機。[139]

　　綜上所述，其實一開始《新青年》選擇非桐城主脈的謬種林紓進行攻擊，即著眼林紓作為民初古文傳承的重要旗手、與復辟派、清皇室的交誼。從林紓的文學認同與政治屬性看來，他所標誌的政治符碼是不言而喻的。因此文白之爭兩方的交鋒，其實焦點較不強調「文學」或「語言」本身的討論，而在新舊文化與語言書寫所象徵的政治認同。而此政治認同也並非空泛的存在，對《新青年》同人而言：不單是林紓維護古文的主張，林紓屢謁皇陵以及與康有為、張勳等王朝復辟派、舊皇室互動殷勤的舉動；林紓在軍閥徐樹錚手下的報刊《公言報》發表小說〈荊生〉、〈妖夢〉，以謾罵口吻影射新文化人，加上林、徐的私人交情匪淺，古文復興運動背後林、徐的勾結，在新文化人看來就不是簡單的文學運動，而是「都有政治的意味，都有人物的背景」[140]。導致《新青年》同人在相關刊物《每週評論》攻擊林紓是著眼於「政治」而非「文學」，從而彰顯了舊派勢力與軍閥官僚、復辟之間的聯結，以及《新青年》同人當時面對的雙重政治困境——共和國體危機與政治壓迫。

　　事實上，後來者對於《新青年》「文學革命」詮釋的難度，不單是「文學」一詞本身容易遮蓋它產生於報刊輿論的能動性與針對時政的議題性，文白之爭即是一例。甚至連《新青年》文本本身在後來歷史的展演過程中，已模糊掉原本當初提倡者的初衷，取而代之的是另一種詮釋方式。最明顯的例子莫如我們原以為「易卜生專號」是承繼《新青年》同人對女權思想的宣揚，易卜生〈傀儡之家〉一劇的風行，使得劇中主角娜拉成了此後「女子解放」的代表人物，其實是倒因為果的誤認。青木正兒指出是因當時崑曲的流行而起的反抗之聲，魯迅同意青木正兒的說法，他再補上易卜生敢於攻擊社

---

[139] 袁一丹，《新文化運動發生考論》北京大學碩士論文 2008 年，頁 24。

[140] 周作人，〈現代散文選序〉，《周作人自編文集・苦茶隨筆》，頁 64-65。

會、獨戰多數，正是當時《新青年》易卜生介紹者孤軍奮戰心境的寫照。[141]從青木正兒與魯迅的說法，我們都看不到易卜生專號首要為提倡女權思想。因此，不單是孔教問題、文言白話之爭，甚至於女權問題，亦是新、舊兩派人士論爭的焦點。以下我將針對《新青年》女權論述中相關議題的討論，推源溯始，亦藉以批判民初法律，而法律作為共和國家政治重要的一環，卻成為復古派與軍閥政府利用的國家意識形態（忠君節烈）工具。《新青年》批判的焦點仍是：民初軍閥政府的法律制訂與當時的復古風潮如何形成某種共犯結構，導致共和政體至今尚未能成功，國家主權未能收回。

第三節　《新青年》女權論述的弦外之音：民初法律與復辟意識的共謀

陳東原指出，甲午之戰後，中國婦女從早年「無才是德」，改到「賢母良妻」的生活標準；但婦女有獨立人格的生活，是在《新青年》倡導之後。[142]事實上，在辛亥革命以前，女權運動已蓬勃展開，民國甫成立之際，婦女從軍之踴躍與爭取參政權之激烈，隨著日漸深化的復古尊孔潮流，以及袁氏政府剝奪婦女法律上的相關自由權[143]，代之以宣揚節烈的《褒揚條例》，這股聲勢漸漸沉寂下去。連民初重要的女性刊物，在民間思潮與官方法律的雙重壓迫下，或遭到廢刊的命運，或由激進轉為復古傾向，婦女的地位與權利面臨前所未有的危機。在這股低壓蔓延之下，《新青年》文化運動中關於「女子問題」與「貞操問題」的熱烈討論，以及「易卜生專號」（4

---

141 魯迅，〈《奔流》編校後記（三）〉，《魯迅全集》第七卷，頁163。

142 陳東原，《中國婦女生活史》（上海：上海文藝出版社，1990年影印本／初版1926年），頁366。

143 袁氏政府在民國二年，解散女子參政同盟會；民國三年，頒佈《治安警察條例》，規定女子「不得加入政治結社」、「不得加入政談集會」。

卷 6 號）引發的婦女解放訴求[144]，蔚為五四時代風潮。

　　《新青年》從陳獨秀在〈一九一六年〉（1 卷 5 號）提出反對儒者三綱之說，其中夫為妻綱，使妻為夫的附屬品，而不見有一獨立自主之人格。此一議題在〈孔子之道與現代生活〉（2 卷 4 號）該文延伸，其中與婦女生活有關的包括：婦女參政、寡婦再嫁、社交公開、經濟獨立自主、家庭內禮教規範的破除等五大項，都是孔子之道所不許，而為現代文明婦人生活的常態。此外，劉半農的〈南歸雜感〉（5 卷 2 號）述說中國婦女的痛苦，與胡適〈美國的婦人〉（5 卷 3 號）對比參照之下，中國婦女的「依賴」與美國婦女的「自立」形成強烈的對比。在《新青年》同人看來，婦女問題並不是獨立的問題，而是與儒家思想影響下的家族制度、社會問題息息相關。因此從第 2 卷起，《新青年》開始設立「女子問題」專欄，到 6 卷 4 期篇頭也特別刊登了「新青年記者啟事」，以「女子問題」為標題，重視的程度可見一斑。[145]

　　歷來對《新青年》女權議題的討論，已有一定的研究成果，但多從婦女史的角度來探討《新青年》女權論述的開創性或不足之處。本文主要想從另一角度，進一步去問何以此時此刻產生這些論述，也就是去探討《新青年》女權議題在當時的現實意識與問題背景，爬梳其議題生成的歷史脈絡。在此觀點上，日本學者小野和子在大量史料論據的基礎上，提出清末民初修訂刑法論戰與五四知識分子對家族制度的批判存在因果關係，其中包含《暫行刑律補充條例》與《褒揚條例》的法律問題，是筆者所見最早從民初法律的現實進路探討此一問題。[146]筆者不同於小野和子的討論基礎在於：小野和子

---

[144] 其實「易卜生專號」產生的原始脈絡是對抗北京復古風潮，但它所產生的影響卻是婦女解放運動，參見上文的說明。

[145] 啟事內容從家庭制度——女子問題——國家社會改造的緊密聯結，認為女同胞影響國家社會甚鉅，只因關於此一問題的討論，多由社友（多為男子）討論，越俎代言，因而廣邀女同胞就「女子教育」、「女子職業」、「結婚」、「離婚」、「再醮」、「姑媳同居」、「獨身生活」、「避妊」、「女子參政」、「法律上女子權利」等發表意見。

[146] 小野和子，《五四時期家族論の背景》（東京：同朋舍，1992）。另外其相關文章〈吳虞與刑法典論爭〉，《中國文化》第 11 期，1995 年。

是從五四家族論著眼，筆者是從《新青年》男性知識分子的女權議題著眼，以吳虞〈女權評議〉與《新青年》同人接力討論的貞操問題為例，女權問題作為介入政治問題的媒介，討論此一論述的過程如何帶入當時現實政治中隱含帝制復辟意識的法律之批判，最終仍是指向共和危機問題。

一、〈女權評議〉的隱政治文本：吳虞與民初刑律的修訂

署名吳曾蘭〈女權平議〉即刊載於《新青年》「女子問題」專欄，文末記者附記「此文作者吳女士即又陵先生之夫人也」，實為吳虞的代筆。[147]從《吳虞日記》的敘述過程看來，顯然一開始吳虞即以其名寄〈書「女權評議」〉一文寄給陳獨秀。當時《新青年》正在推「女子問題」專欄，從〈女權平議〉之後，陶履恭發表〈女子問題〉一文，指出《新青年》徵集女子問題的文章已有一段時日，而「女子之投稿者，寥少已若珠玉之不多覯」。[148]由此看來，有可能是經由陳獨秀的加工，吳虞的默許，〈女權平議〉的作者變成是編者按「吳又陵先生的夫人」，目的是使「女子問題」專欄能多一些來自女性的文章。

〈女權評議〉一文，從歐洲提倡女權，男女漸趨平等講起，帶入中國當

---

147 〈女權平議〉，《新青年》3卷4號（1917年6月）。在《吳虞日記》1916年12月初九的日記，指出《國民公報》有愛農〈女權平議〉一篇，多一知半解之言，因此作〈書「女權平議」〉一文，撿選「《易》、《詩》、《白虎通疏證》、《經籍纂詁》、《進化要論》、《族制進化論》、《唐律疏議》、《新刑律》、《比較憲法序》、《新刑律釋義序》、《抱朴子》、《續碑傳集‧陳奐傳》諸書」，共「二十一頁約四千餘字」（《吳虞日記》上冊（成都：四川人民出版社，1984），頁273），與《新青年》〈女權平議〉原文可以作一比對。（見本節附錄：「〈書「女權平議」〉與《新青年》〈女權評議〉引用書籍對照表」）。除了《比較憲法序》難以核對外，其他皆引用至〈女權平議〉一文中完全無誤，並且在字數上〈女權平議〉一文亦符合〈書「女權平議」〉四千餘字的字數。以上從吳虞文章日記、曾蘭女權主張與〈女權平議〉一文用字、結構、字數與引用書籍作一比對，《新青年》〈女權平議〉原應為〈書「女權平議」〉，因此《新青年》〈女權平議〉的作者當為吳虞所作應為無誤，係針對《國民公報》愛農〈女權平議〉的回應之作。

148 陶履恭，〈女子問題（新社會問題之一）〉，《新青年》4卷1號（1918年1月）。

今的現狀，家庭與道德恥言變革，但其實這是有違當今的共和政體與法律條文的規定。文中說道：「道德不可改革，則歷史忠臣之義，不見於共和。一夫一妻之制，特著於《新刑律》，言者又將何以解。」直接挑戰了「忠臣」背後「忠於君」的意識形態，也讚許了《新刑律》[149]作為符合現代文明潮流的國家法律。其次，在〈女權評議〉一文中，作者大量引用《滿清律例》、《新刑律》加以討論：

> 《新刑律》殺傷罪理由曰，殺人者死。……（《滿清律例》於夫妻之科刑，更不平等，試考之）……吾國專重家族制度，重名分而輕人道，蔑視國家之體制、道德、法律，並為一談。此西人所由譏吾為三等國，而領事裁判權，卒不能收回，貽國家莫大無窮之恥也。[150]

如果我們比對吳虞之前發表於《新青年》〈家族制度為專制主義之根據論〉：

> 《滿清律例》，「十惡」之中，於「大不敬」之下，即列「不孝」，實儒教君父並尊之旨。……，《新刑律》皆一掃而空之。此即立憲國文明法律與專制國野蠻法律絕異之點；……吾國領事裁判權所以不能收回，實由法律不良之故。法律之所以不良，實以偏重尊貴長上，壓抑卑賤，責人以孝敬忠順，而太不平等之故。[151]

---

[149] 根據《吳虞日記》上冊 1912 年 4 月 27 日記載：「昨日《共和報》載：『中央法部暫行新律頒到，現行刑律廢止』真第一快事。去年新律後附暫行章程五條概行刪去，尤快也。」，頁 39。及 1912 年 7 月初二記載：「飯後看《新刑律》……」，頁 51。此《新刑律》即《暫行新刑律》。

[150] 〈女權評議〉，《新青年》3 卷 4 號「女子問題」專欄（1917 年 6 月），頁 4-5。劃線部分為筆者所加。為求行文簡潔，以下出自〈女權評議〉文者，僅列頁數。

[151] 吳虞，〈家族制度為專制主義之根據論〉，《新青年》2 卷 6 號（1917 年 2 月），頁 2。

其實兩篇文章都有其共同的政治關懷：國家領事裁判權的收回，而此正是清末至民初修改刑法的主要目的。如此更間接回答〈女權評議〉一文為吳虞的作品，但是我們在其中要問的是，吳虞顯然把他的焦點不斷的放在刑律上面，一方面由於個人切身經歷的特殊性[152]，使他對民初刑律的修訂極為關注；一方面也與其個人現實政治的家國關懷有關。吳虞不斷在比較《滿清律例》與《新刑律》之間的差別，難道只為批判在當時已成過去歷史的《滿清刑律》與《新刑律》，還是藉由這些「舊」刑律，來引出對當前「新」刑律的對話張本？

於此我們再回到〈女權評議〉一文，該文首先回溯《唐律》「毆告夫」為十惡之第八條「不睦」之注，作者引用疏議「依禮，夫者婦之天」及「妻者，齊也。恐不同尊長，故別言夫。」來證明《唐律》中將夫等同於尊長，妻等同於卑幼。因此若妻毆夫，妻加重三等罪；但夫毆妻，夫反而減輕二等罪。接下來，作者談到《新刑律》與中律之區別：

> 《新刑律》殺傷罪理由曰，殺人者死，雖為古今不易之常經，<u>然以中律而觀，妻之於夫，與夫之於妻，其間輕重懸絕，推而至於尊卑幼良賤，亦復如此區別。</u>（《滿清律例》於夫妻之科刑，更不平等，試考之）……（頁 4-5）（劃線部分為筆者所加）

作者從刑法的本質著眼，提出他對「中律」的批判：

> 刑法上之性質，止論其人之行為，究應科刑與否，而個人身分地位，於犯罪之成立，及科刑之加重減輕，本無何等之關係，此文明國家之

---

152 吳虞「非孝」的主張與其在民國前後與父親吳士先爭執訴訟過程中，吳虞因痛感舊律將「不孝」置於「十惡」之中，而對《大清律例》產生嚴重的不滿。王汎森，〈思潮與社會條件——新文化運動中的兩個例子〉，《五四新論：既非文藝復興亦非啟蒙運動》，頁 121。

所同，所謂法律上之平等也。（頁5）

從作者的論述看來，從妻與夫殺傷罪的主題著手，以《唐律》、《滿清律例》、《新刑律》為時間的縱軸，《唐律》、《滿清律例》表現妻與夫的極端不平等，與《新刑律》表現的罪刑均衡、法律之前人人平等的法則，呈現明顯的對比，那麼「中律」到底意謂的是什麼？

原來 1906 年清廷宣佈預備立憲後，聘請日籍顧問制定《大清新刑律草案》，由於制定新刑法的訴求在於中外通行為原則，因此必須貫徹如法律之前人人平等、罪行法定、罪刑均衡等基本原則。然而此一原則顯然與傳統禮教的階序觀念產生莫大的扞格，因此之後遭到傳統派的猛烈抨擊，彼此針對「故殺子孫」、「妻毆夫」、「夫毆妻」、「無夫姦」的問題，展開激烈的爭論。當中牽涉到直系親屬殺傷子孫是否與普通人同罪，違犯尊長是否致罪、妻毆夫與夫毆妻罪行相等，以及有夫、無夫的通姦罪是否應同等處罰。基本上《大清新刑律草案》的修訂者是以西方法律為參照系，因此針對上述問題，持開放、平等的立場。當時由於傳統派不斷抨擊，因此在 1910 年又增加了《暫行章程》五條款，規定對尊親屬有犯不得適用正當防衛、加重卑幼對尊長與妻對夫殺傷等罪的刑罰、減輕尊長對卑幼與夫對妻等罪的刑罰、無夫婦女通姦罪等。

民國成立後，由於法制尚未擬定，因此元年三月公佈《臨時大總統宣告暫行援用前清法律及暫行新刑律》，指出除與民國國體牴觸的條例失效外，其他暫行援用《大清新刑律草案》，簡稱為《暫行新刑律》，即是上文簡稱的《新刑律》。從其淵源來說，是比較具有西方法律平等開放的精神。然而到了民國三年，當時袁世凱政府，又把原本已經刪除的《大清新刑律》附加的《暫行章程》，予以擴充成為《暫行刑律補充條例》，至 1915 年 4 月袁政府又有《刑法第一次修正案》，此一案將《暫行刑律補充條例》列入刑法正文，其中包含「限制正當防衛」[153]。根據當年《政府公報》，該條說明

---

[153] 楊鴻烈，《中國法律發達史》（上海：上海書店，1990），頁 1032-1040。「限制正

如下:

第一條　刑律第十五條(筆者按:正當防衛之規定)於尊親屬不適用
之,但有左列情事之一者不在此限。
　　一　嫡母繼母出於虐待之行為者。
　　二　夫之親屬出於義絕或虐待之行為者。
第八條　尊親屬傷害卑幼僅致輕微傷害者,得因其情節免除其刑。[154]

「限制正當防衛」一條認為對不正當的侵害而出於防衛,自無可議,但遇尊
親屬殺傷晚輩如援引相同法律,實大違背中國之禮教。換言之對尊親屬不適
用正當防衛,基本上即與清末刑法論爭中傳統派的要求相同。當時針對《暫
行刑律補充條例》,知識分子即紛紛撰文批判[155],其中《甲寅》雜誌劉相
如明白指出該《補充條例》之不合理:「父祖之權反在國家以上,竟可以不
法侵害子孫耶!」[156]然而,《暫行刑律補充條例》一直到袁氏過世,以及
之後北洋軍閥統治時期,仍援引此一法律,1919 年始略作修訂。
　　從以上清末民初刑律演變的考察看來,〈女權評議〉一文,正是吳虞透
過《新刑律》與他所沒有明言指出的「中律」(即《暫行刑律補充條例》)對
於正當防衛,尊親屬與晚輩的刑罰比較,諷刺袁氏政府的《暫行刑律補充條
例》所加入「限制正當防衛」一條,對尊親屬相犯的特別待遇,而此尊親屬
顯然不包括妻之於夫與子之於父。
　　由此看來,吳虞〈女權評議〉一文,從其論述過程不斷將焦點置於民初
刑律,可以看出女權問題有其現實政治法律──《暫行刑律補充條例》的土

當防衛」指《暫行刑律補充條例》第一條、第八條,即下文所述。
[154] 《政府公報》1914 年 12 月 24 日第九百四十九號。
[155] 任士在《雅言》1 卷 12 期發表〈刑律第十五條平議〉,吳貫因在《大中華》1 卷 6 期
　　發表〈人子之正當防衛權〉。
[156] 劉相如,〈讀《暫行刑律補充條例》〉,《甲寅》1 卷 10 號(1915 年 10 月),頁
　　27。

壞；而此一不能順應西方文明潮流的法律，在國家主權方面，甚至引發領事裁判權不能收回的後果，原因在於「吾國專重家族制度，重名分而輕人道，蔑視國家之體制、道德、法律，並為一談。」（頁 4-5），批判當政者不顧共和國體，而將封建道德與國家法律混為一談。其次，吳虞〈家族制度為專制主義之根據論〉一文亦認為，法律與國家存亡息息相關，假使我國法律不加以改正，不但領事裁判權永遠沒有辦法收回，要加入於海牙召開修改萬國法典的年會，也決非是儒教舊義與滿清的律例所能奏效。[157]從這兩篇文章看來，隱含批判《暫行刑律補充條例》充斥儒教舊義與滿清的律例，而禮教與法律的相生共構，亦即作為帝制意識形態服務的一環，與當前平等文明的世界法律潮流不相符合。換而言之，掃除儒教舊義的刑律才能真正符合共和國體、維護國家主權的要求。從吳虞此二文參照來看，在文本論述之間其實流露個人現實政治的家國關懷，而此正與《暫行刑律補充條例》有違國家領事裁判權的收回與共和國體的維繫，息息相關。

另外，上文提到清末民初刑律除了圍繞在親屬相犯（「故殺子孫」、「妻毆夫」、「夫毆妻」）等問題進行討論，其中也包括「無夫姦」一條。〈女權評義〉雖無直接討論此一問題，但該文反對「賢妻良母」、三從四德的立場，其實要求給予婦女較大的生活彈性空間，可以「追蹤於今日英德之婦女」（頁 5）。「無夫姦」其實涉及的問題是無夫通姦除罪化的問題，在清末的爭論主要就是針對「無夫姦」是屬道德約束還是法律約束的範疇展開論爭，後來在附加的《暫行章程》仍維持處罰「無夫姦」的規定。民元修訂的《暫行新刑律》僅處罰「有夫姦」，即有夫之婦與人通姦者，未納入「無夫姦」，即意謂著寡婦或未婚女子不在此處罰之列。然而在袁氏政府《暫行刑律補充條例》納入「無夫姦」一條，其後《第一次刑法修正案》，因「從前清以來久滋爭議，今各依類編入，庶足以厭輿論」[158]，無論是「有夫姦」或「無夫姦」均一視同仁，加以處罰。

---

[157] 吳虞，〈家族制度為專制主義之根據論〉，《新青年》2 卷 6 號（1917 年 2 月）。
[158] 楊鴻烈，《中國法律發達史》，頁 1040。

「無夫姦」是否應當列入法律正文加以懲罰，其實涉及到的正是婦女的貞操問題，《暫行新刑律》不列此條，也造成某一程度支持寡婦再嫁的效果；其後袁氏政府《暫行刑律補充條例》及《第一次刑法修正案》列入「無夫姦」，其實正是由國家法令懲罰違反「節」的婦女，亦即要求寡婦或未嫁女子守貞。在另一方面，袁氏政府又恩威並濟，提出《褒揚條例》，以國家法令公開褒揚的方式，鼓勵婦女守貞，此即《褒揚條例》。袁氏過世後，1917 年 11 月，當時的副總統馮國璋公布《修正褒揚條例》，規定更為苛刻，要求更為嚴格，在官方與傳媒不斷宣揚提倡，將此婦女殉節守貞事蹟不斷的生產出來，公開刊登與表揚，造成當時婦女殉節守貞的自殺風潮。於此時間點，《新青年》同人動員大量人馬，不斷相續接力討論此一問題，顯然已非單純的婦女問題，而是有其面對的嚴峻時政問題。

二、從節女到忠臣：貞操節烈問題與《褒揚條例》、民初刑律

《新青年》貞操問題的討論主要分為兩個階段：一是以周作人為首，翻譯日本與謝野晶子〈貞操論〉的譯文，之後胡適、陳獨秀、魯迅等人紛紛加入此一戰局，展開對當時中國貞操節烈問題的熱烈討論；二是集中於《新青年》6 卷 4 號「討論」欄，問題的起源來自於與謝野晶子〈貞操論〉「貞操不當他是道德，祇是一種趣味，一種信仰，一種潔癖」[159]，透過胡適、藍志先、周作人三人的書信往來討論，圍繞在貞操是否為道德等哲理式的討論。由於後來貞操問題引起讀者的注意與迴響，1922 年底章錫琛主編的《婦女雜誌》又再度開闢「貞操問題討論」，貞操問題在 20 年代以降，已經與婦女解放、婚戀自由等流行議題聯結。影響所及，日後學者關於《新青年》貞操問題的討論，大抵上置於作為兩性道德、婦女解放的女權議題脈絡來梳理此一問題，而較忽略第一階段《新青年》貞操問題生成的歷史脈絡與時代情境。雖然有些研究者已注意到貞操問題與當時「表彰節烈」的風氣有關，其中小野和子最早提出《新青年》貞操問題與《褒揚條例》之間的關聯

---

[159] 〔日〕與謝野晶子著，周作人譯，《新青年》4 卷 5 號（1918 年 5 月），頁 394。

160，筆者在其基礎上進一步提出《新青年》貞操問題的討論，其實也延續了民初刑律「無夫姦」的討論，以男性知識分子面對政治危機的焦慮與反抗，如何投射於婦女問題的論述，藉以介入時政。

《新青年》貞操問題的討論，最早是周作人發表日本與謝野晶子〈貞操論〉譯文。周作人在譯者前言指出，有鑒於《新青年》「女子問題」專欄後來的沉寂，因此他便要出來吶喊幾聲。與謝野晶子這篇〈貞操論〉有一個核心的觀念，主要是破除一般人把貞操當作道德的迷思，她認為貞操並沒有強迫他人的性質；其次，質問貞操是否為女子片面應守的責任，而男子卻可以置身事外。在當時中國以法令懲罰違反「節」的婦女，又以國家法令公開褒揚的方式，鼓勵婦女守貞，在恩威並濟之下，全國籠罩在殉節守貞的風氣中，周作人這篇〈貞操論〉譯文，誠如時人所言：「這一種新的聲音，是最能震驚時人之耳。」**161**等於是藉此一譯文，挑戰了當時提倡婦女節烈的官方主流論述。之後周作人於〈人的文學〉也明白點出此一問題，該文指出：「即如提倡女人殉葬——即殉節——的文章，表面上豈不說是『維持風教』，但強迫人自殺，正是非人的道德，所以也是非人的文學。」**162**將此二文置入時代脈絡來看，指涉的對象正是針對當時馮國璋公布《修正褒揚條例施行細則》，及引發的提倡女人殉節文章的風潮，周作人鞭辟入裏地點出這些文章的假面：以「維持風教」為名，實則行強迫女人自殺之實。

緊接著周作人〈貞操論〉的譯文，下一期胡適發表於 5 卷 1 號的〈貞操問題〉，直接點名批判當時的《褒揚條例》及《修正褒揚條例施行細則》。在此先針對這兩種法律作一前景說明：原來早在民初嚴復於擔任約法會議議員時期，曾發起一提案〈導揚中華民國立國精神議〉，擬訂符合忠孝節義的辦法數條，以付議公決，其中關於婦女節烈的部分，也列名為辦法之一：「人民男婦，不論貴賤貧富，已卒生存，其有奇節卓行，為地方機關所公

---

160 〔日〕小野和子，《五四時期家族論の背景》（東京：同朋舍，1992）。

161 陳東原，《中國婦女生活史》，頁 373。

162 周作人，〈人的文學〉，《新青年》5 卷 6 號（1918 年 12 月），頁 579。

認，代為呈請表章者，查明屬實，由大總統酌予榮典。」[163]此項提議不久即獲得通過。1914 年 3 月，袁世凱政府頒布《褒揚條例》，提出九種可褒揚的行誼，其中第一條第二款規定「婦女節烈貞操可以風世者」，由大總統給予匾額題字。[164]袁世凱過世後，1917 年 11 月，當時的副總統馮國璋公布《修正褒揚條例》，提出八項可由內務部呈請褒揚，基本上仍是以民初《褒揚條例》底本，將九項合併為八項，等於是民初《褒揚條例》重新復活。[165]當年 12 月又公布《修正褒揚條例施行細則》，在該《施行細則》中，對於節婦烈女的定義、守節年限以及具體的褒揚辦法都作了更明確的規定，事實上也更為嚴苛。[166]這等於是政府官方以法律的名義鼓勵婦女守節或殉夫，當時大眾傳媒紛紛報導各地節婦烈女的消息，呈請褒揚的事蹟不斷，造成一股時代風氣。這是胡適打開當時報刊雜誌，排山倒海而來的是各地報刊彰表節烈的文章，引發他寫作〈貞操問題〉此文的動機。

　　胡適對於貞操問題的反省首先是「替未婚夫守節和殉烈的風俗」，使他注意到中華民國此時居然有《褒揚條例》這樣的法律，甚且有《施行細則》。胡適此文透過《褒揚條例施行細則》，解釋原《褒揚條例》第一條第二款「婦女節烈貞操可以風世者」，法律文字背後的意識形態形塑過程，逐條加以破解此一殉夫守節風氣的養成術：首先，《施行細則》第二條規定「節」婦守節年限「自三十歲以前守節至五十歲以後者」，胡適認為這顯然意謂著三十歲以下的寡婦不該再嫁，再嫁為不道德；第三條褒揚夫亡殉節的烈婦烈女，顯然是鼓勵婦女自殺以殉夫；第四條褒揚在夫家守貞身故「貞女」，顯然意謂著未嫁而喪夫的女子不該再嫁人，再嫁為不道德。胡適根據《修正褒揚條例施行細則》法律條文，針對寡婦再嫁、烈婦殉夫、貞女烈女

163 嚴復著，王栻主編，〈導揚中華民國立國精神議〉，《嚴復集》第二冊，頁 344。

164 《政府公報》，1914 年 3 月 12 日第六百六十二號。

165 例如將原《褒揚條例》第一條第二款「婦女節烈貞操可以風世者」，列為《修正褒揚條例》第一條第七項「節烈婦女」。《政府公報》，1917 年 11 月 21 日第六百六十四號。

166 《政府公報》，1917 年 12 月 17 日第六百九十號。

問題，挖掘法律文字背後的意識形塑過程，其實正是促使女子規訓至傳統的
禮教羅網中。

其次，胡適文末提到他認為貞操是男女相互的道德，不是偏於女子一方
面，也不須要有法律的提倡，因此法律「不當以武斷的態度制定褒貶的規
條」，明顯指向提倡女性守貞的《修正褒揚條例施行細則》；另外，胡適又
提到「法律既不獎勵男子的貞操，又不懲男子的不貞操，便不該單獨提倡女
子的貞操」[167]。從胡適寫作此文，國家甫公布的《刑法第二次修正案》看
來，第十七章〈妨害婚姻及家庭罪〉第 251 條文為：「有夫之婦與人通姦
者，處二年以下有期徒刑。其相姦者，亦同。」[168]處罰的主體為有夫之
婦，而與該有夫之婦通姦之男性卻僅為相姦人。換句話說僅處罰「有夫
姦」，但對於有婦之夫，若與其他女性通姦，則不在此處罰之列。這是胡適
所批判的「不懲男子的不貞操」，正是呼應當時公布的刑律。

從以上周作人〈貞操論〉的譯文與胡適〈貞操問題〉來看，他們所提的
貞操問題可以說是透過女子問題的討論，帶出對於當時《修正褒揚條例施行
細則》與刑律（《刑法第二次修正案》）等相關法律問題的批判。換而言之，
周、胡貞操問題反映的女子問題思考，並非如我們後來者所想像的單純討論
女權的貞操問題，而是有其問題產生的現實政治背景——亦即針對相關法律
節烈意識形態的國家規訓，導致女人殉節，殺人於無形。

接續胡適〈貞操問題〉的批判是，下一期 5 卷 2 號陳獨秀發表〈偶像破
壞論〉，以及魯迅〈我之節烈觀〉。如果說周作人、胡適關於貞操問題的討
論較接近西方人的主體價值的思考，尤其是胡適，他在〈貞操問題〉中強調
的是在法律之下個人的自由與價值，而這是他所關注《褒揚條例》，以國家
法律之名施加於婦女自由與價值的戕害，所展演的問題。而陳獨秀、魯迅的

---

[167] 胡適，〈貞操問題〉，《新青年》5 卷 1 號（1918 年 7 月），頁 14。

[168] 關於「無夫姦」、「有夫姦」的討論參見：黃源盛，〈晚清繼受外國法中「無夫姦」
存廢的世紀之爭〉，《東亞傳統家禮、教育與國法（一）家族、家禮與教育》（臺
北：國立臺灣大學出版中心，2005），頁 298-301。

文章則更貼近時代脈動，直指政府當局與復辟派有心人士，因此政府與官僚的舉措，成為陳、魯的政治問題。陳獨秀在〈偶像破壞論〉一文指出，節孝必須出於自己主觀自動的行為才有價值，如果是出於客觀被動的虛榮心，便和崇拜偶像一樣了。[169]在這裏陳獨秀點出官府利用褒揚節孝的法律，與人民的虛榮心結合，實際上是偽道德。稍晚陳獨秀於〈自殺論〉一文更深入指出，婦為夫貞、烈、節與男子殉忠，透過國家褒揚的「意識偏窄」過程，其實是一種陷阱制度，以昭忠祠、烈士墓、旌表節烈、節孝牌坊為獎勵品，來引誘一班男女自殺；而這種壓迫和暗示，時間一久變成一種良知，「覺得殉忠殉節，真是最高的道德，不如此便問心不過。」[170]暗中點名批判政府《褒揚條例》的法律形態獎勵，實則為強化國家意識形態（忠君守節）的手段。而此「守節」，以國家的立場來說，即是「忠君」，忠君成為禮教殺人的最終目的，在下文魯迅〈我之節烈觀〉有更清楚的說明。

　　魯迅〈我之節烈觀〉關於節烈議題的討論，則更銳利的貼近時代脈動，進一步結合當時復古派所拋出的策略：從康有為的「虛君共和」說，到靈學派請「孟聖矣乎」的鬼來畫策，一直到現在的「表彰節烈」，無不與提倡多年的君政復古思想為用。因此魯迅此篇的討論一開始就拉開時間的縱深，將「表彰節烈」置於復辟思想的時代脈絡，是承接擁護袁氏帝制的籌安會「君政復古」說，以及與張勳復辟合謀的康有為，欲擁溥儀即位的「虛君共和」說。接著再溯源「表彰節烈」歷史淵源，節烈本身傳統的意涵是指忠於國的男性節烈之士，然而從宋儒「餓死事小，失節事大」，到明清「皇帝要臣子盡忠，男人便愈要女人守節」，揭開宋儒以降宣傳烈女──忠臣封建專制道德的連帶性，已點出忠臣與烈女聯結背後的政治目的性。因此從宋儒一直到民國「表彰節烈」，魯迅指出婦女節烈成了宣傳忠君帝制意識形態的工具，

---

169 陳獨秀，〈偶像破壞論〉，《新青年》5 卷 2 號（1918 年 8 月）。

170 陳獨秀引用 Wundt 的說法，指出受了暗示的人，便入了「意識偏窄」（Narrowing of consciousness）的狀態，暗示底力量壓迫著他的思路向一定的方向進行，他自己的意志完全失去效力。參見陳獨秀，〈自殺論〉，《新青年》7 卷 2 號（1920 年 1 月），頁 5。

節烈的女人「是可憐人；不幸上了歷史和數目無意識的圈套，做了無主名的犧牲。」[171]，而這些正是魯迅、吳虞大力批判封建吃人的禮教[172]。「表彰節烈」成為復古派帝制運動的操作工具，這是魯迅批判節烈問題的核心。

可以說，貞操問題不僅是法律問題，將此問題放在復辟問題，此一更大的政治框架中去討論此一問題的是陳獨秀、魯迅。陳獨秀〈自殺論〉暗中點名批判政府《褒揚條例》的法律形態獎勵，實則為強化國家意識形態（忠君守節）的手段；魯迅則進一步將此「表彰節烈」置於復辟思想的時代脈絡，以及宣傳烈女其實是為提倡忠臣論述的目的服務——不管是「君政復古說」，或「虛君共和說」，「表彰節烈」與國家忠君意識形態架接起來，成為當政者與復辟派的意識形態與論述資源，其實正是對共和政體的一大威脅。因此，原本是女性的貞操問題透過陳、魯迅更具政治化的架構問題方式，提問問題的方式變成由「節女」到「忠臣」，是忠臣與國家、復辟話語連接起來。在這個過程中，從「節」女到男性的「忠」臣，國家與復辟的話語在此得以凸顯出來。

不單是《新青年》同人在專文不斷討論貞操問題，在文學創作中也同樣關注此一問題。與陳獨秀〈自殺論〉同期，夬庵的短篇小說〈一個貞烈的女子〉描述貞女的產生過程，便是回應獨秀此文，帶有滑稽色彩、「旌表節烈」的諷刺悲劇，以王舉人為首的共犯結構，正是進入到國家褒揚的「意識偏窄」過程，成了禮教殺人的共犯。

小說一開始，透過一名十四歲女孩阿毛被鎖在後院房裏聲嘶力竭的哭喊，與父親的回應展開整個敘事場景。原來這個女孩被鎖是因為父親得到女孩未婚夫的死訊，就打定要成就女兒一生名節，成為「百世流芳」的貞烈女

---

171 魯迅（署名唐俟），〈我之節烈觀〉，《新青年》5卷2號（1918年8月），頁101。

172 魯迅〈狂人日記〉：「我翻開歷史一查，這歷史沒有年代，歪歪斜斜的每頁上都寫著『仁義道德』幾個字。我橫豎睡不著，仔細看了半夜，才從字縫裏看出字來，滿本都寫著兩個字是『吃人』。」《新青年》4卷6號（1918年6月），頁417。後來吳虞受此文影響，寫下〈吃人與禮教〉一文，《新青年》6卷6號（1919年11月）。

子，因此強迫女兒不給予進食。在成就這件「旌表節烈」的偉大企圖中，不單是阿毛父母、大舅，更重要的是官府、鄉紳所形成的共犯結構，力促整個事件的完成。文中，王舉人即提到貞女臨死的時候，縣官還要親自去上香進酒，行三揖的禮節，表示他敬重烈女的意思，好叫一般婦女都拿她作榜樣。[173]這樣「貞女」即透過官府的公開表揚，形成「貞女」不斷複製再生產的過程。而國家機器透過「旌表節烈」的過程，進入到一般人民的日常生活，沉澱為民眾底層的無意識。這篇小說的故事背景放在清朝末年，但我們從敘述的情節緊扣「旌表節烈」議題，作者顯然有意識的針對當時馮國璋公布《修正褒揚條例施行細則》，更強化封建禮教提倡節婦貞女的時代風氣，予以批判。

從上述吳虞〈女權評議〉與《新青年》同人接力討論的貞操問題，筆者深入剖析其討論起源與論述過程，可以說他們對女權議題的討論並非空洞的討論，而是立足於現實政治法律問題的批判，促使他們一再投入此議題。於此基礎上進而說明《新青年》知識分子所討論的貞操節烈婦女議題，固然有其對中國婦女的人道關懷，也有男性知識分子面對褒揚節烈的忠君意識形態形塑過程的一種抵抗方式，目的在為反復古風潮與帝制再生而作的一系列論述批判。

第四節　結　語

在本章中，我試圖以《新青年》的整體角度來看雜誌議題的出現與當時時政的緊密關聯，歸納如下：倫理革命的孔教問題——指向孔教入憲與督軍團解散國會、張勳復辟；文學革命的文白之爭——指向林紓的政治符碼與政治力量介入；女權論述的問題——指向國家法律與舊派道德文化的合謀、介入。《新青年》不但針對當時為舊派復辟意識形態服務的孔教、法律、文學傳播與思想文化，進行一系列的抨擊；並且《新青年》在當時言論出版自由

---

[173] 夬庵，〈一個貞烈的女子〉，《新青年》7卷2號（1920年1月）。

仍有所限制之際，即透過此一倫理、文學、女權等非政治的領域，有意識地開拓新的論述空間，尋求其他的著力點，介入時政。

首先，在孔教議題方面，《新青年》孔教議題的生成與淡出，其實正是緊扣當時孔教會與督軍團合謀的孔教入憲議題：定「孔教為國教」與立「孔子之道為修身之大本」的尊孔條文，在制憲會議遭到擱置後，督軍團藉以解散國會並引發張勳復辟。《新青年》在陳獨秀批孔的多篇專文、「國內大事記」欄的同步報導，以及「通信欄」與讀者關於批孔、反孔教議題的不斷討論，陳獨秀也因而獲得吳虞、錢玄同等得力助手與青年學子的關注，逐漸打響《新青年》的名號，也藉以提醒讀者尊孔與孔教入憲將引發何種政治後果。共和與孔教的不相容，尊孔與復辟的連帶性，稍後在張勳復辟更進一步得到證實，孔教勢力在國中逐漸不為人所信仰，因此《新青年》孔教議題漸漸淡出。與孔教議題同時產生的尚有文學革命議題，在孔教議題淡出之際，文學革命卻方興未艾，尤以文白之爭沸沸揚揚。

其次是文學革命的文白之爭。文白之爭原是語言文化問題，但早在林紓上〈致大學堂校長蔡鶴卿太史書〉攻擊新文化人之前，《新青年》即有意識的塑造林紓為舊派人物代表，桐城謬種及雙簧戲指向的對象即是林紓。誠如王汎森所指出的：「一種文化符號的形象，與提倡或闡釋它的人的身分與形象，不能沒有關係。」[174]林紓作為清遺民的政治符碼，與林紓在民初的學術活動（提倡古文）與數謁前清皇陵，張勳復辟失敗後，國會欲取消清室優待條件，又為清皇室緩頰的舉動，成為《新青年》批判的「遺老」。而稍後林紓發表的〈荊生〉、〈妖夢〉小說，又與當時甚囂塵上的政治謠言：《新青年》北大同人被迫離職、國會彈劾案聯結起來，《新青年》當時所面對的現實政治壓迫，尤其是林紓與當權者（軍閥徐樹錚）、國會議員的合謀，使得《新青年》批判林紓是以「政治」而非「文學」的角度，呈現新派目前所遭受的政治壓力。與此相應的是，林紓在蔡元培的信中也自稱「清室舉人」，

---

[174] 王汎森，〈思潮與社會條件：新文化運動的兩個例子〉，《五四新論：既非文藝復興亦非啟蒙運動》，頁113。

因此這場文白之爭，語言的分歧尚在其次，新文化人批判林紓的是：共和（民國）與帝制（前清），兩種政治意識形態與政治認同，表現在文化場域的競爭論述。

最後以《新青年》「女子問題」專欄的〈女權評議〉與貞操節烈問題的討論為例，說明前者〈女權評議〉的論述過程不斷納入清末民初刑律的參照，回應的是民初《暫行刑律補充條例》及其後《刑法第一次修正案》「限制正當防衛」的差別待遇；後者貞操節烈問題，回應的是懲罰失節婦女的《暫行刑律補充條例》，以及鼓勵殉貞守節的《褒揚條例》，所形成的婦女自殺風潮與忠君復辟話語的不斷生產。本文欲藉此進一步說明，《新青年》關於女權問題的討論，其實也正是呼應從倫理革命、文學革命以降共同關懷的主題：中國的共和政體何以至今仍搖搖欲墜，民初至五四前期的軍閥政府、舊官僚與當時復古復辟的社會風潮，如何形成某種共犯結構，危及共和國體的存續發展，此為《新青年》同人念茲在茲的國體危機問題。正可看出《新青年》文化運動的議題，有其介入現實政治與社會思潮的反省及批判能力，藉雜誌傳媒之力以喚醒國人、鞏固共和國體。

這一章主要從《新青年》激烈的文化改革（破壞面），探究其生成的歷史脈絡與介入、批判的時政問題。如此，方能進一步說明《新青年》文化運動，不但不能單純以「文化」的角度視之，亦為《新青年》以非政治的領域，面對當權的抵抗位置與行動策略。下一章筆者將繼而爬梳《新青年》的核心主張「民主」（德先生）的脈絡如何生成，以說明《新青年》介入時政的兩面策略：一方面是破壞性的文化改革，一方面是建設性的啟迪共和民主思想。

附錄：〈書「女權平議」〉與《新青年》〈女權評議〉引用書籍對照表

《吳虞日記》	《新青年·女權平議》
《易》	革卦疏云：「革者改變之名也。」（頁1） 易坤卦云：「陰雖有美，含之以從王事，弗敢成也…」（頁1）

	繫辭曰：「天尊地卑，乾坤定矣。…」（頁1） 說卦曰：「乾為天，為君，為父；坤為地，為母。」（頁1）
《詩》	《詩‧斯干》曰：「無非無儀，唯酒食是議。」（頁2） 《詩‧斯干》曰：「乃生男子，載寢之床。…」（頁4）
《白虎通疏證》	《白虎通‧論三綱之義》曰：「君臣，父子，夫婦，六人也；所以稱三綱何？…」（頁2） 《白虎通‧三綱六紀》：「婦者，服也；服於家事，事人者也。」（頁2） 《白虎通‧論婦人之贄》曰：「婦人無專制之義，…」（頁2）
《經籍纂詁》	引用《經籍纂詁》輯錄經傳文史中的豐富材料解釋詞條如：「夫」、「妻」、「婦人」、「姓」之義。
《進化要論》	「若夫由女姓進而為男姓，則美因博，…諸氏之書已多發明，而以斯賓塞爾之說為可信。…」（頁5）
《族制進化論》	有賀長雄[175]曰：「當族制未發生之世，無所謂夫，無所謂妻。…」（頁2）
《唐律疏議》	「推之《唐律》十惡之條，八曰不睦。…此《唐律》以夫同於尊長也。…此《唐律》以妻同於卑幼也。」（頁4）
《新刑律》、《新刑律釋序》	「道德不可改革，則歷史忠臣之義，不見於共和，一夫一妻之制，特著於新刑律；言者又將何以解？」（頁1） 「《新刑律》殺傷罪理由曰，殺人者死。」（頁5）
《抱朴子》	《抱朴子》曰：「西施有所惡而不能減其美者，美多也……」（頁5）
《續碑傳集‧陳奐傳》	陳碩甫[176]曰：「為學當從西漢入，東漢人名物象數言之非不精確…」（頁2）

---

[175] 1902 年，上海廣智書局出版日本學者有賀長雄著，薩端譯，《族制進化論》，吳虞應當是閱讀此一版本。

[176] 陳碩甫即陳奐，字碩甫，為清乾嘉時代著名的經學家。

第三部　整合：
《新青年》園地激進勢力的形成

第三章　抵抗國家：《新青年》
民主思想的展開與激進勢力的形成

> 愚固迷信共和，以為政治之極則，政治之有共和，學術之有科學，乃
> 近代文明之二大鴻寶也。[1]

這是陳獨秀在 1917 年發表於《新青年》的一篇〈時局雜感〉，說明了他建構新中國的想像，是以「共和」、「科學」等西方文明為主體的新中國。早在創刊之初，陳獨秀即提出共和民國的核心思維：「主權在民，實行共和政治」[2]。共和的實踐策略在《新青年》來說就是「民主」，這裏其實已點出了《新青年》的核心主張「德先生」（民主）和「賽先生」（科學）。但回顧既往的研究，或將其視為確定的理論前提，或從同人思想的脈絡加以

---

[1]　陳獨秀，〈時局雜感〉，《新青年》3 卷 4 號（1917 年 6 月），頁 1。

[2]　陳獨秀，〈今日之教育方針〉，《新青年》1 卷 2 號（1915 年 10 月），頁 4。

考察，較少直接就民初具體的時空情境來進行梳理[3]，進而深入探討《新青年》「民主」生成的脈絡內涵。

事實上陳獨秀在《新青年》發表〈本誌罪案之答辯書〉已說得很清楚：要擁護「德先生」和「賽先生」，便不得不反對「孔教、禮法、貞節、舊倫理、舊政治」以及「國粹和舊文學」。[4]換而言之，擁護民主和科學才是目的，反對孔教、禮法、舊文學等為方法或途徑，是出于建設新文化、新政治的需要。因此，《新青年》提出「民主」脈絡的生成，實有其特定回應的現實政治背景，與上一章所討論的《新青年》激進文化論述，正是收「破」與「立」相輔相成之效。

在此值得我們深思的是：《新青年》民主的實踐，何以不是「代議政治」或「政黨政治」等民初曾沸沸揚揚喧騰一時的政治主張呢？在這裏，我將用兩條線索說明《新青年》民主思想的展開：第一是「人權」說的思想準備，承繼《甲寅》對盧梭《民約論》天賦人權說的發揚，緊扣的當代政治問題，就是為帝制運動思想資源的「國權至上」論；另一政治隱線為二次革命後，國民黨改組後的中華革命黨，強調領袖獨裁、團體紀律的反動。第二是提出「惟民主義」[5]，落實到現實政治的論述，《新青年》主張以「國民政治」為立憲政治之內涵，是建築於國民總意之上的國家政治，以取代黨見為主的政黨政治。

再者，《新青年》此一民主的實踐，是從人權的基點，對抗袁氏國家專權與運作不良的政黨政治，而與民初無政府主義團體立足於上述政治弊端的思考下，而有平民革命、教育革命主張，反對政治革命路線，於此兩方人脈與思想主張得以進一步縮合。因此，本章將進一步討論：《新青年》民主思

3　目前筆者所看到的唯有：楊琥，《民初進步報刊與五四新思潮：對《甲寅》、《新青年》等的考察》，北京大學 2000 年博士論文；及羅崗，〈一九一六：「民國」危機與五四新文化的展開〉，《書城》2009 年第 5 期，有一宏觀視野的考察，但相關問題仍有待進一步展開。

4　《新青年》6 卷 1 號（1919 年 1 月），頁 10。

5　「惟民主義」即「德先生」（民主），下文將對此作一脈絡說明。

想的展開與實踐，如何與當時袁氏專制的「國權至上」論對壘、運作不良的政黨政治抗衡，並進而接納民初無政府主義團體的思路——這是在當時政治環境的高壓反動逐漸形成的左派，也是五四運動以前，抵抗國家政府激進勢力的潛流。由此來看，《新青年》抵抗國家——民主思想的展開與激進勢力的形成，同時也承受對抗當局的政治壓力與風險。如此也許較能具體說明，他們如何透過種種方式，回應現實政治的張力與抵抗政府的行動能力。

第一節　民權抵抗國權：以《甲寅》、《新青年》為場域展開的討論

民國方成，袁氏以「國權」之名，行總統專制之實，基本上在「共和民國」的招牌下，反對者難以有突破口。然而共和民國的本質實為「主權在民」，人民權利的提出有其正當性，但又必須能有效的反擊國權論，提出國家何以不能愛的根本前提。在此，清末傳入的盧梭《民約論》天賦人權說，在忠君愛國的傳統意識框架下，提供一種新的超越可能，成為對抗民初軍閥政府愛國主流輿論的批判利器。而此國權／民權論爭的戰場，正是二次革命後，革命黨人章士釗、陳獨秀等人，從《甲寅》延續至《新青年》的討論。

一、《新青年》主張人權的歷史溯源：民初國權至上的風潮

民國成立，標幟中國由封建帝國走向共和民國體制，也意謂著由「君主主權」到「人民主權」的大轉變。民國元年頒布的《臨時約法》第 2 章第 6 條第 4 款中規定人民有言論、著作、刊行及集會、結社的自由。然而《臨時約法》本身在第 15 條的變通條款也明確規定，如有認為增進公益、維持治安或非常緊急必要的情況時，人民的權利就必須受到法律的限制。而此變通條款關鍵的問題在於「要使一種法律秩序生效，就必須存在一種正常狀態，而且那個明確決定是否真正存在這種正常狀態的人就是<u>統治者</u>」[6]。而從正

6　卡爾・施米特（Schmitt, C.），劉宗坤等譯，《政治的概念》（上海：上海人民出版

常狀態到緊急狀態的決斷，德國法學家施密特（Schmitt, C.）《政治的概念》從魏瑪帝國到魏瑪民國的轉變思考，提醒我們是統治者壟斷了「最終決定權」，而此才真是國家主權的本質。因此，他在第一章〈主權的定義〉開宗明義即言：「主權就是決定非常狀態」。換言之，統治者有權決定何時是緊急狀態，何時是正常狀態，也就是是他有權來決定是否擱置憲法[7]。

同樣於 1910 年代面臨國體的轉變，我們可以藉此對照民初中國由帝國轉向民國的體制運作過程。針對此一民初憲政危機的思考，羅崗對此問題有一開創性的考察，他著重於分析圍繞著「袁世凱稱帝」的一系列憲政「非常態」運作，相當觸目地暴露了「正常狀態」下難以覺察的「危機」，開啟從憲政危機思考五四新文化展開的思路。[8]羅崗該文，把民國危機的歷史化過程，透過民主制度以「民主」方式終止的內在悖論作了很好的梳理。本文則主要從袁世凱作為民初總統走向帝制的「決斷者」，如何將「國權」窄化為大總統的統治權，來思考國權與人民主權紛爭的始末。

在民初共和政體運作的機制中，誰擁有制憲權力及國民大會存廢權，以致於釀成民國的帝制危機，關鍵在於總統的決斷權，如上所述，民初《臨時約法》已賦予總統緊急狀況的決斷權。事實上在民國初年輿論的視聽，傾向於擁護國權、批判民權，更有助於袁氏走向帝制的時代氛圍。[9]不僅清末立憲派人士主張如此，如梁啟超發表〈憲法之三大精神〉，強調國權與民權的調和，隱含開明專制的主張。[10]盧梭「天賦人權說」由清末的盛行至民初成為各派人士批評的對象，甚至連清末革命黨人章士釗當時也發表〈國權與民

社，2003），頁 12。劃線部分為筆者所加。

7 卡爾·施米特，《政治的概念》，頁 6-11。

8 羅崗，〈一九一六：「民國」危機與五四新文化的展開〉，《書城》2009 年第 5 期，頁 20-28。

9 楊琥，《民初進步報刊與五四新思潮：對《甲寅》、《新青年》等的考察》，頁 56。本節部分思路即受該論文的啟發。

10 朱宗震即指出，梁啟超的思考在於共和國名義不變的前提下，一個獨裁（開明專制）的總統，自由決定傳子還是傳賢是保持社會穩定的最好制度。朱宗震，〈當皇帝還是當終身總統？〉，《南方週末》，2008 年 9 月 18 日。

權〉、〈約法與統治權〉，提出「主權屬之人民之說」是「誇張無據之
說」。[11]民初國權至上的風潮，實與議會運作不良，政治社會紊亂失序，而
提出的解決思考方案有關；另一方面，民初的政治現實是統治者有權決定何
時是緊急狀態，亦即壟斷了「最終決定權」，也就是壟斷國家主權。此時李
大釗已看出國家主權旁落的危險，問題不在議會，而在國家元首，也就是袁
氏的專權。李大釗發表〈論憲法公布權當屬憲法會議〉提出「大總統之權能
公佈者，法律也，非憲法也。」[12]，如此一來，總統之權方能為憲法所限。
但等到二次革命後，外在的法律條文或國會的束縛已對袁氏幾無約束力。

　　因此，民權說的席捲重來，實與國民黨二次革命失敗後，袁氏一連串的
政治舉措有關：2 年 11 月，袁氏取締國民黨，之後解散國會；3 年 3 月，袁
氏又召開約法會議，由袁氏遴選的議員制定《中華民國約法》，在此袁氏約
法中規定，總統「總攬統治權」，並「對于國民全體負責」，實際上已完成
總統獨裁制[13]；3 年 6 月，袁氏又召集參政會制定《總統選舉程序法》，當
年底即通過。

　　當時在美國的胡適為此發表短文〈中國與民主〉（China and Democracy）
[14]，該文記載於留學日記中，標題為「論袁世凱將稱帝」，諷刺性地指出此

11　秋桐（章士釗），〈約法與統治權〉，《獨立周報》1 卷 1 號（1912 年 9 月 22
　　日）。相關的討論參見：楊琥，《民初進步報刊與五四新思潮：對《甲寅》、《新青
　　年》等的考察》，頁 56。另外，章士釗從反對民權到提倡民權的改變與轉折，可參
　　看〔日〕鐙屋一，《章士釗と近代中國政治史研究》（東京：芙蓉書房，2002）及
　　〔美〕Leigh Kathryn Jenco, *Making the Political: Founding and Action in the Political
　　Theory of Zhang Shizhao* (Cambridge: Cambridge University, 2010)。

12　李大釗，〈論憲法公布權當屬憲法會議〉，該文原發表於《言治》月刊第一年第五
　　期，1913 年 10 月 1 月。徵引自《李大釗全集》第 2 卷（石家莊：河北教育出版社，
　　1999），頁 628-632。

13　據 1914 年 5 月 1 日公佈《中華民國約法》14、16 條。

14　該文為胡適應紐約《外觀報》（*The Outlook*）記者徵詢意見所作。因此，胡適雖人遠
　　在美國，卻隨時掌握中國重要的政治動態，甚至成為美國報紙了解中國政治情勢的重
　　要窗口。

立憲大會通過的《總統選舉程序法》：

> 中國總統可以終生連任，唯獨只有他才有資格提名總統之繼任人。然而，這並不妨礙選舉委員再次選舉他連任，也並不排除此種可能性：他可以合法地提名他兒子或孫子為總統候選人。那麼，在名義上，將「總統」改為「皇帝」，這能給他多帶來些什麼呢？[15]

根據這個選舉法，大總統任期十年，且連任沒有限制，而所謂代表民意的「國民會議」實已名存實亡。換言之，總統成為制憲機關之上的最高仲裁，可以決定制憲與否，條文的納入與排除。因此，袁氏大總統的職權已經膨脹到稱帝與否並不影響其獨裁統治，胡適該文亦犀利地指出：

> 按照現行憲法，可以保險地說，除凱撒和沙皇之外，中華共和國總統所擁有之權力，要比世界上其他任何一個統治者大得多。……依照此憲法，總統代表國家，有權召集和解散立法院，有權在立法院提議立法和提呈預算，有權簽署法律，有權頒布相當於國家法律之法令，有權宣戰締和，有權任免文武官員，有權頒布或減刑，總統還兼任陸軍和海軍之總司令，總統還有權接見各國大使和大臣，有權與外國簽訂條約。在這張長長的政府權力單上，一個君主頭銜還能在其上再添加些什麼呢？[16]

胡適此文明白點出，袁氏稱帝與否，他所擁有的政權實與獨裁君主無異，因此他在文末重申：「通向民主之唯一道路即是擁有民主」，批判美國古德

---

[15] 胡適，1915 年 8 月 18 日，《胡適留學日記》下冊（合肥：安徽教育出版社，2006），頁 126-127。

[16] 同上註，頁 126。

威、日本有賀長雄為袁氏稱帝背書。[17]由此看來，所謂「國權」由「國家主權」至此窄化為「總統（統治者）主權」。因而嚴復在〈導揚中華民國精神議〉（1914）中指出「大總統者，抽象國家之代表，非具代表個人之專稱」，因此「言效忠于元首，即無異效忠於國家」[18]，正是表徵「國權」從封建時代「忠君」，轉化為效忠民國「總統決斷權」此一思維的具體論述。

　　另一方面，正是《臨時約法》的變通條款，賦予袁氏政府有權因緊急狀態或其他原因，使人民的權利受到法律限制。從元年到三年袁氏政府宣佈了一連串的法律和命令，根據這些法律和條例，政府可以干涉人民的言論、集會、出版等自由權利，不但人民權利喪失殆盡，也無法透過傳媒輿論表達公眾的意見。尤其在二次革命失敗後，內地直接查封，對於上海等地租界報刊不能直接查封，則採取禁售方法扼殺，甚至還有一些記者、報人被殺或被補入獄。經過此一嚴酷的摧殘，全國各地報紙銳減，由 1912 年初的 500 多種到 1913 年底的 139 種，時人稱為「癸丑報災」。[19]高一涵即指出，政府假借「中央集權」之名義，「侵奪人民一切公私權利，集收於政府之下，聽其恣意執行」，因此高氏引用哈蒲浩之言：「國家者建築於人民權利之上」，作為人民自覺的力量。[20]因而於此時，共和民國所賦予人民「人民主權」與總統「國家主權」形成一種內在的緊張關係，這種緊張關係在革命黨人二次革命失敗後，在國內不得公開批評政府，於是轉移陣地至東京發行的《甲寅》雜誌展開熱烈的討論。[21]

---

[17]　同上註，頁 127-128。稍後胡適意有未盡，又續作一文，專論古德諾與中國之頑固反動（*Godnow and Chinese Reactionism*），反駁古氏出中國人無共和程度的欺世說法。見胡適，標題為〈辟古德諾謬論〉，《胡適留學日記》下冊，頁 140。

[18]　嚴復，〈導揚中華民國立國精神議〉，《嚴復集》第二冊（北京：中華書局，1986），頁 344-345。

[19]　劉志琴主編，《近代中國社會文化變遷錄》第一卷（杭州：浙江人民出版社，1998），頁 151-152。

[20]　高一涵，〈民福〉，《甲寅》1 卷 4 號（1914 年 11 月）。另〈哈蒲浩權利說〉刊載於《甲寅》1 卷 1 號，署名秋桐（章士釗）。

[21]　1914 年（甲寅年）5 月創刊，主編章士釗，陳獨秀助編。

二、民初國權與民權之爭：
以《甲寅》、《新青年》為場域展開的討論

在《新青年》創刊之前，由於袁氏政府對言論自由的高壓控制，具政治評議色彩報刊的生存空間極小。當時國內知識界扮演知識集結群體角色，首推章士釗辦的《甲寅》雜誌及梁啟超《大中華》雜誌。特別是《甲寅》當時主要為國民、進步兩黨中游離出來的知識分子，對於民初的黨派之爭與政治活動深感不滿，在袁氏加強其獨裁專制之際，總結民初民主政治實驗失敗的教訓，聚集於《甲寅》周圍，從更根本的層次探討中國如何走向民主政治的道路。[22]《甲寅》基本上是一色彩鮮明的反袁刊物，主要從學理的層面來探討中國當時面對的政治問題，在此共同立場上，「非私人所能左右，亦非一派之議論所得壟斷，所列論文，一體待遇，無社員與投稿者之分，……唯所主張，作者各自負責……」[23]因此在刊物中表現為眾聲喧嘩的各式討論。相較於《大中華》撰稿者多為民初政界、輿論界的風雲人物，《甲寅》就像一個過渡的平台，在 1914-1915 年之間，為知識菁英的重新整合和邊緣知識分子的崛起提供了發展的舞台。[24]並且《甲寅》也承續了革命黨歐事研究會一系主張緩進的改革路線，有別於孫中山中華革命黨的軍事激進路線。[25]

上文提到，民元之交，章士釗反對主權在民之說，而此一反對在當時有其特殊的時空背景，汪馥炎即指出：

> 在昔國基初奠，黨派鴟張，世風涼薄。民德未純，議論以意氣爭持，
> 行事則陰私訐訴，朝野傾軋，不可終日。於是國中號憂時之士，知放

---

22 楊琥，《民初進步報刊與五四新思潮：對《甲寅》、《新青年》等的考察》，北京大學 2000 年博士論文，頁 52。

23 〈本誌宣告〉，《甲寅》1 卷 1 號，1914 年 5 月 10 日。

24 楊早，《清末民初北京輿論環境與新文化的登場》（北京：北京大學出版社，2008），頁 130-131。

25 《甲寅》主編章士釗即為歐事研究會的書記，關於《甲寅》與歐事研究會的關聯與主張，詳細的討論參見第一章。

　　任之不可能為治，遂日以強善政府與保育政策相標榜，<u>以為政府達於
強善，政策取其保育，始能策馭民治，而起社會之沉痾也</u>。[26]

　　民國肇建，黨派林立，對國權的強調目的在成立更強善的政府，有其歷史淵
源。國權重於民權，在當時盧梭思想與天賦人權說基本上「無人道及」。[27]
但到了二次革命失敗，袁氏解散國會，不顧民意，有志之士才針對社會根基
薄弱，民意無法伸張，更無法制衡政府的現實政治困境，重新提倡盧梭思想
與天賦人權說。1914 年 7 月民國社發行了《民約譯解》卷之一的翻刻本，
重刊者田桐（1879-1930）[28]在重刊敘中說：「余行年二十有三，曾在鄂購滬
上坊本漢譯民約論，讀之竟未能徹其理。去秋亡命再走日本。複購中江兆民
先生文集，取其中漢譯民約論。反復數十遍。始恍然覺悟。嗚呼！共和之道
其在斯乎！其在斯乎！」[29]盧梭《民約論》的再度流行，說明當時知識分子
重新掌握人權與共和之間的必然關係，而首先一改從前之主張的正是《甲
寅》主編章士釗發表〈讀嚴幾道民約平議〉。[30]

　　早在 20 世紀初，留日學生雜誌《譯書彙編》即譯述了西方哲學、政
治、社會學等著作，其中盧梭《民約論》、孟德斯鳩《萬法精理》等對促進
中國青年民權思想居功厥偉[31]。嚴復更早在 1896-1902 即譯介許多西學名
著，包含西方自由民主思想的穆勒《群己權界論》[32]、孟德斯鳩《法意》

26　汪馥炎，〈社會與輿論〉，《甲寅》，1 卷 4 號（1914 年 11 月）。劃線部分為筆者
　　所加。

27　CWN，〈民約〉，《甲寅》1 卷 1 號通信欄。

28　田桐 1903 年留學日本，參與創立中國同盟會，為革命派成員。

29　劉岳兵，〈中江兆民的中國觀及其他──由《中江兆民：鬼子兵的思想家》一文所想
　　到的〉，徵引自網站：http://www.zdrbs.com/jc/Docs/Detail.aspx?P=514，取得日期
　　2010 年 1 月 4 日。

30　章士釗，〈讀嚴幾道民約平議〉，《甲寅》1 卷 1 號（1914 年 5 月）。

31　馮自由，〈辛亥前海內外革命書報一覽〉，《辛亥革命》（四）（上海：上海人民出
　　版社，2000），頁 275。

32　今譯彌爾《自由論》。

等。然而到了民初，嚴復卻發表〈《民約》平議〉，批判盧梭《民約》「實無濟於事，蓋其本源謬也。」根據嚴復致熊純如的書札中指出，該文的目的在「以藥社會之迷信」，「迷信」的內涵即為盧梭人民主權的提倡。[33]他的理由在於：「自不佞言，今之所急者，非自由也，而在人人減換自由，而以利國善群為職志。」[34]嚴復認為目前當務之急並不在於「自由」，而是在於減損個人自由，以國家利益為重。嚴復對盧梭人權說展開批評，一方面無形中呼應了袁氏國權至上論[35]，在二次革命失敗不久，革命黨人欲進行第三次革命之際，嚴復提倡「利國善群」不免也有針對革命黨人軍事行動的意味；一方面嚴復作為清末譯介西方政治理論的著名學者，嚴復公開反對《民約論》，產生的負面效應難以估計。而針對嚴復〈《民約》平議〉反對人民自由權利的觀點，首先進行直接批評的是章士釗發表於《甲寅》的〈讀嚴幾道民約平議〉一文。

　　章士釗批評嚴復該文的主要論點在於嚴氏的批評，基本上「全出於赫胥黎〈人類自然等差〉一文」，赫氏為生物學家，批評政法學家盧梭，難免有隔靴搔癢之感。其次，關於民「約」之涵義，章氏認為嚴復所引赫胥黎之意為廣義的契約：「凡兩造所立之契，無勢無意，皆稱為約。」而民之所以為約，在盧梭本義：「約以意不以力，『屈於力者，乃勢之事，非意之事也』」章氏更強調，尊者之約不是約，「約行於平等，一曰民權。」並舉湯武革命為例，桀紂違反民約，蹂躪人權，人民有權創造新政府。接下來繼而指出「義得以力而奪之，光復舊物，正指此也。吾中華民國之所由來，亦惟

33　嚴復，〈與熊純如書‧十五〉，《嚴復文集編年》（三）（臺北：辜公亮文教基會，1998），頁 741。

34　嚴復，〈《民約》平議〉，《嚴復文集編年》（三），頁 757。

35　1913 年 10 月 10 日袁氏就任正式大總統宣稱：「人人以國為本位，必以一身一家為本位，乃能屈小己以利大群。其要在輕權利重義務，不以一己之權利，妨害國家之大局，而義務心出焉。」引自白蕉，《袁世凱與中華民國》（成都：四川人民出版社，1985），頁 53-56。

此義，足以自立」[36]。民國可以推翻滿清，同樣的，章氏言外之意也表達出，倘若政府當局違反民約，也有革命的正當性。由章氏此文看來，對於政府當局的批判，盧梭民約思想此時成為他的論述資源，代表他捍衛、維護共和的決心。

　　經歷民初世局的政治學家張奚若（1889-1973）即指出，章、嚴關於盧梭《民約論》的爭論，「均以當時國中實在政象為目標，非欲究探政理作學術上有統系之討論也。」[37]因此，《民約論》學理上的探究並非他們關注的焦點，而是在於他們因應當前的政治困局，所開的藥方是伸「民權」抑或揚「國權」。而章士釗從民元提倡國權說到民權論的轉變，關鍵正是在於總統所擁有的統治權已無限上綱至「國權」。從章氏發表的另一篇文章〈國家與責任〉，更可以清楚民初國權如何由國家主權變成大總統統治權的政治運作邏輯。

　　章士釗在〈國家與責任〉中引用當時剛頒佈的《新約法》，其中第三章第四條即為「大總統為國之元首，總攬統治權」，他將「統治權」置於西文薩威稜帖（Sovereignty）的語境脈絡中，意謂「一國最高之權」，也就是國家主權，而今大總統「總攬統治權」，不啻將國家主權等同於總統統治權。[38]章士釗再度引用盧梭「人民總意」的說法，說明憲法的本質，並直指漫無界限的侵犯人權是「偽國家主義」，美其名為救國，盲從者為「偽愛國心」。[39]章士釗此兩篇文章的重要價值在於他挑戰了從清末以降的愛國主流輿論，到民初更變本加厲成為袁氏政府的國權至上論，也開啟了對「國家」的批判

36　章士釗，〈讀嚴幾道民約平議〉，《甲寅》1卷1號。

37　張奚若，〈社約論考〉，《張奚若文集》（北京：清華大學出版社，1989），頁29。

38　然而當時何以通過此條文？約法會議議員的理由是依據日本帝國憲法第四條的規定。章士釗該文引用京滬各報的說法，說明這場憲法荒謬劇實在是上下交相賊的後果：被袁氏欽點遴選的議員揣摩大總統心意，提出仿造日本帝國憲法條文，還振振有辭。而此荒謬之處在於民國作為共和政體，竟然仿造「帝國」憲法。見章士釗，〈國家與責任〉，《甲寅》1卷2號，頁1-6。

39　同上註，頁24-25。

與反思。

　　從章士釗〈國家與責任〉一文提出「偽愛國心」，那麼從邏輯上來推反面應有「真愛國心」，而此正是陳獨秀〈愛國心與自覺心〉一文討論的主題。陳獨秀此文首先舉出「愛國」的遮蔽物，一是中國古代的觀念，將愛國等同於「忠君」；二是帝國主義，舉日本明治維新為例，所謂愛國只是「供其當局示威耀武之犧牲者」。而所謂「愛國」的情感，必須要有「自覺」作為智識的基礎，倘若此國家不能保障人民的權利，謀益人民的幸福，反過來殘民虐民，那麼「惡國家勝于無國家」，縱使亡國被瓜分，也不是可恐可悲之事。其實陳獨秀此文的主題在於強調，愛國必須以對國家目的與情勢的自覺為前提，以及保障人民的主權；其次指出國家的施政若只為一姓的興亡，而非關注國民的憂樂，這樣的國家「實無立國之必要，更無愛國之可言」。[40]但由於〈愛國心與自覺心〉包含一些滿懷國事不可為的悲觀語調，使得該文強調人民主權與愛國自覺的敘事脈絡被掩蓋住了。

　　在此可以參看陳獨秀於同期刊載的小說〈雙枰記・序〉中明白指出：「爛柯山人（按：章士釗）素惡專橫政治與習慣，對國家主張人民之自由權利，對社會主張個人之自由權利，此亦予所極表同情者也。」接下來陳獨秀進一步引申：「團體之成立，乃以發展個體之權利已爾，個體之權利不存，則團體遂無存在之必要，必欲存之，是曰盲動。」[41]可以看出陳獨秀對於人民自由權利的強調，其實與章士釗無異：不但是公領域的「人民主權」，也是私領域的個人「人權」。而此人民權利公私領域的強調，對應的現實政治內涵明暗雙重脈絡：暗線是對革命黨內部，孫中山以領袖專權姿態組織中華革命黨的反省[42]，明線是對袁世凱以總統身分總攬國家統治權，也就是偽國家主權的批判。

　　章士釗〈國家與我〉並指出針對愛國的反思與國家的批判，其實已是多

40　陳獨秀，〈愛國心與自覺心〉，《甲寅》1 卷 4 號（1914 年 11 月）。

41　陳獨秀，〈雙枰記・序一〉，《甲寅》1 卷 4 號，頁 2。

42　詳細的討論參見第二章第二節。

數人的心理，該文舉梁啟超之文為例「舉國瞑瞑作此想者，蓋十人而八九也」[43]。原來此時梁氏在《大中華》發表〈痛定罪言〉一文，一反先前強調國權的論調，文中以主客問答的設計，客以「今中國猶是中國人之中國也，未嘗受統治于他國」為論題，一一具體指出人民無法享有參政權、平等法律的保障、生命財產權……等等數十條基本人權，事實昭明，已成人民多數心理共識。[44]可以看出當時對於政府專權的強烈不滿，然而反專權的前提在於破除國家主義的神話，章士釗提出「偽國家主義」，理由正是在於「今有人尸國家之名，行暴亂之政，人之疾首蹙額於其之所為，乃敢倡言有國不如無國。」[45]「國家」的空洞化，暗中點名當政者的暴政專權。

　　稍後創刊的《新青年》，陳獨秀即發表〈今日之教育方針〉，提出「真國家」與「假國家」的區別：

> 民主國家，真國家也，國民之也，以人民為主人，以執政為公僕者也。民奴國家，偽國家也，執政之私產也，以執政為主人，以國民為奴隸者也。真國家者，犧牲個人一部分之權利，以保全體國民之權利也。偽國家者，犧牲全體國民之權利，以奉一人也。[46]

以人民為主人的民主國家才是「真國家」；反之以執政為主人，以國民為奴隸才是「偽國家」。並且從偽國家是犧牲國民的權利，「以奉一人」，對袁氏專權的批判隱藏在字裏行間。此一「偽國家主義」的思考，亦同樣延續在高一涵的文章裏，〈共和國家與青年之自覺〉批判「在上者持偽國家主義，以芻狗吾民」[47]；〈國家非人生之歸宿論〉思考「國家」的本質與人民的關

43　章士釗，〈國家與我〉，《甲寅》1卷8號（1915年8月）。

44　梁啟超，〈痛定罪言〉，《梁啟超全集》第五冊，頁2774-2778。

45　章士釗，〈國家與我〉，《甲寅》1卷8號。

46　陳獨秀，〈今日之教育方針〉，《新青年》1卷2號（1915年10月），頁4-5。

47　高一涵，〈共和國家與青年之自覺〉，《新青年》1卷2號（1915年10月），頁3。

係，是在於「國家為人而設，非人為國家而生」，藉以破除「國家至上」的迷思。[48]

　　王曉明即指出，《新青年》同仁曾經批判「民族」、「國家」概念的虛偽性，可是，就在他們的文章裏，不斷出現那種「如果不這樣，國家必亡矣」的論證句式；也就是說，當他們大舉批判「國家」和「民族」一類概念時，眼睛其實多半盯著當時的國家政權，也就是當權的政府。[49]因此，對《新青年》同人而言，抵抗「國家」其實是以伸「人權」，作為反（偽）「國權」（袁氏專權）論述的主軸，提供再造共和國家的動能。此一人權論的思路，從《甲寅》章士釗、陳獨秀到《新青年》高一涵發表的文章看來，可以看出他們所批判的「國家」有其特定脈絡，專指袁世凱等軍閥掌權的國家，以反擊袁氏進行的帝制運動。並且提出愛國心必須以自覺心為前提，正是此一國民自覺的倡導，將政治良窳的責任由政府轉到「國民」，在《新青年》形成一套「國民政治」論述。

　　下一節我將繼而進一步說明《新青年》延續《甲寅》的「國民自覺」命題，提出「國民政治」作為「人民主權」的思考淵源，「國民」作為塑造共和國民政治共同體，亦成為反抗「偽國權」的思想資源；並透過「通訊」欄等邊緣欄目的設立，作為民主公眾輿論的公共空間，人民主權成為對抗（偽）國家主權的發聲力量。

第二節　《新青年》「國民政治」觀的形成
與邊緣欄目的實踐

　　從《甲寅》文章看來，不管是章士釗、陳獨秀、高一涵等作者，他們努力的方向在於重塑「國家」的觀念，分辨真國家／假國家之間的區別，在此

---

[48] 高一涵，〈國家非人生之歸宿論〉，《新青年》1 卷 4 號（1915 年 12 月），頁 7。

[49] 王曉明，〈一份雜誌和一個「社團」：重評五四文學傳統〉，《批評空間的開創：20世紀中國文學研究》，頁 199。

基礎上提出「國民自覺」的命題，賦予人民作為共和國公民政治新角色的構思。本節將進一步討論甫創刊的《新青年》，如何延續《甲寅》的「國民自覺」命題，不僅是在正文繼續闡述盧梭《民約論》的人權論，形成「國民政治」的主張，以反抗袁氏政府「國權至上」的愛國主流輿論，亦指向民初政黨政治的不良運作；同時，也透過邊緣欄目如：廣告、「國內外大事記」、「通信」欄、讀者論壇、隨感錄等的啟蒙與交流，回應與介入上述現實政治的種種問題。

一、惟民主義與國民政治：《新青年》民主思想的形成

　　《甲寅》的作者群與《新青年》首二卷作者群不但有相當大的重合[50]，並且在思想方面，尤其是人權說與國民自覺的政治意識，更是一脈相承。例如：高一涵，其思路基本上延續《甲寅》時期以盧梭民約論為論述資源以抵抗國權論，在《新青年》〈民約與邦本〉再度強調「民約說」，以「人民主權」為古今國家觀念的根本差異。並列舉西方社會契約論的發展史，從霍布斯已開國家與政府之區別，至陸克（筆者按：洛克）進而提出最高主權為人民所保留、政府權利乃寄託而非固有、政府行動縮納至定範常軌之中，最後到盧梭說得更清楚，「主權既在人民，斷無挾主權以迫脅人民自身之事」，政府只是奉行人民總意的公僕。[51]主權既為人民所有，自應負起國家政治的最大責任，高一涵於《新青年》首卷一至三期連載〈共和國家與青年之自覺〉，強調「共和國家其興衰興替之責，則在國民之全體。」[52]，以及〈近世國家觀念與古相異之概略〉（1卷2號）、〈國家非人生之歸宿論〉（1卷4號）等篇強調人權、國民自覺、人民總意之國家主權。另外，陳獨秀亦延續《甲寅》時期，對人民自由權利的關注，在《新青年》創刊號〈敬告青年〉提出：「科學與人權並重」，並於下一篇〈法蘭西與近世文明〉復指出，近

50　陳萬雄，《五四新文化的源流》，頁12。

51　高一涵，〈民約與邦本〉，《新青年》1卷3號（1915年11月），頁1。

52　高一涵，〈共和國家與青年之自覺〉，《新青年》1卷1號（1915年9月），頁1。

代文明的特徵其中之一為「人權說」。[53]從上述問題的聚焦點來看，高一涵、陳獨秀正是藉由人權政治思想的討論，間接批判袁氏帝制運動，假國家利益之名，行干預侵害人民權利之實。

如果說人權說是一思想準備，「惟民主義」則進一步訴諸以人民為主體的民主實踐。在《甲寅》前期盧梭人權說等論述準備之下，當時《甲寅》成員張東蓀即提出國民自覺的思想──「惟民主義」的主張。張東蓀在〈行政與政治〉該文指出：近代新式國家的政治為「惟民主義」，所謂「惟民主義」是指「人民以自身之能力，運用其政治耳」，並在該詞下面標一小註說明：

> 在英語為 democracy 與 popular government 本譯民主政或民政，實則不僅近世之共和國足以當之，而今日立憲國，亦莫不可此字冠之，如英倫乃其好例也，故易以今名。[54]

學者已指出，《新青年》〈本誌罪案答案書〉中指出的「德先生」，其實在當時的語境使用是「惟民主義」，張東蓀的用法，後來在《新青年》同人中廣泛被指用。[55]例如：陳獨秀指出「惟民主義，已為政治之原則」[56]；李大釗提出當前適宜之政治「惟民主義為其精神，代議制度為其形質之政治」[57]；高一涵指出「今世國家原理，在以國家為全體人民之國家，非為主政治一人之私產，無間君主共和皆取惟民主義」。[58]此一「惟民主義」的思想，稍後在袁氏稱帝之際，《新青年》主編陳獨秀將軸心聚焦為「國民運動」、

---

53 陳獨秀，〈敬告青年〉、〈法蘭西與近世文明〉，《新青年》1 卷 1 號。

54 張東蓀，〈行政與政治〉，《甲寅》1 卷 6 號，頁 3。劃線部分為筆者所加。

55 劉桂生主編，《時代的錯位與理論的選擇──西方近代思潮與中國「五四」啟蒙思想》（北京：清華大學出版社，1989），頁 154-155。

56 陳獨秀，〈今日之教育方針〉，《新青年》1 卷 2 號（1915 年 10 月），頁 4。

57 李大釗（署名守常），〈民彝與政治〉，《民彝》創刊號，1916 年 5 月 15 日。

58 高一涵，〈近世國家觀念與古相異之概略〉，《新青年》1 卷 2 號，頁 8-9。

「國民政治」的具體實踐。

　　1916 年正是袁氏稱帝的一年，陳獨秀於《新青年》發表兩篇重要的文章，1 卷 5 號發表〈一九一六年〉指出吾國的政象，只有「黨派運動」而無「國民運動」，國家流於政府黨與在野黨的主張抗鬥，而國民若隔岸觀火無所動心。因此，他語氣愷切的指出：「自負為一九一六年之男女青年，其各自勉為強有力之國民，使吾國黨派運動進而為國民運動。」[59]可以說該文批判的「黨派運動」指向當時政黨政治的不良運作，「國民運動」則直接訴諸人民主權的覺醒。在下一期，陳獨秀發表〈吾人最後之覺悟〉亦重申「政治的覺悟」關鍵是抉擇政體的良否，由個人政治、官僚政治，趨向「國民政治」、「自治政治」，而此立憲政體、國民政治能否實現，問題在於：「共和立憲而不出於多數國民之自覺與自動，皆偽共和偽立憲也」[60]，也就是強調「國民自覺」。從上述陳獨秀、高一涵的言論看來，高一涵將國家、政府、人民三者區分，特別突出國家與人民的直接關係，強調「政府」的中介與委託關係，與陳獨秀的看法相輔相成，皆是提出「國民」作為國家自覺的主體。然而，問題在於，在袁氏高壓統治，限制言論自由的情況下，如何將上述理念運用在現實政治？

　　早在《甲寅》時期，汪馥炎即提出在國權高漲造成的流弊，解決之道在於「增進人民政治之知識，而謀開拓社會輿論之先聲」。[61]陳、高較《甲寅》時期更進一步的思考，體現在對「國體爭辯」的問題上，高一涵即認為國體的變更只是形式，真正的關鍵在於「國民多數之心理」，才是政治的實質。[62]陳獨秀也認為人民應有「自覺自重之精神」，「唯共和國體是爭，非根本之計也。」[63]換而言之，在他們心中已有某種「根本之計」，而此根本之計，具體來說就是「人民輿論」。高一涵明確指出：「共和國本建築於人

---

[59] 陳獨秀，〈一九一六年〉，《新青年》1 卷 5 號（1916 年 1 月）。

[60] 陳獨秀，〈吾人最後之覺悟〉，《新青年》1 卷 6 號（1916 年 2 月），頁 4。

[61] 汪馥炎，〈社會與輿論〉，《甲寅》1 卷 4 號，頁 14。

[62] 高一涵，〈共和國家與青年之自覺〉，《新青年》1 卷 2 號（1915 年 10 月）。

[63] 陳獨秀，〈今日之教育方針〉，《新青年》1 卷 2 號。

民輿論之上。……吾共和精神之能煥然發揚與否，全視民權之發揚程度為何如。」[64]陳獨秀在答汪叔潛的來信指出，憲政實施有二要素，其中之一即是「庶政公諸輿論」[65]於此時，李大釗雖尚未進入《新青年》陣營，並且特別強調「輿論」的價值，他說：「立憲政治基于自由之理，……不僅繫于法制之精神，而尤需乎輿論之價值。」[66]而關於人民主權與人民輿論所形成的唇亡齒寒、互為依存的關係，哈伯瑪斯（Jürgen Habermas）引用 Landshut 的說法，提醒我們，公眾輿論仍舊是政治統治合法性的唯一得到認可的基礎，他說：

> 現代國家把人民主權當作其自身存在的前提，而這種主權就是公眾輿論。如果沒有這一前提，如果沒有將公眾輿論作為一切權力（能夠對所有人產生約束力的決定權力）的起源，那麼現代民主政體就缺少其存在的根據。[67]

由此看來，可以說民初陳、高已經意識到民主政治與公眾輿論之間的必然關係。然而現實存在的問題是袁大總統所擁有的決斷權，得以針對原本是共和國民基本權利的言論、出版自由加以限制，那麼人民輿論如何形成民意政治，在現實上存在一定的困境。因此《新青年》在當時《甲寅》月刊被禁，又能在不觸犯法令規定之下，如何透過雜誌的傳媒公共空間，逐步建構「共和國家國民」意識的具體政治過程[68]，將是本文接下來分析的主要重點。

64　高一涵，〈共和國家與青年之自覺〉，《新青年》1 卷 1 號（1915 年 9 月），頁 5。

65　陳獨秀覆汪叔潛，《新青年》2 卷 1 號通訊欄（1916 年 9 月），頁 1-3。

66　李大釗從 2 卷 2 號起始加入《新青年》的行列，本文〈民彝與政治〉發表於《民彝》創刊號（1916 年 5 月 15 日），李大釗當時為《民彝》主編，徵引自《李大釗全集》第二卷，頁 334-359。

67　〔德〕哈伯瑪斯著，曹衛東、王曉玨、劉北城、宋偉杰譯，《公共領域的結構轉型》（臺北：聯經出版公司，2005 年初版第 3 刷／初版 2002 年），頁 307。

68　不容諱言的是，陳獨秀、高一涵等人此時仍持精英觀點來看待公眾輿論，他們假設任何人都有機會進入此一公共輿論空間，但是基本上當時文盲仍占中國人口多數，不能

二、公民政治角色的新構思：
《新青年》邊緣欄目的民權啟蒙、實踐與時政介入

　　「國民」的概念，從《新青年》發刊詞〈敬告青年〉，以及首卷 1 至 3 期不斷出現高一涵〈共和國家與青年之自覺〉，「青年」已成為《新青年》召喚閱讀的群體。而此「青年」的主體包涵廣大的閱讀識字群體，較《甲寅》月刊精英輿論的傾向[69]，包涵的層面更廣，並且能將對話的窗口從《甲寅》隱約以政府為對象，一改為讀者大眾啟蒙的姿態。那麼，《新青年》邊緣欄目如何造成民權啟蒙、實踐與時政介入的目的，以下擬分四部分加以說明：

　　第一是廣告。《新青年》由上海群益書社發行，在第一卷各期不斷刊登標題為「共和國之好模範」的兩本著作廣告：《美國民主政治大綱》、《美國公民學》，顯然有以美國為共和政治榜樣，並使青年了解公民與政府的關係。另外，除了群益書社書籍的廣告外，第一卷也不斷刊登《中華民國地理新圖》廣告，在廣告內文中也指出其目的在使讀者引起對國家的興味，與了解我國的情勢與將來。早在清末，中國知識分子即運用地圖，作為喚醒國人國家存亡的危機感。清末中國最大的外患來自列強的入侵，在當時輿論興起「列強瓜分論」的亡國焦慮，由此而產生著名的時局圖與瓜分圖。其中有謝纘泰繪製的時局圖，馮自由指出：「戊戌六月纘泰感慨時事，特繪製『東亞時局形勢圖』，以警世人。」[70]另外，孫中山在 1900 年 7 月亦在東京發行、輯繪《支那現勢地圖》，與革命黨友好的日人竹內善朔即認為，《支那現勢地圖》不但藉此表明列強在中國設定利權關係和鐵路路線，主要用意即

也無法發聲。

69　楊早，《清末民初北京輿論環境與新文化的登場》（北京：北京大學出版社，2008），頁 134-137。

70　馮自由，〈三十九年前之東亞時局形勢圖〉，《革命逸史》上（北京：新星出版社，2009），頁 42。此一圖後來轉載到 1903 年蔡元培主編的《俄事警聞》，原圖是彩色版，在《俄事警聞》刊登為黑白版，在第一號即刊出此圖，此圖正為當時中國面臨的瓜分之局的象徵圖像描述，在圖旁有一文章〈現勢〉為此圖的刊登目的作一說明。

在昭示國民，抵抗外國侵略。[71]

　　由以上列舉的地圖看來，地圖不但是標明地理空間的位置，誠如班納迪克・安德森（Benedict Anderson）《想像的共同體》所言，「地圖最終之將政治空間識別標誌化」。[72]那麼地圖不單只是地理空間的區隔，它還包涵國民、國家與外國的政治界限，以及國家在世界所處的位置。因此，地圖如同現代公民學，都表達一種政治知識的陶冶與教育，將讀者納入現代公民的知識視野。在《新青年》的內頁廣告中，我們可以看到此一廣告刊登至 4 卷 6 號，甚至已出現包含「梁任公、馬君武、章行嚴、陳獨秀……」等諸君「讚許精善之評語」，可以看出陳獨秀等人對此《地理新圖》的高度重視。

　　第二是「國內外大事記」欄，尤其是「國內大事紀」，可以同步觀察當時中國最重要的內政、外交、軍事等政治問題。「國內外大事記」的欄目安排從一卷一號到三卷六號，涵括陳獨秀早期主編時期；直到第四卷之後，《新青年》設立編輯部，改為同人雜誌，輪流主編，此一欄目才取消，加入文學革命的創作成果。事實上，「國內外大事記」在當時並非《新青年》所獨創，老字號《東方雜誌》每期刊出，雖然詳細地記載當時國內外的政治、經濟和文化方面的重要事件，但主要是作為史料的價值。當時羅家倫即批評《東方雜誌》該欄「都是斷爛的朝報，毫無意識」，反而大力稱讚「《新青年》裏有許多國內外大事記是很好的，現在為體裁所限沒有了」。[73]《新青年》的國內外大事記報導，帶有新聞與評論融合的性質，而與《東方雜誌》客觀扼要的敘述立場不同，羅家倫的觀點其實正是站在新文化人的立場，讚許《新青年》大事記隱含的政治立場，正有意藉此大事記介入時政，因而《東方雜誌》的客觀記敘被批為「斷爛的朝報」。

　　從《新青年》前三卷看來，與當時報刊大事記的簡略扼要不同的是，

71　〔日〕竹內善朔，〈本世紀初日中兩國革命運動的交流〉，譯自《國外中國近代史研究》第 2 輯（北京：中國社會科學出版社，1981），頁 539。

72　〔美〕班納迪克・安德森著，吳叡人譯，〈第二版序〉，《想像的共同體：民族主義的起源與散布》，頁 3。

73　羅家倫，〈今日中國之雜誌界〉，《新潮》1 卷 4 號（1919 年 4 月）。

《新青年》「國內外大事記」欄，對於重要時事問題，常以連續追蹤報導的方式詳細闡述。例如：第一卷當時最重要的國內問題是「國體問題」，從第1期國體問題的發生、冷靜、騷動、停頓時期講起；到第2期點名「籌安會」以及政府當局「運作」民意代表的過程；第3期凸顯外國公使警告袁氏政府變更國體一事；到了第5期情勢逆轉，雲南軍隊（以蔡鍔、唐繼堯為首）組織護國軍討伐袁世凱，國體問題已從「投票表決時期」進到「武力解決時期」；到第6期「帝制延期通告」，可以說對1915-1916年「國體問題」作了完整而詳盡的報導。

　　並且根據李永中的考證，1卷5期封面的民國紀年有意被取消，正是呼應該期國內大事欄的報導指出：「民國四年十二月三十一日奉令改明年為洪憲元年」，民國紀年的消失正代表主編對洪憲帝制的強烈反對。[74]其實再深入當時政治情勢來看，袁氏將稱帝之際，「一律不准登載關於國體問題之文字。」甚至官方威脅上海報刊：「如再沿用民國五年，不奉中央政令，即照報紙條例，嚴行取締……」，同樣不沿用洪憲紀年的後果亦復如此。[75]而《新青年》在此採取了一種「空白」的方式，既不採用洪憲紀年，說明自家的立場，也避開官廳的檢查，表達無言的抗議。由於國體問題在當時談不得，因此《新青年》必須透過邊緣欄目，避開官廳的注意。而此國體問題在《新青年》第一卷「國內外大事欄」佔據如此久的篇幅，也因它不單是單純的國體問題，更是共和政體存亡絕續的關鍵。

　　從第二卷起，袁氏稱帝失敗不久過世，黎元洪繼任總統，重新召開國會，憲法會議成為討論的焦點，而憲法作為共和民主國家的根本大法，重新修訂更應遵照合法的程序進行，在第2、4期國內外大事欄均有詳細的說明。然事又起波瀾，張勳等軍閥又另召開徐州會議，在第3、6期將其來龍

74　李永中，《文化傳播文學想像──《新青年》雜誌研究》（武漢：武漢出版社，2006），頁75-76。

75　戈公振，《中國報學史》（臺北：臺灣學生書局，1964年再版／初版1926年），頁241。

去脈、對國會的影響，以對照隱含批判的敘事脈絡呈現出來。到第三卷，躍居版面的重要問題為歐戰引發中國的立場問題，國內有贊成與反對的不同立場[76]，從德國封鎖計畫引發的對德抗議事件，到對德斷絕邦交，宣戰案釀成的政治風潮，府、院及各黨派的政治角力，各自為其政治利益不惜犧牲國家總體利益的醜態，在記者看似中立客觀的敘述立場，一一暴露出來，而最後造成的結果是引發第二次帝制復辟，也就是 3 卷 6 號的國內大事欄標題「督軍稱兵與復辟」。因此，在《新青年》成為同人雜誌之前，國內外大事欄可以說是主編陳獨秀以記者之名，藉由編輯選題的操作，以貌似客觀的評述時政議題，偷渡自己的政治見解。

　　如果把前三卷《新青年》國內外大事欄作一集結，它可以說是 1915-1917 年涵括中國最重要的政治風雲史，包含：歐戰引發的山東問題與參戰問題、袁氏帝制運動引發的國體危機、袁世凱過世後的憲法會議、張勳復辟等重大事件。最重要的是，此一欄目其實在看似中立的立場上，仍保有史家針砭人物、事件的本色。並且在書寫模式中隱含兩種政治對立的運作模式區別：一是遵照共和體制的憲政運作模式；一是兩次復辟事件，假民意真復辟的危害憲政方式，使讀者閱讀時不自覺地進行一種參照與比較。如果說，「國內外大事欄」尚屬讀者被動的閱讀姿態，接下來討論的「通信」欄則是進行讀者與編者的雙向溝通，甚至是將讀者提高到作者位置的「讀者論壇」。

　　第三是「通信」欄與「讀者論壇」。從早期的《甲寅》月刊看來，即有此一欄目，但一方面通信的作者多為《甲寅》本身的作者，記者的回覆亦是選擇性的回覆，有些只刊載來信而無回覆。相較於《甲寅》的半封閉通信欄，《新青年》則是較能面向一般讀者開放的園地。在《新青年》創刊號的「社告」中關於編輯體例的說明，即標出「通信」一欄：

　　　　本誌特闢通信一門，以為質析疑難發舒意見之用。凡青年諸君對於物

76　反對的有：馬君武、孫中山等人。

情學理，有所懷疑，或有所闡發，皆可直緘惠示，本誌當盡其所知，用以奉答，庶可啟發心思，增益神志。

在其他雜誌亦有的通信欄，在《新青年》由於能兼顧討論議題的深度與書信文的親切，成為《新青年》中甚受歡迎的一個欄位。並且，在 3 至 5 卷時期，甚至佔去雜誌四分之一甚至三分之一的篇幅，可見讀者來信之熱切。通信欄雖作為邊緣欄目，早期的研究者即已點出其重要性。李龍牧即指出，通信欄對於新文化運動統一戰線的形成，居功厥偉，不但使刊物和讀者之間的聯繫密切起來，進行重要的問題討論，並且也是透過通信欄，編輯部得以吸收菁英分子加入《新青年》，如：錢玄同即是透過通訊欄，日後成為《新青年》的編委。[77]

前期通信欄讀者與《新青年》政治思想與時政議題之間的互動[78]，首先是國體問題的討論。在創刊號讀者王庸工即來信指出楊度等人發起籌安會一事，希望《新青年》著論警告國人。記者的答覆頗堪玩味，一般論者引用此段時，多將記者（陳獨秀）的回答：「改造青年之思想，輔導青年之修養，為本誌之天職。批評時政，非其旨也。」[79]據此認為陳獨秀不批評時政。但我們從記者（陳獨秀）的回覆上下文看來，這一段的敘述手法非常特別，首先記者細數籌安會諸人持國體變更的理由有三：「共和國家不若君憲國之易致富強」、「人民程度不適共和，欲救中國厥唯立憲」、「國人迷信共和，當以葡萄牙、墨西哥及南美諸邦為前車之鑒」，再一一點破此一迷思，將籌安會的主張拆解掉，最後才說「批評時政，非其旨也。」其實已經在「批評

---

77 李龍牧，〈「五四」時期報刊工作的改革〉，《中國現代出版史料》丁編（北京：中華書局，1959），頁30。

78 關於《新青年》通信欄1-9卷一覽表，楊琥於其博士論文已做很好的整理，參見《民初進步報刊與五四新思潮：對《甲寅》、《新青年》等的考察》附錄表四，頁97-113。而前期 1-3 卷所討論的議題亦甚多，本文僅截取與《新青年》欲創造的政治公共空間加以討論。

79 記者覆王庸工，《新青年》1卷1號通信欄（1915年9月），頁1。

時政」了！

　　事實上，該文以正言若反的敘述方式，點出時政的弊端：首先在政府方面，「年來政象所趨，無一非遵中國之法，先王之教，以保國粹而受非難。難呼其為政府矣！」；其次，在國民方面，指出「日本之哀的美敦書（筆者按：二十一條通牒），曾不足以警之，何有于本志之一文」，批判國人「不願與聞政治」之心。[80]在這迂迴論述的手法背後，我們可以看到其實記者已經將籌安會的荒謬論點呈現，並且提出國民的思想改革，其實正是之後「國民政治」論點的展現。

　　稍後此一論點的延伸討論是 2 卷 1 號汪叔潛的來信，汪叔潛認為陳獨秀在〈一九一六年〉[81]區分國民運動與黨派運動，在國人政黨政治萌芽之初，抹殺政黨政治不妥，在他看來，政黨政治優於官僚政治，黨派運動就是國民運動。此一言論可以說代表當時堅守議會政治、政黨政治路線的新派看法。但陳獨秀從民初政黨政治實驗的失敗得到的教訓是：黨見往往代表一黨的利益，而不是代表全體人民的利益。因此陳獨秀強調憲政實施的兩要素：「庶政公諸輿論」、「人民尊重自由」，立憲政治的真諦並不在於優秀政黨掌握政權，否則僅能稱「政黨政治」，而不是「立憲政治」。[82]而汪、陳之別也就在於政黨政治／國民政治之別，後者毋寧是更強調人民主權的要求，而此主權是透過輿論發聲，陳獨秀也藉此通信欄的輿論功能比較兩者的差異，從而傳達輿論的發聲與表達理念的功能。

　　其次是對德宣戰問題。3 卷 3 號通訊欄刊登讀者李亨嘉的來信，指出中國近年飽受內憂外患的情況下，對德宣戰一事，《新青年》代表輿論，正應極力反對。在李亨嘉看來，外交政策宜舉國一致，就是「少數服從多數，而決非以多數服從少數」。李亨嘉所代表的正是多數人民反對參戰的想法。從陳獨秀主戰的角度看來，對德宣戰為的是「欲撲彼代表帝國主義侵略政策之

80　同上註，頁 1-2。

81　《新青年》1 卷 5 號（1916 年 1 月）。

82　《新青年》2 卷 1 號通信欄（1916 年 9 月），頁 1-3。

德意志」，有其反對帝國主義強權侵略的正當性；國之大政與庶政不同，不能事事訴諸少數服從多數之民意。陳獨秀的反省正在於，當多數民意被簡單化約等同於輿論時，輿論的反省能力與反抗主流論述的激進性也就消失了，正是陳獨秀於通信最後指出：「來書所謂代表輿論，乃同流合污媚俗阿世之卑劣名詞，記者所不受，不忍受也。」[83]另外，其他如：孔教問題與帝制的連帶性，以及與之相關的制憲問題，也是通信欄熱烈討論的議題，已於上一章第一節討論。

　　從以上《新青年》通信欄的政治議題看來，與「國內大事欄」的重大問題幾乎同步進行討論。並且通信欄的獨特功能在於，能為《新青年》國民政治主張相關文章如〈一九一六年〉、〈共和國家與人民自覺〉等，對於國民政治、政黨政治、輿論等政治術語，讀者可能產生閱讀片面理解的誤會，藉由通信欄的雙向溝通，不但達到落實於現實政治的理解與運用，也具有教育其他讀者的功能，形成政治討論與民權實踐的公共平台。周策縱即指出，《新青年》的「通信」一欄，是「中國雜誌中首次出現的一個有效而真正自由表達公意的場所，很多重要的問題和觀念都曾在此得到嚴肅的討論和發展。」[84]與此相輔相成的是自第 2 卷起開闢的「讀者論壇」一欄。

　　如果說，「通訊」欄是帶著教導者與受教者的印記，進行編輯與讀者之間的互動，那麼「讀者論壇」則是將讀者推到作者的位置，在《新青年》2卷 1 號〈通告二〉即指出：

> 本誌自第二卷第一號起，新闢「讀者論壇」一欄，容納社外文字。不問其「主張」「體裁」是否與本誌相合，但其所論確有研究之價值者，即皆一體登載，以便讀者諸君自由發表意見。

從通訊欄的「質析疑難發舒意見」到讀者論壇的「讀者諸君自由發表意

83　陳獨秀覆李亨嘉，《新青年》3 卷 3 號通信欄（1917 年 5 月），頁 18-20。
84　周策縱著，陳永明譯，《五四運動史》，頁 100。

見」，不但拉進了編者與讀者的距離，也進而培養讀者獨立思考的能力與提供開放表達意見的園地。日後創辦《新潮》雜誌，為學生輩重要的新文化運動倡導者的傅斯年、羅家倫，即是從此一欄目躍升為《新青年》撰稿人。[85]

　　《新青年》第一卷時正處在袁氏帝制運動高壓控制時期，《新青年》的政治意圖僅能透過國內外大事及書目介紹等邊緣欄目偷渡。而在袁氏突然過世之後，隨之而來較鬆動的時局氣氛，在國會重開、召開制憲會議，孔教入憲與否的問題成為《新青年》正文專文與邊緣欄目討論的主題[86]。而此一政治意圖在 3 卷 5 號通信欄署名「愛讀新青年吳人顧克剛」讀者所發現，認為有違《新青年》改造青年思想、不批評時政的宗旨，應回歸使國民思想覺悟的重任。主編陳獨秀的回答破除了將「思想學說」純粹化的迷思，他認為政治思想學說亦為重要思想學說，無須過度窄化，中國政治所以至此正因國民「不欲與聞政治」，有賴灌輸國民政治知識與能力，代表《新青年》改造青年思想的用心在於國家現實處境的關懷：「然有關國命存亡之大政，安忍默不一言？」[87]

　　因此總括來說，通信欄不但適時地釐清《新青年》在彼時言論高壓期，不能清楚道出的刊物中心主旨與政治立場，也發揮教育讀者國民自覺與現實政治關懷的社會責任感。並且藉由通信欄之助，吸納立場派別不一致的人們，加入此一陣營，如：吳虞（2 卷 5 號）、錢玄同（2 卷 6 號）、蔡元培（3 卷 1 號）、陳望道（6 卷 1 號）加入成為《新青年》成員。其中學生輩經由通信欄躍升為《新青年》撰稿人有常乃悳、惲代英、張崧年，以及其他通信讀者如舒新城、王統照、俞頌華等人來自不同地區，日後在各地從事新文化的

---

[85]　《新青年》4 卷 1 號「讀者論壇」欄（1918 年 1 月）：傅斯年，〈文學革新申義〉；羅家倫，〈青年學生〉。

[86]　相關的討論參見第二章第一節。

[87]　獨秀覆顧克剛，《新青年》3 卷 5 號通信欄（1917 年 7 月），頁 6。

思想革新運動，使《新青年》進一步擴大其影響力。[88]

　　第四是「隨感錄」欄。《新青年》自第四卷後，遷至北京，成立編輯委員會，採輪流編輯制。第四卷與之前的《新青年》，在欄目上最大的改變是原有的國內外大事記欄取消，取而代之的是文學革命的創作成果，這應當是胡適此一編輯思路發揮影響力的結果。但從第四卷的發展來看，4卷4號新增加了「隨感錄」此一欄目，而且是《新青年》首創的欄目，為之前刊物所無。一開始，「隨感錄」撰稿者多為陳獨秀，之後漸漸吸引同人的參與，包含錢玄同、劉半農、魯迅、周作人、陶履恭、李大釗等同人也參與這塊園地。[89]由於隨感錄的特色是以更淺白的語言、隨筆的方式寫作，形成一個同人自由批評的公共空間，針對文化、政治、社會等問題加以討論，藉以帶出時政的問題，及針對當時社會文化思潮的批評。尤其是在時政方面的發揮，如：〈六九・法律與言論自由〉諷刺「世界上有一種政府，自己不守法律，還要壓迫人民並不違背法律的言論」，點名的是當時政府頒布的《管理印刷業條例》，更進一步對言論出版自由加以限制[90]；〈七三・段派、曹陸、安福俱樂部〉則諷刺批判當今政府官僚都是一丘之貉。[91]

　　「隨感錄」欄目的開創，可以說是陳獨秀的巧手創造，為先前消失的國內外大事欄，另創一個更機動性的欄目。不但更口語化，讓讀者大眾更了解時事，而且更能吸納志同道合的同人，耕耘此一園地；同時也是一種編輯新策略的因應，開設一時事評論的新窗口，但因屬邊緣欄目，又不致太引官廳注意。因此陳平原指出「隨感錄」是一種「兼及政治與文學、痛快淋漓、寸

88　關於《新青年》通訊欄讀者的生平及日後在新文化運動發揮的影響力可參看：楊琥，〈《新青年》「通信」欄與五四時期社會、文化的互動〉，《文人論政——知識分子與報刊》（桂林：廣西師範大學出版社，2008），頁43-67。

89　根據丁曉原的統計，《新青年》總共發表133篇隨感錄，以陳獨秀55篇最多，其次是魯迅的22篇。見氏著，〈從新文體到「隨感錄」〉，《中國現代文學研究叢刊》2006年第1期，頁28。

90　署名獨秀，《新青年》7卷1號「隨感錄」欄，頁115。

91　同上註，頁119-120。

鐵殺人的文體」，充分顯出五四新文化人的一貫追求：「政治表述的文學化」。[92]但這種政治表述，不但是一種書寫策略，更切身的目的也來自於《新青年》當時面臨的現實情境。魯迅即指出，當時他在《新青年》的「隨感錄」作些短評，「記得當時的《新青年》是正在四面受敵之中，我所對付的不過一小部分；其他大事，則本志具在，無須我多言。」[93]這是我們後學者在欣賞隨感錄絕妙犀利的短文，必須納入思考《新青年》寫作策略的一個向度。

　　另外，在批判性與影響力方面，李憲瑜指出，「隨感錄」不僅具有報章短評的針對性、時效性，因其隨意性與雜感性而便於操作，而具有批判性與攻擊性，使其語言多生猛潑辣而具有感染力。[94]而「隨感錄」此一新批評空間的風行，之後延續到 1918 年底陳獨秀、李大釗等同人創辦的《每週評論》，誠如官廳監察《每週評論》的感覺：「你們的評論不知怎麼總是不正派，有些文章看不出毛病來，實際上全是要不得。」[95]隨感錄的語言技巧時而詼諧戲謔，時而正言若反，正是搔到當政者的痛癢之處，卻又道不出個所以然來。之後更延續到《新社會》（瞿秋白、鄭振鐸主編）、《民國日報‧覺悟副刊》（邵力子主編），以及雖然不用此名稱，而用「雜感」、「亂談」之類的報刊雜誌，廣泛使用的批評武器。[96]

　　因此，如同《甲寅》於 1914-1915 年發揮的功能，《新青年》民主思想的展開以及邊緣欄目政治公共空間的實踐，在 1915-1919 年之間，為知識菁英的重新整合和邊緣知識分子的崛起提供了發展的舞台，並且更進一步發揮

92　陳平原，〈「妙手」如何「著文章」——為《新青年》創刊九十周年而作〉，《同舟共進》2005 年第 5 期，頁 8。

93　魯迅，〈《熱風》‧題記〉，《魯迅全集》第一卷，頁 291。

94　詳細的討論參見李憲瑜，《《新青年》雜誌研究》，北京大學中文系 1999 年博士論文第五章第二節〈隨感錄〉，頁 75-89。

95　周作人，〈一二九‧《每週評論》下〉，《周作人自編文集‧知堂回想錄下》，頁 437。

96　參看李輝的整理，〈《新青年》「隨感錄」研究〉，《重慶工學院學報》（社會科學版）21 卷 8 期，頁 104-105。

教育讀者與培養現實政治關懷的能力。另外，除了透過邊緣欄目成為《新青年》新成員、撰稿人，在《新青年》之後北遷北京，成為同人雜誌時期（4-7卷），不另購稿的情況下，仍有一些陌生的次要撰稿人在非邊緣欄目發表文章、作品。這些人如何進入《新青年》的舞台，以及與《新青年》民主思想主張與人脈的關聯，逐漸形成 1919 年五四運動以前的激進勢力潛流，將有助於我們了解當時《新青年》反抗國家逐漸集結的一股激進勢力。

第三節　《新青年》接納無政府派：反政府與左傾思想之合流

　　《新青年》以民權思想啟迪國民，藉以抨擊當時的袁氏專權，一開始《新青年》潑灑民權的啟蒙之水是孤獨的，《甲寅》被廢刊，其他較激進的雜誌也在袁氏政府的新聞檢查制度下，或遭廢刊或立場趨向保守。於其時，民初無政府派，尤其標舉反強權思想的師復主義相關團體，在萬般艱難的情況下，仍努力維持出版，並在五四前期逐漸成為具有影響力的力量。然而目前的研究多將《新青年》、民初無政府主義團體，視為兩股不同發展的力量[97]。事實上，他們並非兩派互不相涉的刊物，從前期《新青年》文章與通訊欄中出現的社會主義、無政府主義的相關討論與人脈關聯，一來與主編陳獨秀清末以來的社會主義思想傾向有關；二來基於辛亥革命後的政局失望，對國家、政府與人民關係的深刻反省，都不約而同以人民為主體，要求個人的解放與自由。並以道德、文化、教育作為核心的改革內涵，促成《新青年》接納原《新世紀》派與民初師復派等無政府主義團體，下文將作進一步說明。

---

[97] 如：德里克（Arif Dirlik）《中國革命中的無政府主義》（桂林：廣西師範大學出版社，2006）、曹世鉉《清末民初無政府派的文化思想》（北京：社會科學文獻出版社，2003）等。

一、民權與民初政局之反省：
《新青年》前期與無政府團體思想之親合

　　從《新青年》前期主編陳獨秀的思想傾向來看，清末蘇曼殊、陳獨秀合譯《慘世界》，可以說是譯者的再創作，蘊含蘇、陳的社會主義思想。並且從清末陳獨秀與左傾文人的密切交往[98]，可知他對社會主義思潮有一定的接觸。在《新青年》創刊號，陳獨秀發表〈法蘭西人與近世文明〉肯定近代文明的特徵，其中之一即是「社會主義」。陳獨秀已注意到歐洲社會財富分配不均引發的社會革命，指出社會革命的原因在於社會不平等，「欲去此不平等與壓制，繼政治革命而謀社會革命者，社會主義是也。」文中歷數社會主義學說，從法國巴貝夫、聖西孟、傅里耶，一直到德國拉薩爾、馬克斯，說明陳獨秀對西方社會主義發展史有一定的掌握與理解。[99]並且在 1 卷 3 號回覆讀者李大魁來信，批判佛法容易產生消極思想，導致世法大壞，對比「無政府黨人所否認者，政府而已，世人駭為怪異，不敢與近。」[100]隱含對無政府黨人否定政府的主張的讚許，而此語已暗中寓託他當時的思想傾向，而這必須從第一卷刊登的兩篇文章談起。

　　《新青年》刊登署名「汝非」的兩篇文章〈托爾斯泰之逃亡〉（1 卷 2 號），以與當時歐戰方殷，軍國主義的洪水猛獸相對抗；〈血與鐵〉（1 卷 4 號）譯自《倫敦自由旬報》，將國家－資本主義－戰爭等同，而與社會主義－和平對立。汝非這篇文章的翻譯，主要針對軍國主義，具有反戰的社會主義思想，那麼，「汝非」又是何許人也？透過中研院口述歷史《莫紀彭先生訪問紀錄》[101]，可以發現民初陳獨秀與莫紀彭互動的線索：

---

[98] 如：劉師培、蘇曼殊等人。

[99] 陳獨秀，〈法蘭西人與近世文明〉，《新青年》1 卷 1 號（1915 年 9 月）。

[100] 《新青年》1 卷 3 號通信欄（1915 年 11 月），頁 3。

[101] 王聿均訪問，謝文孫紀錄，《莫紀彭先生訪問紀錄》（臺北：中央研究院近代史研究所，1997）。

迨二次革命失敗以後，獨秀避居上海租界，聞余等安那其主義者之活動，輾轉尋訪，因得以結識。其時師復病已不起，余等均居留滬上。……以後余知獨秀國學造詣甚佳，能背誦整部《文選》，然而對西學則所知有限，惟獨秀極力務新，熱心介紹西學，閱及余等主辦之《民聲》雜誌，因來接洽。其時獨秀正籌備《新青年》雜誌，托余代覓若干資料，供其披載。余嘗為之收集有關英國自由主義之材料，頗得獨秀之珍視。以後余且翻譯一篇〈托爾斯泰之逃亡〉，用「汝非」筆名，刊於《新青年》第一卷第二號。……[102]

從此一訪談資料看來，陳獨秀在二次革命後，劉師復（1884-1915）[103]過世之前，已主動尋訪劉師復安那其主義（無政府主義）團體，並已讀過《民聲》雜誌，可看出當時陳獨秀與師復團體的聯繫。根據師復團體重要成員鄭佩剛的回憶，1912 年夏天，劉師復、莫紀彭、鄭彼岸等三人在廣州創立晦鳴學社，同年劉師復與彼岸、紀彭發起組織心社[104]。《新青年》中的「汝非」就是莫紀彭[105]，即為民初無政府主義師復團體的核心成員。

無政府主義於民初再度興起，有其現實政治的特殊背景。民國甫成立之際，南北和議對袁世凱政權的妥協，辛亥革命的不徹底與此後的政治烏雲，

---

[102] 王聿均訪問，謝文孫紀錄，〈十二‧余與陳獨秀之交往〉，《莫紀彭先生訪問紀錄》，頁 36-37。

[103] 劉師復原為清末革命黨人，入民國後眼見當時政治的腐敗，創辦心社、晦鳴學社，為民初重要的無政府主義團體，五四時期中國主要的無政府主義團體多為劉氏的追隨者，蔣俊、李興芝在《中國近代的無政府主義思潮》（濟南：山東人民出版社，1990），將其列為「中國無政府主義的主要形式和典型形態」，頁 192-193。

[104] 高軍、王檜林、楊樹標編，〈鄭佩剛的回憶〉，《無政府主義在中國‧回憶錄》（長沙：湖南人民出版社，1984），頁 513。

[105] 袁振英（署名震瀛），在《實社自由錄》第二集發表〈萬惡之原——婚姻問題‧青年猛醒〉，文末指出：「余今更述友人莫汝非君〈托爾斯泰之逃亡〉之一段，以補吾說之不足……」，頁 15，1918 年 5 月。莫汝非即莫紀彭，可為旁證。

導致一些革命黨人極度失望，使他們逐漸傾向無政府主義。[106]民初無政府主義者主要來自兩大團體：其一為江亢虎中國社會黨分化出來的社會黨[107]，反對袁氏政府，主張「生計革命」代替政治革命[108]；其二為師復團體，主張廢除政府，實行平民革命。其中社會黨對於辛亥革命後的成果為袁氏所奪，深感不滿。在該黨刊物《社會世界》第一期即以〈顧無為大罵袁世凱〉為標題，犀利地指出：「所謂共和政體，乃一非牛非馬之政體，所謂民國者，乃一不倫不類之民國也，此咎誰實尸之！非民賊之袁世凱其疇也耶？」[109]批判造成民國共和政體之所以走樣的原因，矛頭直接對準袁世凱。在下一期題為《革命夢》的小說，再度提出「革命」的命題：「共和的政體仍行你們專制之政策，共和的總統仍做你們帝王的事業，難道我們就永遠為牛馬不能革命嗎？」[110]反思的是在共和政體下，仍行專制、帝王之實，由此而有革命的正當性。然而，他們所提出的革命已不是政治革命、種族革命，而是使人民安生遂志，免於飢寒困苦的「生計革命」[111]。

　　1913 年 8 月之後，由於社會黨成員遭殺害，其中一部分人與師復團體合流[112]，下文將提到的實社成員華林，即是原社會黨的成員。從辛亥革命滿懷希望成立新政府，到袁氏篡權；從反對政府，到反對一切政府，與社會

---

[106] 相關討論參見蔣俊，〈民國初年的無政府主義思潮〉，《中國哲學論叢》（濟南：山東大學出版社，1986），頁 143-169。

[107] 社會黨又稱「極端社會主義派」，重要出版物有：《社會世界》、《良心》、《人道周報》、《極樂地》，代表人物有：沙淦（憤憤）、樂無（太虛法師）、魯哀鳴、徐安鎮、華林等人。

[108] 中國社會黨與其分化而出的社會黨最根本的差別，在於對待袁氏專權的態度。中國社會黨冀望袁氏實行國家社會主義，社會黨則堅決反對政府。

[109] 徵引自蔣俊、李興芝，《中國近代的無政府主義思潮》，頁 148。

[110] 同上註，頁 148。

[111] 叔鶯，〈中國革命原論〉，《人道周報》14、15 期，徵引自葛懋春、蔣俊、李興芝編，《無政府主義思想資料選》（北京：北京大學出版社，1984），頁 243。

[112] 如：1914 年初，《民聲》在澳門被禁，在原社會黨成員徐安真的建議和幫助之下，遷往上海；以及日後合組成進化社的四團體之一的群社，其成員即是原社會黨南京支部的成員。

黨時間相仿，觀點相近的是民初最富盛名的無政府主義者劉師復，成立晦鳴學社、心社，試圖以道德改造人心進而改造社會，作為他們選擇救國救民的途徑。[113]

　　劉師復亦曾為革命黨成員，加入同盟會，組織「支那暗殺團」，曾計畫暗殺袁世凱。但是到了辛亥革命成功以後，他認為民族革命已完成，捨棄一切暴力手段，接下來的目標應是社會革命。[114]根據劉師復的胞弟劉石心所述，劉師復組織心社和晦鳴學社，從思想根源上講，與辛亥革命前，他所受到的《新世紀》及托爾斯泰的影響有關；但是企圖解決革命後的現實矛盾，也是一個重要的動機：源於劉師復在革命後看到新政權內部爭權奪利、互相傾軋的情況[115]，使他對現實政治的政府及官吏反感，進而產生道德救世的想法，從而組織宣傳道德修養的組織「心社」[116]。特別是在袁氏政府解散社會黨及槍殺其成員陳翼龍後，劉師復發表〈政府與社會黨〉一文，犀利地指出：「吾人于此，當亦可以洞見政府之與人民，法律之與自由，固純然兩不相容之物，而勿復再作政治神聖之夢想矣。」[117]政府法律與人民自由互相對立，至此千真萬確。因此劉師復主張廢除政府，發表〈無政府淺說〉直

---

[113] 張九海即指出：「劉師復無政府主義是對民國初年社會現狀的一種疏解，是對辛亥革命現實政治的一種反動……」見氏著，《執著的烏托邦追求——劉師復無政府主義研究》（北京：中國社會科學出版社，2011）。

[114] 王聿均訪問，謝文孫紀錄，〈附錄一：回憶師復〉，《莫紀彭先生訪問紀錄》，頁42-52。及劉石心，〈關於無政府主義活動的點滴回憶〉，《無政府主義思想資料選》，頁 929。馮自由，〈香港支那暗殺團成立始末〉，《革命逸史》中（北京：新星出版社，2009），頁 763-764。

[115] 馮自由亦指出劉師復「鑒于舊日同志之熱衷權利，乃發憤宣傳無政府學說，以為敝屣功名之倡。」馮自由，〈心社創作人劉師復〉，《革命逸史》上，頁 320。

[116] 心社為企圖以道德改造社會的組織，立戒約十二條，包含不食肉、不飲酒、不作官吏、不作議員、不入政黨等十二條。

[117] 中國第二歷史檔案館編，〈劉師復為政府解散社會黨及槍殺陳翼龍發表《政府與社會黨》文〉（1913 年 8 月 27 日），《中國無政府主義和中國社會黨》（南京：江蘇人民出版社，1981），頁 207。

指「政府」為「剝奪自由擾亂和平之毒物。」[118]，為其「無政府」主張定調。

　　其次，劉師復反對政府，即反對任何形式的政府，因為「有政府之世，人民必無真自由」[119]；也反對有組織有紀律的政黨，師復認為只是「利用多數黨員之聲勢，製造黨魁之名譽」，主張不應建立政黨，強調個體的自由獨立[120]。那麼，針對革命黨所發動的二次革命，師復的看法又是如何？師復當時所寫的〈政治之戰鬥〉即針對二次革命的利害得失有所評論。該文主要討論政治戰鬥與社會主義衝突的問題，劉師復認為討袁亦起源自「政治之競爭」[121]。在劉師復看來，無論是袁世凱或孫文、黃興登總統之位，都是「以暴易暴」的強權[122]，都不能得到真正的幸福。因此他不贊成二次革命，主張「從事于反對政治之社會革命」，透過和平方式的社會革命改造社會，使平民獲得真正幸福。[123]並且在〈無政府共產主義宣言書〉特別指出「革命」的意義：「革命者，非但起革命軍之謂也，凡持革命之精神，仗吾平民之實力，以與強權戰鬥之一切行動，皆曰革命。」[124]強調實行「革命」的能動主體為「平民」，其實正是提出不同於革命黨政治革命路線，而以平民革命的直接行動對抗當前的強權──袁氏政權。

　　此一「平民革命」的理念，之後在師復團體的刊物實社《自由錄》進一發揮：〈平民革命〉指出「專制政府固惡，即共和政府亦未必善」，雖然共和政府表面有議會監督，但實為政客欺人之言，事實上他們所關心的是權位

---

[118] 師復，〈無政府淺說〉，《晦鳴錄》1 號（1913 年 8 月 20 日），徵引自葛懋春、蔣俊、李興芝編《無政府主義思想資料選》，頁 270。

[119] 師復，〈政治之戰鬥〉，《晦鳴錄》1 號（1913 年 8 月 20 日），徵引自葛懋春、蔣俊、李興芝編《無政府主義思想資料選》，頁 277。

[120] 師復，〈論社會黨〉，《民聲》9 號，徵引自《無政府主義思想資料選》，頁 295。

[121] 同上註，頁 278。

[122] 〈答英白的信〉，《民聲》第 8 號（1914 年 5 月 2 日），頁 11。

[123] 師復，〈政治之戰鬥〉，《晦鳴錄》1 號（1913 年 8 月 20 日）。

[124] （上海）無政府共產主義同志社，〈無政府共產主義宣言書〉，《民聲》17 號（1914 年 7 月 4 日），頁 2。

的高低、薪俸的多寡，國利民福只是其口頭禪。矛頭正是指向當權的北洋軍閥政府，在共和民主政治的表面空殼下，濫用威權、妄施號令。因此，他們主張「由平民多數之覺悟」，或單獨進行、或聯合舉動，以造成一真平等自由博愛的無政府共產社會。[125]

據此劉師復基本上否定政治，而其「政治」的內涵實為政府及官吏，因此他以不參預政治的姿態來從事社會革命的改造，但其核心關懷仍然是對當時政局的改造與超越。當時在劉師復的影響下，廣州、香港、新加坡等地紛紛成立了相關組織：在廣州以劉石心、區聲白、黃凌霜等建立廣州無政府共產主義同志會，袁振英在香港成立大同社，梁冰弦在新加坡編輯《正聲月刊》。[126]區聲白、黃凌霜、袁振英、梁冰弦即是下文將提到的實社成員。

從劉師復社會革命的思路與此時陳獨秀思考作一比較，當時袁氏政府國權至上論的聲勢高漲，在反對當時政治──袁氏政府、政黨政治的姿態，以及針對辛亥革命失敗來自於道德理想缺乏的思路，劉師復與陳獨秀有其理念的一致性。在師復 1915 年過世後，此一理路為其組織同人所繼承，道德改造成為師復團體的核心思想。其次，在因應民初政治危機的處理上，同樣反省多數人民在民國政治的缺席，《新青年》提出「國民政治」的思路，又與師復派無政府團體「平民革命」的主張，同樣強調「人民」的主體與能動性，在邏輯上有其內在的一致性。第三，師復派所強調的社會革命，強調教育、道德的思想改革，反對暴力的政治革命，正與《新青年》當時著重文化思想道德的改造，其精神內涵亦彼此相通。[127]因此師復派的汝非（莫紀彭）在《新青年》前期並非只是單一的個案，而是與《新青年》有著深厚的淵源，尤以北大實社為標誌，誠如論者所言：「『實社』是『心社』和『民聲

---

[125] 聲白，〈平民革命〉，《實社自由錄》第 2 集（1918 年 5 月），頁 8。

[126] 蔣俊、李興芝，《中國近代的無政府主義思潮》，頁 176。

[127] 關於《新青年》核心同人與師復派成員「國家」與「政治」進一步的差異與分歧，其引發分歧的歷史因素此時尚未形成，將於論文第四、五章作一討論，於此時不從事直接的政治革命，而從文化、思想、道德等其他方式從事改造社會的思路是彼此一致的。

社』的化身」[128]，實社實為《新青年》、北大與民初無政府主義團體聯結的橋樑。

二、《新青年》、北大與無政府派的連帶性：
五四前期左翼勢力的潛伏與聚合

　　五四知識分子許德珩的回憶指出，蔡元培領導下的北大包含三種人物：《新青年》同人、無政府主義思想者、《國故》派的人物[129]。也就是將無政府主義思想視為一個獨立發展的思想脈絡，與《新青年》的新文化思潮作一區隔。事實上，透過北大無政府主義團體「實社」的組織發展，正可以看出北大──《新青年》──民初無政府主義團體三者之間的聯結，已逐漸凝聚當時國內潛伏的重要左傾勢力。

　　首先是北大與民初無政府主義團體的聯結。師復派成員鄭佩剛[130]回憶1917 年春天，他至北大與袁振英、黃凌霜、華林、竟成等十多人，組織「實社」，出版《實社自由錄》[131]。實社正是 1915 年劉師復過世後，在其影響之下成立的無政府主義團體。由《時事新報》轉引的「實社意趣書」列名的發起人：太侔、竟成、震瀛、超海。其中震瀛為袁振英的代號，超海為黃凌霜的代號，太侔為趙太侔。而《實社自由錄》第一期的封面署名吳稚暉，第二期是李石曾，第一期《實社自由錄》即刊載〈李石曾先生與實社社員之談話〉，實社與吳、李的關係匪淺，不言而喻。不僅如此，1917 年，蔡元培與李煜瀛（石曾）、錢玄同、黃凌霜、袁振英、華林、趙畸（太侔）等

---

128 路哲，《中國無政府主義史稿》（福州：福建人民出版社，1990），頁 164。

129 許德珩，〈五四運動六十周年〉，《五四運動回憶錄》續（北京：社會科學出版社，1979），頁 40-43。

130 鄭佩剛是劉師復的妹婿、密友，亦是心社發起人之一鄭彼岸的胞弟。

131 《實社自由錄》由袁振英、黃凌霜編輯，鄭佩剛在上海印行。參見〈鄭佩剛的回憶〉，《無政府主義在中國》（長沙：湖南人民出版社，1984），頁 513。及鄭佩剛，〈無政府主義在中國的若干史實〉，《無政府主義思想資料選》，頁 950。

發起「教育工會」，實社成員與北大師長即有共同合作的組織。[132]

在思想上，清末《新世紀》派吳、李等人與師復派更有思想上的直接淵源，劉師復即言：「數年前《新世紀》所下之種子，至是乃由晦鳴學舍為之灌溉而培植之。」[133]證明師復派與《新世紀》在思想上的一脈相承。在當時，北大校長蔡元培即已聘請李石曾來校教生物學，吳稚暉擔任學監。雖然李石曾只來了短暫的時間，吳稚暉來到北大卻未正式就職，然而無政府主義的思想卻由他們傳播到了北大。此外，蔡元培本身即具無政府主義傾向，也不免助長此一思想的蔓延。[134]根據北大學生朱謙之的回憶，在 1917 年進北大讀書時，圖書館即陳列不少無政府主義的書刊，政府當局嚴屬查禁的師復派的相關書刊：《晦鳴錄》、《民聲》、《實社自由錄》赫然在列。[135]北大無視於當局的查禁，並且實社成員黃凌霜主編當時《北大學生周刊》，亦刊載無政府主義思想的文章，因此，當時的北大不但提供無政府主義思想發展的溫床，也賦予實社良好的發展環境。

其次是師復派與《新青年》的聯結。北大實社除了出版《實社自由錄》，在第三卷以降的《新青年》也相當活躍。事實上，《新青年》從第四卷開始成為同人刊物，只刊載同人文章，不對外購稿（邊緣欄目除外）。然而何以當時師復團體成員，在《新青年》亦刊載其作品，其實可以看出《新青年》同人與師復派有著深厚的人脈淵源。以下將師復派成員的文章（或通

---

[132] 〈教育工會試辦簡章〉，《實社自由錄》第 1 集，轉引自孟慶澍《無政府主義與五四新文化：圍繞《新青年》同人所作的考察》（開封：河南大學出版社，2006），頁 105。另外蔡元培亦撰寫〈教育工會宣言書〉（1917 年 7 月 15 日），《蔡元培全集》第三卷（北京：中華書局，1984），頁 60-61。

[133] 劉師復，〈致無政府黨萬國大會書〉，《民聲》第 16 號（1914 年 6 月 27 日），頁 5。

[134] 許德珩，〈五四運動六十周年〉，《五四運動回憶錄》續，頁 42。

[135] 高軍、王檜林、楊樹標主編，〈朱謙之的回憶〉，《無政府主義在中國》，頁 507。另外，政府當局對師復派刊物的嚴屬查禁，將在下一節詳細說明。

信）刊載於《新青年》，作一統計[136]：

作者	篇名	發表於《新青年》
華林	〈與全國各縣籌公費留法商榷書〉	3 卷 6 號
	〈社會與婦女解放問題〉	5 卷 2 號
袁振英 （震瀛）	〈結婚與戀愛〉[137]	3 卷 5 號
	〈易卜生傳〉	4 卷 6 號
	〈近代戲劇論〉譯	6 卷 2 號
區聲白	〈論 Esperanto〉	5 卷 2 號通信欄
	〈中國文字與 Esperanto〉	6 卷 1 號通信欄
黃凌霜 （凌霜）	〈托爾斯泰之平生及其著作〉[138]	3 卷 4 號
	〈德意志哲學家尼采的宗教〉	4 卷 5 號
	〈世界語問題〉、〈Esperanto 與現代思潮〉	6 卷 2 號及通信欄
	〈馬克思學說的批評〉	6 卷 5 號
尉克水 （克水）	〈巴枯寧傳略〉	6 卷 5 號
梁冰弦 （冰弦）	〈蔗渣潭〉	5 卷 3 號
	〈什麼話？（三）〉	6 卷 2 號

　　從以上《新青年》撰稿人華林、袁振英、區聲白、黃凌霜、梁冰弦、尉克水這份名單看來，即是包含 1920 年代中國最活躍的無政府主義活動與組織領導者，也多是劉師復的同事或親友、學生或立場皈依劉師復者，因而稱為師復派或師復主義[139]。其中袁振英、區聲白、黃凌霜為北大學生，華林

---

[136] 以下表格參考曹世鉉，〈《新青年》「前期中有關無政府主義的文章一覽表」〉，《清末民初無政府派的文化思想》（北京：社會科學文獻出版社，2003），頁 310，並略作修訂。

[137] 亦發表於《實社自由錄》第一期，題名稍作更動，為〈婚姻與戀愛〉，1917 年 7 月。

[138] 亦發表於《實社自由錄》第一期。

[139] 「師復主義」此一名詞首見於凌霜，〈師復主義〉，《進化》第 3 號（師復紀念號），1919 年 3 月。該文指出：「先生是我們的先覺，他的主義，就是我們的主

為《新世紀》派民初發起的留法儉學會學生[140]，梁冰弦是原《民聲》的編輯，後為《勞働》月刊的編輯，《勞働》名義上以吳稚暉為主編，也登過陳獨秀[141]、蔡元培[142]的文章。而此一師復派實社成員，從其早年的思想淵源與清末《新世紀》派一脈相承，說明五四之前的無政府主義思潮，與清末無政府主義團體有其內在思想的淵源，而其交會點正是北大與《新青年》。

　　1919 年，以北大實社及師復派早期成員為基礎，再聯合其他無政府主義團體，成立「進化社」，更能集中組織與動員的力量。[143]《進化》當時亦在《新青年》刊登專頁廣告[144]，雖只出版了數期，即被禁止出版[145]，但對當時青年的思想有相當的影響力。據匡互生在 1924 年寫的回憶錄看來，他指出五四新文化運動的起因其中之一即是新書報的出版，其中尤其以師復派團體秘密雜誌的影響力甚至不亞於公開的《新青年》、《每週評論》雜誌：

義，我們如今想傳播他的主義，來改造現代的思想。」也意謂著在劉師復過世後，其理念與影響力所形成的無政府團體師復派。該文徵引自蔣俊、李興芝，《中國近代的無政府主義思潮》，頁 205。

[140] 從《新青年》（3 卷 2 號）未署名的〈北京留法儉學會簡章〉，可以知道華林的背景與留法儉學會的淵源。原來華林是民初吳稚暉、李石曾、張繼、蔡元培等人發起留法儉學會派出的留法學生，學成歸國後，「抱擴充儉學會之志願」，重組北京留法儉學會預備學校。

[141] 陳獨秀，〈人生真義〉，《勞働》第 1 號（1918 年 3 月 20 日），頁 9-10。該文亦同時發表於《新青年》4 卷 2 號（1918 年 2 月）。

[142] 子民，〈勤工儉學傳引言〉，《勞働》第 5 號（1918 年 7 月 20 日）。

[143] 當時無政府刊物眾多，鄭佩剛與陳延年討論，擬將全國無政府主義刊物統一合併，定名為《進化》雜誌，1919 年 1 月初刊。從「本志啟事」看來，是由民聲社、實社、平社、群社組合而成。另外，陳延年為陳獨秀之子，當時信仰無政府主義，及關於進化社合併之事，參見鄭佩剛，〈無政府主義在中國的若干史實〉，《無政府主義思想資料選》，頁 952。

[144] 見《新青年》6 卷 2 號廣告，標題為：「快看！快快看！進化雜誌」，1919 年 2 月。

[145] 見〈交通部關于查禁《進化》、《工人寶鑒》等印刷品訓令〉，1919 年 5 月 5 日。徵引自《中國無政府主義和中國社會黨》（南京：江蘇人民出版社，1981），頁 19。

在五四運動以前，北京方面有公開地流行和秘密地流行的兩種新出版物。關乎前者，有《新青年》、《每週評論》一類作代表；<u>關乎後者有《自由錄》、《民聲》、《進化》雜誌一類作代表</u>。前者重在批評中國舊有的惡文化，範圍有限，後者卻重在鏟除一切人類的桎梏，目光較遠。並且公開的文章刺激性比較的弱。秘密的文章刺激性比較的強。所以使人感印很深並且發生極大的影響的，還是那些秘密流行的刊物。[146]

在此值得我們注意的是，早在五四運動以前，那些秘密發行的《自由錄》、《民聲》、《進化》刊物已廣為流行且產生極大影響。說明無政府主義知識群體，已經逐漸從邊緣走向中心，他們所引導的社會革命，也逐漸將新文化運動帶領到新的方向。

師復派另一相關刊物《新生命》出版於五四運動後不久[147]，從後來中興號的《新生命》序看來，《新生命》出版的目的是繼承晦鳴學社主張，宣傳安那其主義，其中「執筆人有黃凌霜，區聲白，尉克水，李浩……諸同志：<u>陳仲甫，李守常，易白沙，及高語罕諸位先生間或投稿。</u>」[148]。從《實社自由錄》、《勞動》、《進化》一直到《新生命》，我們可以看出師復派的刊物，由早期與清末《新世紀》派成員的連結較密切，北大實社主要藉由一校一刊的地緣與師生關係成為《新青年》的撰稿人；一直到五四之後，《進化》雜誌被迫南遷廣州，在陳獨秀、李大釗主編的《每週評論》刊

---

146 匡互生，〈五四運動紀實〉，《五四運動回憶錄》上，頁 302。劃線部分為筆者所加。

147 《進化》月刊停刊後，進化社被迫解散。進化社成員楊志道到天津與姜般若共同組織真社，出版《新生命》半月刊，其中黃凌霜亦為編輯。《新生命》也只出了 4 期，在1919 年底被查禁。參見蔣俊、李興芝，《中國近代的無政府主義思潮》，頁200。

148 姜般若，〈寫在中興號卷頭的幾句話〉，《新生命》（天津：《新生命》半月刊社）1 卷 9 號，1948 年 9 月。從其卷首語得知，創刊於五四前夕的《新生命》，出版三期遭停刊，至 1948 年再復刊。劃線部分為筆者所加。

登「進化雜誌緊要啟事」[149]，以及《新青年》幾位重要同人向《新生命》投稿，說明彼此的理念漸趨相近，在之後進而合組「社會主義同盟」。因此，《自由錄》、《進化》、《勞動》、《新生命》等師復派刊物，可視為《新青年》推動新文化、新思潮的相關刊物，並且在之後五四風起雲湧的無政府主義思潮產生關鍵性的影響力。蔣俊、李興芝即指出，1920 年以後，各地出現的無政府主義者，其中大多數受了《自由錄》、《進化》等刊物影響，也是沿著師復主義的軌道走的。因而蔣、李認為，「五四」時期的中國無政府主義，並不是形成眾多的新派，仍是以師復主義為主導。[150]

　　然而《新青年》與師復主義所推動的文化道德方面的激進思潮，既是針對現有政權的反省批判，不免引來政府當局的密切注意，尤其師復主義的「無政府」主張，基本上即與現有政權相對立。《新青年》後來成為 20 世紀的一代名刊，無政府主義刊物的研究亦逐漸蔚為風潮，但研究者往往忽略當時他們所面對的政治壓迫，同樣是政府當局視為眼中釘的刊物，一來提倡「民權」與政府中央集權與國權至上論的意識形態產生衝突，二來提倡「無政府」而與「過激派」劃上了等號。下一節將進一步說明《新青年》與無政府刊物抵抗國家的代價：當時面對的政治壓力、政治風險與回應現實政治的張力。

第四節　《新青年》與無政府派的政治風險：過激派與政治高壓

　　上文，筆者已指出，正是《臨時約法》的變通條款賦予袁氏政府有權因緊急狀態或其他原因，使人民的權利受到法律限制。因此民國初年，從袁世凱繼任大總統後，對於有違其專制統治之言論，即雷風屬行，嚴格加以禁止，一再迫害報界，封閉報館，並建立起現代最早的新聞檢查制度。當時不

---

[149] 《每週評論》21 號，1919 年 5 月 11 日。

[150] 蔣俊、李興芝，《中國近代無政府主義思潮》，頁 205。

單是國民黨系的報刊遭到禁刊，其他疑似反政府言論的報刊雜誌，一律在查禁之列。說明北洋軍閥政府時期的言論出版自由，雖然後來人們認為相較20 年代國民政府寬鬆許多，但其實這有時間上的區隔：袁氏在二次革命後，變本加厲，凡不利其帝制言論，或侈談國體問題者，一概查禁[151]；直到袁氏過世後，黎元洪繼任大總統，廢止《報紙條例》，較之袁時期，報界獲得了某些寬鬆環境。然而《報紙條例》雖然取消，但政府並無意放棄對輿論的控制，明令官方消息非經國務院「正式宣佈，不得任意登載」。[152]說明報刊輿論仍處在軍閥政府的威脅、控制之下，沒有真正的獨立和自由。

因此，筆者即以此切入，以《新青年》、《每週評論》，及與之相關的無政府主義刊物為個案，說明他們的民權主張、無政府思想，透過雜誌形成一種思想動員的力量，是對國家政府的一種抵抗，也因而受到政府當局的迫害、高壓，在這樣的政治風險之下，甚至被貼上「過激派」的標籤。於此，他們如何因應現實政治而產生新的能動性，在夾縫中求生存，同時也創造出自己更大的影響力，這是我們在考察他們政治言論內涵時，必須參照的一個思考角度，如此方能更具體的說明他們回應、批判現實政治的張力。其中與政府當局產生最尖銳的碰撞，首推無政府派，以下先從無政府派刊物的政治風險說起。

一、無政府派刊物的政治風險與能動性

早在 1912 年夏秋間，中國社會黨在北方受到政府的干涉，在漢口、長沙的支部也先後受到黎元洪、譚延闓的破壞，甚至江亢虎本人也在漢口遭到逮捕。[153]當時，劉師復為此發表一篇文章〈劉師復為政府解散社會黨及槍殺陳翼龍發表《政府與社會黨》文〉，文中指出：

---

[151] 戈公振，《中國報學史》，頁 241-242。
[152] 《申報》1916 年 7 月 25 日〈限制報館與籌備國會〉。
[153] 蔣俊、李興芝，《中國近代的無政府主義思潮》，頁 153。

> 去年十二月間，新社會黨發表未及一月，即被袁世凱下令解散。至本
> 月四日，中國社會黨黨員陳翼龍在北京被逮捕槍斃，袁氏復下令解散
> 全國社會黨。先後八越月間，以大總統命令解散社會黨者二次，斯誠
> 支那共和國唯一之特色……[154]

中國社會黨及其分化而出的社會黨，成立不久即因政府嚴格取締而土崩瓦
解，這是劉師復諷刺民國作為共和國的「特色」，集會結社的人民自由視同
虛文。並且政府的密探不但亦步亦趨掌握社會黨的動態，師復派的刊物亦
然。

　　稍早於中國社會黨，劉師復在廣州成立晦鳴學舍，1913 年 8 月於廣州
出版刊物《晦鳴錄》，不久就遭到當局的嚴禁。當年 9 月，袁世凱下令禁止
出版，指斥該刊「所標綱要有曰共產主義、反對軍國主義、工團主義、反對
宗教主義、反對家族主義。種種悖謬之語，不一而足……應將該學會勒令即
日解散，並將發之《晦鳴錄》勒令永遠停版。一面分別懲治，以儆將來。」
[155]當時，由於政府的查禁，《晦鳴錄》在內地無法出版，被迫遷往澳門，
改名《民聲》，以避當局的迫害。然而不久，袁世凱又令外交部照會葡萄牙
領事函請「澳督解散晦鳴學社，並勒令《晦鳴錄》停版。」[156]晦鳴學舍不
得已於 1914 年初，在原社會黨成員徐安真的建議和幫助之下，遷往上海，
對外托言東京出版。該期上海編輯的《民聲》刊首登載〈編輯啟事〉即指
出：「中國內地之現象，豺狼當道，民賊塞途，本報主義既為所忌，故不便
明設代理，唯望閱報諸同志展轉或介知友來函訂閱，……」[157]可以看出
《民聲》的出版受到政府官方很大的壓力，在此情況下，他們必須透過各種
偽裝瞞過政府當局的檢查。師復當時即告誡中國無政府主義同志：

---

[154] 該文發表於 1913 年 8 月 27 日，徵引自中國第二歷史檔案館編，《中國無政府主義和中國社會黨》，頁 206。

[155] 《申報》1913 年 9 月 11 日〈晦鳴學社解散之令文〉。

[156] 《申報》1913 年 11 月 18 日〈函請葡官解散晦鳴學社〉。

[157] 《民聲》第 5 號，1914 年 4 月 11 日。

> 凡我同志，當在其所在地，與宗旨相同者聯絡為一，<u>相其情勢，創設
> 自由結合之團體或為秘密之組織或為表面研究學術之機關</u>，以為傳播
> 主義聯絡同志之機關，以為將來組織聯合會之預備。[158]

也就是必須權衡形勢，善加應變，以利出版順利進行，表現出無政府團體的
行動能力。在師復過世之後，民聲社成員或北上求學、或負笈國外發展，其
中有數人，以北大為根據地，發展無政府主義，即是上文所道及的北大實
社。

　　北大實社開始為當局所注意是因 1917 年 10 月 11 日，《時事新報》刊
登了一則新聞〈北京大學之無政府主義〉，子標題為「教育部其知之乎」。
文章一開頭就指出接獲一印刷品《實社自由錄》，由李煜瀛（李石曾）題
名，主張無政府主義，並轉引實社的章程及列舉吳敬恆（吳稚暉）的序跋。
記者並在文後加一評語，認為實社以研究無政府主義為範圍，只不過是一種
「感情的論調而已」，而此種感情最易敗壞青年思想，因而敦請教育當局注
意。[159]另外，署名心聲的作者亦對此消息同步發表評論：

> 無政府主義勿論為理論，抑為實行，凡在有政府之國，要皆懸為屬禁
> 也。不意我國竟有公然以無政府主義相結社者，命其名曰實社。發布
> 宗旨號召黨徒並通告其機關在北京大學，吁可異也已。
> 我教育當局對於此舉動，毫無察覺，其過失終不能掩也。[160]

顯然該文作者認為無政府主義社團不但應嚴加聲討，而且該社團的機關竟然
是在全國最高學府北京大學，教育當局不能免其責。1917 年袁氏已過世，

---

158 （上海）無政府共產主義同志社，〈無政府共產主義宣言書〉，《民聲》17 號
　　（1914 年 7 月 4 日），頁 2。劃線部分為筆者所加。

159 〈北京大學之無政府主義·教育部其知之乎〉，《時事新報》1917 年 10 月 11 日。

160 心聲，〈時評二·無政府主義〉，《時事新報》1917 年 10 月 11 日。此一資料為北
　　大博士袁一丹所提供，在此表示致謝。

黎元洪主政的時代，言論自由出版較寬鬆；但等到段祺瑞執政，宣佈袁氏頒布的新聞法律仍持之有效，而且從 1917 年 5 月開始實行報刊郵電檢查，無政府主義刊物乃在禁止之列，這是「心聲」作者點名批判政府督察不力的理由。

《時事新報》當時轉引的是甫發刊不久的《實社自由錄》第一集，在第二集黃凌霜即發表〈少見多怪之《時事新報》〉，並作澄清：該社原推太侔為通信處，後來太侔南歸通信處改為上海，以茲證明「本報與北京大學毫無關係」，並早在《時事新報》刊出此新聞後即登報聲明。[161]而在此一訊息盛傳之際，北大立即在報紙上刊登廣告，以破謠言：

> 本月十一日上海《時事新報》有「北京大學之無政府主義」一文，北京之《新民報》、《公言報》亦轉載之，其所依據者僅《實社自由錄》中有「本社通信暫寄北京大學太侔君」十二字耳。本校正在調查太侔究為何人，今見十八日《順天時報》有實社廣告言「太侔早已南旋，實社通訊處已移設上海」，是不特實社與本校從無關係，即太侔個人與本校亦久已斷絕關係，各報所載，顯系誤會，特此聲明。[162]

事實上，這四位實社列名發起人其中太侔、震瀛（袁振英）當時都是北大學生，黃凌霜發表〈少見多怪之時事新報〉，為的是避免給北大帶來麻煩，因為無政府派的出版品早在 1916 年 5 月，即在查禁的名單。[163]而北大實社事件的發生，實社成員與北大極力撇清關係，說明無政府主義思想與當時官方

---

[161] 凌霜，〈少見多怪之時事新報〉，《實社自由錄》第二集（1918 年 5 月），頁 83-87。

[162] 「北京大學廣告」，《公言報》1917 年 10 月 20 日。

[163] 官方的查禁可以參考：〈交通部關于查禁《無政府淺說》、《平民之鐘》等印刷品飭〉，1916 年 5 月 1 日。查禁的印刷品除了《無政府淺說》、《平民之鐘》，尚包含〈上海無政府共產主義同志社宣言書〉、〈同志社致無政府黨萬國大會〉兩篇文章。微引自中國第二歷史檔案館編，《中國無政府主義和中國社會黨》，頁 18。

意識形態有所衝突。而在五四時期，實社《自由錄》雖只是小冊子，但其影響力之大，使得胡適在其〈多研究些問題，少談些主義〉，即直接點名《自由錄》[164]，巴金日後在其回憶亦指出《自由錄》對他的影響之深[165]。

實社《自由錄》只出了兩集，後來 1919 年 1 月，為避免徒耗人力，於是實社、民聲社、群社、平社合併，聯合組成進化社，出版《進化》月刊，以加強無政府主義組織的力量。《進化》銷售量甚佳，但是該年 3 月即被禁刊，且封閉民聲社郵箱。成員之一的鄭佩剛回憶指出，郵箱雖被查封，但其他通訊機關依然存在，因此來信索書報者仍源源不絕，並且在包寄書封的封條，印上佛學社、靈學報、孔教會種種名目來偽裝。[166]無政府主義刊物利用復古派的組織刊物名目作為掩護，以避當局的耳目，說明復古派的刊物、思想，方為當局認可。

不但是無政府主義思想為當局所查禁，此時在中國逐漸興起對馬克思主義的興趣，為避免當局的監視，類似偽裝的手法也出現在 1919 年初，《新青年》同人開始對馬克思主義的研究。根據朱務善的回憶，1920 年 3 月馬克思學說研究會發起之前，早在 1919 年初，李大釗與高一涵已發起了「馬爾格士學說研究會」，研究馬克思主義。馬爾格士譯音與人口論學者馬爾薩斯接近，藉以魚目混珠，以為是研究人口論的團體，也就不來干涉。[167]可見當時主張或研究無政府主義、馬克思主義的刊物團體，必須善加偽裝，方能組織團體、發行刊物，可見《報紙條例》雖已取消，但報刊雜誌及組織團體仍處在軍閥政府的威脅、控制之下，沒有真正的獨立和自由。到五四運動

---

164 《每週評論》31 號，1919 年 7 月 20 日。

165 巴金，〈我的幼年〉，1959 年 5 月，微引自《無政府主義思想資料選》，頁 1004。

166 鄭佩剛，〈無政府主義在中國的若干史實〉，《無政府主義思想資料選》，頁 952-953。

167 朱務善，〈回憶北京馬克斯學說研究會〉，《五四時期的社團》（二）（北京：三聯書店，1979），頁 293。高一涵，〈回憶五四時期的李大釗同志〉，《五四運動回憶錄》上，頁 340。

過後，更形變本加厲，嚴厲查禁「妨害治安」的集會出版[168]，更壓縮集會與言論自由的空間。

二、過激黨、無政府黨與《新青年》的連帶性

　　筆者於前文指出，此時的政治問題表現出來的形式，是藉文化議題衍生的新舊派之爭，此一新舊派的激烈交鋒，主要在 1919 年上半年，部分舊派將矛頭對準北大。[169]為維護北大，免於落入舊派的口實，如同 1917 年北大實社事件，《新青年》在 6 卷 2 號即發表了一份聲明「新青年編輯部啟事」：

> 近來外面的人往往把《新青年》和北京大學混為一談，因此發生種種無謂的謠言。現在我們特別聲明：《新青年》編輯和做文章的人，雖然有幾個在大學做教員，但是這個雜誌完全是私人的組織，我們的議論完全歸我們自己負責，和北京大學毫不相干。[170]

《新青年》此舉目的在極力將北大與《新青年》撇除關係。正如張耀杰所言，這其實是由北大教職員組成的《新青年》編輯部，用來應對內憂外患的策略性話語。[171]尤其是稍後陳獨秀、胡適等教授因出版物被驅逐出校之說[172]，以及政治勢力干涉北大等謠言四起，張元奇在參議院又提出彈劾北大校長蔡元培的議案；之後陳獨秀被迫辭去北大文科學長，即因部分舊派與政府

---

168 《每週評論》24 號，「國內大事述評」欄，〈查禁「妨害治安」的集會出版之經過〉，1919 年 6 月 1 日。下文將詳述。

169 詳細的討論參見後文林紓與《新青年》的交鋒。

170 《新青年》6 卷 2 號（1919 年 2 月）。

171 張耀杰，《北大教授：政學兩界人和事》（上海：文匯出版社，2008），頁 67。

172 1919 年 3 月 4 日《申報》報導：「北京大學有教員陳獨秀等四人驅逐出校聞與出版物有關。」此出版物其實就是指《新青年》、《每週評論》及與之相關的學生輩刊物《新潮》、《國民》等雜誌。

勢力的結合，打擊新派。當時局勢之嚴重，新文化人即指出，假如不是「五四」運動發生的話，這些謠言有可能變成真實，這股以北大為首的新文化新思潮運動即有可能被軍閥政府鎮壓下去。[173]

　　1919 年的《新青年》，在政府當局眼中日益危險起來，另有其他原因，《新青年》主張激進的反傳統思想，與無政府主義刊物的道德革命、廢家言論，有若合幅節之處。其反抗政府的內涵亦有其相近理念，並且也互登彼此的文章，如上文所述。因此，當時政府、甚至有些報刊將陳獨秀[174]、胡適[175]視為無政府黨、過激黨。而在當時中國，本來是指俄國布爾什維克為過激黨，在政府眼中也將本土無政府黨等同於過激黨，是軍閥政府急欲剷除的對象。說明當時的政府或報刊，對無政府主義、馬克思主義、社會主義、實驗主義等新思潮，概念籠統而沒有加以區分，而一旦被冠上「無政府黨」、「過激黨」的標籤，稍後在五四運動的風潮之後，更成為政府當局查禁的刊物與嚴加注意的對象。

　　受到五四運動衝擊的北洋軍閥政府，為了維持其統治，更加緊對思想言論的控制，以防各種激進思想的傳播，尤其是無政府主義。《每週評論》於「國內大事述評」欄，即發表〈查禁「妨害治安」的集會出版之經過〉，詳細闡述，指出當局舉凡無攻府主義、社會主義的雜誌、出版品，一概在查禁之列，理由是：「把那些妨害治安、敗壞風俗、『專以鼓吹社會革命、無政府、同盟罷工、共產等邪說為宗旨』」的《進化》雜誌、《民聲》叢刊、《工

---

[173] 鄭振鐸，〈導言〉，《中國新文學大系‧文學論爭集》，頁 7。另外，新潮社的成員李小鋒亦指出相同的看法，見李小鋒，〈新潮社的始末〉，《五四運動回憶錄》續（北京：中國社會科學出版社，1979），頁 211。

[174] 甚至直到 1920 年初，當時報紙的報導即指陳獨秀在武漢宣傳「無政府主義」，見《胡適口述自傳》，頁 268。

[175] 胡適在〈多研究些問題，少談些主義〉指出：「在前兩天有一個小官僚看見我寫的一把扇子，大詫異道：『這不是過激黨胡適嗎？』」《每週評論》31 號（1919 年 7 月 20 日）。

人寶鑑》、《太平》等印刷品，一律查禁。」[176]甚至只因日本公使的照
會，責問中國政府，也將愛國輿論、反日思想也都列在鼓吹無政府主義之
列。

　　陳獨秀針對此事，撰文〈對於日使照會及段督辦通電的感言〉，指出日
使將「政府懦不能恃」、「國民急圖自決」、「與日本斷絕工商業並各友誼
的關係」、「國家興亡之責全由吾人肩負」、「同人合力以補政府之不及」
列為鼓吹無政府主義，其言論之荒謬。[177]李大釗撰文〈危險思想與言論自
由〉加以批判，指出愚闇與虛偽才是危險的東西，而日使將我國人鼓吹愛國
視為無政府主義，是利用政府的無知和恐怖的心理，更是我們莫大的恥辱。
[178]當期陳獨秀更發表了對羅織「無政府黨」罪名，以加害於人的方式有一
深入的剖析：「從前清朝未倒的時候，官廳捉人，私人害人，不論青紅皂
白，都用『同盟會』三字做罪案……如今想傾陷人的又換了一種罪名做武
器，叫做什麼『無政府黨』。」[179]「無政府黨」的標籤如同前清同盟會，
成為政府當局陷害反政府者的工具。

　　五四運動過後，政府對散播不利政府言論者，已不再只是謠言恫嚇，而
是直接拘提或禁止其刊物發行。在 1919 年 5 月時，師復團體成員鄭佩剛、
區聲白等人即被逮捕入獄；6 月時，陳獨秀也因散發「北京市民宣言」被補
入獄 3 個月，同人此時亦至他地避難。《新青年》因而停擺數月，原應在
1919 年 5 月刊行的 6 卷 5 號，即延期至 11 月才發行。另外，《每週評論》
則早已受到官廳的高度注意，周作人指出：「因為警察所注意《每週評
論》，時常派人到編輯處查問，有一天他對守常說道：『你們的評論不知怎
麼總是不正派，有些文章看不出毛病來，實際上全是要不得。』……」

---

[176] 隻眼（陳獨秀），〈對於日使照會及段督辦通電的感言〉，《每週評論》24 號（1919
　　年 6 月 1 日）。

[177] 同上註。

[178] 李大釗，〈危險思想與言論自由〉，《每週評論》24 號「社論」欄（1919 年 6 月 1
　　日）。

[179] 陳獨秀，〈同盟會與無政府黨〉，《每週評論》24 號（1919 年 6 月 1 日）。

180，當局雖然道不出《每週評論》文章反動內涵的所以然，但已敏銳地察覺其反抗當局的言論思想，五四運動不久，當年 8 月即被禁刊。

對於無政府派相關刊物的查禁，政府既視之為「過激主義」，更是嚴格執行，胡適即道出當時中央、地方軍閥政府查禁無政府派刊物的盛況：「大家都痛罵痛恨『過激主義』，內務部下令嚴防『過激主義』、曹錕也行文嚴禁『過激主義』、盧永祥也出示查禁『過激主義』」[181]。從《中國無政府主義和中國社會黨》上收錄當時的官方查禁命令，此一盛況，絕非言過其實，臚列如下：

〈交通部關于查禁《進化》、《工人寶鑒》[182]等印刷品訓令〉，
1919 年 5 月 5 日

〈楊善德檢送《兵士須知》[183]致參陸辦公處函件〉，1919 年 6 月 11 日

〈內務部等關于嚴密查禁《兵士須知》函電〉，1919 年 6 月

〈國務院等為嚴密查禁《民聲叢刻》[184]及北京《實社自由錄》有關文件〉，1919 年 6 月

〈盧永祥關于查獲無政府黨人在滬活動等情致京師警察廳函〉，1919 年 7 月 20 日

〈國務院等為從嚴禁《近世科學與無政府主義》[185]等七種印刷品有

---

180 參見周作人，〈一二九·《每週評論》下〉，《周作人自編文集·《知堂回想錄》下》，頁 437。

181 胡適，〈多研究些問題，少談些主義〉，《每週評論》31 號（1919 年 7 月 20 日）。

182 鄭佩剛編，《工人寶鑒》（上海：民聲社，1917 年）。

183 1919 年無政府主義社團真理社印行。

184 鄭佩剛編，《民聲叢刻》（上海：民聲社，1917 年）。

185 黃凌霜在 1918 年翻譯克魯泡特金《近世科學與無政府主義》，進化社出版。

關文件〉，1919 年 8-9 月[186]

透過時任直隸督軍曹錕發給國務院的密電，尤可看出政府查禁的理由：

> 比因外交內政險象環生，學商各界風潮雖已漸就平息，而群情浮動，
> 事雜言龐。激黨外潮浸淫輸入，奸人復乘機煽惑簧鼓其間，遂有種種
> 印刷品之散布，⋯⋯其尤堪注意者，則為鼓吹勞動界之結合，實為破
> 壞擾亂之導線也。方今商民凋敝，生計維艱，人心惶惑。此等莠言若
> 任其廣為傳播，青年理想固已易入歧趨，而無賴不逞之徒或且藉端號
> 召，擾害治安，星火燎原，大亂驟至。[187]

曹錕等人及各府院是站在政府官方的立場，指責無政府黨人藉機擾亂人心，
是破壞國家、妨害社會安定的行為；但是楊增新卻從另一視角，看出無政府
派的生成有其社會的現實背景，他在電文中指出：

> 民國成立，竭人民之脂膏，以為養兵之費，兵愈多，而民愈窮。室于
> 民無以為生活，則怨氣彌漫，亂機四伏，土崩瓦解，在在堪虞矣。今
> 日之勢，對于傳播無政府主義之印刷品，及其他意圖破壞治安之行
> 為，固當並行取締，力為制止，以治作亂之際；尤當節省軍費，加意
> 民生，以治思亂之本。⋯⋯若徒擴張軍備，借債養兵，以搜括為政
> 策，以兵多為可恃，是謂不揣其本，而齊其末，誠恐民心離散，亂亡

---

[186] 本段引文引自中國第二歷史檔案館編，《中國無政府主義和中國社會黨》上收錄的官
方與警察局報告，頁 19-33。以上本文僅收錄至 1919 年底，1920 年之後的查禁在
《中國無政府主義和中國社會黨》亦有收錄，可參見該書。

[187] 〈國務院等為嚴密查禁《民聲叢刻》及北京《實社自由錄》有關文件〉，1919 年 6
月，徵引自《中國無政府主義和中國社會黨》，頁 31。

無日，其可畏者不特傳播無政府主義已也。……[188]

楊增新已經看出無政府派的生成，關鍵在於，養兵愈多，而民愈窮，導致民心離散，解決之方尤在於「節省軍費，加意民生，以治思亂之本」。

　　楊增新的意見其實正是當時知識分子廢督、裁兵的共同心聲，但此一意見證諸史實，並沒有被接納。因此，在《進化》被禁，師復派成員相繼被捕之後，稍後於天津創辦的刊物《新生命》，不敢公開宣揚無政府主義，只是籠統地說明刊物的目的在於除舊佈新：破壞方面，「批評一切不良的、舊的風俗、習慣、制度、禮節以至人物、行為、言論」；建設方面，「組成一個以自由、平等、博愛、互助為基礎的新社會。」[189]在宣傳手法上更為低調，儘量不引起當局的注意，但《新生命》不久後仍被禁，後來在其中興號將此緣由作一說明：

> 不幸得很，出版三期，即遭天津警察廳電風厲行的禁止發行，蓋因正值俄國的布爾札維克奪取了政權，實行勞農專政，中國當局，辨不清楚清黃皂白，指鹿為馬，亦就將安那其主義認為布爾札維克，視為一律的洪水猛獸，可憐一個剛從母胎呱呱墮地的安琪兒竟遭摧殘夭折而幻滅了。[190]

說明政府將安那其主義誤認為俄國布爾什維克之流的過激派，因而嚴厲取締，是其飽受政治壓迫的重要原因。北洋軍閥政府時期的言論、集會、出版、集會結社自由、書信秘密等基本人身自由權，直到 1920 年，胡適、陶

---

[188] 〈楊增新關于防範無政府主義思潮傳播電〉，1919 年 9 月 5 日，微引自《中國無政府主義和中國社會黨》，頁 34。

[189] 黃劍生（黃凌霜），〈《新生命》發刊詞〉，《新生命》第 1 期（1919 年 11 月 1 日）。微引自《五四時期期刊介紹》第三集下冊（香港：三聯書店，1979），頁 456-457。

[190] 姜般若，〈寫在中興號卷頭的幾句話〉，《新生命》1947 年復刊，頁 1。

履恭、李大釗、高一涵等《新青年》同人，仍必須發表〈爭自由的宣言〉，爭取「基本的最小限度的自由」。該宣言亦詳盡列出，從民國三年袁氏制定的《治安警察條例》、《出版法》、《報紙條例》、《預戒條例》等至今尚未廢除，甚至在 1919 年變本加厲公佈《管理印刷業條例》，把印刷業的營業自由完全剝奪，要求「應即廢止」。[191]說明北洋軍閥政府的言論出版自由在袁氏過世之後，放鬆控制，也只是曇花一現而已。

　　此時無政府派成員只好轉向南方，投靠駐紮在漳州陳炯明，建立漳州文化運動模範區，並與此時獲釋後逃至上海的陳獨秀進一步產生合作關係，即是「社會主義聯盟」的誕生。由此看來，《新青年》與無政府主義團體（尤其是師復派）從五四運動前期思想、主張的親合，到此時有更進一步合作的行動實踐；也說明了《新青年》與無政府派從抵抗國家的共同話語，到面對政府當局不間斷的政治壓迫，這股激進勢力不但逐漸形成，並且逐漸從邊緣走向中心，成為 20 年代中國的重要思想主流。

第五節　結　語

　　本章主要考察《新青年》提倡「民主」脈絡生成的具體時空背景，主要起源於民初抵抗國家（袁氏專權的國家）此一時政脈絡，亦包含對改組後的中華革命黨，強調領袖專權的反動，因而提倡人民主權、標榜個人自由權利。而《新青年》所提倡的「國民政治」，實與民初無政府主義團體提出，超越當時政治鬥爭的平民革命、教育革命，同樣強調人民的主體性與能動性，並且著重以道德、文化為革命的內涵。在稍後《新青年》北遷北京，與北大成為一校一刊的聯結，進而接納民初無政府團體（清末《新世紀》派、師復派），形成五四運動以前，抵抗國家政府的激進政治勢力潛流。依序說明如下：

　　上文首先從民初國權與民權紛爭的始末，帶出《新青年》提出「國民政

---

[191] 胡適等人發起，〈爭自由的宣言〉，1920 年 8 月 1 日，微引自《李大釗全集》第三卷，頁 516-519。

治」的主張以反抗「偽國權」，人民主權成為對抗（偽）國家主權的發聲力量，在具體實踐上是透過「通訊欄」、「讀者論壇」的設立，作為民主公眾輿論的園地。而《新青年》模仿《甲寅》設置「通信」欄目，最重要的目的在於塑造一個現代共和國家公民，藉由雙向互動討論，形成人民公開討論、參與的習慣；「通信」欄與「讀者論壇」提供此一平台，塑造一公開討論交流的環境，形成公民政治的輿論能力，使人民學會發表意見、協商、發現問題並解決問題。其次，又透過「國內外大事欄」與「隨感錄」暗中進行時政的點評。這是在袁氏高壓統治之下，《新青年》透過民權思想的啟蒙與傳媒輿論實踐，以對抗袁氏帝制運動及其後的復古守舊勢力，藉以說明《新青年》核心主張「民主」生成與展開的歷史脈絡。

其次，由此一民權對抗國權的歷史脈絡，我們才能進一步理解《新青年》何以納入民初無政府主義團體。我們原以為民初無政府主義團體與《新青年》是兩個各自獨立的系統，事實上在《新青年》前期，與師復派、北大原《新世紀》成員攜手並進，有其共同的政治使命——著重國民的自覺與能動性，強調個人的自由解放，以文化思想的啟蒙、道德的改革，作為民初代議政治的不良運作與袁氏等軍閥專權的突破口。在此更進一步形成清末與民初兩股左翼勢力的匯流，在五四運動爆發之前，匯聚而成激進變革勢力的潛流。

最後，再進一步說明《新青年》抵抗國家：民主思想的形成與內部激進變革勢力的凝聚，同時也必須承受對抗當局的政治壓力與風險。尤其是無政府派在當時與過激黨劃上等號，官方的查禁雷風厲行，《新青年》同人也被視為無政府黨人。在此重重政治壓迫下，他們的言論尺度與發表的內容，甚至交付郵局遞送，都必須善加偽裝，這是我們在考察《新青年》與無政府派刊物的文化運動內涵、政治主張，必須考慮到他們所承受的政治風險，進而能有較好的分寸感掌握他們回應當局的張力與能動性。

綜上所述，本章主要從民初國權／民權之爭的政治因素之反動，聯繫《新青年》內部激進勢力的形成，說明《新青年》提倡「民主」的淵源與其後影響力的擴大。事實上，這股激進勢力的發展在此時《新青年》內部多元

聲音的情況下，仍有許多不確定的因素。但促成這股激進勢力的凝聚，如同1917 年張勳復辟發揮了轉轍器的功用，促使原本思想、立場不一致的人們加入《新青年》（如：周氏兄弟）[192]。下一節筆者將繼續說明產生這股激進勢力的關鍵歷史條件，正是巴黎和會山東問題、五四運動、俄國第一次對華宣言三大政治外交事件，造成轉轍器的功用。促使原本傾向體制內改革的《新青年》同人，對軍閥政府信心的徹底瓦解，進而思考對中國未來政治道路的選擇。從民初歐美的立憲政體，至此尋求、建立政治新秩序，已非體制內的改良，而是體制外的革命（社會革命、政治革命），於此我們看到一種政治新取向的思想正逐漸醞釀形成。

---

[192] 王汎森，〈思潮與社會條件：新文化運動的兩個例子〉，《五四新論：既非文藝復興，亦非啟蒙運動》，頁 103-144。

第四部 逆轉：十字路口的徘徊 ——威爾遜／列寧的時代選擇

第四章 走向社會的中國視野： 「西方」典範的分裂與轉移

> 我們認為「先進國」的，我們所信賴可以主持公道為人類造幸福的國家，竟不能盡他們的天職。[1]

事情要從五四前後中國知識分子的超級偶像說起。五四前夜的中國，美國總統威爾遜的魅力傳誦大街小巷[2]。一個經歷兩次復辟的中國，正抓緊歐戰戰勝國的機緣，力圖恢復國族尊嚴；巴黎和會卻使中國「威迷」的心碎落一地，一旁無所作為、兀自站立的是那群賣國求榮的北洋政客。誰來縫補破碎的心？填補威爾遜之後留下來的偶像真空，作為人們想像中國未來方式的

---

1 陶履恭，〈遊歐之感想〉，《新青年》7卷1號（1919年12月）。

2 第一次世界大戰前後，威爾遜的世界聲望達到顛峰，以致後世史家將此等現象描述為「威爾遜時刻」（Wilsonian Moment），參見：Erez Manela, *The Wilsonian Moment: Self-Determination and the International Origins of Anticolonial Nationalism* (New York: Oxford University Press, 2007)。中國亦在此一威爾遜光環的籠罩之中。

可能。答案可能在列寧身上。威爾遜與列寧於歐戰期間各自提出民族自決理論，對於飽受列強欺壓的中國而言，有如福音降臨。

我們後見者對 1917 年十月革命後、1980 前的蘇聯，存在共產極權、西方帝國主義一員的霸權印象。但不同時空想像「蘇聯」的方式，也大相逕庭。巴黎和會後的中國，面對兩種截然不同的列強對待方式：其一是歐美強權的背信忘義，中國成了巴黎和會的犧牲品；其二是甫推翻舊俄的蘇維埃政權，以友愛、人道的宣言，關懷、同情中國此一被壓迫的民族，更宣佈廢除對華不平等條約。那麼，面對無能的北洋軍閥政府，備受列強壓迫、屈辱的中國，你要往何處去？

巴黎和會不到一年，《新青年》8 卷 1 號刊出陳獨秀〈談政治〉一文，不但標誌著陳獨秀成為馬列主義者的宣言，也意謂著《新青年》的轉向，從眾聲喧嘩的同人雜誌，轉為深具馬列主義色彩的雜誌，因而引發稍後同人的內部分裂。然而〈談政治〉這篇關鍵性文章是怎麼產生的，陳獨秀為何改變其政治意識形態，巴黎和會後的中國 1919-1920 年，顯然是關鍵性的一年，值得我們進一步深究。

回顧過往的研究，或過於強調單一事件的影響力，多引胡適的看法為主。胡適認為新舊之爭波及北大，因而陳獨秀被撤文科學長繼而離開北大，產生的影響難以估計。[3]或從《新青年》政治典範認同轉移的視角，較多是從法蘭西文明直接談到俄國革命、勞農俄國，較為忽略美國認同在歐戰期間對中國知識分子產生的關鍵性影響。另外，大陸主流歷史敘事則多引用毛澤

3　胡適致湯爾和：「以後中國共產黨的創立及後來國中思想的左傾，《新青年》的分化，北大自由主義者的變弱，皆起於此夜之會。獨秀在北大，頗受我與孟和的影響，故不致十分左傾。獨秀離開北大之後，漸漸脫離自由主義者的立場，就更左傾了。」，1935 年 12 月 23 日，《胡適來往書信選》中（香港：中華書局香港分局，1983），頁 281-282。然而此說實未能說明陳獨秀離開北大之後，1919-1920 年中國政治風雲的急劇動盪，如何促成一些知識分子的轉向；也就是說，陳獨秀的轉向並非單一個案，而是呈現當時部分知識分子心態的轉變過程。

東的經典說法：「十月革命的一聲炮響帶來了馬克思列寧主義」[4]以說明馬列主義在中國得以傳播的關鍵因素是十月革命。[5]

　　本章的努力是試圖脫逸上述「胡適觀點」、「十月革命」等敘事框架，嘗試將生產〈談政治〉一文的歷史場域作某種可能的再現，並將其置於1919-1920 年國際動盪的局勢下，中國建構民族國家的艱辛曲折過程來觀察。由此重新梳理「西方」作為認同分裂的歷史環節要素[6]，制度樣本的改變如何影響制度選擇；影響所及，《新青年》的核心主張「民主」的典範及參照系統如何產生變化；以及它意謂著相較之前反思、批判時政的姿態，何以在此以更激進的方式，提出以列寧無產階級專政的政權革命思想，終結軍閥政府專權。

第一節　威爾遜主義的興衰：
山東問題與《每週評論》的轉折

　　根據金觀濤、劉青峰的觀念史統計，歐戰（一戰）是《新青年》最關注的國際事件，較俄國十月革命為高[7]。然而以往多認為由於中國中途方加入

4　毛澤東，〈論人民民主專政〉，《毛澤東選集》第 4 卷（北京：人民出版社，1960），頁 1476。

5　但十月革命根據金觀濤、劉青峰「數據庫」的統計，在 1920 年之後才大量出現，與〈談政治〉一文的發表同年，因此必須找尋其他更有說服力的證據。詳見後文的討論。

6　近來學者亦逐漸從「西方」認同的分裂此一視角梳理，也取得了一定的研究成果，筆者即是在前人的研究基礎上進一步分析此一認同為何分裂。如：王汎森，〈思潮與社會條件：新文化運動的兩個例子〉，《五四新論：既非文藝復興，亦非啟蒙運動》，頁 141；羅志田，〈西方的分裂：國際風雲與五四前後中國思想的分裂〉，《中國社會科學》1999 年第 3 期。

7　根據金觀濤、劉青峰的統計，《新青年》中，歐戰出現 407 次排名第一，十月革命275 次排名第二；而歐戰早在 1916 年已形成第一次高峰，第二次高峰是 1918 年，歐戰結束。見金觀濤、劉青峰，〈五四新青年群體為何放棄「自由主義」——重大事件與觀念變遷互動之研究〉，《二十一世紀》82 期（2004 年 4 月），頁 26-29。

協約國，且僅派華工至歐，被認為是未費一兵一卒，因而中國與歐戰的關係，以及當時知識分子對歐戰的密切關注，目前的文獻討論仍不是非常充分，多將焦點直接置於巴黎和會後引發的五四愛國運動[8]。因此何以歐戰在當時成為《新青年》的關注焦點，實有待進一步的考察。並且，《新青年》關注歐戰的理由、與當時國內政治風雲互動的線索，目前的研究也尚未能進一步說明：提出倫理文學改革的《新青年》，何以在歐戰甫結束之際，原班人馬又另行出刊更具時效性的政治性週報《每週評論》，密切注意國際動態？

歐戰後的中國顯然面臨了極大的轉機與危機，值得注意的是當年袁氏與日本簽訂的「二十一條」引發中國與歐戰之間的聯結，在大戰終戰之際，也面臨清理此一條約的難題。而此正是巴黎和會山東問題的障礙，威脅到中國的主權獨立要求，甚至有淪為次殖民地的危險，鄰國朝鮮的殷鑑不遠。因此，《新青年》同人必須開闢另一輿論戰場，以出刊較快的報紙形態週刊，以及復活的「國內外大事欄」來處理此一嚴峻的國情時勢。換而言之，山東問題成為日本侵華成功與否的前哨戰，因而成為知識分子關注的迫切問題，而能賦予中國此一問題解決的助力，當時首推美國威爾遜總統的十四點原則，成為國人翹首以盼的解決仙丹。美國作為西方民主的典範，在此超越法蘭西文明，成為知識分子取經的政治典範。山東問題從月刊型的雜誌《新青年》到另創更具時效的週報《每週評論》，關注此一大事的發展，不但反映巴黎和會前後，威爾遜主義由極盛而衰的歷程；更意謂著民族建國的崎嶇之路，是否因外力侵華而中止。

---

[8] 其中立論新穎的是，徐國琦透過大量的一手資料，說明歐戰時期的中國，是如何努力想要藉由參戰改變自己的國際地位、加入國際體系，並進而塑造中國的國家認同。〔美〕徐國琦著，馬建標譯，《中國與大戰：尋求新的國家認同與國際化》（上海：上海三聯書店，2008）。

一、山東問題之解決：從《新青年》到《每週評論》

如果我們將 1914 年開始的歐戰與 1915 年日本向袁世凱提出「二十一條」作一聯繫，《新青年》關於歐戰的言說焦點與歷史圖像，將會更為清晰，而兩者的交集正是「山東問題」。山東問題何以與日本、歐戰有所交集？原來在歐戰爆發之初，日本以英日同盟為藉口，對德宣戰，出兵佔領德國在中國的勢力範圍山東半島，歐戰於是與中國直接產生關係。當時革命黨另一系（黃興一系），因而發起組織歐事研究會（1914 年 7 月），其中《新青年》成員陳獨秀、蔡元培、吳稚暉等即屬之。[9]並且陳獨秀當初創辦《新青年》的動機，即源於袁世凱承認二十一條的刺激。[10]

《新青年》創刊之後，對山東問題最早提出專文討論的是高語罕，在「五九國恥」發生之際，即發表〈青年與國家之前途〉，以國民責任為訴求藉以點出當時的時政問題：「歐戰初起，波及亞東，東鄰乘隙，要索忽來，迫我二十餘款之承認，鑄成五月九日之奇恥。」[11]由於第一卷《新青年》尚在袁氏高壓的籠罩之下，高語罕不能直接討論山東問題，以免觸犯政府當局，只能透過政治思想的文章如〈青年與國家之前途〉隱約帶出此一時政問題。等到袁氏過世後，高語罕又在《新青年》以淮陰釣叟的筆名，以戰地報導文學的口吻，連載三期〈青島茹痛記〉，以含辱悲痛之筆，細數青島為日人所奪與國人受日人凌辱的遭遇[12]，期以此文，喚醒國人正視山東問題，用

9　蔣永敬，〈歐事研究會的由來和活動〉，《傳記文學》34 卷 5 期，頁 64-65。詳見第一章的討論。

10　劉仁靜，〈回憶黨的「一大」〉，中國社會科學研究院現代史研究室、中國革命博物館黨史研究室選編《一大前後》（二）（北京：人民出版社，1980），頁 214。

11　高語罕，〈青年與國家之前途〉，《新青年》1 卷 5 號（1916 年 1 月），頁 6。

12　淮陰釣叟（高語罕），〈青島茹痛記〉，《新青年》2 卷 3、4、5 號（1916 年 11 月至 1917 年 1 月）。在第一期從山東與中國全部之關係、青島在中國海軍之地位，說明其重要性，並詳細臚列德人的要塞、堡壘及防禦措施與日軍攻擊手段；第二期從日人政治及經濟的侵略政策著眼，並指出日人在山東對國人的殘酷虐待；第三期描述當地民軍組織奮勇抗敵的血淚史。

心可見一斑。

那麼，山東問題該如何解決，也正是中國此時面臨迫切的時政問題。稍早報刊雜誌如《甲寅》等專文討論分析，日本能否侵華成功，最終取決於歐戰的結果；而戰爭結果取決於中國只有對德宣戰，才能出席戰後和平會議，才能收復山東主權，因此群眾的抗議後來促成政府確定參加一戰的首要目標。[13]然而中國參戰的過程可謂波折重重，歷經艱辛，此時《新青年》不但對參戰過程有一同步報導與討論，初期撰稿人的退出也與此一參戰立場息息相關。1915 年底，《新青年》連續兩期「國內大事記」欄記載「引入協約問題」，即加入協約國問題，報導當時英國公使朱爾典以非正式拜會外交總長，邀請中國加入協約國。[14]但此一參戰邀請終歸失敗，原因在於日本從中作梗，而不是中國政府自由拒絕。[15]在加入協約國不成的情況下，下一期《新青年》，易白沙發表〈戰雲中之青年〉指出吾國青年的悲哀是靜待他人的裁制，可以隨時隨地停止我們的發言權，因此堅決主張「無中立之理由」，爭取參戰機會，否則「終為勝者之犧牲」。[16]當時《新青年》何以如此關注參戰與否的問題，關鍵在於他們認為中國參戰則能掌握此一先機，一則可以取得日後和平會議的發言權，二則可以防制日本對華侵略，這是此後《新青年》密切關注歐戰發展的根本緣由。

陳獨秀在〈對德外交〉中，積極主張參戰，把它上升到國家存亡的高度，並提出國人應群起督促政府積極進行，絕對不可袖手旁觀，無論參戰的結果如何，參戰的重要性在於它所代表的是中國「一改數百年來屈辱的外交之慣例」，也就是利用歐戰的機會加入一個公平的國際體系；但此時參戰問題的複雜性，不單是日本支持與否的問題，在國內參見意見的分歧亦日趨白

---

[13] 徐國琦，《中國與大戰：尋求新的國家認同與國際化》，頁 93-102。亦可參見陳三井，《中國躍向國際舞台──從參加歐戰到出席巴黎和會》（臺北：秀威資訊科技公司，2009），頁 75。

[14] 《新青年》1 卷 4 號「國內大事記」欄，頁 1-2。

[15] 《新青年》1 卷 5 號「國內大事記」欄，頁 3。

[16] 《新青年》1 卷 6 號（1916 年 2 月）。

熱化。[17]下一期《新青年》陳獨秀發表〈俄羅斯革命與我國民之覺悟〉，即藉當時發生的俄國二月革命，指出歐戰之後必全然改觀，國人不應因俄羅斯革命而產生「恐德病」，而應「執戈而起，隨列強之後，懲彼代表君主主義、侵略主義之德意志，以扶人類之正義，以尋吾國之活路。」[18]因此陳獨秀在通信欄回覆讀者的來信再度表明，中國對德宣戰，並非圖近利、助協約國、報小怨，而是「欲撲彼代表帝國主義之侵略政策之德意志，使彼師事德意志諸國，知道之強權不可濫用」，中國才有偷生的餘地[19]。兩篇文章表面指向德國，其實亦暗喻日本對華的侵略政策，已經危及中國的存亡。

然而陳獨秀的用心「攬世界之大勢，與國民以指針」，在之後兩個月參戰問題卻成了朝野政爭的工具。因此陳氏繼續發表〈時局雜感〉，不但批判在野的政黨勢力國民黨與進步黨，互相敵對，致使國政日壞；也暗中批判當時黎（元洪）、段（祺瑞）因歐戰參戰問題衍生的府院之爭，釀成驕兵叛將「張勳倪嗣沖，竟橫戈躍馬，逞自京津自稱起義矣。」[20]陳獨秀已經看出軍事政變的可能性，迫在眉睫。因此，當下一期讀者的來信質疑《新青年》「不當參以時政，亂其思想也。」[21]陳獨秀毫不客氣的指出：「然有關國命存亡之大政，安忍默不一語。」[22]說明中國此時面臨內政外交的雙重困境：在國內的政變一觸即發，對外的參戰若不立刻決定，將喪失先機，危及國家存亡。

從以上三篇皆為《新青年》該期首篇看來，陳獨秀對於中國參戰問題的重視不言而喻，而參戰問題更進一步衍生為復辟政變問題。也因參戰問題，陳獨秀與孫中山一派反對參戰者產生裂痕，其中馬君武、溫宗堯原為《新青

17　陳獨秀，〈對德外交〉，《新青年》3 卷 1 號（1917 年 3 月）。

18　陳獨秀，〈俄羅斯革命與我國民之覺悟〉，《新青年》3 卷 2 號（1917 年 4 月），頁 3。

19　《新青年》3 卷 3 號通信欄（1917 年 5 月），頁 19。

20　陳獨秀，〈時局雜感〉，《新青年》3 卷 4 號（1917 年 6 月），頁 4。

21　愛讀《新青年》吳人顧克剛致陳獨秀，《新青年》3 卷 5 號「通信」欄，頁 5。

22　陳獨秀覆顧克剛，《新青年》3 卷 5 號「通信」欄，頁 6。

年》撰稿人，造成之後未見文稿發表。[23]但也因對德參戰問題，之後凝聚共識形成的同人雜誌，反而在政治立場上有更趨近的主張，這也正是李大釗當時（五四運動未發生前）對《新青年》同人的讚美：「要再想找一個團結像這樣顏色相同的，恐怕不大容易了。」[24]

雖然中國最後終於參戰，但國內外形勢日益險惡。歐戰期間，日本動作頻頻，提倡「極東門羅主義」、「大亞細亞主義」，李大釗即指出，其實是日本政府掩飾其禁止他人掠奪，而實為奪取極東霸權的帝國主義行徑。[25]另一方面，國內段祺瑞政府又與日本政府簽署「中日陸軍共同防敵軍事協定」（1918 年 5 月），更加深山東問題的危機感，當時留日學生憤而集體回國。此事發生後不久，陳獨秀很快的做出回應，發表〈今日中國之政治問題〉指出「本誌同人及讀者，往往不以我談政治為然」，為此他辯解道：政治問題往往關係國家民族的根本存亡，怎能裝聾作啞？因此他義正言辭道：「我現在所談的政治，不是普通政治問題，更不是行政問題，乃是關係國家民族根本存亡的政治根本問題。」並且針對此一留日學生參與時代政治做出肯定的回應：「修學時代之青年，行政問題，本可以不去理會；至於政治問題，往往關於國家民族根本的存亡，怎應該裝聾推啞呢？」[26]由於國家處境的危殆，陳獨秀認為政治問題已不能裝聾作啞、存而不論，而是青年學子等人人必須關心的重要問題。

〈今日中國之政治問題〉作為《新青年》第五卷首篇文章，文章提出

---

23 民初二次革命失敗後，馬君武赴德留學，1916 年回國後不久，馬君武加入《新青年》。改名後的《新青年》從第 2 卷開始刊登通告，馬君武即為參與撰稿的名流，為陳獨秀早年革命的同志，從 3 卷 2 號起才取消此一「通告」，原因是對德宣戰的立場不同。陳獨秀後來在《新青年》5 卷 2 號「隨感錄」欄廿二則揭開此一謎底：「君武先生且以余在本志宣布贊成絕德之論文，怒而取消其投稿之約。」另外，溫宗堯亦因南下參加孫中山的護法運動，遂無稿件。

24 李大釗，〈致胡適〉，《李大釗全集》第三卷，頁 217。

25 見李大釗，〈極東門羅主義〉，《甲寅》日刊，1917 年 2 月 21 日；及〈大亞細亞主義〉，《甲寅》日刊，1919 年 4 月 18 日。

26 陳獨秀，〈今日中國之政治問題〉，《新青年》5 卷 1 號（1918 年 7 月），頁 1。

「排斥武力政治」、「拋棄以一黨勢力統一國家的思想」、「決定守舊或革新的國是」，已經是公開「談政治」了。此與 1917 年甫成立的編輯委員會思路不同的是，用胡適的話來說，就是 1917 年的「不談政治」之約，「在教育思想文化等等非政治的因子上建設政治基礎。」[27] 其中的差別在於胡適等人的「不談政治之約」是在張勳復辟的政治環境、社會思潮的條件下，文化領域與現實政治的糾纏，尋求改造中國社會的方法；但「中日陸軍共同防敵軍事協定」的簽定，則意謂著山東問題的嚴重化，更危及中國的存亡，因此陳獨秀必須更迅速且更明確的對此事做出回應。而隨著歐戰的結束，更意謂著山東問題與二十一條的戰後清理問題，中國已面臨存亡的關鍵時刻。

在此國情緊迫的情況下，陳獨秀等《新青年》的原班人馬[28]，立即創辦《每週評論》（1918 年 12 月），是一談時局政治兼及思想文藝的週報，主要目的是「發表政見、批評時事和策動政治改革」[29]，在議題的時效性遠快於月刊《新青年》。[30]從刊登於《新青年》的廣告詞看來：「《新青年》是重在闡明學理，《每週評論》是重在批評事實。《新青年》一月出一冊，來得

27　胡適，〈陳獨秀與文學革命〉，微引自《胡適學術文集·新文學運動》（北京：中華書局，1998 年第 2 刷／初版 1993 年），頁 188。

28　羅家倫的回憶指出：「那時候這一班主張文學革命的教授和學生，更覺得批評和研究當代政治社會問題的重要，於是又合辦了一個小型週刊，叫《每週評論》，專以短小精幹的文字，討論國際國內的現實問題。這是一個當時很有力量的刊物，風行一時。」見羅家倫，〈對五四運動的一些感想〉，《逝者如斯集》（臺北：傳記文學出版社，1967），頁 209-210。《每週評論》由陳獨秀主編，由張慰慈、胡適、周作人、高一涵以及學生輩王光祈、張崧年等人撰稿。在陳獨秀被補之後，由胡適代理編輯，直到《每週評論》被查封為止。根據胡適的回憶指出，《每週評論》是陳獨秀和他一批政治朋友們所創辦的，胡適當時因奔母喪，不在北京。見胡適口述，《胡適口述自傳》，頁 205。

29　胡適口述，《胡適口述自傳》，頁 205。

30　周作人提到當時他們認為《新青年》作為月刊的效力還是覺得緩慢，並且《新青年》有時不能按月出版，因此同人商議再辦一個週刊，可以更靈活運用。見周作人，〈一二二·卯字號的名人二〉，《知堂回想錄下·周作人自編文集》，頁 406。

慢。《每週評論》七天出一次，來得快。」[31]，顯然有意作此一區隔。[32]
《每週評論》的刊期較短，具有報紙的形式，便於迅速反映迫切的時政問
題，卻又比一般的報紙短小精悍，因而有利於它的戰鬥性和明確目標。並且
原《新青年》第四卷以降，因刊載新文學創作而消失的「國內外大事欄」，
卻在 1918 年底創刊的《每週評論》復活，而國內外大事述評、社論和隨感
錄就其功能來看，都是較能及時反映政治問題的形式。李龍牧即指出，《每
週評論》的宣傳實際上集中於當時政治中心的兩個問題：其一，反對軍閥、
特別是親日派段系軍閥的宣傳；其二，歐戰結束後歐洲革命運動和巴黎和會
的報導和評論。[33]說明國內外的政事，尤其是巴黎和會山東問題的處理與中
國存亡息息相關，必須予以高度重視。

從《每週評論》創刊號發刊詞看來：

> 自從德國打了敗仗，「公理戰勝強權」這句話幾乎成了人人的口頭
> 禪。……美國大總統威爾遜屢次的演說都是光明正大，可算得第一個
> 好人。他說的話很多，其中頂要緊的是兩個主義：第一不許各國拿強
> 權來侵害他國的平等自由，第二不許各國政府拿強權來侵害百姓的平
> 等自由。……我們發行這《每週評論》的宗旨也就是「主張公理，反
> 對強權」八個大字。[34]

發刊詞緊盯著美國總統威爾遜伸張正義、維護公理、反對強權，以及該刊頭

---

[31]　《新青年》5 卷 6 號廣告，標題為「看《新青年》的，不可不看《每週評論》」，
　　　1918 年 12 月。

[32]　尤小立也指出，從《每週評論》創刊以來，《新青年》主要著墨於評論或介紹學理，
　　　可以看作是兩者有意的分工。參見：尤小立，〈五四新文化派的政治轉向及其思想差
　　　異─以《每週評論》時期為中心的分析〉，《南京大學學報》2006 年第 6 期，頁 86-
　　　89。

[33]　李龍牧，〈一個『五四』時期的政治刊物──《每週評論》〉，《中國現代出版史
　　　料》丁編（北京：中華書局，1959），頁 40-42。

[34]　〈發刊詞〉，《每週評論》1 號（1918 年 12 月 22 日）。

版「國外大事述評」首重〈平和會議〉，其後數月密切注意巴黎和會的發展進程，反映中國歐戰後山東問題的解決，以求還中國一個獨立平等地位的希冀。這樣的期待，說明歐戰既是產生「二十一條」的因，又蘊含了解決此一山東問題的果：巴黎和會與威爾遜提出的民族自決。下文將進一步討論戰後巴黎和會國人引頸以盼的救星──美國總統威爾遜在中國的聲望由盛而衰的經過，如何影響《新青年》同人心態的轉變，並進而導致對中國未來道路的選擇產生關鍵性的影響。

二、威爾遜主義在中國的興衰：《每週評論》的轉折

上文提到陳獨秀在《每週評論‧發刊詞》將威爾遜總統看作「第一個好人」，其來有自，潘光哲的研究指出，晚清「華盛頓神話」的歷史形塑過程，在促成近代中國追求理想政治體制，開展「民主想像」的道路上，有著巨大的刺激意義與價值作用，並且在此後中國人開展政治論說的場域裏，供給了無窮無盡的規範語彙。[35]美國神話即意謂著「民主想像」，據此再連結歐戰期間，威爾遜發表的參戰演說及十四點原則，在稍後德國簽訂停戰協定時，協約國普遍達成的共識為最後的和約必須根據威爾遜的「十四點原則」進行。[36]十四點原則中，尤其是為弱小民族爭取利益及民族自決，深深打動中國知識分子的心弦，威爾遜成為此時國人正義、公理的化身。

李大釗即指出：「平和之曙光，必發于太平洋之東岸，和解之役，必擔于威爾遜之雙肩也。」[37]胡適回憶五四的文章指出：「那年十一月的世界狂熱，我們認作一個世界大變的起點，同時我們也不免都受了威爾遜大總統的『十四點原則』的麻醉，也都期望這個新世界可以使民主政治過平安日

35　潘光哲，〈「華盛頓神話」在晚清中國的創造與傳衍〉，《西方思想在近代中國》（北京：社會科學出版社，2005），頁105-106。

36　陳三井，《中國躍向國際舞台：從參加歐戰到出席巴黎和會》，頁97。

37　李大釗，〈威爾遜與平和〉，《甲寅》日刊（1917年2月21日）。徵引自《李大釗全集》第2卷，頁477。

子。」[38]陳獨秀發表〈歐戰後東洋民族之覺悟及要求〉即引用蔣夢麟翻譯的《美國總統威爾遜參戰演說》的要點，該書在當時更成為流行於青年學子的暢銷書。[39]蔣夢麟在該書「序言」中指出：「今戰事已告終止，武力既摧，強權乃折。威總統之言，實為世界大同之先導。」威爾遜吸引當時中國人的主要原因，正是因為他提出了創建世界新秩序的主張，特別是十四點原則中的國際聯盟和民族自決的原則，切合當時中國人的切膚之痛。[40]《每週評論》第 5 號「國內外大事述評」欄即指出國際聯盟與中國關係更大，若能成立，那秘密條約、不正當的借款、過分的軍備、強國的跋扈等等，都不能存在。[41]

這樣的氛圍，誠如當時美國駐華公使芮思施（Paul Samuel Reinsch, 1869-1923）所指出的，「中國人民，無論邇邇，信託美國，信托威爾遜總統歷次宣佈的原則」[42]因而當時舉國上下，莫不翹首以盼巴黎和會，尤其是美國能給予中國公道正義的支持，解除中國受不平等條約，尤其是二十一條苛刻的束縛。然而，這樣的美國夢卻是通過受壓迫的中國希求平等待遇的誤讀而達成的。實際上，威爾遜的主張是美國門戶開放外交理想的體現，植基於合乎美國理想的國際格局，有其功利的目的；而此一主張因與中國古代大同理想外形同構，國人卻理解為「世界平民主義」的宣言，並藉此達到「永久和平之目的」[43]。

巴黎和會的現實，重重打醒兀自高作美國夢的中國輿論界。原先為〈發刊詞〉的「公理戰勝強權」、「第一個好人」威爾遜，不久之後陳獨秀開始

38　胡適，〈紀念「五四」〉，《獨立評論》第 149 號（1935 年 5 月 5 日），頁 6-7。

39　陳獨秀（署名隻眼），〈歐戰後東洋民族之覺悟及要求〉，《每週評論》第 2 號（1918 年 12 月 29 日）。

40　徐國琦，《中國與大戰：尋求新的國家認同與國際化》，頁 266。

41　《每週評論》第 5 號（1919 年 1 月 19 日）。

42　姚崧齡編譯，《芮恩施使華記要》（臺北：傳記文學出版社，1971），頁 92。

43　陳廷湘，〈1920 年前後兩次爭國權運動的異樣形態及形成原因〉，見：四川師範大學歷史文化學院編，《1920 年代的中國》（北京：社會科學文獻出版社，2005），頁 559。

在「隨感錄」欄，以短小精悍的文字，抒發他對和會與中國問題的看法：在〈嗚呼特別國情〉，陳獨秀諷刺各國對我國受不平等待遇以「中國有特別國情」一語矇混而過；〈公理戰勝強權〉諷刺其新定義為「按國力強弱分配權利」；〈揭開假面〉直指國際政治問題都是五個強國在包辦，至於「弱小國的權利問題、縮小軍備問題、民族自決問題，更是影兒沒有」。[44]隨著十四點原則未能貫徹實行，陳獨秀一改先前大力稱揚威爾遜的姿態，改稱他為「威大砲」，並大歎「公理何在」，協約國早已忘記先前德國處上風時，口口聲聲「主張公理反對強權」。[45]陳獨秀的美國想像，何以改變如此之大？

　　原來一開始組織和會時，事情就沒有像國人想像得那麼順利。首先是中國不但沒有被歸在大國之列，而是歸在第三類，只獲得兩席席次；其次日本政府的阻撓，給予中國相當不利的口實。[46]另一方面，戰時日本與法、英、義等國已簽訂密約，承認日本在山東的各種特權，因而在和會召開之前，中國已佔不利位置，隨著局勢愈來愈不利於中國，和會成了協約國角逐利益的新戰場。並且對威爾遜而言，建立國際聯盟以維持世界長遠和平的計畫是他的首要之務，但因日本以要求種族平等原則加入國聯憲章為要挾，使得威爾遜難以貫徹對中國公道的主張。[47]然而，這樣的理由，在當時連美國人也沒有辦法說服，誠如美代表團布利斯將軍指責威爾遜放棄中國的民主，任由日本軍國主義統治中國的鏗鏘之辭：「和平是人心所向，但還有比和平更重要

---

[44] 《每週評論》1919 年 2 月 2 日「隨感錄」欄，署名隻眼。

[45] 〈威大砲〉、〈公理何在〉、〈第一次警告〉，《每週評論》1919 年 2 月 9 日、23 日，署名隻眼（陳獨秀）。

[46] 原因有二：一是 1918 年 9 月日本與中國政府關於山東問題的換文，駐日公使有「欣然同意」的字眼，因此日人提出此一換文為中國參戰後所簽定，不能說是受到脅迫；二是日人唆使駐京協約公使，提出中國「參戰不力」的十二條意見。事實上，中國當時也派遣將近二十萬華工前往歐洲戰場，並且參戰的動員亦有其主客觀因素所造成。黃郛於當年針對此說即暗指日人唯恐我參戰過力，增加列席發言權，因而處處阻撓。見黃郛，《歐戰之教訓與中國之未來》（臺北：文海出版社，1968 年影印本／原本1919 年 3 月第二版），頁 284-5。

[47] 顧維鈞，〈巴黎和會的回憶〉，《傳記文學》7 卷 6 期（1965 年），頁 6-9。

的東西，那就是正義與自由。」[48]美國為和平而犧牲正義與自由，對中國人而言，在當時更甚於山東問題本身，誠如李大釗稍後於《每週評論》所揭示的反省：「我們反對歐洲分贓會議所規定對于山東問題的辦法，並不是本著狹猛的愛國心，乃是反對侵略主義，反抗強盜世界的強盜行為。」[49]正呼應當時美國駐華大使芮思施對中國民心的觀察：「中國人民受此沉重的打擊，所產生的失望，與乎對於國際正義信仰的毀滅，思之令人痛心。」[50]使國人倍受打擊的不但是威爾遜形象的幻滅，更嚴重的是對英美的「西方」所代表的國際正義的幻滅。[51]

　　因此，當巴黎和會失敗的消息傳到國內時，國人義憤填膺，此時陳獨秀於《每週評論》發表〈兩個和會都無用〉，指出巴黎和會各國只重本國的權利，什麼公理、永久和平、威爾遜的十四點原則，都成了一文不值的空話。[52]同時對巴黎和會協約國的質疑，《每週評論》更是火力全開，在五四運動過後隔周，《每周評論》連續三周題為「山東問題」的專刊[53]，連續追蹤報導：從 21 期描述五四運動當天及其後一周的活動，並最早刊出熱血澎湃的〈北京學界宣言〉；到 22 期詳述山東問題在巴黎和會中的情形，並於 22 期刊登特別附錄專刊「對於北京學生運動的輿論」；到 23 期羅家倫（署名毅）最早提出「五四運動」的名詞。其中王光祈強調無論從法理事實，山東問題皆非由德國接交還中國不可[54]；陳獨秀批判現在是「強盜世界」，是「公理

---

[48]　轉引自陶文釗，《中美關係史，1911-1950》（重慶：重慶出版社，1993），頁 58。

[49]　署名常（李大釗），〈秘密外交與強盜世界〉，《每週評論》22 號（1919 年 5 月 18 日）。

[50]　姚崧齡編譯，《芮恩施使華記要》，頁 92。

[51]　周策縱，陳永明譯，《五四運動史》，頁 133-134。

[52]　陳獨秀，〈兩個和會都無用〉，《每週評論》20 號「隨感錄」（1919 年 5 月 4 日）。

[53]　《每週評論》21、22、23 號（1919 年 5 月 11 日至 26 日）。

[54]　署名若愚，〈為青島問題敬告協約各國〉，《每週評論》21 號（1919 年 5 月 11 日）。

不敵強權時代」[55]；李大釗批評和會只是分贓會議，威爾遜的計畫主張只是書生對強盜國家的對牛彈琴，全是大砲空聲，曇花一現。[56]各種不安的思潮，隨著威爾遜所代表公理、正義的幻滅，在知識分子當中發酵。

當時知識分子之所以感到如此挫折的原因，不單是威爾遜最終拒絕支持中國收回山東主權的要求，並且它也是中國參加一戰的原因之一：實現中國的國際化、加入國際體系，以及收回所有國家主權，此一願望的失敗。[57]中國人成為「世界人」的期待，有其現實國族生存危機的威脅。誠如魯迅在《新青年》隨感錄稍早所指出的：「許多人所怕的，是『中國人』這名目要消滅；我所怕的，是中國人要從『世界人』中擠出……難與種種人協同生長，掙得地位。」[58]道盡歐戰期間，國人的雙重恐懼：中國為他國所吞併或為世界所孤立的危機。正是此一高度期待的幻滅重挫之下，再加上先前歐戰期間，有關戰爭殘暴本質與傷亡人數的報導持續被揭露，西方「文明」與「野蠻」並存的現象，深深困惑了當時知識分子。[59]威爾遜與列強的背信，幾乎是壓垮駱駝的最後一根稻草，這個英美法列強所代表的西方、形塑的西方神話破滅的故事，它的影響是難以估計的。

「歐戰」在中國的意義，不但是和會前夕不斷經由傳媒報導建構的歐洲文明意象的摧毀過程，也是當時以《東方雜誌》杜亞泉為首的東方文化派，據以質問《新青年》西方文明的論述根據。[60]並且，在更深一層的意義上，

---

[55] 署名隻眼，〈為山東問題敬告各方面〉，《每週評論》22 號（1919 年 5 月 18 日）。

[56] 署名常，〈秘密外交與強盜世界〉，《每週評論》22 號（1919 年 5 月 18 日）。

[57] 徐國琦，《中國與大戰：尋求新的國家認同與國際化》，頁 284。

[58] 唐俟（魯迅），〈隨感錄・三六〉，《新青年》5 卷 5 號（1918 年 10 月）。

[59] 丘為君，〈戰爭與啟蒙：「歐戰」對中國的啟示〉，《國立政治大學歷史學報》第 23 期（2005 年 5 月）。

[60] 《東方雜誌》為當時報導歐戰最具權威性的刊物，與《新青年》展開長達年餘的東西文化論戰。《新青年》刊載猛烈批判《東方雜誌》的文章，包含：陳獨秀，〈質問《東方雜誌》記者〉，5 卷 3 號（1918 年 9 月）；陳獨秀，〈再問《東方雜誌》記者〉，6 卷 2 號。另外，中國如何經歷「文本化」的歐戰，以及《新青年》與《東方雜誌》對現代性的對立觀點，詳細的討論可參見：丘為君，〈「歐戰」與中國的現代

歐戰曲終巴黎和會西方列強的背信忘義，無疑是對西方所宣揚的公理、和平、正義價值的否定，而此對中國本土正在進行西化（現代化）運動的知識分子而言（尤以《新青年》為代表），更是致命的一擊。黃金麟在其研究即道出歐戰對中國的影響危機：對歐洲文明的絕望與懷疑，不但使中國當時所進行的文化改革運動，失去憑藉的權威與依靠，更深沉的影響是代表歐洲民主政治理想的信用破產，導致他們必須以改宗、回歸、或迴避等不同選擇，來面對此一西方文明的質疑。[61]

　　歐戰對《新青年》知識群體未來的走向，究竟產生了什麼樣的變化？接下來，我將以五四運動為輻輳點，說明表現於《新青年》、《每週評論》的轉變。

第二節　中國問題的「社會」視野：
五四運動與社會力量的形成

　　如果說，先前《新青年》反抗國家，基本上是從社會制度（包含：家族制度、婚姻制度等）切入國家政治問題。「社會」主要作為一種抽象觀念，而非實踐的主體。[62]然而，五四愛國運動則以社會組織動員的方式，越過國家政府，宣示國家主權的不可侵略並獲致成功，也象徵了政治唯有在社會之中方能形成作用，此一「社會」正當性，此時進一步向「國家」所具有的合法性權威挑戰，促成社會力量的形成。另一方面，歐戰更是生產了非西方國家知識分子一種觀看西方的不同視角。誠如程農所指出的：清末民初的主流思維

　　性〉，《思與言》46 卷 1 期（2008 年 4 月）。

61　黃金麟，〈歷史的儀式戲劇──「歐戰」在中國〉，《新史學》7 卷 3 期（1996 年 9月）。

62　代表性的言論如：陶履恭發表於《新青年》3 卷 2 號〈社會〉一文（1917 年 4 月），該文指出「社會者，一種抽象之觀念」，「人與人相集之團體」，但從該文的意涵來看，「吾人之所能理會者，惟社會關係、社會制度而已」，而此正為《新青年》前期展開文化運動批判的內涵（如：家族制度）。

認為中國近代的受挫應從自身內部尋找原因，因為優勝劣敗是永恆的天演法則；但一旦放入資本主義體系全球性擴張來觀察時，中國問題的解釋變成與等級性的全球性資本主義宰制不可分割。[63]而此正是巴黎和會以降，中國知識分子看待中國問題視角的大轉變，相關論述不絕如縷[64]。在《新青年》中代表性的言論，首推李大釗：〈由經濟上解釋中國近代思想變動的原因〉，從經濟層面的「壓迫」向度來思考中國問題[65]。換而言之，所謂的「中國問題」內容也產生了變化，解決問題的手段與方法也隨之而變。

本節即由此進而探討，當時五四運動的政治波瀾與社會改造風潮中，《新青年》及此時同人另創的談時政刊物《每週評論》，各種「主義」介入時政的方式不同所產生的競爭論述；「西方」如何從只是英美法的「西方」，到發現、選擇另一個「西方」的過程，也意謂著西方認同的分裂，「民主」的參照系統亦隨之變化，進而影響稍後同人未來中國道路選擇之分歧。

一、《新青年》同人五四運動的解讀：社會力量的形成

在《新青年》核心同人中，五四運動前即已熱烈展開社會運動。最早是李大釗藉由俄國革命中民粹主義發展的借鏡，將知識分子與工農群眾結合起來，代表的思考即是〈青年與農村〉一文，文章一開頭說道：「要想把現代的新文明，從根底輸入到社會裏，非把知識階級與勞工階級打成一氣不可。」在此，李大釗提出仿效舊俄時代知識青年「到民間去」的主張，勞工階級與知識青年之間的關係是雙向、互助的，青年「把黑暗的農村變成光明的農村」，而農村也給予青年一個社會位置，成為「栽植民主主義」的工

63　程農，〈重構空間：1919 前後中國激進思想裏的世界概念〉，《二十一世紀》雙月刊，1997 年 10 月號，總第 43 期。

64　在當時社會主義思潮的代表刊物如：《建設》、《解放與改造》即有此相關論述。

65　李大釗〈由經濟上解釋中國近代思想變動的原因〉，《新青年》7 卷 2 號（1920 年 1 月）。

人。[66]在這裏，階級的關係透過「互助」使得知識青年也得以變成工人，階級的差異於是漸趨泯滅。在李大釗的號召和影響之下，當年 3 月初，北大學生鄧中夏等人，即組織「北京大學平民教育講演團」。北大稍早即在校內組織進德會，並成立校役夜班（1918 年 3 月），之後又成立平民夜校，均是此股社會思潮的具體實踐。其次是周作人提倡的新村運動，是以日本白樺派的代表武者小路實篤所宣傳的新村主義。周作人指出新村運動的精神：「主張汎勞動，提倡協力的共同生活，一方面盡了對於人類的義務，一方面也盡各人對於個人自己的義務；讚美協力，又讚美個性；發展共同的精神，又發展自由的精神。」[67]提出自立的個人自由與利他的集體生活，並不相矛盾，而是可以彼此互助合作，稍後周作人進而成立新村北京支部[68]。此一社會運動到了五四學生愛國運動之後，更蔚為汪洋大潮[69]。

　　《新青年》學生輩撰稿人羅家倫，在五四運動過後不久，於《每週評論》最早提出「五四運動」的名詞，並指出五四運動的真精神在於學生犧牲、社會裁判、民族自決的精神；尤其點出「社會裁制」的精神，是在這無法律政治可言的時候，使中國有所轉機的必要方法。[70]稍後傅斯年亦於《新青年》隨感錄發表他對於五四運動的看法：

　　　　若說這五四運動單是愛國運動，我便不贊一詞了：我對這五四運動所
　　　　以重視的，為他的發點是直接行動，是喚起公眾責任心的運動。我是
　　　　絕不主張國家主義的人；然而人類生活的發揮，全以責任心為基石；

66　李大釗，〈青年與農村〉，原發表於 1919 年 2 月 20 日-23 日《晨報》，徵引自《李大釗全集》第 3 卷，頁 179-183。

67　周作人，〈日本的新村〉，《新青年》6 卷 3 號（1919 年 3 月），頁 266。

68　周作人於《新青年》7 卷 3 號（1920 年 2 月）刊登「新村北京支部啟事」：「本支部已于本年二月成立，由周作人君主持一切，凡有關於新村的各種事務，均請直接通信接洽。……」

69　五四運動前後，中國的新村運動可以參看：趙泓，《中國人的烏托邦之夢：新村主義在中國的傳播及發展》（臺北：獨立作家出版社，2014）。

70　毅（羅家倫），〈五四運動的真精神〉，《每週評論》23 號（1919 年 5 月 26 日）。

所以五四運動自是今後偌大的一個<u>平民運動</u>的最先一步。[71]

傅斯年指出五四運動的重點，以直接行動的方式喚起公眾責任心、展現平民的能動性，而非單純的愛國運動。此一論點可以參照傅斯年當時發表的另一篇文章〈時代的曙光與危機〉，五四運動是「社會責任心的發明」，傅繼而指出，「假使中國有社會，決不會沒有輿論去監督政府」，實已點出社會作為對抗政府的新形式。[72]羅家倫與傅斯年均為五四學生運動的領袖人物，相當能代表當時青年學生將社會運動視為一進步的立場，來看待五四運動作為改善國家政局的能動性。

那麼師長輩的看法又是如何？陳獨秀認為「五四運動的精神」在於「直接行動」與「犧牲精神」，其實正與羅家倫、傅斯年看法相同。[73]陳獨秀此時發表〈山東問題與國民覺悟〉一文，相當代表當時知識分子，在五四運動過後心態的日趨激進化。該文指出，歐洲和會只講強權不講公理，國民應產生的對外覺悟是「不能單純依賴公理的覺悟」；對內的覺悟在於「平民征服政府」，意即「由平民──學界、商界、農民團體、勞工團體──用強力發揮民主政治的精神」，其實正是將五四運動的社會組織動員方式納入，平民與政府已處於對抗地位。[74]稍後陳獨秀因散發「北京市民宣言」被補，該宣言即提出對政府的最低五項要求，最後並指出若政府不能達到此要求，「我

---

[71] 孟真（傅斯年），〈六七‧中國狗和中國人〉，《新青年》6 卷 6 號隨感錄欄，頁636。

[72] 傅斯年，〈時代的曙光與危機〉，未刊於《傅斯年全集》，由王汎森發現並將原文刊登於《中國文化》14 期，1996 年秋季號。根據王汎森的考證，該文應作於 1919 年五四運動後幾個月間。相關的討論參見：王汎森，〈傅斯年早期的「造社會」論──從兩份未刊殘稿談起〉，《中國文化》14 期，1996 年秋季號，頁 203-212。

[73] 陳獨秀，〈五四運動的精神是什麼？──在中國公學第二次演講會上的講演〉，《陳獨秀著作選編》第 2 卷，頁 222-223。該文原載於 1920 年 4 月 22 日《時報》。

[74] 陳獨秀（署名隻眼），〈山東問題與國民覺悟〉《每週評論》23 號（1919 年 5 月 26日）。

等學生、商人、勞工、軍人等，唯有直接行動，以圖根本之改造。」[75]一方面道出了學生等社會組織力量的形成與能動性，在陳獨秀出獄後應邀至北大《國民》雜誌社，再次提出「社會組織不良之覺悟」[76]；一方面則預示了往後新文化運動的走向，與群眾結合以改造社會、國家的可行性。社會成為解救國家的利器，此一解讀在當時來自五四運動政治實踐的有效性。誠如胡適日後的回憶指出五四運動完成了兩項偉大的政治收穫：第一是在全國輿論的譴責之下，北京政府把三名親日官員撤職；第二是使得中國巴黎和會代表不敢在〈巴黎和約〉上簽字，因而山東問題能在日後華盛頓會議重開談判而獲得解決。胡適進而提到，也因此一重大政治收穫，進而各方黨派認知到學生群眾可以形成一種政治力量，結果是知識界人人對政治都發生了興趣，使他想做文化運動和文學改良運動的力量大大地被削減了。[77]

從刊物的傾向來看：《新青年》與《每週評論》在五四運動以後，從文化改革議題的中心逐漸傾向於社會改造、社會組織動員。[78]五四運動過後，《新青年》即於 7 卷 1 號〈本誌宣言〉指出：「我們所主張的是民眾運動社會改造。」[79]《新青年》學生輩撰稿人，另外創辦當時影響力甚大的學生雜誌《新潮》（羅家倫、傅斯年）、《少年中國》（王光祈），各以「改造社會」、「為社會的活動」為宗旨，可見改造社會的論點在當時已逐漸蔚為時

---

75 陳獨秀，〈北京市民宣言〉，1919 年 6 月 9 日。徵引自《陳獨秀著作選編》第 2 卷，頁 116。

76 陳獨秀，〈在《國民》雜誌成立週年大會上的致詞〉，1919 年 10 月 12 日，徵引自《陳獨秀著作選編》第 2 卷，頁 117。

77 胡適，《胡適口述自傳》，頁 249-250。

78 楊貞德指出，陳獨秀此時開始傾向就「社會」（而非如過去之就國家或文化）面界說中國問題的性質，見：楊貞德，〈到共產主義之路──陳獨秀愛國主義中的歷史和個人〉，《中國文哲研究集刊》2000 年 16 期，頁 311。另外，關於「社會」如何在五四前後作為一個論域的產生，及如何替代其他主題的歷史，楊念群有一深入的探討，參見氏著，《「五四」九十周年祭：一個「問題史」的回溯與反思》（北京：世界圖書出版公司北京公司，2009）。

79 〈本誌宣言〉，《新青年》7 卷 1 號（1919 年 12 月），頁 3。

代主流。[80]其實胡適沒有說的是在當時他也是列名其中的一分子，由《新青年》同人等發起的工讀互助團，《新青年》7 卷 2 號刊載「北京工讀互團消息」，發起人列名有：李大釗、陳獨秀、蔡元培、高一涵、胡適、周作人、陶履恭等《新青年》同人，及學生輩王光祈、羅家倫、張崧年等人。該團主要負責人為王光祈，亦為五四最大學生團體「少年中國學會」的領導者。而在五四運動過後不久，重「問題」的胡適、重「主義」的李大釗，便在《新青年》掀起「問題與主義」之爭，問題與主義之爭的重點其實正在於社會改造的方法。細分來說：胡適認為，當時國內的「新」分子閉口不談具體的政治問題，是「中國社會改良的死刑宣告」[81]；李大釗則指出「我們惟有一面認定我們的主義，用他作材料，作工具，以解決具體的社會問題。」[82]歷來的討論多關注彼此的異，而較少談論彼此的同。其實胡、李都認為中國當下最重要的問題是改造社會，解決社會民生問題的目的並無不同。但何以此一爭論為歷來史家所高度重視，原因在於改造社會的方式，不再是以往單純的文化改革大合唱，而是進而為社會變革，尤其接下來進一步牽涉到「主義」的選擇問題，背後即為政治模式認同與中國道路的選擇問題，在此《新青年》的分裂已見徵兆。

二、主義的選擇：「西方」認同的分裂

上文提到，巴黎和會英美法為代表的西方列強，尤其是威爾遜的背信，重挫了國人對「西方」的信心，在這之後，俄國列寧政府才成為一個重要而且新的「西方」參照系，馬克思主義也才於此時迅速攫住某些知識分子的心

---

[80] 在《中國新民主革命通史》第 1 卷《偉大的開端：1919-1923》指出當時改造社會的方案有：工讀互助、新村主義、教育萬能、科學救國、兒童公育、工人儲金、批評至上、改造人種等。該著作為李新、陳鐵健主編（上海：上海人民出版社，2001），頁193。

[81] 胡適，〈多研究些問題，少談些「主義」〉，《每週評論》31 號（1919 年 7 月 20日）。

[82] 李大釗，〈再論問題與主義〉，《每週評論》35 號（1919 年 8 月 17 日）。

靈。因此這一小節將進而說明，巴黎和會與五四運動正是作為一個重要的轉轍器，使得新俄作為一個嶄新的「西方」，一種新社會的構想與典範，呈現在國人的面前，不同於先前英美法所代表的「西方」。

《新青年》同人政治思想的差異，其實早在對歐戰勝利的不同解讀，尤其是如何看待德、俄問題，便可看出此一端倪。在歐戰勝利後不久，胡適回憶指出，關心政治改善的蔡元培即向教育部借了天安門的露天講台，邀請北大同仁（即《新青年》同人）組織演說會。[83]美國學者魏定熙（Timothy B. Weston）即指出，這個「演說大會」其實正是時事問題討論會，蔡元培和其他教授是以北大的名義，提出了許多政治性的論題，但在技巧上是將政治主題暗中引入看似非政治化的論壇中，但又能迴避官方的敏感，避免激怒政府。[84]從蔡元培的演講詞看來，他認為協約國的勝利，在於「克氏（筆者按：克魯泡特金）的互助主義」，而誤用托爾斯泰不抵抗主義的俄人，與專用尼采的德人都最後都面臨了失敗[85]。基本上蔡元培思想傾向隸屬於克氏一派的無政府主義。

李大釗則認為歐戰的主因是資本主義的發展，歐戰終結的原因，其實是「德國社會主義戰勝德國的軍國主義」，因此是「社會主義的勝利」、「赤旗的勝利」、「世界勞工階級的勝利」，此一功業，李大釗認為「與其說是威爾遜等的功業，毋寧說是列寧、陀羅慈基（按：托洛斯基）、郭冷若的功業⋯⋯」，並且將來俄國更要聯合世界的無產庶民，做世界聯邦的基礎。[86]另外，陳獨秀與李大釗思維相近，他認為歐戰「與其說是慶祝協約國戰爭勝利，不如說是慶祝德國進步」[87]，但尚未針對此多作立論，說明此時的李大

83　胡適，〈紀念「五四」〉，《獨立評論》第 149 號（1935 年 4 月 29 日）。

84　〔美〕魏定熙著，金安平、張毅譯，《北京大學與中國政治文化（1898-1920）》，頁 207-209，針對《新青年》同人的歐戰演說有一精闢的分析。

85　蔡元培，〈勞工神聖〉、〈歐戰與哲學〉，《新青年》5 卷 5 號（1918 年 11 月）。

86　李大釗，〈BOLSHEVISM〉，《新青年》5 卷 5 號。另外李大釗亦發表演說〈庶民的勝利〉，亦刊載於《新青年》5 卷 5 號。

87　陳獨秀，〈克林德碑〉，《新青年》5 卷 5 號。

釗思想較陳獨秀左傾。此外，胡適則認為歐戰協約國的勝利，「全靠美國的幫助」才能解除武力，尤其是美國主張組織和平大同盟（國際聯盟）。[88]

《新青年》刊載歐戰勝利的演說中，從上述蔡元培演講詞看來，提倡克魯泡特金的互助主義；以及《新青年》李大釗、陳獨秀的演講崇尚德俄革命，《新青年》內部認同社會主義[89]與否，與中國未來發展方向的嚮往，在此歐戰的解讀即可見端倪。證諸錢玄同日記（1919 年 1 月 27 日）的說法：「《新青年》為社會主義的問題，已經內部有了贊成和反對兩派的意見，現在《每週評論》上也發生了這個爭端了。」[90]意謂著《新青年》內部的意見因社會主義，首次產生較大分歧，壁壘分明，為之後《新青年》的分裂埋下伏筆。

此時社會主義的流行，正與中國面對的政局息息相關。1919 年的中國，面對的不單是外交上巴黎和會的困局，在國內進行的南北政府和談亦呈膠著狀態[91]，兩者的失敗預示了以會談和緩方式解決中國困局的嘗試失敗。誠如羅志田所言，在當時巴黎和會與南北和談對國人而言，都是充滿了希望的憧憬，但兩會的失敗來得有些突然，舉國的失落感此時強化了士人心態激進。[92]中國要向何處去？稍早新派陣營反對杜亞泉、梁漱溟等主張東西文化調和論，在《新青年》、《東方雜誌》之間掀起論戰。[93]在傳統文化與西方文明之間，張東蓀的「第三種文明」之說，在當時頗具代表性。張東蓀認為

88　胡適，〈武力解決與解決武力〉，《新青年》5 卷 6 號（1918 年 12 月）。

89　五四時期的「社會主義」是一寬泛的概念，舉凡：托爾斯泰主義、無政府主義、馬克思主義、新村主義、基爾特社會主義等皆包含在內。

90　錢玄同，「1919 年 1 月 27 日日記」，北京魯迅博物館編，《錢玄同日記》第四冊（福州：福建教育出版社，2002），頁 1754。

91　國內的南北和談與國際會議巴黎和會是《每週評論》關注的兩大重點。

92　羅志田，《激變時代的文化與政治》（北京：北京大學出版社，2006），頁 9。

93　調和論之說是從西方戰後興起的「東方文化救世論」而來，新派對此嚴加批評，代表文章如：陳獨秀，〈質問《東方雜誌》記者〉、〈再問《東方雜誌》記者〉，《新青年》5 卷 3 號、6 卷 2 號，1918 年 9 月、1919 年 2 月。關於調和論此一思潮，劉黎紅《五四文化保守主義思潮研究》（北京：社會科學出版社，2006）已作相當詳細的爬梳。

這次大戰把第二種文明（自由與競爭的文明）的破綻一齊暴露，就是國家主義與資本主義已到了末日，不能再維持下去。他主張「第三種文明」，也就是互助與協同的文明，是社會主義與世界主義的文明。[94]張東蓀在〈我們為什麼要講社會主義？〉講得更清楚，他直言西方以國家主義和資本主義來壓迫我們，因此中國要講社會主義，以勞動互助為方法創造中國的新文明。[95]類似的說法也出現在當時還是學生的瞿秋白，他說明五四學生運動轉向社會主義的原因：

> 當時愛國運動的意義，絕不能望文生義的去解釋他。中國民族幾十年受剝削，到今日才感受殖民地化的況味。帝國主義壓迫的切骨的痛苦，觸醒了空泛的民主主義噩夢。學生運動的引子，山東問題，本來就包括這裏。工業先進國的現代問題是資本主義，在殖民地上就是帝國主義，所以學生運動倏然一變而傾向于社會主義。[96]

巴黎和會成為帝國主義國家的分贓會議，五四運動的爆發將帝國主義、資本主義的壓迫問題提到了最前沿，資本主義與西方帝國主義國家的共謀，使得歐戰後反資本主義旗幟鮮明的社會主義，也隨著這股世界性的浪潮流行到中國[97]。但此時知識青年對社會主義流派、社會主義意義，有如「隔著紗窗看

94　蔡尚思主編，《中國現代思想史資料簡編》第一卷（杭州：杭州人民出版社，1982），頁 613-614。原載《解放與改造》1 卷 1 號，1919 年 9 月。

95　《解放與改造》1 卷 7 號（1919 年 12 月）。

96　瞿秋白，〈餓鄉紀程〉，《餓鄉紀程・赤都心史・多餘的話》（長沙：岳麓書社，2000），頁 18-19。

97　德里克（Dirlik）指出，1918-1919 年，社會主義之所以成為一種世界性的政治潮流，裨益於俄國十月革命、歐洲與北美的勞工社會運動，以及受社會主義思潮啟發的殖民社會解放運動，而中國國內正與此國際潮流互動。相關討論可參見 Arif Dirlik, *The Origins of Chinese Communism* (Oxford: Oxford University Press, 1989), pp.142、253。另外，楊念群也指出經過一戰和十月革命以後，西方資本主義國家內部的社會問題如勞資糾紛、社會財富分配不均等問題，也通過戰爭和革命的過程被揭示出來。見氏

曉霧」，「都是紛亂，不十分清晰的。」[98]

　　這股社會議題與介紹社會主義的相關思潮，五四運動前後更大量進入《新青年》與《每週評論》。首先，在《每週評論》甫創刊即多一欄目「國內勞動狀況」，報導各地勞工的處境，反映了《每週》的編輯注意工人問題的社會主義傾向，更是當時報刊上開闢工人問題專欄的開始。[99]並且《每週評論》從 1919 年 2 月以降，即密切注意俄國與其他各國革命動態與工人運動[100]，刊登《共產黨宣言》第二章「無產者共產黨人」其中一段，介紹無產階級專政的思想[101]。在《新青年》的學生輩相關刊物，五四運動前傅斯年已於《新潮》提出〈社會革命——俄國式的革命〉[102]，已開啟將改造社會的思想與社會革命，尤其是俄國革命作一聯結。[103]但這種接受，五四運動前只是作為一種新思潮加以介紹，五四運動之後，社會主義更進而與五四學生愛國運動合流，成為一代風潮，形成具有反政府、反（帝國主義）強權傾向的社會主義思潮，尤其是無政府主義[104]在 1919-1920 年的中國達到興盛的高點。

著，《「五四」九十周年祭：一個問題史的回溯與反思》，頁 69。

98　瞿秋白，《餓鄉紀程‧赤都心史‧多餘的話》，頁 19。

99　李龍牧，〈一個『五四』時期的政治刊物——《每週評論》〉，《中國現代出版史料》丁編，頁 42。

100　《每週評論》10 號記載俄德革命，11 號報導「巴哇利亞的革命」，16、17 號報導匈牙利革命的消息，18 號以「各國勞農界的勢力」為題。

101　署名舍，〈共產黨的宣言〉，《每週評論》1919 年 4 月 6 日「名著」欄。

102　傅斯年，〈社會革命——俄國式的革命〉，《新潮》1 卷 1 號（1919 年 1 月）。

103　相關的討論參見：王汎森，〈傅斯年早期的「造社會」論——從兩份未刊殘稿談起〉，《中國文化》14 期，1996 年秋季號，頁 211。

104　陳志讓指出，在辛亥革命到五四運動的年代，對無政府主義表示同情，把它當作現代的大同理論，這在具有激進傾向的中國人中是普遍的。因此在 1919 年之前，西方社會主義傳統主要是以無政府主義而不是馬克思主義為中國知識分子所熟知。但從另一方面來說，知識分子朝向無政府主義，在某些方面也為後來馬克思列寧主義做了準備。〔美〕費正清主編，《劍橋中華民國史》上卷（北京：中國社會科學出版社，1994），頁 442-443。

　　無政府主義思想在 1919-1920 年的顛峰，在國外有世界潮流的推動，在國內有其現實政治因素的刺激。緣於軍閥政府的腐敗，學生運動激進者主張推翻政府，更切身的因素來自於五四運動的餘波蕩漾，北洋政府的處理失當，產生對政府、國家、法律的質疑。值得我們注意的是，五四學生運動一開始強力批判的是巴黎和會列強對山東問題不公的處置，而北洋政府本身雖然懦弱無能，但並非是學生運動最大的矛盾。陳廷湘的研究即指出，五月四日當天遊行其實民眾與政府的對立尚不嚴重，關鍵在於北洋政府其後不當的處置，一步步將民眾的憤怒由日本轉移到自身，進而將政治危機推向巔峰。[105]在這裏，我們其實逐漸貼近當時政治問題的核心：北洋政府作為國家政權的行使機構，其正當性與合法性的崩解，產生的政權認同危機，其實不亞於山東問題本身。

　　回到五四運動的餘波來看當時對政府、國家、法律的質疑，逐漸走向激化的高潮，來自於徐樹錚為親日部長辯護，並嚴禁學生的抗議活動而引發的北京學生大規模的反抗，即所謂的六三運動。該事件在《每週評論》1919年 6 月 8 日「國內大事述評」有詳盡的報導，標題為〈軍警壓迫中的學生運動〉。與該文同期，陳獨秀即發表〈我們究竟應當不應當愛國〉，點名批判政府與國家的正當性：「我們愛的是國家為人謀幸福的國家，不是政府利用人民為國家做犧牲的國家」[106]。但事件的引爆點卻在五四運動過後不久，梁漱溟在北京《國民公報》發表〈論學生事件〉之後，掀起軒然大波。《每周評論》的特別附錄專刊「對於北京學生運動的輿論」，針對該事件的討論有一詳盡的臚列。[107]

　　在附錄專刊首頁即刊出梁氏〈論學生事件〉，原來梁漱溟認為五四學生事件應交付法庭辦理、提起公訴，審理判罪，因為縱然是愛國急公的行為，

---

[105] 參見：陳廷湘，〈1920 年前後兩次爭國權運動的異樣形態及形成原因〉，《1920 年代的中國》（北京：社會科學文獻出版社，2005），頁 559-576。

[106] 陳獨秀，〈我們究竟應當不應當愛國〉，《每週評論》25 號（1919 年 6 月 8 日）。

[107] 《每週評論》22 號（1919 年 5 月 18 日）。

也不能加暴於他人（曹章等人），才能保全法律道德。藍志先對此意見首先發難[108]，他認為群眾運動是一種意志、共同情感，不能分別首從輕重，並且集會遊行在近代文明國家實屬尋常小事，若要講法律道德，就不能以擾亂治安此一罪名加到示威運動者的頭上，藍志先強調的是民主國家示威運動的正當性。另外一篇轉引自《晨報》的一篇文章〈學生事件和國家法律的問題〉，相當程度表現了當時對國家法律的批判與質疑，並由此而生成的無政府主義的思想。該文針對梁漱溟的學生事件加以討論，根本質疑此事按照國家法律進行的兩種問題：一是國家與正義的問題，對於違反正義的國家裁判是否有服從的必要；二是法律的功用是在除暴去惡，還是單單維持秩序。言外之意是軍閥政府此事的裁判已違反正義，法律的作用在中國僅是維持秩序，而不是為民除暴去惡，如此一來何必遵守國家法律。作者引用了當時風行的易卜生戲劇《娜拉》中質疑法律的一段，指出無政府主義產生的原因正在於「國家和法律專講強權、不講公理、專保護現狀、不講求進步」，繼而指出「這種反乎人道正義的國家和法律，我們實在沒有受他們裁判的義務。」[109]質疑國家法律的無政府主義思想與批判軍閥政府的愛國運動之親和，正是當時中國無政府主義思想盛行的原因之一。

　　除了無政府主義思想，此時中國的社會主義派別，由於俄國革命的關係，馬克思主義正逐漸受到國人的重視，並且社會主義各派已開始在作釐清區別的動作，在《新青年》、《每週評論》已顯現出此種傾向的形成。例如：《每周評論》15 號摘譯倍倍爾〈近代社會主義與烏托邦社會主義的區別〉、18 號刊載王光祈〈無政府共產主義與國家社會主義〉，以及《新青年》黃凌霜〈馬克思主義的批評〉[110]，已經開始區別各種不同的西方「主

---

108 標題為〈評梁漱溟君之學生事件論〉，北京《國民公報》，署名知非。

109 引自北京《晨報》，〈學生事件和國家法律的問題〉，《每週評論》22 號特別附錄第三版，1919 年 5 月 18 日。

110 黃凌霜，〈馬克思主義的批評〉，《新青年》6 卷 5 號，原應於 1919 年 5 月出版，該期延至 1919 年 11 月才出版。在這之前，黃凌霜已於《進化》雜誌大動作的剖析無政府共產主義與馬克思集產主義之別，見凌霜，〈評《新潮雜誌》所謂今日世界之新

義」，尤其是社會主義相關的派別[111]。說明社會主義的流行，在內部開始進行路線的釐清。更重要的是，歐戰期間，威爾遜和列寧各自提出了國際秩序新觀念，並且在不同程度上都反對既存的帝國主義國際秩序，倡議弱小民族的自決。[112]如今威爾遜在巴黎和會背叛中國，逐漸消失其原有的影響力，代之而起的是列寧民族自決的觀念，成為國人新的認同。當時參與五四運動的北大學生張國燾，描述他們由崇拜威爾遜到列寧的心態轉變歷程：

> 巴黎和會中，威爾遜失敗了，一個理想幻滅了。中國遭受極大的屈辱，因而爆發了五四運動。恰當此時，新興的蘇俄卻在高唱「無割地、無賠償的和平」，呼吁民族自決，這些呼聲與威爾遜的主張如出一轍。俄國革命雖然造成了很大的災難，反共宣傳又遍及各個角落，但俄國這種論調，仍像黑夜鐘聲，震人耳鼓。[113]

張國燾回憶文指出的「無割地、無賠償的和平」即是蘇維埃俄國政府成立後，由列寧起草，正式公布的第一項對外政策法令《和平法令》（1917 年 11 月 8 日），主張「俄國工農在推翻沙皇君主制以後用最明確的方法要求的和平，就是實現的不割地（即不侵占別國領土，不強迫合併別的民族）不賠款的和平。」[114]也就是列寧民族自決的理念[115]。

潮〉，《進化》第 1 卷第 2 號（1919 年 2 月 20 日）。

[111] 羅志田首先指出當時社會主義開始進行區分此一觀點，參見氏著：《激變時代的文化與政治》，頁 76。

[112] 羅志田，《激變時代的文化與政治》，頁 51-54。

[113] 張國燾，《我的回憶》，頁 80。

[114] 〈關于和平問題的報告・和平法令〉，《列寧全集》第 26 卷（北京：人民出版社，1955 年），頁 227。

[115] 列寧在其〈關於和平問題的報告〉進一步宣告了他的民族自決思想：「凡是把一個弱小民族合併入一個強大國家而沒有得到這個民族的同意合併、希望合併的明確而自願的表示，就是兼併或侵犯別國領土的行為，不管這種強迫合併是發生在什麼時候，不管這個被強迫合併或被強制留在別國版圖之內的民族的發展或落後情形如何，最後，

　　由於列寧提出的「民族自決」相當攫獲中國人心，巴黎和會後，陳獨秀即一改之前盛讚威爾遜的姿態，轉而傾向列寧，他說：「『民族自衛主義』（就是在國土以內不受他民族侵害的主義），我們是絕對贊成的。」[116]此處的「民族自衛主義」已不是威爾遜的「十四點和平原則」，而是列寧的民族自決主張。說明一股由親美逐漸漸轉向親俄的風潮逐漸形成，以及上述社會主義陣營路線的區分，也進而影響他們對未來中國道路的選擇。因此當年 6 月，陳獨秀因散發傳單被補，《每週評論》改由胡適編輯，胡適即於此時發表〈多談些問題，少談些「主義」〉，正是批判國內知識分子：「不去研究人力車夫的生計，卻去高談社會主義！……不去研究安福部如何解散，不去研究南北問題如何解決，卻去高談無政府主義。」直接點名批判社會主義，尤其是無政府主義不切實際，只是空談，不能針對現實政治問題作一解決。顯然關於如何解決當前的政治問題，胡適與擁社會主義的知識分子已產生分歧，關鍵並不在於胡適不談「主義」，而是胡適談的是另一種主義：「實驗主義」，強調研究問題、解決問題的方法是一點一滴的改革，是為「改良主義」的人生觀。[117]主義的分歧至此已浮上枱面，不僅是思想的不同選擇，在往後的歲月裏，胡適改良路線與激進革命兩種政治路線的分歧，彼此的歧異日漸鮮明；同時也意謂著英美法的「西方」，與德俄的「西方」兩種政治取向的壁壘日益分明。

　　《每週評論》不久之後被禁（1919 年 7 月），風聲鶴唳，同人亦至他處避難，《新青年》6 卷 5 號原應在 1919 年 5 月出版，延至當年 11 月才出版。《新青年》同人雖然失去《每週評論》此一談論時政的重要園地，然而在《新青年》方面，五四運動過後，表現在刊物上的變化，最明顯的是由李大釗主編的 6 卷 5 號——因該期大量刊載馬克思研究的相關文章，歷來多稱

　　不管這個民族是居住在歐洲或是居住在遠隔重洋的國家，都是一樣。」同上註，頁 227-228。

[116] 陳獨秀（署名只眼），〈為山東問題敬告各方面〉，《每週評論》第 22 號（1919 年 5 月 18 日）。

[117] 胡適，〈實驗主義〉，《新青年》6 卷 4 號（1919 年 4 月），頁 357。

為「馬克思專號」──標誌著知識分子對於馬克思主義逐漸高漲的興趣。當時杜威來華，杜威將「民主」劃分為四類：政治、民權、社會、生計的民治主義[118]，尤其是「打破不平等的生計，剷不貧富的階級」生計的民治主義，即甚獲陳獨秀的讚許，認為是「各派社會主義的共同主張」[119]。陳獨秀繼而指出：

> 我敢說最進步的政治，**必是把社會問題放在重要地位**，別的都是閒文。因此我們所主張的民治，是照著杜威博士所舉的四種原素，把政治和社會經濟兩方面的民治主義，當做達到我們目的──社會生活向上──的兩大工具……在這兩種工具當中，又是應該置重社會經濟方面的；我以為關於社會經濟的設施，**應當占政治的大部分**；而且社會經濟的問題不解決；政治上的大問題沒有一件能解決，社會經濟簡直是政治的基礎。[120]

可以看出此時社會經濟問題取代政治民權問題，成為民主（民治主義）的重要問題。

不單是〈實行民治的基礎〉該文顯出如此的表徵，並且第七卷《新青年》，原《每週評論》的「國內勞動狀況」欄在該刊被禁之後，在第七卷《新青年》復活，更名為「社會調查」欄[121]，為第六卷之前《新青年》所

---

118 見「杜威演講錄」專刊，〈美國之民治的發展〉，《每週評論》26 號（1919 年 6 月 15 日）。

119 陳獨秀，〈實行民治的基礎──地方自治與同業聯合兩種小組織〉，《新青年》7 卷 1 號（1919 年 12 月），頁 14。

120 同上註。劃線部分為筆者所加。

121 〈長沙社會面面觀（社會調查）〉（7 卷 1 號）；〈山東底一部分農民狀況大略記（社會調查）〉（7 卷 2 號）；〈社會調查表〉（7 卷 3 號）；〈社會調查〉（7 卷 5 號）；〈南京、唐山、山西、長沙、蕪湖、北京、上海勞動狀況〉，〈江蘇省江都縣勞動狀況調查表〉，〈無錫各工廠〉；〈皖豫鄂浙冶鐵工人〉、〈天津造幣總廠底工人狀況〉（7 卷 6 號）。

無。可以看出五四運動後的《新青年》，對勞動與經濟問題的關注，不但刊載勞動問題的諸多文章，如：陶履恭〈歐美勞動問題的關注〉、李大釗〈由經濟上解釋中國近代思想變動的原因〉（7 卷 2 號）、馬寅初演講〈經濟界之危險預防法〉（7 卷 3 號）、以及毛澤東（未署名）「附錄」欄〈社會調查表〉，其中 7 卷 4 號「人口問題專號」、7 卷 5 號〈工讀互助團問題〉、7 卷 6 號「勞動節紀念專號」，集中於社會經濟相關議題的討論，已蔚為第七卷《新青年》的重要主題。

由此看來，《新青年》的「民主」意涵實經歷了階段性的轉變。回溯民初「民主」的四個階段的變化，用杜威區分「民治主義」的四種原素來說明即是：從民初強調「政治」的民治主義，也就是用憲法保障人民權限，用代議制表現民意的代議政治（政黨政治）失敗，盧梭「主權在民」說的民權主張成為此時反袁氏國權至上說批判利器，因此《新青年》於五四前期的「民權」的民治主義，注重人民的自由與權利，成為《新青年》同人批判政府、維護共和國體的論述資源。同時並進的是「破」與「立」兩種論述方式，一方面進行文化運動的政治性批判，一方面進行國民「民意政治」的啟蒙。以巴黎和會、五四運動為分界點，相較五四前期注重民權的民治主義，五四後期更著重於社會、生計（經濟）的民治主義，也就是從注重個人「自由」到逐步著眼於社會「平等」的過程。前者的個人自由抵抗的是國家霸權，後者的社會平等將目光落實於社會改造。也就是說，《新青年》的「民主」從前期到後期，產生了從國家到社會關注方向轉移的過程。

但此一民主內涵也不能階段性的完全分割，而是有其不同階段側重的內涵。值得我們注意的是，此時陳獨秀亦針對政治民治主義特別強調「人民的自治與聯合」：「是由人民直接議定憲法，用代表制照憲法的規定執行民意；換一句話說：就是打破治者與被治者的階級，人民自身同時是治者又是被治者」[122]。該文不但強調憲法應由人民來決定，而且在其上文否定了

---

[122] 陳獨秀，〈實行民治的基礎——地方自治與同業聯合兩種小組織〉，《新青年》7 卷 1 號（1919 年 12 月），頁 14。

「憲法保障權限」、「用代議制表現民主」對人民自由權利的保證[123]。結合稍早陳獨秀對山東問題的覺悟「平民征服政府」的激進主張，以及在巴黎和會後所發表的〈立憲政治與政黨〉專文指出，立憲政治是「敷衍不徹底的政制」，不能保住人民信仰、集會、言論出版三大自由權，不過是做了一班政客奪權的武器，因此立憲政治與政黨已成為歷史過去的名詞。[124]其實標誌著從英美式的立憲民主，進而要求人民直接參與政治，可以說為之後主張無產階級專政提供思想之準備[125]。

　　在此值得進一步細究的是，既有上述社會改造與生計民主之思想準備，《新青年》的走向也不必然走到俄國路線，在這當中其實仍有許多的選擇（如：胡適實驗主義的美式民主、無政府主義的社會革命路線、德國國家社會主義路線等等）。那麼促成陳獨秀《新青年》〈談政治〉一文選擇的特定化關鍵因素為何？值此巴黎和會、五四運動之後，威爾遜主義在中國的衰微，與列寧影響力的上升，下文將進而說明，為其推波助瀾的正是第一次俄國對華的友好宣言，正是上文所提列寧民族自決理念與俄國《和平法令》「無割地、無賠償的和平」，在中國的具體實踐。在下一節筆者將要提到，俄國以其主動外交與去除不平等條約的善意，如何迅速打動了國人在巴黎和會受創的心靈，尤其是在《新青年》附錄以長達三十頁的篇幅刊載宣言與當時各團體的答覆文，不容許我們忽視它的重要性以及產生的輿論效應。因此，下文將著力分析並考察《新青年》刊載此宣言表述的方式與彰顯的意義，說明俄國第一次對華宣言作為時代思潮轉變的重要轉轍器，影響《新青年》稍後的轉向，該附錄具有指標性意義。

---

[123] 同上註。

[124] 陳獨秀，〈立憲政治與政黨〉，《每週評論》25 號（1919 年 6 月 8 日）。

[125] 相關進一步的討論，請參見第四節。

第三節　勞動與政權：
《新青年》與「俄國第一次對華宣言」的相遇

　　《新青年》7 卷 6 號附錄「對於俄羅斯勞農政府通告的輿論」，刊載了「俄國第一次對華宣言」的通告譯文及各團體答覆文、各報的言論。由於此一通告輿論放在該期最後，並且是以附錄的形式出現，在《新青年》相關研究中一直未獲得足夠的重視。就筆者所見，討論此一通告輿論在臺灣早期學界多是放在俄國侵華的歷史脈絡中，社會輿論如何為勞農政府宣言所惑[126]。大陸學界或將「對於俄羅斯勞農政府通告的輿論」置於俄國十月革命的影響脈絡中的附屬位置，將十月革命定調為影響馬列主義傳播的關鍵性因素。

　　然而，晚近的學術研究成果可以幫助我們更深入思考此一問題，其中劉青峰、金觀濤合作研發的數據庫明白的指出，十月革命早在 1917 年已發生，但當時中國知識界在其報刊雜誌的發表中關於「十月革命」語詞的較大量出現，其實是在五四運動之後，甚至在 20 年代初。[127]那麼，據此可以進一步思考的問題是：眾所皆知《新青年》第八、九卷已是馬列主義色彩濃厚的刊物，如果不是十月革命的廣泛影響，那麼這樣巨大的轉變是什麼因素起了轉轍器的作用？本文認為正是透過「第一次俄國對華宣言」的感動形成一股輿論熱潮，進而形成民間團體、知識界對俄國革命與新俄政府的接受與認同，然而此一接受立場實與北洋政府官方的立場背道而馳。並且，《新青年》該附錄中，各團體答覆文、各報的言論，並非各報、各團體投書《新青年》收錄而成，事實上有其各報的底本，主編陳獨秀加以剪輯合編而成。時值北洋政府禁止此一宣言流傳之際，《新青年》花了將近三十頁的篇幅刊

---

[126] 如：王聿鈞，《中蘇外交的序幕：從優林到越飛》（臺北：中央研究院，1978），頁 56-60；郭廷以，《俄帝侵略中國簡史》（臺北：文海出版社，1983），頁 51-52。

[127] 金觀濤、劉青峰，〈五四新青年群體為何放棄「自由主義」？──重大事件與觀念變遷互動之研究〉，《二十一世紀》82 期（2004 年 4 月），頁 28-29。

載，其中隱含介入時政的深意，以及對此後知識界及《新青年》刊物取向的影響，與譯文通告的流變合併參看，也許正可以從一層層的考察挖掘中，找出其複雜的網絡關係，提出《新青年》雜誌轉向的接受契機與前哨觀察。

一、前言

1920 年 3 月，陳獨秀即決定將 7 卷 6 卷出版的《新青年》編輯成「勞動節紀念號」，並曾向周作人寫信約稿，說明該專號並非倉促下的產物。[128]在《勞動節紀念號》中，即以羅丹「勞工神聖」的雕像創作為封面，並在目錄頁首頁加上署名吳敬恆、蔡元培、孫中山等人的題詞，說明此一勞動潮流的幕後推手正為當時軍閥當權派之外的非主流派勢力的聯結。而「勞動神聖」的主張早在清末無政府主義的思想中即蘊含此一要素，民國初年的教育改革、社會改革的主張，更是具體體現此一思想的實踐，包含：工讀互讀團、新村組織、留法勤工儉學會等，即以勞動神聖為前提，進行知識與勞動的雙重結合，在《新青年》也有相關的介紹，重要提倡者即為《新青年》同人[129]。然而在勞動節紀念號，除了發表歐美日本各國勞動組織的歷程外，並大量以社會調查方式報導南京、上海、北京等各地勞動狀況。從劉秉麟發表〈勞動問題是什麼？〉、陳獨秀發表〈勞動者底覺悟〉看來，已經從被動地要求待遇改良，進而要求「做工的人自己起來管理政治、軍事、產業」[130]，掌握國家實質的掌控權。社會勞動問題在此與政權問題進一步綰合，在此已可看出陳獨秀接受俄國無產階級專政思想的先兆。勞動神聖問題的表

---

128 陳獨秀致周啟明（即周作人）的信，原文為 1920 年 3 月 31 日，陳氏請周作人或譯或述一篇托爾斯泰的汎勞動主義。水如編，《陳獨秀書信集》（北京：新華出版社，1987），頁 251。在《新青年》7 卷 5 號並先預告「勞動節紀念號」的發行。

129 如留法勤工儉學會方面：〈北京留法檢學會簡章〉（3 卷 2 號）、吳稚暉，〈論旅歐儉學之情形及移家就學之生活〉（4 卷 2 號）；新村組織方面：周作人，〈日本的新村〉（6 卷 3 號）；工讀互助團方面：〈北京工讀互助團消息〉（7 卷 2 號）、〈工讀互助團問題〉（7 卷 5 號）。

130 陳獨秀，〈勞動者底覺悟〉，《新青年》7 卷 6 號（1920 年 5 月），頁 2。

述，從清末的理論層面到五四前期知識與勞動的結合，在此時更著眼於社會經濟的勞資對立問題，尤其俄國革命解決了勞動與政治的問題，因此在《勞動節紀念號》特別標舉以國家政策實踐勞動問題解決的勞農俄國，當期即由曾翻譯〈共產黨宣言〉的李澤彰，翻譯〈俄羅斯蘇維埃聯邦共和國勞動典〉。[131]並在該期最後的附錄以幾近三十頁的篇幅，大幅刊載俄國第一次對華宣言（即〈加拉罕宣言〉）原文，及各界的熱烈迴響。作為一外交宣言，〈加拉罕宣言〉何以能造成如此大的反響，以及《新青年》騰出三十頁的篇幅刊載人民對此宣言的反應，個中原因顯然值得再進一步考察。

二、《新青年》附錄「俄國第一次對華宣言」的刊物脈絡與來源考察

　　1919 年爆發五四學生愛國運動，三個多月後（7 月 25 日），蘇俄發表第一次對華宣言「致中國國民及北方與南方政府宣言」，由其代理外務委員加拉罕署名，申明自願放棄舊俄時代在華侵略所得的權利。[132]在這敏感的時間點發表此一友好宣言，對照巴黎和會中國所受西方國家的背叛與屈辱，不可同日而語。當年九月，戴季陶即在《星期評論》報導此一消息[133]，但是由於此一宣言以電報方式發出，直到隔年一月，蘇俄的力量才到達伊爾庫斯克，3 月 26 日北京政府才接到宣言的抄本。當時北京政府為安福系政權，在對外政策上傾向親日、反對蘇俄政府，接到此一宣言時，由於該宣言是法文版而非俄文版，有些官員甚至懷疑是偽造的文件。並且舊俄公使、日本大

---

131 李澤彰，〈馬克思和恩格斯共產黨宣言〉，《國民》雜誌 2 卷 1 期（1919 年 11 月）。

132 王聿鈞，《中蘇外交的序幕：從優林到越飛》（臺北：中央研究院，1978），頁 50。

133 季陶，〈俄國兩政府的對華政策〉，《星期評論》第 15 號（1919 年 9 月 14 日）。而此一消息有可能來自旅俄華工，因為〈加拉罕宣言〉曾於當年 8 月 26 日在莫斯科的方報紙《消息報》和《真理報》報導在莫斯科的旅俄華工的一次集會時發表過。見周策縱，《五四運動史》，頁 305 註 1。

使也先後提出警告，當時北京方面也傳出蘇俄否認曾在伊城發出此一電報，因此國務院通知各督軍省長，對〈加拉罕宣言〉應謹慎處理。[134]彼時北京政府的態度上不承認此一宣言的效力，而最早以中文刊載此一宣言概要，為與《星期評論》同一淵源的上海《民國日報》[135]，皆為孫中山與國民黨支持的刊物。因此加拉罕宣言的概要，由國民黨系的報紙首先發佈此一消息是可以理解的。

　　事實上，早在北京政府收到宣言前一天，上海的俄語報紙《上海生活》在中國最早刊發了〈加拉罕宣言〉全文。[136]由於北京政府對此消息表示懷疑，不肯公開發佈，但是在中國民間報刊，最早刊載此一漢譯原文為 1920年 4 月 3 日，北京《晨報》第二版「緊要新聞」欄中，標題為「勞農政府講和通牒原文」，即為《新青年》「通告譯文」最早的源頭[137]。而從《晨報》敘述脈絡看來，《晨報》所引用的「勞農政府對我講和通牒原文」（按：即〈加拉罕宣言〉）所引用的版本不可能是外交部的版本，因為當時北京政府對此消息感到疑慮，尚不願公開發佈，最早官方版本非正式的發佈，就目前筆者所見為《救國日報》[138]。並且經筆者將《救國日報》與北京政府外交部首譯的宣言電報版原文[139]（官方版）作一比對，在關鍵的年代與事件完全一致，僅有極微小差別；但與《晨報》版相比對，在關鍵的年代與事件與行文語氣產生較大的出入。[140]筆者將官方版與《晨報》版（民間流通

---

[134] 王聿均，《中蘇外交的序幕：從優林到越飛》，頁 51-57。

[135] 1920 年 2 月 24 日《民國日報》第六版，標題為：「俄新黨最近之宣言」副標題為「願放棄各項權利交還我國……」。

[136] 田保國，《民國時期中蘇關係》（濟南：濟南出版社，1999），頁 6。

[137] 《晨報》版（4 月 3 日）與《星期評論》版（4 月 11 日）的「加拉罕宣言」，最大的區別經筆者的比對，只在於後者行文較接近白話，內容則完全一致。而《新青年》的通告譯文則是與《星期評論》完全一致。

[138] 《救國日報》1920 年 4 月 7 日，標題為〈鮑貴卿辭督辦之由來〉。

[139] 《中俄關係史料——俄對華外交試探》（臺北：中央研究院近代史研究所，1968）載有外交部譯文原件，第 6 頁第 8 號文。

[140] 民間版與官方版的〈加拉罕宣言〉在翻譯過程中語句的增刪與語氣的強弱之間的區

版）作一比較，顯然民間版煽動性更為強烈，容易激起中國人民的共鳴，因此民間版在推動中俄友好合作，使國人對俄國布爾什維克黨與馬克思主義的親合起了極大的促進作用。從《新青年》附錄以大篇幅轉載「通告譯文」及中國報界與各團體的答覆文，便可知〈加拉罕宣言〉在巴黎和會對西方強權的極度失望下，突然收到蘇俄自願放棄帝俄時代在中國侵略所得之一切權利，與西方列強犧牲中國權益的分贓會議（巴黎和會），直有天壤之別。

　　《新青年》附錄的編輯如同剪貼簿，除了通告原文之外，報界與各團體的答覆文的部分，根據筆者的考證，主要收錄來自上文曾提及《民國日報・覺悟副刊》（第十三版）的「中國人與俄國勞農的政府通告」專號為底稿，收錄原有專號「各團體答覆文」一至五項團體的內文與形式，與「各報的言論」一至六項報刊的言論。另外，《新青年》在原有《民國日報》〈勞農政府通牒原文〉的基礎上[141]，再加上《民國日報》本身 4 月 14 日第十版、第十三版《覺悟副刊》的「中國人與俄國勞農的政府通告」專號的評論[142]，以及《救國日報》4 月 17 日亦刊載〈各團體覆勞農政府文・十五團體一條心〉、〈十人團覆勞農政府電・打破一切侵害民權之障礙〉（中華民國救國十人團聯合會）等文匯聚而成。

　　令人好奇的問題是：《新青年》何以大幅刊載此一宣言的輿論效應？事實上，類似的手法在之前《每週評論》的特別附錄專刊已經刊載過三次，分別是：「對於新舊思潮的輿論」[143]（兩次）、「對於北京學生運動的輿論」[144]，各指向新舊之爭與五四學生運動，均為《每週評論》最重視的課題之

　　別，主要為五個方面：強調勞農的取向、關於俄國侵華史實的省改、關於歐戰時俄國立場問題、關於庚子賠款的問題、關於兩種版本的語氣與讀者問題，筆者在單篇論文：〈建構與抵抗：《新青年》7 卷 6 號附錄「俄國第一次對華宣言」來源考證與影響之考察〉，收入《現代中文學刊》第十一期（2011 年 4 月），將進一步討論。

[141] 《民國日報》4 月 5 日第二版，標題為〈勞農政府通牒原文〉。

[142] 收錄為《新青年》「各報的言論」（八）上海《民國日報》。

[143] 《每週評論》17、19 號（1919 年 4 月 13 日、27 日）。

[144] 《每週評論》22 號（1919 年 5 月 18 日）。

一，前文數章已作說明。因此，《新青年》該附錄其實正是被禁刊的《每週評論》特別附錄的形式復活，因此它的重要性絕不容小覷。

首先，從當時民間對俄國第一次對華宣言的輿論來看。通過《新青年》附錄「各團體答覆文」及「各報的言論」，可以看出中國人民對〈加拉罕宣言〉的接受和詮釋：「全國各界聯合會」指出北京政府實與帝俄政權無異，新俄是以自由、平等、博愛及互助主義推行於世界，換言之新俄才是真正互助、博愛主義者，隱含對歐戰協約國的諷刺；「學生聯合會等十七體團」指出蘇俄之義舉，合於我國人信仰之「大同主義」，等於是中國傳統烏托邦之最高理想；上海《星期評論》提昇到對勞農俄國憲法的贊同，認為新俄國憲法為人道正義的化身，進而對其建國主義理想之贊同，並指出日本與協約國對於中、俄的殘暴行為，將批判矛頭指向日本和協約國；上海《時事新報》則直接指出，勞農政府真正實踐威爾遜所提倡而未付諸實行的理念。[145]歐戰期間，美、俄不約而同提出了戰後新秩序的概念，威爾遜的十四點原則被戲稱 $14＝0$ 的原則[146]，而以列寧為首的俄國政府卻以〈加拉罕宣言〉的具體外交承諾，成為中國人心目中平等、博愛的代表，深深擄獲了當時知識分子的心。

由於北京政府的疑慮，使得官方版遲遲未能正式公佈，然而在此之前，尤其是京滬各地早已廣泛刊載《晨報》版宣言，至多是改為更流暢的白話文而已。在最早刊載勞農政府通牒的《晨報》在 4 月 3 日同一版面刊載標題為「我國對俄講和之先聲」，仔細查看內文，其實北京政府當時是冷處理的態

---

[145] 《新青年》7 卷 6 號附錄「對于俄羅斯政府通告的輿論」，頁 10-18。

[146] 瞿秋白，〈歐洲大戰與國民自解〉：「大戰後發生一個國際聯盟——沒有用處，一個國際勞動會——沒有用處，威爾遜所新發明的方程式 $14＝0$，早已證明了。」原載《新社會》第 1 號（1919 年 11 月 1 日）。微引自蔡尚思主編，《中國現代思想史資料簡編》第一卷，頁 638-639。當時北大的學生亦諷刺威爾遜的十四點原則是一個數學公式：十四等于零。楊晦，〈五四運動與北京大學〉，中國社會科學院近代史研究所編，《五四運動回憶錄》上，頁 222。

度，對於勞農政府的通牒暫不答覆。[147]但對於政府的態度，當時《救國日報》，在宣言發佈後不久即發表一篇短評〈還不出來說話嗎〉，認為應該對此勞農政府通牒的善意迅速作一回應，尤其是外交界、新聞界與社會各法團，而此正代表當時民間輿論界的心聲。[148]然而政府官方有其疑慮，首先是來自舊俄的壓力，由於當時勞農政府並未取得全俄統治權，因此官方報系《大公報》即刊出〈俄舊使之一種抗議〉，意思在於勞農政府並不能代表全俄，且給予俄國庚子賠款的部分應當交給俄舊使，不能移作他用。[149]因此我們可以在「勞農政府對華通牒」看到官方／民間輿論的兩種姿態：官方必須面對協約國的步調一致及舊俄的抗議（尤其是當時勞農政府未統一俄國），採取的冷處理姿態；而民間輿論則傾向應迅速回應勞農俄國的友好善意。

事實上，「俄國第一次對華宣言」從歷史的演變及外交的觀點來說，是一項惠而不費的放棄聲明。[150]當時北京政府針對此一通牒，院部進行密議，決定暫時採取冷靜，理由即在於「以勞農所允於棄放各項權利，僅有一二項實惠於我國，其餘或屬於時機未到，或實際一已由我國收回，原文所稱各節，俱無效力可言，自無所用其承認與接洽。」[151]因此對於當時京滬各界熱烈響應此一通牒的舉動，北京政府極為不滿。《新青年》作為當時新文

---

147 「我國對俄講和之先聲」該文指出政府的態度：對於勞農政府的通牒暫不答覆，因與協約國採取一致步調，不便單獨有所表示，與協約國均先行派員赴俄調查，再作決議，中國方面則由院部會委范其光赴莫斯科與勞農政府接洽。《晨報》1920 年 4 月 3 日。

148 《救國日報》1920 年 4 月 9 日，署名育之，標題為〈還不出來說話嗎〉。

149 《大公報》1920 年 4 月 10 日第一版，標題為〈舊使之一種抗議〉。

150 實際上當時所謂中東鐵路、庚子賠款、領事裁判權及其他特權，蘇俄此時並無力過問，也無法享有。見郭延以，《俄帝侵略中國簡史》（臺北：文海出版社，1983），頁 52。

151 《救國日報》1920 年 4 月 17 日第六版，標題為〈北庭對俄通牒之謬論〉，子標題為「不滿意聯合會覆函」、「謂通牒多屬虛談」。顯然內容為政府的態度，但對此態度民間輿論界則持「謬論」的批判立場。《民國日報》1920 年 4 月 17 日〈北庭之勞農通牒觀〉亦表達政府同樣的觀點。

化運動極具影響力的刊物，全文刊載民間版勞農宣言，並以將近三十頁的篇幅，轉載報界與各團體的答覆文，包含政界、商界、勞工界、學生團體以及同鄉會[152]。代表五四運動之後成立的各界自發性組織團體，至少有 30 多個重要組織針對此一問題直接與蘇俄政府進行通訊聯繫，等於是形成一股迥異於主流官方的民間輿論勢力。

　　誠如周策縱所指出的，在巴黎和會中國所遭受西方強權的欺侮與日本二十一條無理要求，在此強大對比下，中國人沒有理由不去歡迎此〈加拉罕宣言〉的提議，而北京政府的對俄政策以及對此提議的無動於衷，更令知識分子無法理解。[153]在當時一般知識青年看來，日本和其他列強都在欺侮中國，只有蘇俄是例外。李大釗即指出俄國勞農政府自願歸還對華權利的善舉：「中華的青年非常感佩他們這樣偉大的精神」；但不是因為收回一點物質的權利才感謝他們，而是因為「他們能在這強權世界中，表顯他們的人道主義、世界主義的精神。」[154]因此當時知識青年普遍認為只要蘇俄有願意廢除不平等條約的表示，就是值得歡迎的，「不必問蘇俄的處境如何，也不必問這個對華宣言的動機如何。」[155]相較之下，北京政府對此一消息的封鎖與拒絕談判，在五四愛國熱潮的推動下，反而形成一種戲劇性的效果，使得此一宣言更具吸引力。

　　其次，由引用報界的輿論看來，所謂「報界」包含上海《時事新報》、上海《星期評論》、上海《民國日報》、北京《晨報》，此四大刊物正是當

---

[152] 其中政界有「國會議員」全體署名；商界有「上海各馬路商界總聯合會」、「商界救國總團」、「中國實業協會」為五四學生愛國運動聯合商界抵制日貨運動商界發起組織；學生團體有「中華民國學生聯合會總會」、「杭州學生聯合會」，以及「中華勞動公會」、「上海各界聯合會」、「全國報界聯合會」、「全國各界聯合會」。值得一提的是，「全國各界聯合會」的組織成員更包含中華民國學生會、女界愛國同志會、全國基督教救國會、中華總商會、全國新聞記者協會以及社會名流、勞工以及其他社會和宗教團體的代表，參見周策縱，《五四運動史》，頁 272-3。

[153] 周策縱，《五四運動史》，頁 306-7。

[154] 李大釗，〈亞細亞青年的光明運動〉，《李大釗全集》第三卷，頁 521。

[155] 張國燾，《我的回憶》，頁 83-84。

時介紹社會主義思想的重要刊物，因此透過此一報刊人脈的聯結，也預示未來轉向之後的《新青年》的新成員、新人脈。因此《新青年》於勞動節專號花了將近三十頁的篇幅刊載「俄國第一次對華宣言」以及〈對於俄羅斯勞農政府通告的輿論〉，有以下幾項重要的指標性意義：

第一，它標誌著立場左傾的民間輿論陣線的形成。

從早期新知識分子「批判」政府的從屬立場，到 1920 年 5 月，《新青年》透過附錄剪輯的方式，形成「俄國第一次對華宣言」新輿論陣線的結盟，對抗並進而取代北京安福系軍閥政府否定禁止俄國宣言的態度，形成另一種詮釋俄國宣言的民意主流。《新青年》作為新文化主流輿論的姿態，更顯示出媒體無冕王的氣勢，而此一氣勢也間接呈現陳獨秀對北京軍閥政府的強烈否定姿態，正與 1919 年陳獨秀在北京散發「北京市民宣言」被補，之後被迫離開北大、南下上海不無關聯。在此段時間，作為老革命黨的陳獨秀經由李大釗的居中牽線，認識俄國遠東代表，成立共產黨上海發起小組，俄國革命作為再造中國的仿效對象，於焉形成。細察共產黨發起小組名單，可以發現不少正是〈對於俄羅斯勞農政府通告的輿論〉的相關報刊的編輯、主筆。[156]

第二，形成列寧新政府的高度評價與馬列主義的興趣。

此評價是與美國威爾遜十四點和平原則及國際聯盟落空，透過「俄國第一次對華宣言」，人道、正義的普世價值的實現，由對美國的期待轉移到俄國。並且此一高度評價，透過相關報刊的報導[157]，再加上《新青年》彙整點狀式的分散報導，形成幾乎全面網羅有關的報導；更由於《新青年》在當時新文化運動的領導地位，使知識青年對俄國革命與列寧新政府普遍產生好感，影響所及，對馬列主義產生興趣，引導為之後的時代巨潮。

---

[156] 下文再作詳述。

[157] 張國燾指出當時從南到北，不少人都在摸索俄國革命成功的途徑，其中包含研究系主辦的北京《晨報》、上海《時事新報》，國民黨主辦的上海《民國日報》、《建設》月刊、《星期評論》，及無數青年主辦的報刊都或多或少同情甚至宣揚社會主義，並熱心介紹俄國革命的情況。張國燾，《我的回憶》，頁84。

　　第三，它標誌著《新青年》的時代轉型。

　　由陳獨秀主編的 7 卷 6 號「勞動紀念專號」羅列了吳稚暉、蔡元培、孫中山先生等社會主義傾向知識分子，以及以「勞動」、「社會」為關鍵詞的相關討論，可以看出勞動社會問題的關注，已經逐漸取代先前倫理、文學革命的重心。《新青年》第七卷因陳獨秀北大離職，改為由他一人主編[158]，刊物內容逐漸轉變[159]。主編及記者（陳獨秀）可以說相當用心地廣泛收集相關報導與評述，剪輯成將近三十頁〈對於俄羅斯勞農政府通告的輿論〉，表現了對列寧革命新政府的嚮往與認同。該勞動節專號中，陳獨秀關於〈上海厚生紗廠湖南女工問題〉援引馬克思的剩餘價值說，說明陳此時已對馬克思主義有一定的接觸，而這種新視野，之後透過上述民間輿論陣線的結盟，形成之後八、九卷具體的人脈來源，《新青年》由百家爭鳴的啟蒙刊物，蛻變為深具社會主義（馬列主義）色彩的刊物。

　　從《勞動節紀念號》的標題內容看來，此一專號不但宣傳了工人勞動，也藉由附錄宣傳了蘇俄的對外政策，透過人民輿論的反應，凸顯只有蘇俄才能平等地對待中國人民。由於 4 月 29 日，國務院以上海全國各界聯合會等主張承受蘇俄對華宣言，電令各省查禁[160]。7 卷 6 號的《新青年》「勞動節紀念號」刊載上海全國各界聯合會等答覆文，並且於 5 月 1 日出版，在北京政府下令之後仍不改原意，發行全國，與官方的政策故意背道而馳，雖然該期發行後不久即被查禁[161]，但《新青年》作為與官方政策對抗的抵抗立

---

[158] 根據《周作人日記》的記載，1919 年 10 月 5 日，《新青年》同人在胡適家商討編輯事宜，達成的結論是：「自七卷始，由仲甫一人編輯。」參見：魯迅博物館藏，《周作人日記》中（鄭州：大象出版社，1996），頁 52。

[159] 傅斯年指出，《新青年》自第六卷起漸注重社會問題，到第七卷的下半便顯然看出馬克斯主義的傾向了。傅斯年，〈陳獨秀案〉，原載《獨立評論》第 24 號，徵引自陳東曉編，《陳獨秀評論》（上海：上海書店，1989），頁 8。

[160] 郭廷以，《中華民國史事日誌》第一冊（臺北：中央研究院近代史研究所，1979），頁 495。

[161] 《新青年》7 卷 6 號該期因被查禁，9 月 1 日才復刊，《新青年》復刊（8 卷 1 號），由新青年社發行。周策縱，《五四運動史》，頁 61。

場，旗幟更加鮮明。

三、《新青年》轉向的前哨與立場左傾報刊的聚合

從附錄刊載主要輿論相關報刊團體來源分析，以上海報刊居多。周策縱指出，此與上海租界在 1919 年的五四運動之後，租界當局在租界內鎮壓商人罷市、工人罷工以及學生運動有關，因而上海的民族主義者越來越左傾，因此大批介紹社會主義、馬克思主義及無政府主義的刊物多選擇於此落腳宣傳。[162]其中包含了當時國民黨介紹社會主義及刊載蘇俄訊息的刊物《星期評論》[163]；梁啟超研究系進步黨的報紙《時事新報》[164]、北京《晨報》[165]；激進學生刊物，包含由留日學生因中日軍事秘密協定而罷課回國所辦的《救國日報》[166]，以及五四運動學生發起的「學生聯合會」所辦的《學生聯合會日刊》。從人脈看來，包含了國民黨與研究系，因此《新青年》勞動節專號與「加拉罕宣言」民間版的刊載，可以說象徵了當時立場左傾團體的互相確認。

除了陳獨秀、李大釗外，其中上述刊物主編、助編如：邵力子（《民國日報》）、李漢俊（《星期評論》）、沈玄廬（《星期評論》）、陳望道（《民國

---

[162] 周策縱，《五四運動史》，頁 352。而陳獨秀南下上海，顯然也受此思潮影響。

[163] 為國民黨系報刊。當時由戴季陶、沈玄廬（定一）主編，該刊標榜專門介紹社會主義與討論勞動問題。稍後於《星期評論》，國民黨在上海又創立《建設》月刊，由戴季陶主編，戴又請甫留日歸國的李漢俊為其助手。除了介紹西方的民主理論和制度外，還刊登了大量有關社會主義、無政府主義、馬克思主義的文章。

[164] 為梁啟超研究系的機關報，主編張東蓀，另有刊物《解放與改造》，亦登載許多討論社會主義的文章和譯文。

[165] 前身是《晨鐘報》，為梁啟超進步黨的機關報。《晨鐘報》創刊之時曾聘請甫歸國的李大釗擔任總編，因政見不合，不到兩個月就解聘。1918 年底改組為《晨報》，復吸納李大釗參與編輯。在五四以前就開闢「馬克思研究專欄」，主要發表翻譯作品，各種社會主義的流派兼容並包。

[166] 1918 年 5 月，留日學生因抗議中日軍事秘密協定舉行集會，遭到日本當局殘酷鎮壓，全體留日學生反抗這種暴行，罷課回國。其中這一批留日歸國學生在上海辦了一個《救國日報》，這是上海《救國日報》創刊的淵源。

日報》）等人，為 1920 年成立的上海共產黨發起小組的成員[167]，南遷上海第八卷《新青年》的新成員[168]。而《民國日報》與《星期評論》為國民黨在南方的代表刊物，可以說這些成員，當時在社會主義思想的共同旗幟下，彼此立場的界限仍然模糊；然而彼此之間差異的逐漸凸顯當在稍後陳獨秀〈談政治〉一文，所呈現的勞動者的階級性與國家權力分配的問題。[169]

　　作為新文化運動時期核心報刊，《新青年》花了將近三十頁的篇幅，刊載上海全國各界聯合會等答覆文，日後所引起的民間效應與政治結果是不可言喻的。[170]從各界聯合會答覆文看來，新成立的蘇俄站在弱小民族的立場，反抗帝國主義，對當時巴黎和會後對西方產生幻滅的中國知識分子而言，無疑更具說服力。並且以馬列主義為主導的勞農政府，其國際主義立場，〈加拉罕宣言〉標舉的「人道」、「正義」訴求，正是大戰結束後，「互助」空氣瀰漫中國的真正具體實現；加上馬列主義雖講世界主義，但在俄國十月革命中，又形成一種國家「自強革命的政治信仰」，符合此時中國日漸高漲的民族主義情緒。並且，馬列主義在政治上反抗西方帝國主義與資本主義的掛勾，加上巴黎和會後知識分子對西方的反感，於是馬列主義作為「西方的反西方主義」，與中國知識分子此時走向產生一種內在的親合性，成為一種新的「西方」。[171]另一方面，在《新青年》第七卷社會問題的探

---

[167] 根據張國燾的說法，八月下旬成立的中共上海發起小組的成員為陳獨秀、李達、李漢俊、陳望道、沈定一、邵力子、施存統等七人。參見張國燾，《我的回憶》，頁101。其中戴季陶因個人理由不參加共產黨，但上海共產黨發起小組的討論其實正在戴季陶住家，見〈袁振英的回憶〉，《「一大」前後》（二），頁 472。據沈雁冰的說法，戴季陶、張東蓀曾參與小組籌建，後退出。沈雁冰，〈回憶上海共產主義小組〉，《「一大」前後》（二），頁 44-5。

[168] 除了邵力子之外。

[169] 陳獨秀，〈談政治〉，《新青年》8 卷 1 號（1920 年 9 月）。

[170] 當時可見的結果是北京政府在公眾的輿論壓力下，不得不派出一個外交使團赴莫斯科，並於同年 9 月 20 日起不再承認舊俄政府。見周策縱，《五四運動史》，頁309。

[171] 馬列主義作為國家「自強革命的政治信仰」，與「西方的反西方主義」的觀點，參

討中，又逐漸定焦於經濟問題，以迄於勞動問題（7卷6號「勞動節專號」），那麼推衍到後來，勞動問題成為當時關鍵性的政治問題，此時「俄國第一次對華宣言」恰在此一時間點進入中國，一方面形成與西方強權壓迫中國的極大反差；一方面俄國革命解決了勞動與政治的問題，在西方認同分裂之際，逐漸成為中國新的政治認同典範。

因此，〈加拉罕宣言〉的民間輿論擴散效應，正是來自《新青年》匯合刊載三十頁篇幅各團體的答覆文，賦予其重要意義的過程，也正是標舉一個新的典範轉移過程。那就是由原本以法蘭西文明為標的，在歐戰期間，美國威爾遜十四點原則在中國得到前所未有的威望；然而巴黎和會的決議，彰顯威爾遜不能履行其和平原則的情況下，列寧領導下的俄國政府透過「加拉罕宣言」的外交承諾，達成了威爾遜所無法實現的協助中國民族自決實踐的可能，也使得中國知識分子對俄國革命和布爾什維克政權的關心一下子高漲起來，第八卷《新青年》新闢了「俄羅斯研究專欄」，正是此一關注下的產物。

以上分析《新青年》7卷6號刊載此一附錄的來源、形成過程與效應，目的也在正視屬於史學研究領域的〈加拉罕宣言〉，往往在具有文學性質的報刊研究中缺席。事實上，「加拉罕宣言」對於當時報刊雜誌的廣泛影響，尤其《新青年》更是「集大成者」。編者有意識的收集相關言論，在當時此一俄國對華宣言被禁的情況下，《新青年》仍以附錄大幅版面報導，藉以介入時政，不但形成一種民間集體輿論力量，標舉《新青年》反抗政府的抵抗位置；此一位置甚至已漸顯露取代官方發言權成為民間輿論的標竿位置，也意謂著否決政府官方言論的正當性。下一章將深入討論《新青年》刊物性質、取向的轉變在於，更進一步挑戰政府擁有的合法性，也就是思索此後的政治走向問題——中國要往何處去？代表此一政治抉擇的關鍵文本即是《新青年》8卷1號陳獨秀〈談政治〉一文。

看：金耀基，〈中國文化意識之變與反省——從「五四」到「四五」的歷史轉折〉《五四與中國》（臺北：時報文化出版公司，1979），頁465。

第四節　建立新秩序：
陳獨秀〈談政治〉與中國未來道路的抉擇

　　8 卷 1 號的《新青年》與之前的《新青年》，不但在內容性質上有了較大的轉變，誠如茅盾所言，他將該期《新青年》定位為：結束了過去以「文學革命」為中心任務的《新青年》，而開啟了以「政治革命」為中心任務的《新青年》。[172]從文學革命到政治革命的轉型，尤以陳獨秀於該期發表〈談政治〉一文為轉向的表徵。

　　這種表徵是如何形成的？首先，從出版發行來看，產生了很大的變化。《新青年》第七卷之前的出版發行者為群益書社，後來因經濟上的矛盾而徹底決裂，甚至走向獨立辦刊之路，也就是下文所指的「新青年社」。與〈談政治〉同期，8 卷 1 號《新青年》即刊載幾近於辦刊方針調整的宣言：「本志自八卷一號起，由編輯部同人自行組織新青年社，直接辦理編輯印刷一切事務。……」。說明與群益書社無關，並且該啟事明確「新青年社」區分兩個部分：一是負責投稿及交換告白雜誌等事，由編輯部負責接洽；一是負責發行事件，由總發行所接洽。[173]然而問題在於原先從四卷一號起，《新青年》採取以北京為陣地，北大教授為編輯群的編輯方式已實施數年之久。再者，〈談政治〉一文的立場，為當時「新青年社」北京同人所不同意[174]。但由於《新青年》移到上海，新近加入了上海共產黨發起組成員，並與師復派成員進一步合組「社會主義者同盟」的合作關係[175]，編輯的主力乃在上

---

172 茅盾，〈《新青年》談政治之前後〉，《茅盾散文速寫集》下（北京：人民文學出版社，1980），頁 695-696。

173 〈《新青年》社〈本志特別啟事〉〉，《新青年》8 卷 1 號。「新青年社」的成立，是因 7 卷 6 號篇幅增多，原出版社群益書社擅自加價，陳獨秀決定脫離群益書社，獨立發行《新青年》，成立「新青年社」，其中胡適等原北京同人亦為社員。

174 茅盾，〈《新青年》談政治之前後〉，《茅盾散文速寫集》下，頁 695。

175 梁冰弦指出，陳、李與師復派已開辦名為「又新」的印刷所，因而陳獨秀撤銷群益書社的簽約，《新青年》改收回自辦。又新印刷所實由鄭佩剛負責辦理，借用晦鳴學舍的器材。參見梁冰弦，《解放別錄》，頁 9-10。輔以《新青年》8 卷 1 號最後一頁特

海，北京的稿源短缺。事實上北京同人已從核心同人變成客串撰稿者，編輯的主力落在上海「新青年社」同人[176]。這意謂著 8 卷 1 號開張的「新青年社」是一種雙重裂變的結果：不但是原有編輯群與出版者群益書社的分裂，也是《新青年》內部的分化與南北編輯同人的彼此疏離。[177]

其次，從形式上來看，雜誌封面也有很大的改變。根據茅盾的描述，「這一期的封面上有一小小圖案，是一東一西，兩只大手，在地球上緊緊相握。」[178]石川禎浩已考證出，這個圖案其實是模仿美國社會黨（Socialist Party of America）的黨徽，也由於上海共產主義小組，所接受的是受布爾什維克主義影響，而強調「無產階級專政」、「政治運動」的美國社會黨的綱領，使其由原本針對馬克思主義學說的學術研究，變為列寧式運動論和組織論的吸收。[179]因此，我們可以看到陳獨秀〈談政治〉一文的立場，是以俄國革命為正統馬克思主義的代表，成為陳獨秀轉變為馬克思主義者的宣言書，稍後陳獨秀創辦的《共產黨》雜誌（1920 年 11 月），則更清楚的標誌此一走向的

別刊載了「又新印刷所」的廣告，亦可為旁證。

[176] 1920 年底，北京同人關於《新青年》走向有過一番討論，胡適回信批評「今《新青年》差不多成了 Soviet Russia 的漢譯本」又說：「北京同人抹淡的工夫決趕不上上海同人染濃的手段之神速」，將北京同人與上海同人作有意識的區隔，也表明了胡適對當時《新青年》的走向頗為不滿，最後又將信另抄一份，「寄給上海編輯部看」等訊息來看，此時《新青年》為北京同人和上海編輯部同人並存的狀態。參見：張靜廬，〈關於新青年問題的幾封信〉，《中國現代出版史料》甲編（上海：中華書局，1959），頁 8。另外，相關史料已進一步整理問世，可參見：黃興濤、張丁，〈中國人民大學博物館藏「陳獨秀等致胡適信札」原文整理注釋〉，《中國人民大學學報》2012 年第 1 期。

[177] 黃興濤，〈中國人民大學博物館藏「陳獨秀等致胡適信札」釋讀〉，《中國人民大學學報》2012 年第 1 期，頁 34。

[178] 茅盾，《我走過的道路》上冊（香港：三聯書店，1981），頁 149。

[179] 在 1920 年下半年以後傳入中國的布爾什維克主義文獻主要來自歐美的英語文獻，當時上海的共產主義小組借助外國的共產黨來摸索共產主義運動及「共產黨」的形態。〔日〕石川禎浩，袁廣泉譯，《中國共產黨成立史》（北京：中國社會科學出版社，2006），頁 47。

深化。因此該文不單是陳獨秀的思想變化，同時也預示著《新青年》的內在性質將發生變化。[180]

　　歷來將〈談政治〉一文，作為陳獨秀思想大幅轉變的代表文章，基本上多把它當成孤立的個案加以研究，據此認定他此時已是馬克思主義者。本文目的在於將其置入時代脈絡中，以具體聯繫《新青年》同人的思想演變與當時政治社會發展的互動關係，從而反映第八卷《新青年》刊物變遷與思潮轉變的表徵，並藉此進一步考察該文主要回應的對象與具體時政問題。從而勾勒出 1920 年的中國，外有帝國主義的壓迫，內有軍閥割據、南北和議又破局的情況下，當時立場左傾的團體（或刊物），所提出中國未來道路選擇的政治論戰，尤以〈談政治〉為論戰的引爆點。而陳氏發表〈談政治〉一文，正是暢談他的新政治理想，是以俄國革命、布爾什維克黨為正統的馬克思列寧主義。然而此時中國亦存在社會主義其他派別的不同主張[181]，因而在當時同為傳播社會主義新思潮的新文化人之間，彼此進一步產生了「主義」的分歧——即用何種方法解決中國面臨的政治社會問題。此時已非新舊陣營之爭，而是新派社會主義陣營內部分歧的浮上枱面。

一、是朋友還是敵人：〈談政治〉社會主義陣營的分化

　　「強權」與「公理」意義與關係的轉折，大量的討論開始出現在《每週評論》，正與歐戰結束、巴黎和會與南北和談的召開有關。當時中國在歐戰協約國勝利的喜悅下，加上威爾遜十四點原則的主張，知識分子多解讀歐戰為「公理戰勝強權」的表現；陳獨秀亦在〈發刊詞〉讚揚美國總統威爾遜，並把「主張公理，反對強權」定為辦刊宗旨。直到國內南北和談破裂，巴黎和會的列強分贓計畫，準備出賣中國的主權和領土，更意謂著和平協商的失

---

[180] 相關的討論可參見石川禎浩，《中國共產黨成立史》，頁 39-55。
[181] 從陳獨秀稍後發表的演講〈社會主義批評〉看來（詳後文），當時共產主義只是作為社會主義的一系，亦包含無政府主義、國家社會主義、行會社會主義、工團主義等四派。

效，為之後轉向強力對抗提供新的可能。此時，李大釗發表〈秘密外交與強盜世界〉指出「強盜主義大行的時候，公理仍然戰不過強權」[182]；同時陳獨秀也發表類似的觀點：「這回歐洲和會，只講強權不講公理……但是經了這番教訓，我們應該覺悟公理不是能夠自己發揮，是要強力擁護的。」因此一覺悟而產生「強力擁護公理」、「平民征服政府」的主張。[183]從「公理戰勝強權」到「強力擁護公理」，「強權」從負面的軍國主義逐漸轉為國家強盛的實力，而此一觀念的轉變演變為 1920 年 5、6 月於《民國日報·覺悟》「強權衛公理」的論戰。[184]

在這場論戰中，隱約可以看出兩種立場的思考方式：一是無政府黨人從人道主義的觀點，反對強權、擁護公理；一是較傾向唯物主義的觀點，認為強權是一種實力，一種物質的力量，強權本身無所謂善惡，而使用強權者卻有善惡之別，因而反對對方不信任政府的說法，不能因不滿意現在的政府，就放棄通過實力建立「良政府」。[185]基本上，當年 9 月陳獨秀發表〈談政治〉提倡強權的觀點，已相當接近上文唯物主義者的主張，並繼而實踐建立「良政府」的意圖，眼前的典範正是布爾什維克黨的勞農俄國。

其實著重公理或提倡強權的價值論斷，本身就是一種政治選擇，這種選擇，最終帶來政治路線的競爭問題。事實上，這篇〈談政治〉文章不光是談

---

[182] 《每週評論》22 號（1919 年 5 月 18 日），署名常。

[183] 陳獨秀（署名只眼），〈山東問題與國民覺悟〉，《每週評論》23 號（1919 年 5 月 26 日）。

[184] 曹乾元於 1920 年 5 月 23 日在上海《民國日報·覺悟》發表〈不要再做強國夢〉一文，將強國等於軍國主義，引發（邵）力子與天放關於「強權衛公理」的討論。討論的細節可參看蔡國裕，《一九二〇年代初期中國社會主義論戰》（臺北：臺灣商務印書館，1988），頁 271-274。及中共中央馬克思、恩格斯、列寧、斯大林著作編譯局研究室編，《五四時期期刊介紹》（一）（香港：三聯書店，1979），頁 188-191。蔡國裕已注意到強權與公理的討論為 1920 年代社會主義論戰的前奏，本文則將此置於〈談政治〉主張「強權」的潛文本加以思考。

[185] 中共中央馬克思、恩格斯、列寧、斯大林著作編譯局研究室編，《五四時期期刊介紹》（一），頁 190-191。

／不談政治的問題，其實也正意謂著陳獨秀在成為馬列主義者的屬性後，為了更進一步明確自己的範圍、界線、位置，必須以排除他者的方式與敵人清楚區別，以及認清誰是敵人、誰是朋友。

　　〈談政治〉點名當時主張不談政治的三派人：學界（以張東蓀、胡適為代表）、商界、無政府黨人。在陳獨秀提到的這三派人中，他先將商界排除在外；其次是排除胡適，因為陳獨秀認為胡適等「爭自由的宣言」已經是談政治了；只剩下學界張東蓀以及無政府主義者，張東蓀此時與陳獨秀關係友好[186]，故亦不在主力批判之列。〈談政治〉一文其實主要針對兩種對象：一是「不談政治」的無政府黨人，二是「不反對談政治」的新派，然而歷來的討論多只注意到「不談政治」的無政府黨人[187]，忽略「不反對談政治」的新派。石川禎浩即認為，中國還根本未見蹤影的德國社會民主主義勢力，也被陳獨秀認為歪曲了馬克思原意而與無政府主義一同受到長篇大論的批判。[188]筆者認為從張君勱 1920 年 7 月間於《解放與改造》主張德國模式，擁德國社會黨馬克思主義修正派的觀點，對照發表於 1920 年 9 月《新青年》〈談政治〉一文對馬克思主義修正派的批判，並非無中生有。以下本文即針對陳獨秀與無政府黨、德國修正派的敵友關係作進一步的分析。

　　首先是「不談政治」無政府黨人。當時中國的無政府黨也有若干派別，

---

[186] 茅盾指出，在《新青年》〈談政治〉時期，談唯物史觀，不僅陳獨秀一派，也有張東蓀。在籌劃組織共產黨時，張東蓀亦參加，後來（羅素來華）張東蓀到湖南走了一趟，議論大變判若兩人。見茅盾，〈《新青年》談政治之前後〉，《茅盾散文速寫集》下（北京：人民文學出版社，1980），頁 695-696。張東蓀之後提倡實業的主張，引來陳獨秀等人的強烈批評，論戰的內容刊於《新青年》8 卷 4 號〈關于社會主義的討論〉。

[187] 「不談政治」的胡適與商界，以及「不反對談政治」的舊派主要不在此次的論爭範圍內，在〈談政治〉一文第二小節明確將焦點置於無政府派，第三小節置於德國社會民主黨，也就是馬克思修正派，但此一小節多被忽略了。另外，學界如德里克（Arif Dirlik）的觀點亦認為陳獨秀談的焦點是無政府主義者，參見〔美〕阿里夫·德里克著，孫宜學譯，《中國革命中的無政府主義》，頁 192-195。

[188] 石川禎浩，《中國共產黨成立史》，頁 49-50。

有個人無政府主義,也有師復派的無政府共產主義(亦從事工人教育、工人運動的無政府工團主義),以及新村主義等等派別,在當時興起的各種改造社會的救世方案中,普遍存在「不問政治」的傾向。1920 年初創刊的《奮鬥》旬刊,主要成員有朱謙之[189]、易家鉞等人,他們提倡的無政府主義,偏向個人無政府主義,有濃厚的虛無主義色彩。當時在《奮鬥》旬刊反對布爾什維克主義,署名 A.D 發表〈我們反對「布爾札維克」〉[190],以及 A.F〈為甚麼反對布爾雪維克〉[191],他們反對布爾什維克的共同主張是反對國家的存在、濫用強權、獨裁專制。我們可以將此反對「強權」的聲浪,與稍晚發生,上文提過《民國日報》關於「強權衛公理」的討論合併參看。對照陳獨秀〈談政治〉文中指出無政府主義者反對國家、政治、法律、強權,雖有一部分真理,但陳氏指出強權之所以可惡,是因為有人拿他壓迫弱者與正義,若拿他排除強者與無道者,就不見得可惡了。[192]陳獨秀繼而指出:

> 各國共和革命後,民主派若失了充分壓服舊黨底強力,馬上便有復辟底運動。此時俄羅斯若以克魯巴特金自由組織代替了列寧的勞動專政,馬上不但資產階級要恢復勢力,連帝政復興也必不可免。(頁 5)

這段話顯然是回應無政府黨人對俄國布爾什維克黨,濫用強權、獨裁專制的批評,為強權存在的必要性正當化,也藉以反駁無政府黨人反對強權、布爾

---

[189] 朱謙之對布爾什維克革命抱持反對態度,大量引用克魯泡特金的觀點,批評俄國政府是「變形之國家主義」。參見《現代思潮批評・廣義派主義批評》,出版於 1920 年 1 月,新中國雜誌社。徵引自《原典中國アナキズム史料集成》(東京都:綠蔭書房,1994)復刻本,頁 48-56。

[190] A.D(易家鉞),《奮鬥》旬刊,1920 年 2 月 10 日。

[191] A.F,《奮鬥》旬刊,1920 年 4 月 30 日。

[192]〈談政治〉,《新青年》7 卷 1 號,頁 3。為求行文簡潔,以下〈談政治〉內文均只標明頁數。

什維克主義的看法。再對照中國在共和革命後將近十年，帝制復辟接連再起，尤其是在 1920 年初北京復辟派的謠言甚囂塵上[193]，同期刊載的魯迅小說〈風波〉即反映此一問題。[194]陳獨秀的考量顯然是基於共和國家實際生存的考量，據以批駁無政府黨人「天天主張不要國家，政治，法律，天天空想自由組織的社會出現」（頁 4）。

在陳獨秀發表〈談政治〉一文後，最早回應的即是《奮鬥》旬刊的撰稿人鄭賢宗，反對陳獨秀批判無政府黨人「閉起眼睛反對一切強權」，鄭氏主張只要把資產階級的財產一齊歸公，也不怕復辟派的陰謀。[195]陳獨秀也再度針對「復辟」一事做說明，理由在於舊黨勢力的恢復即易造成恢復帝制的可能，「我們不可把社會改造看得太簡單太容易了。」[196]而從陳獨秀於《新青年》8 卷 1 號隨感錄欄發表〈虛無主義〉，指出對於社會的黑暗、罪惡，只有改造、奮鬥，單單否定他無濟於事，仍不能取消他實際的存在。參照《新青年》同期隨感錄〈比較上更實際的效果〉：「與其高談無政府主義、社會主義，不如去做勞動者教育和解放底實際運動。」亦明顯批評虛無主義一派，空談不切實際。[197]稍後於《新青年》8 卷 4 號「隨感錄」〈虛無的個人主義及任自然主義〉、〈提高與普及〉，陳獨秀即點名朱謙之、易家

---

[193] 陳獨秀，〈中國革命黨應該補習的功課〉，載《星期評論》31 號（1920 年 1 月 3 日）。轉引自任建樹主編，《陳獨秀著作選編》第二卷（上海：上海人民出版社，2009），頁 165。

[194] 詳細的討論參見下文第六章第三節。

[195] 鄭賢宗致陳獨秀，〈國家、政治、法律〉，《新青年》8 卷 3 號「通信」欄（1920 年 11 月），頁 2-3。

[196] 陳獨秀致鄭賢宗，〈國家、政治、法律〉，《新青年》8 卷 3 號「通信」欄，頁 6-7。

[197] 針對陳獨秀對虛無主義的批評，朱謙之在寫給胡適的信中指出：「獨秀先生在《新青年》上屢屢攻擊虛無主義，其實何曾知道『現代虛無主義的意義和價值』？『現代虛無主義者的性格和精神』？無理由的評判，誰心服他！」中國社會科學研究院近代史研究所中華民國史研究室編，《胡適來往書信選》上（香港：中華書局香港分局，1983），頁 127。

鉞。陳獨秀批評無政府黨人的主要矛頭指向主張虛無主義的無政府黨人，《奮鬥》旬刊在當時尤為虛無主義的代表。那麼針對師復派無政府黨人，他的態度又是如何？這必須從 1920 年 5 月成立的「社會主義者同盟」[198]說起。

根據鄭佩剛的說法：「社會主義者同盟的性質是屬于統一戰線的組織，當時凡進行社會主義宣傳的人，不分什麼派別，都可自願參加。」[199]因此同盟的出現，可以說是當時中國的無政府黨人與共產黨人，在共同的「社會主義」概念與目標下合組的團體[200]。劉石心指出，那時與共產黨的界限不像後來那麼深，當時他也熱心蘇維埃，想去蘇俄看看[201]；陳獨秀此時亦自稱為「社會主義者」[202]。在當時兩派能合作的主要原因是手段雖然不同，但到達最終「各盡所能，各取所需」的無政府共產社會則是一致[203]，從無政府主義者稍後轉為馬克思主義者日後的自述，尤能看出此種轉折的順承痕跡。[204]並且也因彼此都反對軍閥、帝國主義的壓迫，因而有合作的基礎，

---

[198] 根據海隅孤客（梁冰弦）《解放別錄》，在 1920 年春，留守晦鳴學社的鄭佩剛，接到一封布爾什維克黨人用世界語寫的信，署名是布魯威。當時鄭佩剛將信寄與北大黃凌霜，黃凌霜約同陳獨秀、李大釗與布氏在天津敘話幾回，結果產生一「社會主義同盟」。參見《解放別錄》，頁 8。根據梁冰弦，以及劉石心、鄭佩剛等人日後的回憶文章看來，關於社會主義者同盟的成立，是可以被證實的。見〈鄭佩剛的回憶〉，《無政府主義在中國》，頁 519；〈劉石心的回憶〉，《「一大」前後》（三），頁 133-134。

[199] 高軍、王檜林、楊樹標編，〈鄭佩剛的回憶〉，《無政府主義在中國》，頁 519。

[200] 蔡國裕，《一九二〇年代初期中國社會主義論戰》（臺北：臺灣商務印書館，1988），頁 399。

[201] 中國社會科學院現代史研究室、中國革命博物館黨史研究室選編，〈劉石心的回憶〉，《「一大」前後》（三），頁 133。

[202] 陳獨秀，〈對於時局的我見〉，《新青年》8 卷 1 號，頁 1。

[203] 陳獨秀自述其五四運動以後開始組織中國共產黨之原因在於：「共產黨之終極目的，自然是實現無剝削、無階級，人人『各盡所能，各取所需』的自由社會……」見陳獨秀，〈辯訴狀〉，《陳獨秀著作選編》第 5 卷，頁 60。

[204] 瞿秋白：「記得當時懂得了馬克思主義的共產社會同樣是無階級、無政府、無國家的最自由的社會，我心上就很安慰了，因為這同我當初的無政府主義，和平博愛世界的

當時他們認為無政府主義者和馬克思主義者都是「同路人」。[205]

我們再從當時陳獨秀與師復派成員的活動主力方向來看，彼此有許多共同之處與合作機會。1920 年初，陳獨秀剛離開北大，南下上海，他除了編輯《新青年》外，幾乎把所有的精力投注於工人運動。[206]陳獨秀在《新青年》「勞動節專號」花上較之前雙倍的頁數，八月上海《勞動界》創刊，可以說努力從事教育工人的自主意識。而教育工人，從事工團活動，早在民國三、四年間，師復派成員即組織工會，第一個是機器工會，由梁冰弦、劉石心、區聲白等人輪流演講，成員已達數萬人，為華南區的領袖工會。[207]他們發起《勞動者》雜誌，也與共產黨人合作，《勞動者》也可以刊載共產黨的文章、傳單。[208]但彼此的不同，透過莫斯科當局派來俄人敏諾的視角，已敏銳的看出共產黨與無政府黨的矛盾。敏諾曾詢問師復派成員組織工會卻不教導工人從事鬥爭得到的答案是：

> 正是要他們從事鬥爭，與國家的貧窮鬥爭，與帝國主義的經濟壓迫鬥爭。但根本要明白，這裏的勞動運動是教育性多於政治性的，這裏的領導們認為現階段應該如此。[209]

顯然師復派的鬥爭著重於教育改造，以提高工人的知識與自覺為目標，與共產黨的階級鬥爭意義有所差別。再比照陳獨秀於〈談政治〉一文點出工團主義的問題：「他們不熱心階級戰爭，是要離開政治的，而政治卻不肯離開他

幻想沒有沖突了。所不同是手段，……」見瞿秋白，〈多餘的話〉，《餓鄉紀程・赤都心史・多餘的話》，頁 328。

[205] 高軍、王檜林、楊樹標編，〈黎昌仁的回憶〉，《無政府主義在中國》，頁 359。

[206] 陳獨秀此時從事工人運動與演講的細節，可參看：王觀泉，《被綁的普羅米修斯——陳獨秀傳》（臺北：業強出版社，1996），頁 183-184。

[207] 梁冰弦，《解放別錄》，頁 30。及中國社會科學院現代史研究室、中國革命博物館黨史研究室選編，〈劉石心的回憶〉，《「一大」前後》（三），頁 125-126。

[208] 〈劉石心的回憶〉，《「一大」前後》（三），頁 133。

[209] 梁冰弦，《解放別錄》，頁 31。劃線部分為筆者所加。

們，在歐戰中被資產階級拿政權強迫他們犧牲了，今年『五一節』後又強迫他們屈服了，他們的自由在哪裏？」（頁 4）勞動運動的教育／政治的不同傾向，不但凸顯兩派的著重點不同，兩派的具體矛盾其實更體現在國家權力的問題：馬克思派認為無產階級專政是到達共產社會必要的過渡時代，然而「專政」卻與無政府派反強權的理念不合。但此一矛盾在開始時並不甚為明顯，因為當時共產黨的建黨者看來，如李大釗的「社會主義者一致聯合」的主張：「中國革命運動離無產階級運動還遠得很，此時無政府主義者和馬克思主義者是可以不計較這一分歧，共同在一個組織裏面攜手並進的。」因此 1920 年 9 月中旬，北京共產主義小組組成之時，師復派黃凌霜也加入了。只是到後來在討論更為詳細的黨綱時，黃凌霜等無政府主義者因反對無產階級專政而退出（當年 11 月）[210]。因此〈談政治〉針對無政府派顯然口吻和緩許多，在褒揚無政府派反對政治，從消極方面說來「也有一大部分真理」（頁 2），同時也明白點出無政府派的不切實際，未能因應國家現實的政治形勢。[211]

　　從〈談政治〉一文的脈絡針對的無政府派，主要矛盾是主張虛無主義的無政府黨人（以《奮鬥》社為代表），次要的矛盾才是師復派無政府黨人。此時社會主義同盟尚未分裂，廣州師復派傾向工人運動與工團主義，必須等到 1920 年底，陳獨秀應陳炯明之聘來到廣州，陳獨秀態度才轉趨強硬，要求無政府主義者絕對服從馬列主義者，社會主義同盟始漸趨解體。[212]

---

[210] 中國社會科學院現代史研究室、中國革命博物館黨史研究室選編，〈張國燾回憶中國共產黨「一大」前後〉，《「一大」前後》（二），頁 145-148。

[211] 在〈談政治〉一文第二小節不著痕跡的批評，仍相當拿捏分寸。

[212] 梁冰弦，《解放別錄》，頁 36。另外根據〈關謙關于北京社會主義青年團與無政府黨互助團活動情形致王懷慶呈〉亦說明其分裂的始末：「……首由黃凌霜報告：據廣東同志區聲白、趙司農等函稱：本各地多數同志第一著之意見，應與社會主義團聯絡一氣，本互助之精神，以期合力推翻現政府及一切惡制度。……不料陳獨秀野心專橫，謂吾輩聯合須聽其指揮，悉依青年團之集權主義進行，如吾黨被其降服立約之加入者。然同人聞之，不勝憤懣，議遂中止。」1921 年 3 月 13 日，微引自葛懋春、蔣俊、李興芝編，《無政府主義思想資料選》，頁 1054。

　　其次是德國馬克思修正派。除了無政府派，〈談政治〉一文其實花了相當的篇幅嚴厲批判德國社會民主黨的馬克思修正派，但較少受人注意。但如果我們將時代背景拉到巴黎和會後的中國，對西方的幻滅，促使中國人尋求第三條道路，以張東蓀在〈第三種文明〉的說法為代表，就是在中國實行社會主義。當時實行社會主義主要師法德、俄，一來兩國在歐戰期間及戰後不久產生新的國家革命，二來戰敗的德國成立威瑪共和與中國共和革命有若合幅節之處，以及俄國對中國的外交宣言體現的人道正義精神，更深深打動中國知識分子的心弦。第三，有鑑於中國代議政治的施行產生種種弊端，不能直接體現民意，如《新青年》同人陶履恭的反省：「七年以來的民國，是沒有人民的民國。因為人民沒有聲息，沒有動轉，沒有對執政者說『我們在這裏看著你了！』所以執政者纔造出這許多政治的罪惡。」陶履恭的心願就是使民國「變成人民的國家，民治的國家」。[213]由於對「直接民權」的關注與勞動者「經濟民主」的考量，俄、德新憲法大抵皆能體現此一精神。因此在 1920 年的中國，除了標榜反強權的無政府主義，社會主義路線之爭在中國即體現為德國社會民主黨、俄國布爾什維克黨，兩種政治道路的選擇。

　　對德國政治路線的注意，早在 1920 年初，《解放與改造》即刊登張君勱〈德國革命論〉[214]，之後又刊登張君勱的譯作《德意志國家憲法》[215]以及評論文章〈德意志新共和憲法評〉[216]。張君勱指出，德國新憲法採取的「相對的直接民主」以補代議政體的不足；相較之下，中國的代議政治卻使人民主權「久假于議會而不歸」，除國會外，全體人民沒有發言權，假如中國當年《約法》能載入國民公決的條文，那麼今日中國國會亂象、軍人干政與南北和議，懸而未決的問題都可以解決[217]。並且，德國憲法也加入經濟

---

[213] 陶履恭，〈我們政治的生命〉，《新青年》5 卷 6 號（1918 年 12 月）。

[214] 《解放與改造》2 卷 3 號（1920 年 2 月 1 日）。

[215] 《解放與改造》2 卷 9 號、11 號、12 號（1920 年 5 月 15 日-6 月 15 日）。

[216] 《解放與改造》，2 卷 9 號。

[217] 德國魏瑪憲法即規定，於議會之外，人民有進行全民公決的權利，此為德國「相對的直接民主」。張君勱考量到中國人口眾多與識字率低，故不主張絕對的直接民主，而

民主的內容，使得德國憲法包含社會主義的精神，主張「生計的自治」，是中國可以仿效的對象。[218]無怪乎張君勱在〈德意志新共和憲法評〉文末主張：「……願追隨國人之後，以自效于此 20 世紀社會民主主義之革命潮流者也。」[219]

　　另外，在歐遊歷的張君勱與張東蓀往返的三封信，集結成〈中國之前途：德國乎？俄國乎？〉，則標誌著德、俄作為中國前途抉擇的首選，此時的選擇已從先前英美法立憲民主／德俄社會主義路線，進而為德／俄不同社會主義路線的抉擇。在通信中，張君勱明白指出他左袒德國的原因，不在於該國社會主義的實行，而在於採取的手段。德國是以法律手段、議會的策略，俄國是以非法律的革命手段，尤其對具有排他性的勞動專政，張君勱認為已經違反法律之前人人平等的原則。[220]接下來，張君勱將俄德革命特點作一比較，筆者將其整理為條列式：

俄	德
廢國民會議、選舉權限於一階級	召集國民會議、選舉權普及於國民
國有政策、非賠償主義	認可國有主義、採取賠償主義
不與他黨合組政府	混合內閣
過渡期施行貧民專制	無貧民專制[221]

　　主張「相對的直接民主」，亦即「代表民意之範圍務求寬廣，不可但限于中央數百人之議員。」見張君勱，〈德國新共和憲法評〉，《解放與改造》，2 卷 9 號。

[218] 張君勱，〈德國新共和憲法評〉，《解放與改造》2 卷 11 號。

[219] 張君勱，〈德國新共和憲法評〉，《解放與改造》2 卷 12 號，頁 15。

[220] 張君勱在 1919 年 8 月遊歐期間，得到俄國新憲法文本，將它譯成中文，後刊載於《解放與改造》1 卷 6 號，1919 年 11 月 15 日出版。之後又於《改造》1、2 號發表〈讀《六星期之俄國》〉一文，因此張君勱對新俄國憲法與國情在當時有一定的掌握能力。

[221] 張君勱、張東蓀，〈中國之前途：德國乎？俄國乎？〉，《解放與改造》2 卷 14 號（1920 年 7 月 15 日），頁 7-8。

從俄德革命的比較看來，張君勱反對的是政治權力高度集中於單一階級、單一政黨把持的俄國革命；然而，德國威瑪共和是以國民會議為基礎來組織政府、實行革命，代表歐洲社會民主黨人和平改造資本主義、實現社會主義的溫和改革方案。針對中國當時現況，張君勱認為應採取消滅軍閥之「革命」，而於勞動者地位的增進與政權的轉移，應採取「議會政略」[222]。於其時不僅張君勱，亦有署名「滄海」譯介《德意志共和新憲法全文》[223]，此時知識界也對威瑪憲法大感興趣。[224]這是陳獨秀〈談政治〉一文批判擁德國社會民主黨，不反對談政治的「新派」。在當時這一群人其實尚未形成氣候，因此陳獨秀才說「中國此時還夠不上說有這派人，不過頗有這種傾向。」而將來這派人，陳獨秀預言，必定是很有勢力作為他們的「敵人」。（頁7）

　　在〈談政治〉一文，事實上陳獨秀真正火力全開的是——上述為當時馬克思主義斥為「修正主義」思想的德國社會民主黨路線。從稍後陳獨秀的演講〈社會主義批評〉看來，他不斷強調「在俄國才還了馬格斯底本來面目叫做共產主義」，若中國採用德國社會民主黨的國家社會主義，不過是給予腐敗的官僚作惡的機會。[225]因此，陳獨秀爭奪的是正統馬克思派的主導權，而與他路線最接近的敵人是馬克思修正派，此亦意謂著陳獨秀在更確認自己的界限、主張，所作的國家政治路線選擇。張君勱等德國模式派的優點，在陳獨秀〈談政治〉看來，全是「利用資產階級據以作惡的政治、法律，來施行社會主義的政策」，使得民主永遠成為資產階級的產物，除非經過勞動專政的時代。（頁7）〈社會主義批評〉演講中，陳獨秀亦針對俄國共產主義

---

[222] 同上註，頁9。

[223] 連載於《太平洋》2卷4號、6號，1920年3月5日、8月5日。

[224] 鄧麗蘭，〈魏瑪憲法在中國的傳播〉，《中國政法大學學報》2008年第3期，頁25-26。

[225] 陳獨秀，〈社會主義批評〉，《新青年》9卷3號（1921年7月），頁11-13。該文為1921年1月15日陳獨秀於廣州公立法政學校的演講，1921年1月19日連載於《廣東群報》，之後才轉於《新青年》。

和德國國家社會主義，作一條列式比較，指出他們雖同出於馬克斯，而兩派的主張彼此卻正相反[226]，大有與張君勱互別苗頭的意味：

共產主義底主張	國家社會主義底主張
階級戰爭	勞資攜手
直接行動	議會政策
無產階級專政	民主政治
國際運動	國家主義

從此表看來，陳獨秀比較的焦點在於，凸顯共產主義是具國際色彩的勞動階級解放運動，而不是與資本階級政黨掛勾的議會政治，這是他們最近以及將來面對的敵人。因此陳獨秀在〈談政治〉同期〈對於時局的我見〉，高分貝的批評：「也絕不屑學德國的社會民主黨，利用資本階級的政治機關和權力作政治活動。」[227]正是此一政治姿態的展現。

二、〈談政治〉之於《新青年》：內部分裂與新的聯合

〈談政治〉正是陳獨秀較為明確自己的政治路線與界限，打破現有的軍閥政府與一紙憲法空文，以俄國模式——列寧共產主義為正統馬克思主義，以列寧式的政黨組織作為中國未來政治道路的選擇，當時已在上海成立共產黨發起小組。而馬克思修正派的德國社會民主黨，正是馬列主義的首要與最近的敵人，因此陳獨秀才會嚴厲批評此時在中國擁德國模式，雖未成氣候但已有此一傾向的一派人，主要是於《解放與改造》大力宣揚德國威瑪共和的張君勱。而無政府黨在當時社會主義的共同旗幟下，加上「社會主義者同盟」組織一同從事工人教育、工人運動的合作關係，被馬克思主義者引為同志、同路人，但〈談政治〉一文已透露彼此關於國家及國家權力問題的分歧。直到 1921 年《民聲》復刊，陳獨秀亦陸續成立《共產黨》、《嚮導》

---

[226] 同上註，頁 11。

[227] 陳獨秀，〈對於時局的我見〉，《新青年》8 卷 1 號，頁 2。

等刊物，彼此的壁壘漸趨分明，進而展開論戰，後來《共產黨》主編李達在〈無政府主義之解剖〉指出：「無政府黨是我們的朋友，不是我們的同志。」[228]彼此的界線更進一步的明確劃分，至 1922 年春天社會主義者同盟宣告分裂。[229]

在〈談政治〉中，標誌陳獨秀對中國政治道路的選擇是俄國模式，也就是「勞動階級專政」的國家。在《新青年》同期刊出的〈對於時局的我見〉，則表明陳獨秀落實於中國現實政治的實踐方式，在勞動者國家未成立以前，遇著資本階級內民主派和君主派戰爭時，應該幫助民主派攻擊君主派，君主派勝利時，馬上就是我們的敵人。[230]這正是緊扣著陳獨秀指出無政府黨人不能因應現實政治，不要政治法律國家，即造成舊黨復辟的可能。這與陳獨秀自民國成立後，共和理想的失敗，接連的復辟，至 1920 年仍有復辟謠言的實際考量有關。這也因無產階級的革命理論，當時少有人能夠了解，緣於中國客觀條件尚未成熟使然，以及因應中國實際政治狀況所作的調整。

因此我們可以作一陳獨秀〈談政治〉、〈對於時局的我見〉，涉及的當時相關黨派或報刊的敵友標準：

敵人—馬克思修正派：德國社會民主黨（張君勱《解放與改造》）

陳獨秀——同志—主要矛盾：虛無主義派（《奮鬥》旬刊）

次要矛盾：社會主義聯盟（師復派）

---

[228] 李達為《共產黨》月刊主編，該月刊主要報導國際共產運動的消息，探討中國的革命問題。〈無政府主義之解剖〉發表於《共產黨》第 4 號（1921 年 5 月 7 日），署名江春。該文繼而說明他作如此區分的原因：「無政府黨要推倒資本主義所以是我們的朋友。無政府黨雖然要想滅絕資本主義，可是沒有手段，而且反不免有姑息的地方，所以不是我們的同志。」，頁 14。

[229] 其分裂可參見：中國社會科學院現代史研究室、中國革命博物館黨史研究室選編，〈劉石心的回憶〉，《「一大」前後》（三），頁 129；高軍等主編，〈鄭佩剛的回憶〉，《無政府主義在中國》，頁 521。

[230] 陳獨秀，〈對於時局的我見〉，《新青年》8 卷 1 號，頁 2。

　　〈談政治〉不但標誌著陳獨秀成為馬克思主義者的宣言，也意謂著走向社會的新政治實踐、社會主義陣營新的分化與聯結，以及開啟《新青年》八、九卷社會主義路線的論戰。《新青年》從該期（8 卷 1 號）起，又增設「俄羅斯研究專欄」翻譯並介紹有關俄國的相關文章，〈談政治〉所提的「階級爭鬥」（頁 8），不但具有打破社會階級的社會革命性質；「勞動階級專政」，亦具有政治革命的性質，勞農俄國作為中國革命新典範，也說明了此後《新青年》的思想發展趨向是從「文學革命」的《新青年》，走向「政治革命」、「社會革命」的《新青年》。

　　其次，更值得我們注意的是：〈談政治〉一文在俄國「共產主義」與德國「國家社會主義」的比較中（見上文的表列），更意謂著直接否定「民主政治」，而代之以「無產階級專政」。在民初的語境下，「民主政治」意謂著共和「立憲政治」，而憲政徒具一紙空文的情況下[231]，必須有新的論述回應。陳獨秀提出了俄國道路「無產階級專政」；李大釗之後在《新青年》提出「工人政治」與「平民政治」之別，更著力批判了「平民政治」現在只是「中產階級的平民政治」，因此必須經過「無產階級專政」的時期，也就是「工人政治」，才能達到真正的民主政治。[232]

　　1920 年底，陳獨秀應陳炯明之邀來粵主持教育，在離開上海之前，將《新青年》編輯部轉交給陳望道[233]，後來編輯部又加入新血輪沈雁冰（茅盾）、李達、李漢俊三人[234]。而陳望道、李達、李漢俊三人與陳獨秀，正為1920 年共產黨上海發起組的發起人。陳獨秀〈談政治〉此文與邀請陳望道

---

[231] 陳獨秀在〈談政治〉即指出：「我們不是不要憲法，是要在社會上造成自然需要新憲法底實質，憑空討論形式的條文，是一件無益的事。」（頁 1）指涉的即是八年來憲法徒具虛文。

[232] 李大釗，〈平民政治與工人政治〉，《新青年》9 卷 6 號（1922 年 7 月）。

[233] 張靜廬，〈關於新青年問題的幾封信〉，《中國現代出版史料》甲編（上海：中華書局，1959），頁 7。

[234] 陳獨秀，〈致李大釗、錢玄同、胡適等〉，《胡適往來書信選》上冊（香港：中華書局香港分局，1983），頁 117。

等人擔任編輯，其實即已為未來《新青年》的走向定調，埋下之後《新青年》北京同人分裂的伏筆。

第五節　結　語

　　歐戰以前的中國，中國面臨的主要問題是政制問題，民國理想的失敗與共和國體的危機，《新青年》同人此時以激進的文化改革方式，不但進行思想文化啟蒙，同時也藉此介入社會運動、現實政治，仍是屬於體制內的改革。然而山東問題的清理，隨著歐戰結束，正式浮上枱面，成為中國迫在眉睫的國家主權問題。歐戰期間，威爾遜的十四點原則與國際聯盟的主張，塑造一戰後國際新秩序，深深打動中國人的心坎。當時《新青年》部分同人，有鑑於戰後國際形勢對中國未來的決定性影響，另外創辦更具時效性的週報《每週評論》因應，原本《新青年》成為同人雜誌之後刪略的「國內外大事欄」，也在《每週評論》復活。由此可見歐戰之後兩三年，國際形勢的急劇變化，已不似先前主要受國內政潮影響，國際政治思潮的演變，伴隨著歐戰此一空前戰爭規模的反省與檢討，新的批判思潮（社會主義）成為世界性的潮流，《新青年》之後的轉變，正是必須要放在此一時代框架下，說明其互動、接受與影響。

　　因此本章主要是透過 1918 年底-1920 年，影響中國甚鉅的三件重要事件：巴黎和會山東問題的解決，以及引發的五四運動、俄國第一次對華宣言的傳播，說明（《新青年》、《每周評論》）如何介入這些重大時政事件，產生文本的敘事脈絡與轉變的傾向，以及《新青年》同人心態上的關鍵影響。使得五四運動以前，《新青年》同人原著力於文化改革以謀共和國體的維護，至此部分同人（陳獨秀、李大釗）轉為政治激進路線，以俄國列寧政黨組織為範本，要求體制外的變革——社會革命與政治革命。

　　從文化改革訴求的《新青年》，到〈談政治〉主張社會革命、政治革命的《新青年》，這當中抵抗政府的位置、強度，其轉變是怎麼產生的？也就是把它放在上述歐戰後國內外政治思潮變遷的視野來加以考察，說明《新青

年》政治取向的變遷：關鍵在於「西方」認同的分裂，原本英美法所代表的西方，尤其威爾遜主義扶搖直上之際，美式民主成為西方的新典範；但因巴黎和會與威爾遜的背信，與俄國第一次對華宣言的友好反差，進而發現、選擇另一西方（新俄）的過程。民主的參照系統因而產生變化，而兩種「西方」的區別，更意味著之後八、九卷《新青年》與先前立憲民主路線的分野。不同「西方」的選擇，也代表不同政治典範的「西方」，與解決中國政治問題，兩造之間的可能性，不同競爭論述之間的路線區分，亦逐漸浮出歷史地表。於是稍早有胡適、李大釗問題與主義的爭論，繼而有陳獨秀〈談政治〉一文的產生。

　　以五四運動為分界線，時代巨輪駛向一個民意沸騰的年代，再也不讓軍閥擅政專美於前。1919 年巴黎和會過後，當時知識青年因對軍閥政府的憤怒、絕望，再加以世界性的潮流推波助瀾，各種社會主義（包含無政府主義、馬克思主義………等各種廣義的社會主義流派）如雨後春筍般地在中國滋生。對於政府、階級、權力的批判，各派社會主義對於解決中國問題的方法論歧異逐漸浮出枱面，也形成了 1920 年代中國政治舞台上的多元聲音。

第五部　低谷：
五四落潮期的分裂與再整合

第五章　從文化政治到黨派政治：
左翼勢力的分化與再整合

> 社會主義在中國，本來是沒有派別的；但是到了現在，對於社會主義
> 的內容漸漸明瞭了，於是主張也就因之分野了。……派別既然生出來
> 了，各派之中就不免有時生了抵觸……[1]

　　早在二十世紀初，中國知識分子對於社會主義的介紹，是在被列強壓迫
的歷史情境下進行改革（甚至革命）的思想資源。然而，這股社會主義浪潮
在清末並未蔚為壯濶波瀾；直到歐戰期間，暴露列強與資本主義、帝國主義
掛勾的本質，導致生靈塗炭，對資本主義、帝國主義深入批判的社會主義，
隨著歐戰結束後的世界性反思浪潮，也蔓延到中國。《新青年》刊載了歐陸

---

[1]　新凱，〈共產主義與基爾特主義〉（錄《覺悟》），《新青年》9 卷 5 號（1921 年 5
月）。

思想家〈精神獨立宣言〉，正是羅素等人為譴責一戰和巴黎和會而發表。[2]
這股社會主義的思潮伴隨著五四過後「社會改造」的呼號波濤洶湧。當時中
國介紹社會主義，除了《新青年》之外，主要可分為三個團體及代表刊物：
一是國民黨的《星期評論》、《建設》；二是民初進步黨演化而來的進步
黨，主編《解放與改造》；三是無政府主義團體的相關刊物，以《民聲》為
代表，皆匯聚於新文化運動的大旗之下。社會主義思潮在中國的傳播，不但
是解決經濟問題的思想資源，更是推進政治問題深化的幕後推手。

在這裏，我想著重討論的是，看似表面的社會主義路線之爭，實則新文
化運動已隱然分化為兩路線：文化教育路線與革命行動方案，背後是如何建
設新中國的方法論問題，啟蒙與救亡實則為一體的兩面。前文提到，五四運
動以前的《新青年》所高舉的文化運動大旗，是為辛亥革命失敗、民初不良
政治所下的政治改革的藥方。然而，南歸上海的《新青年》（7 卷 1 號），從
北京同人輪流主編，改為陳獨秀一人獨編，矛盾衝突點逐漸浮上枱面，文化
改造／革命行動兩種力量不斷彼此角力。這列新文化運動的火車，從以文化
教育作為改造中國的燃媒引擎，到了中途，有人改換革命行動引擎，有人仍
堅持原案。這不但包含了《新青年》內部的，也是當時社會主義陣營的角力
之爭。到底五四後的中國要如何走呢？陳獨秀的激進政治路線與其他社會主
義陣營的路線之爭，在 1920 年代初的中國，正沸沸揚揚的喧騰著。然而，
另一方面，新的左翼勢力也逐漸進行整合，仿效列寧布爾什維克黨路線，中
國革命的行動方案由共產黨與孫中山所領導的國民黨攜手合作，一種新的黨
派政治亦於焉形成。

第一節　無政府派的文化運動：
社會革命與俄國路線批判

上文提到，陳獨秀〈談政治〉一文諷刺無政府黨人「天天主張不要國

2　張崧年譯，〈精神獨立宣言〉，《新青年》7 卷 1 號（1919 年 12 月）。

家，政治，法律，天天空想自由組織的社會出現」，一般論者也多認為五四時期無政府主義者空具理想而較無實踐的能力，或實踐能力成效不佳[3]。筆者於此先舉出無政府派的實踐成果：1919 年下半年師復派在漳州的實踐案例，在當時它是在報刊輿論頗受重視的文化運動的「模範」，只不過因年代久遠，漸為研究者所忽略，於此進一步據此說明無政府派其政治理想與社會實踐之間的可能性。透過此一實踐的可能，再重新細讀以陳獨秀為代表的《新青年》，與無政府派鄭賢宗等奮鬥社、區聲白等代表的《民聲》為陣地的討論，無政府派其實正是提出批判馬列主義派之獨特視角，以及針對當時中國政治問題與解決之法的相關討論。

一、社會革命的民主實踐：1919 年師復派在漳州的文化運動

從師復派的領袖劉師復，早年成立的心社十二條戒約看來，包含不作官吏、不作議員、不入政黨三條，即是不參預政治的實質內容，並非對政治的漠不關心，而是以深耕民間的另類途徑，進行社會革命，藉以反省民初中國的政治問題。而在劉師復的影響之下，五四時期的師復派無政府主義者多專注於教育啟蒙的方向，也從不同角度提出對軍閥政府的質疑。

無政府主義思想的核心：反強權，尤其反對政府的強權。關於政府的批判，國人仰賴武人休兵的南北和議從 1918 年開始和談，到了 1919 年底，師復派的相關報刊《新生命》發表一篇〈南北有議和的必要嗎？〉，指出南北和議的虛妄性在於南北政府所議的事情，與人民毫無關係，完全是「權力均分」。和議分分合合未成定局，原因在於權力不均產生的問題，和議謀求的是南北政府權利階級者的和，決不是多數平民的和。[4]在此，其實師復派已經犀利的提出當時政治的關鍵問題，政治成了少數政府權力階級的分配角力，與人民的幸福卻風馬牛不相及。不同於政客的政治角力，在此期間，師

3　最著名的例子是工讀互助團，在當時產生很大影響，可惜不久之後即難以為繼。

4　萬生，〈南北有議和的必要嗎？〉，《新生命》第四期（1919 年 12 月）。微引自葛懋春、蔣俊、李興芝編，《無政府主義思想資料選》，頁 409。

復派成員在陳炯明統治的漳州，透過教育訓練人民的公民參與，目的在於達成公民自覺，發揮在野的監督與批判力量。也就是說，師復派從社會革命的視角，透過教育達成國民政治的理想，試圖使漳州成為當時中國文化運動的模範區。

　　陳炯明駐紮漳州，透過革命黨人朱執信的構想，劉師復的胞弟劉石心的居中引線，邀請師復派人馬至漳州，從而實踐新文化運動的理念，將閩南二十六縣建成一個健全的獨立自治區[5]。陳炯明與師復派團體在漳州的改革，首先是書報的推廣，辦有日報《閩星日刊》及半週刊《閩星》，形成漳州文化運動。根據「閩星報社啟事」說明了這兩種刊物的分工各為：日刊「多載世界要聞、地方要聞。至於時局問題、地方政俗、當以誠懇態度悉心批評，期盡指導人群馴化社會之責。」；半週刊則為「凡討論學理、介紹學說之長文屬之，以與日刊相輔而行。」[6]說明他們採取啟蒙教化的方式引導人民對時政問題的了解，啟發人民對政治事務的自覺。

　　其次，在實踐策略方面，從梁冰弦日後的回憶錄《解放別錄》看來，他們在漳州形成一個獨立而武裝的自治區，區內集中全力於教育和生產，目的在於引導民眾滌除舊習，逐步轉向較為合理的生活，並且訓練人民參與實際政治，藉以打下民主化政治的基礎。對於師復派而言，民主是一種人民學習與參與的教育過程，藉由民眾意識的抬頭，使亂國的軍閥難以立足。因此，梁冰弦指出，革命的目標是雙重的，包含民主政治與社會主義經濟。[7]在這裏，我們可以理解到師復派以教育為革命方法的思考，關鍵在於他們所理解的「教育」與「革命」正是在於改變人民的日常生活、社會意識和政治意識，他們的任務正是教育並激勵群眾實踐此一生活與意識。[8]然而最終的實

5　海隅孤客（梁冰弦），《解放別錄》，頁 12-13。

6　該文原刊自 1 卷 7 號《閩星》半周刊，徵引自中共中央馬克思、恩格斯、列寧、斯大林著作編譯局研究室編，《五四時期期刊介紹》第三集上冊，頁 389。

7　海隅孤客（梁冰弦），《解放別錄》，頁 22。

8　〔美〕阿里夫·德里克著，孫宜學譯，《中國革命中的無政府主義》（桂林：廣西師範大學出版社，2006），頁 27、214。

踐者與完成者仍是民眾，是透過人民自己努力的成果，而非「少數」覺醒者成為民眾的代理人。[9]

　　在此，我們也看到師復派不談政治的兩面性：一則依附特定政權，在當時中國對於過激派的嚴厲打壓，師復派等無政府主義者也的確需要某種政治保護，因此他們也與軍閥陳炯明合作[10]。此舉似與無政府主義反政府、反強權的核心理念背道而馳。於此，可以從兩方面來思考：第一是私人關係。陳炯明之所以與師復派合作，與陳炯明早年思想以及與劉師復的交情有關[11]；即使在劉師復過世後，也與這些無政府主義者有相當程度的交往。[12]因此，在特定的時刻，彼此之間原有思想差異界限因私人關係而模糊了，並且因共同的革命話語創造了彼此合作的契機[13]。從陳炯明此時具無政府主義傾向的

---

[9]　這個問題之後演變為對俄國無產階級專政的批判，是以少數人行獨裁政治，見下文《民聲》23 號〈評平民的獨裁政治〉的討論。

[10]　即使師復派有了陳炯明此一保護傘，仍在當時政府的嚴密監視之下，見〈外交部等為嚴密查禁漳州過激主義宣傳品傳播有關文件〉（1920 年 4-5 月）：「現有鼓吹過激主義之小書多種，由福建漳州府印行，陳炯明司令實從中協助一切。」中國第二歷史檔案館編，《中國無政府主義和中國社會黨》，頁 65-66。

[11]　原來陳炯明當年與劉師復在辛亥革命前即共組暗殺團體，為革命黨人。惠州革命時即採用井字旗，已表示對古代井田制度的重視與社會主義的嚮往。等到廣州光復後，師復與莫紀彭等人在陳炯明代理粵督期間，即交往頻繁而密切。參見：王聿均訪問，謝文孫紀錄，《莫紀彭先生訪問紀錄》（臺北：中央研究院近代史研究所，1997），頁 26-27。

[12]　陳炯明與無政府主義者之間的交往，尤可參看《莫紀彭先生訪問紀錄》〈七、陳炯明與社會主義者的交往〉及〈附錄一、回憶師復〉等文，甚且此書中有幾近一半的內容與陳炯明有關。

[13]　例如：莫紀彭在其回憶錄即指出這段往事為：「競存駐軍漳州期間，余等同志遂紛紛前往裏佐政治、宣傳、教育等工作。」用「裏佐」的字眼，而不直接用「從事」，更多是帶著私人情感性的裏助、輔佐之意，而此與共同的社會革命理念息息相關。見《莫紀彭先生訪問紀錄》，頁 26。另外，〔美〕阿里夫・德里克亦提及 1912 年後廣州無政府團體也與陳炯明保持了十年的密切關係，證明了個人聯繫在革命具體情境中產生的張力，不斷超越思想之間的差異。見氏著，孫宜學譯，《中國革命中的無政府主義》，頁 261-263。

社會主義運動的話語看來：「今後要全體人民議政，卻不要誰或甚麼階級專政……而不一定要生吞活剝學步蘇俄。」[14]與師復派不認同蘇俄階級專政路線的立場是一致的。其次，無政府主義理論與實踐之間的緊張關係，必須放在具體的時空情境下進行思考，特別是政權的擁有者陳炯明的政治屬性問題。當時中國在北洋軍閥割劇、孫中山先生亦游離於政局的情況下，陳炯明本身即為革命黨人，閩南護法區為革命軍碩果僅存的軍力，此時兼具「國民革命」與新青年社會運動的雙重任務[15]，具有延續清末革命命脈的正當性，更是新文化運動的實踐者（下文將作一說明）；而非我們後見者在後來史觀影響下，以「軍閥」的標籤所輕易界定的陳炯明。然而，無政府主義理論與實踐之間的緊張關係，對於師復派成員而言，的確存在。因此，師復派與陳炯明在漳州的合作，到後來，師復派的核心成員梁冰弦（原擔任漳州教育局長）滿懷感觸，甚至要求陳炯明回復到「清白的平民身分」，而遭陳炯明以「權力」的效用駁斥；等到陳炯明打回廣州，梁冰弦即另覓出路，擔任鐵路局的一名小職員，其他成員則繼續原有的工人運動。[16]

　　另一則為社會革命的政治實踐。雖然師復派標榜「不談政治」，從他們在漳州的實踐看來，其實正是透過社會革命的方式，從事政治改革的理想。根據《北京大學學生周刊》一篇文章：如山〈游漳見聞記──漳州文化運動的真相〉指出，「平等博愛互助」為他們的精神信條，表現在當地文明制度的共產趨勢，與宣傳無政府共產思想的文章。[17]從文中提及散播的小冊子即包含劉師復的著作《無政府淺說》[18]，以及在運動會會場豎起劉師復的大像

14　海隅孤客（梁冰弦），《解放別錄》（臺北：文海出版社，1968 年影印本／原載於香港《自由人》半週刊 1952 年 11 月連載 16 篇），頁 14-15。

15　海隅孤客（梁冰弦），《解放別錄》，頁 12-13。

16　海隅孤客（梁冰弦），《解放別錄》，頁 27-31。

17　如山，〈游漳見聞記──漳州文化運動的真相〉，《北京大學學生周刊》14 號（1920 年 5 月 1 日），第 21-24 版。

18　劉師復〈無政府淺說〉發表於《晦鳴錄》1 號（1913 年 8 月 20 日）。〈游漳見聞記──漳州文化運動的真相〉提到在場亦發一內容為「無政府目的與手段」的文章，應為劉師復〈無政府共產黨之目的與手段〉此篇文章，該篇發表於《民聲》19 號

看來，漳州作為閩南護法區，實可視為「師復主義」的繼承與宣揚。[19]此外，無政府主義者在漳州亦散發傳單〈救命呀〉、〈令子子孫孫有飯吃〉[20]看來，他們提出「政府吃人」、「資本家吃人」，只有「革命」是救命的唯一方法。但此革命與從前不同，他們特別強調：不是從前的政治革命，不是「皇帝換過大總統的戲法」，只是改朝換代，換個名稱而已；而是社會革命，也是「經濟革命」，社會革命不但是「救命」的方法，目的也在「令子子孫孫有飯吃」。[21]說明包含經濟革命的社會革命，在此超越改朝換代的政治革命，作為解決政治根本問題的良策。

據此，在師復派看來，「民主」不單是一個政治的概念，它更是一個蘊含社會概念與道德理想——平等博愛互助的整合體。此種思考模式的差異，稍後更具體表現於師復派與陳獨秀各自主導，同為社會革命的勞工運動。對於陳獨秀而言，勞工運動是奪取政權的手段，目的在於社會結構關係的改變，以建立無產階級專政的國家；而師復派的目的在於勞工教育運動，教育與文化占首要位置。[22]因而針對俄國無產階級專政，中國的無政府主義者展開與此相關的國家、階級、權力的批判，在當時崇尚俄國政治路線與同為左派（同種異類）的立場中，實為提出思考俄國路線的獨特批判視角。

（1914 年 7 月 18 日）。〔日〕嵯峨隆即將該文章直接寫為〈無政府共產黨の目的と手段〉，見氏著，《中國黑色革命論：師復とその思想》（東京：社會評論社，2001），頁 183。

19　〔日〕嵯峨隆，《中國黑色革命論：師復とその思想》，頁 183。

20　如山〈游漳見聞記——漳州文化運動的真相〉所指的傳單為〈救命啊！〉、〈令子令孫斷斷不怕沒有吃飯〉，比對葛懋春、蔣俊、李興芝編，《無政府主義思想選》所收錄〈無政府主義者在漳州散發的傳單選載〉為〈救命呀〉、〈令子子孫孫有飯吃〉。其中的細微差異有可能是〈游漳見聞記〉為遊記文章，為事後的補敘，因此記憶較不完整。

21　徵引自葛懋春、蔣俊、李興芝編，〈無政府主義者在漳州散發的傳單選載〉，《無政府主義思想資料選》，頁 434-438。

22　誠如與師復派合作的陳炯明拒絕陳獨秀加入共產黨的邀約所言，現階段的中國勞動運動不能拿勞工做政治的本錢，一旦開了此一惡風氣，往後將不可收拾。海隅孤客（梁冰弦），《解放別錄》，頁 31-39。

二、俄國路線批判：無產階級專政之國家、階級與權力

《閩星》的主編陳秋霖在〈國家的處分〉指出，國家就是權力，歐戰正是暴露國家主義的罪惡，因此他列數國家的罪惡在於為「戰爭的導火線」、「以少數人壓制多數人」、「妨礙人類共同的生活」。[23]當時中國軍閥政府的罪惡自然不在話下，然而俄國建立無產階級專政的國家，亦在無政府主義者的反對之列。對於中國的無政府主義信仰者而言，他們的目的正是要去除「國家」此一中心，而俄國建立的無產階級專政國家，不啻是形成另一「新中心」。稍晚於《閩星》提出質疑的正是反對布爾什維克黨的奮鬥社成員。

（一）奮鬥社成員的批評：國家與權力

上文筆者論證陳獨秀〈談政治〉一文提及的無政府黨人，炮口主要針對公開反對布爾什維克黨（主義）的奮鬥社成員，其次是贊同俄國革命卻不贊同中國取法俄國路線的師復派成員。正是當時被歸類為個人虛無主義派別的奮鬥社，較早從勞動者的政權此一面向，揭示強權的假面。朱謙之指出，勞農俄國的政權從政府手中轉移到農工兵委員之手，雖然聲稱「最下等的工人握權」，但只是位置的轉移，政權作為強權的本質仍舊未變。[24]另外，易家鉞亦指出，俄國中央政府實行強迫主義，將土地收歸國有，不顧農民的生計，並干涉婚姻、教育、言論及出版等等自由，雖號稱勞動者的國家，亦是違反「德謨克拉西」（民主）的強權。[25]從朱、易等人的觀點來看，他們反對的是國家的強權，包裝在勞動者專政的假面下。國家與隨之而來的國家權力，為無政府主義者主張廢除的對象，那麼陳獨秀對於「國家」的觀點又是如何呢？

23　陳秋霖，〈國家的處分〉，《閩星》1 卷 7 號（1919 年 12 月 23 日）。微引自葛懋春、蔣俊、李興芝編，《無政府主義思想資料選》，頁 420-425。

24　朱謙之，《現代思潮批評‧廣義派主義批評》（北京：新中國雜誌社，1920），頁 49。

25　A.D（易家鉞），〈我們反對「布爾札維克」〉，《奮鬥》第 2 號（1920 年 2 月 24 日）。微引自《無政府主義在中國》（長沙：湖南人民出版社，1984），頁 355-360。

陳秋霖在〈國家的處分〉一文中提到的例子，正是民初陳獨秀於《甲寅》發表〈愛國心與自覺心〉，文中指出：「國家國家，吾人誠無之不足為憂，有之不為喜。」[26]當時飽受批評。歐戰之際，時人對歐戰產生的解讀為帝國主義與資本主義的逐鹿爭雄利益衝突所致。因此，陳獨秀當時對「國家」的解讀為對內擁護貴族財主的權利，對外侵害弱小國家的權利[27]。然而巴黎和會的屈辱掀起五四愛國運動，民族主義的高漲，使得陳獨秀思考國家的角度亦有所轉變。於此時陳氏發表〈我們究竟應當不應當愛國〉，指出國家作為權力組織的來源，有其功能：對外是抵抗別人壓迫的組織，對內是調和人民紛爭的機關。關鍵在於操作者善惡的動機：善人利用它可以抵抗異族壓迫，調和國內紛爭；惡人利用它可以外而壓迫異族，內而壓迫人民。[28]楊芳燕即認為，陳獨秀雖然從國家工具論的立場論出發，也認識到國家作為一種權力組織的事實，但陳獨秀並未因此而掌握到權力壓迫性本質，反而根據工具論順理成章地將壓迫的來源歸諸人的意識作用。[29]

從這裏，我們再看到隔年陳獨秀發表的〈談政治〉一文指出：

> 我承認國家只能做工具，不能做主義……但我承認這工具有改造進化的可能性，不必根本廢棄他，因為所有者的國家固必然造成罪惡，而所有者以外的國家卻有成立的可能性。[30]

再結合他在該文竭力提倡的勞動階級專政國家，看似仍然援用原來的工具

---

[26] 陳獨秀，〈愛國心與自覺心〉，《甲寅》1 卷 4 號（1914 年 11 月）。

[27] 陳獨秀，〈偶像破壞論〉，《新青年》5 卷 2 號（1919 年 6 月）。

[28] 陳獨秀，〈我們究竟應當不應當愛國〉，《每週評論》25 號（1919 年 6 月 8 日）。

[29] 楊芳燕，〈道德、正當性與近代國家：五四前後陳獨秀的思想轉變及其意涵〉，《自由主義與人文傳統：林毓生先生七秩壽慶論文集》（臺北：允晨文化公司，2005），頁 354-355。

[30] 《新青年》8 卷 1 號（1920 年 9 月），頁 9。

論，實則已超越操作者善惡工具論的邏輯，成為「主義」的神聖化過程。[31]
與一般國家主義者所不同的是，陳獨秀的國家是「勞動者的國家」，不是
「資產階級的國家」[32]；與無政府主義者截然不同的是，無政府主義主張廢
除政府、國家的「去中心」觀點，在馬列主義的思考卻是以「階級鬥爭」的
方式再造一新的中心：無產階級專政的國家。

　　從這個思考角度出發，我們才可以理解奮鬥社撰稿人鄭賢宗，在陳獨秀
發表〈談政治〉一文不久，致函陳獨秀，指出陳氏主張無產階級的獨裁政
治，雖然是過渡時代的辦法，但它可能「久假不歸」的維持下去，成為一種
新政治，新強權。[33]陳獨秀的回覆主要針對無政府主義者將社會改造看得過
於簡單容易，不切實際，據以說明這無產階級獨裁政治過渡時代「決非很短
的期間」。[34]陳獨秀的回覆其實已間接證實鄭賢宗的憂慮，將來可能成為
「久假不歸」的威權主義。鄭、陳兩人的尖鋒相對，並沒有停止。稍晚，鄭
賢宗答覆施存統的信指出，反對中國實行俄國勞農政治的中央集權，因其不
符合中國國民性與無政府社會，末了署名自己是「中國式的無政府主義
者」。[35]鄭賢宗的說法即招致陳獨秀尖銳的批評，陳氏指出若不實行嚴格的
干涉主義，中國的腐敗將永難救治，而其最大障礙在於國民性放縱不法的自
由思想，也就是「中國式的無政府主義」，因此陳氏主張「開明專制」，以
救治這腐敗渙散的國民性。[36]陳獨秀對於國民性的批判與無產階級專政主張

31　楊芳燕，〈道德、正當性與近代國家：五四前後陳獨秀的思想轉變及其意涵〉，《自
　　由主義與人文傳統：林毓生先生七秩壽慶論文集》，頁 365-367。

32　陳獨秀，〈對於時局的我見〉，《新青年》8 卷 1 號。

33　鄭賢宗致陳獨秀，《新青年》8 卷 4 號通訊欄（1920 年 12 月），標題為〈國家、政
　　治、法律〉，頁 3。

34　陳獨秀致鄭賢宗，《新青年》8 卷 4 號通訊欄，標題為〈國家、政治、法律〉，頁 6-
　　7。

35　〈太朴（筆者按：鄭賢宗）答存統的信〉，《民國日報·覺悟》，1921 年 5 月 18
　　日。微引自葛懋春、蔣俊、李興芝編，《無政府主義思想資料選》，頁 523。

36　陳獨秀，（一一五·中國式的無政府主義），《新青年》9 卷 1 號「隨感錄」欄
　　（1921 年 5 月）。

的勞動者掌權的概念，又主張希望中國有良心有知識能力的人聯合起來，造成「開明專制」的局面，這三者本身已暗含前後邏輯矛盾的危險。稍晚，鄭賢宗針對此三者進一步反擊。

首先，鄭賢宗提出的第一個質問是：聯合有良心、有知識能力的人，基本上就不是勞農政治了，因為勞農政治的要素是「無產階級專政」。因此他質疑陳氏主張的究竟是「賢人政治」，還是「勞農政治」？其次，陳氏一方面力說國民性的墮落，一方面又主張無產階級專政，鄭賢宗質疑陳氏所說專政的無產階級是否為中國國民，兩者之間不合邏輯。[37]其實鄭賢宗沒有明言說出的是無產階級專政，其實就是特定的少數人專政。這個問題的進一步發展，以《民聲》、《新青年》為陣地，師復派與陳獨秀等上海《新青年》同人展開更激烈的討論。

（二）《民聲》與《新青年》的爭論：階級、勞動與政府形式

〈談政治〉一文發表後不久，1921 年 1 月，陳獨秀在廣州法政學校以〈社會主義批評〉為題發表演講[38]，陳獨秀在〈社會主義批評〉為「無產階級專政」下一定義：「就是不許有產階級得到政權的意思，這種制度乃是由完成階級戰爭消滅有產階級做到廢除一切階級所必經的道路。」[39]然而這種敵我分明的「階級」意識，在無政府主義者的立場卻有截然不同的思考方式。無政府主義者將階級區別為勞動者與資本家，並且在中國如：蔡元培的「勞動者」觀念包含勞心者與勞力者兩種人[40]，透過蔡元培、李石曾等勤工儉學運動，可以將勞動者變成知識分子；通過早期李大釗倡導知識分子「到

37　太朴，〈質陳獨秀先生〉，《民國日報・覺悟》1921 年 6 月 27 日，微引自《無政府主義思想資料選》，頁 525-526。

38　由於〈社會主義批評〉批評了無政府主義，當時在座的區聲白於第三天寫信給陳獨秀，對他的批評進行反駁，區聲白致陳獨秀的信發表於《民聲》30 號增刊，陳獨秀也三次復函答辯，均刊載於《廣東群報》，後來集中發表於《新青年》9 卷 4 號〈討論無政府主義〉。另外，《民聲》也發表多篇文章反駁陳獨秀的主張。

39　陳獨秀，〈社會主義批評〉，《新青年》9 卷 3 號（1921 年 7 月），頁 12。

40　蔡元培，〈勞工神聖〉：「不管他用的是體力、是腦力，都是勞工。」《新青年》5 卷 5 號（1918 年 11 月）。

民間去」的主張,可將知識分子變成勞動者[41]。然而,在馬克思主義者來說,除了區分為勞動者/資本家之外,將勞動者進一步區分勞心與勞力者,目的在於兩者之間產生位置的倒轉,階級的對立。[42]此時勞動者的意義窄化為無產階級,有產階級包含資本家與小資產階級,因而極力主張無產階級革命,進一步奪取政權,這是無政府主義者極力抨擊的階級特權。

換而言之,「階級」概念在中國無政府主義者中是「流動」的概念,透過勞動神聖、全民勞動,最終目的在於泯除階級的意識,達成「各盡其能,各取所需」的理想社會。而馬克思主義是以階級對立、鬥爭的政治形式,達成無產階級專政的國家,又以此一無產階級專政作為許諾未來廢除一切階級的必要手段,而將之合理化。[43]《民聲》即針對此一問題,指出「階級鬥爭」其實應是將支配階級與平民立於平等地位,而非再製造一新的支配階級。[44]因為「無產階級推翻資本階級和保障資本家的貴族階級之後,自己即躍登政治舞台行使政權,這時候至尊無上的執權者 Dictator 其實已經不是平民了。」[45]在《民聲》的立場看來,「什麼『階級專制不同一人或一部分人

---

[41] 李大釗,〈青年與農村〉,原發表於 1919 年 2 月 20 日-23 日《晨報》,微引自《李大釗文集》第 3 卷,頁 179-183。

[42] 例如在陳獨秀〈勞動者底覺悟〉指出,將古人所說的「勞心者治人,勞力者治于人」的概念倒轉過來,成為「勞力者治人,勞心者治于人」。《新青年》7 卷 6 號(1920年 5 月 1 日),頁 2。

[43] 例如從無政府主義者轉為馬克思主義理論家的瞿秋白其告白:「馬克思主義告訴我要達到這樣的最終目的,客觀上無論如何也逃不了最尖銳的階級鬥爭,以至無產階級專政——也就是無產階級統治國家的一個階段。為著要消滅『國家』,一定要先組織一新時期的國家;為著要實現最徹底的民權主義(也就是無所謂民權的社會),一定要先實行無產階級的民權。這表面上『自相矛盾』,而實際上很有道理的邏輯——馬克思主義所謂辯證法——使我很覺得有趣。」見瞿秋白,〈多餘的話〉,《餓鄉紀程‧赤都心史‧多餘的話》,頁 328。

[44] 〈評平民的獨裁政治〉,《民聲》32 號(1921 年 5 月 15 日)。

[45] 〈無政府共產派與集產派之歧點〉,《民聲》30 號(1921 年 3 月)。

專制』這些話，事實上已經告訴我們是偽的了。」[46]無產階級專政仍是不折不扣的專政，仍是少數者的英雄主義，產生可能的弊端是生出「少數者的壓制」，因此他們認為少數自覺者應當擔任喚起民眾的責任即可，真正進行運動的是民眾本身，否則它就容易產生夾雜權力的政治慾。[47]

　　以上《民聲》針對無產階級專政的「階級」與「權力」問題，其次是馬克思原典的「無產階級專政」，引發政治形式／狀態的詮釋問題。陳獨秀在〈社會主義批評〉中指出：

> 柯祖基著書大力攻擊俄國底無產階級專政，說不合乎民主政治，說不是馬格斯主義；其實馬格斯在《哥塔綱領批詳〔判〕》中明白的說：「在資本主義的社會和共產主義的社會底中間，有一個由這面推移到那面的革命的變形的時期。而這個時期，政治上的過渡時代就為必要。這個政治上的過渡時代，不外是無產階級底革命的獨裁政治。」[48]

這裏產生的關鍵問題在於馬克思「無產階級底革命的獨裁政治」的意涵。〈社會主義批評〉一文中，並沒有針對此一問題多作說明，我們看到的是陳獨秀直接接受列寧詮釋下的無產階級專政的觀點，並沒有針對柯祖基（筆者按：考茨基）的反駁多作說明。誠如該文結尾所強調的「在俄國才還了馬格斯底本來面目」，已點明陳氏的立場。那麼針對考茨基（K. Kautsky, 1854-1938）的觀點據以指正列寧誤解馬克思無產階級專政說的原義，正是師復派的《民聲》雜誌。

　　《民聲》〈論平民的獨裁政治〉一文中首先引用考茨基[49]對俄國革命的描述，指出俄國雖說是平民的獨裁政治，實在「多數派（按：布爾什維克黨）

46　〈「階級戰爭」和「平民專政」果適用于社會革命嗎？〉，《民聲》33 號（1921 年7 月）。

47　〈評平民的獨裁政治〉，《民聲》32 號。

48　陳獨秀，〈社會主義批評〉，《新青年》9 卷 3 號（1921 年 7 月），頁 12。

49　該文譯為科特克，為德國社會民主黨理論家。

一黨的獨裁政治」，並且是一黨中少數指導者的階級，就是平民底革命的獨
裁政治。該文中，考茨基繼而指出列寧誤解馬克思的「平民獨裁政治」，所
謂獨裁政治，實在有兩種區別：一種是作為政治「形式」的獨裁統治，一種
是作為「狀態」的獨裁統治。馬氏說的是後者，在「狀態」上指為獨裁統
治，也就是「平民趨向資本主義制度爛熟一方面，其數漸次增加，從政治上
德模克拉西得了優勢，自然成了平民獨裁政治的狀態」；而列寧卻把它解讀
為「形式」上的「權力集中」的獨裁統治。[50]

《民聲》的語句有些饒舌，在此我們可以透過考茨基《論無產階級專
政》更清楚他的意思，考茨基認為馬克思的無產階級專政（平民獨裁統政治）
在《法蘭西內戰》中，是以巴黎公社為藍本，是在純粹民主制下必然產生的
一種狀態，因無產階級佔絕對多數；而不是以解除反對派的武裝，剝奪反對
派的選舉權和出版及結社自由的政府形式的專政。[51]而《民聲》選擇考茨基
的角度正在於批判列寧的無產階級獨裁專制，引發個人自由與民主權被剝
奪，以及少數專制的問題，尤其是列寧將社會革命摻雜政治革命，也引發無
政府主義者的強烈質疑：

> 革命除了政治革命就沒有別的麼？雖稱社會的革命，也要帶政治的革
> 命色彩，這是甚麼道理？革命越是政治的越暴虐。[52]

這裏聯結的核心問題在於雙方認定的社會革命本質為何？支配與被支配者的
角色置換是抵抗還是壓服？如果是「壓服」是否有可能產生「以暴易暴」的
危險？此一相關問題的思考，在區聲白與陳獨秀的論戰中，有更進一步的討
論。

---

50 〈評平民的獨裁政治〉，《民聲》32 號（1921 年 5 月 15 日）。

51 考茨基（Kautsky, Karl）著，鄭學稼譯，《論無產階級專政》（臺北：黎明文化事業
公司，1980 年四版），頁 24。相關討論可參見蔡國裕，《一九二〇年代初期中國社
會主義論戰》（臺北：臺灣商務印書館，1988），頁 296、297、353。

52 〈評平民的獨裁政治〉，《民聲》32 號。

　　陳獨秀在〈社會主義批評〉中指出自由與聯合互相矛盾，在答覆區聲白的信中，他認為權力集中是革命的必要手段，即是抵抗的無政府主義也必須使用強力或壓服（不管是多數壓服少數，或少數壓服多數）。[53]區聲白據此反駁並進一步區別「抵抗」與「壓服」之不同，區聲白認為「抵抗是把被人奪去的權利取回來，壓服是要把他人的權利據為己有」，壓服只呈現單方面意見，最明顯的例子是軍國主義與帝國主義，因此區聲白不能苟同這種「以暴易暴」的辦法。[54]

　　從以上雙方的說詞來看，在陳獨秀看來，壓服正是作為一種手段以達到對抗甚至推倒資本階級的目的，為了目的的達成，壓服是必要之惡。類似的邏輯其實也出現在陳獨秀主張以「無產階級專政」為手段，為了達到共產社會的最終目的，獨裁統治是必要的手段。因此，陳獨秀贊成「壓服」，區聲白則反對此一「以暴易暴」的方法。關於「以暴易暴」，其實已經牽涉兩者之間社會革命的核心本質的差異。區聲白銳利的指出，無產階級專政是要將階級位置代換，勞動者不工作，而資本家卻做勞動者的奴隸，這真是「以暴易暴」；唯有通過自願的聯合才能實現，在革命進程中改變社會意識，才是真正的社會革命。[55]此一思考亦可參照師復派同人梁冰弦回憶錄的看法：梁冰弦指出，他們相信將來是為公道而推行社會革命，大眾亦知擁護公道；如果自己又用暴力侵奪自由，那麼自己才是真正的反革命。因而他們雖敬佩俄國的革命，卻不同意俄國革命後政府的治權侵奪了人權。[56]如此一來，在「壓服」、「以暴易暴」的思維底下，凡與之方向不同的人或階級成為敵人、對立階級，非我族類其心必異。革命的後果不是去除中心，而是成立了

---

[53] 陳獨秀再答區聲白，〈討論無政府主義〉，《新青年》9 卷 4 號（1921 年 8 月），頁 14-15。

[54] 區聲白再答陳獨秀，〈討論無政府主義〉，《新青年》9 卷 4 號，頁 19。

[55] 1921 年下半年，區聲白去法國留學，在法國回覆給陳的第四封信：〈答陳獨秀君的疑問〉，原載於《國風日報》副刊《學滙》104-109 期（1923 年 2 月）。徵引自《無政府主義思想資料選》，頁 658-659。

[56] 梁冰弦，《解放別錄》，頁 21。

更鞏固的中心──「少數專政」的局面，而此正是陳獨秀〈談政治〉的核心思維。

　　區聲白除了反駁「以暴易暴」的社會革命，提倡自由的聯合外，亦明確地表示，反對將俄國制度不經揀擇的完全搬到中國來，其實亦基於中國當前政治環境的思考。中國辛亥革命後，人民飽受軍閥戰爭的痛苦，即是拜中央集權之賜，而如今卻要仿效亦行中央集權的俄國，雖然美其名為「勞工專政」，但是究其實只不過是「共產黨專制勞工」，因為專制必產生集權；然而陳獨秀強調國家權力使用者善惡的動機，卻忽略了權力本身壓迫的本質。因此區聲白直言：「革命應該消滅的不僅是壓迫者而且還是壓迫本身，因為只要壓迫存在，誰壓迫就不重要。」[57]陳、區的差異，關鍵在於兩人對於中國目前政治問題解決的辦法不同，寫作於 1922 年下半年的兩篇文章不約而同談到中國的時政問題，集中體現兩種派別不同的思考與解決途徑。

　　陳獨秀在〈對于現在中國政治問題的我見〉這篇文章裏，認為中國政治分為三種狀況：國際帝國主義的壓迫、國內軍閥的擾亂、政黨的萎弱不足以支配中國政治。中國作為半封建半民主的國家建立在「軍閥和人民兩種權力」上，唯有力才能代替力，無權力則無國家政治可言。因此，要去除軍閥的權力，必須仰賴「人民」有權力。然而權力必須透過組織才能運作，在政治上就是政黨，也就是人民組成強大的「政黨」，才能打倒軍閥，反抗帝國主義[58]。陳獨秀的思考其實一直維繫袁氏稱帝後「人民主權」的思考[59]，但他重視的是保障人民的權利（包括反對、抵抗政府專權的權利），而不在於對權力本身（包括「政府的」與「人民的」權力）做制度性限制。[60]然而，區聲白

57　區聲白，〈答陳獨秀君的疑問〉，原載《國風日報》副刊《學滙》104-109 期（1923年 2 月），收入《無政府主義思想資料選》，頁 648-664。

58　陳獨秀〈對于現在中國政治問題的我見〉，原載《東方雜誌》19 卷 15 號，亦轉載於《努力週報》（1922 年 9 月 3 日）。徵引自任建樹主編，《陳獨秀著作選編》第二卷，頁 467-470。

59　詳見第三章第一節的討論。

60　楊芳燕，〈道德、正當性與近代國家：五四前後陳獨秀的思想轉變及其意涵〉，《自

〈中國目前的政治問題如何解決〉卻從權力的壓迫本質著手，解構國家、政府、法律相生共構的關係，提出以社會革命解決政治問題的新思考。區聲白首先一一點名批判當時政壇學界解決中國政治問題的途徑：其中有聯省自治的各省軍閥，不過是少數軍閥欲利用之以割據地盤；有好人政府的學者胡適、蔡元培，在當前好人政府組閣的情況下，比起徐世昌時代也相差無幾；也有提倡馬克思主義，力倡普通選舉的陳獨秀[61]，在金錢政治橫行下，何嘗選出真正的人民代表？區聲白認為問題出在現在的政治制度把全國大權集中於少數人手裏，而大多數的民眾毫無自由參與的機會，所以首先必須削減國家之權力，以至於最小限度，也就是採取「市民自治」的方式。[62]其實在稍早（1919 年），師復派於漳州所推行的文化運動已落實類似方式的實踐。

　　如果把「市民自治」放在 1922 年的時代脈絡來看，原來當時知識界與軍閥推動以「省自治」為基礎，仿聯邦制的聯省自治運動，胡適等人皆在贊成之列，下文將有進一步的闡釋；另一派則看出「省自治」的「官治」本質，主張真正的「自治」，是排除官方的參與，由人民通過職業團體組織來治理自己，也正是五四運動以後「國民自決」精神下的產物。[63]區聲白的「市民自治」理念也必須放在後者，當時知識界反對軍閥政治，其中主張人民自治（有別於「官治」）以解決國家政治問題的一環，此一脈絡來思考。而區聲白的人民自治理念也正說明了無政府主義者的政治關懷──透過「民治」，人民自覺參與國家重大政策與公共事務，才能確保中國長治久安。

　　由主義與人文傳統：林毓生先生七秩壽慶論文集》，頁 372-373。

[61] 陳獨秀在〈中國共產黨對于目前實際問題之計劃〉指出「吾人主張用普通選舉法選舉而不為軍閥勢力所支配的新國會」，1922 年 11 月。徵引自任建樹主編，《陳獨秀著作選編》第 2 卷，頁 489。

[62] 區聲白，〈中國目前的政治問題如何解決〉1922 年 12 月寄來，刊於《民鐘》1 卷 5 期（1923 年 7 月 10 日）。徵引自葛懋春、蔣俊、李興芝編，《無政府主義思想資料選》下，頁 635-636。

[63] 「從五四運動到人民共和國成立」課題組，《胡繩論「從五四運動到人民共和國成立」》（北京：社會科學文獻出版社，2001），頁 223-224。

三、小結

從上述師復派同人的主張看來，他們絕非是「躲在老婆房間讀紅樓夢的社會革命者」[64]，而是透過社會革命的實踐途徑解決中國的時政問題。縱使在民國初年，報刊雜誌嚴格管控的年代，面對這些種種的政治風險、甚至被貼上「過激派」的標籤，他們的刊物仍然能透過各種變形和偽裝，努力在夾縫中求生存、傳播思想。並且在五四運動期間，雖然實踐的時間為期不長，但在當時南北分裂，多數知識分子還停留在辦刊宣傳的階段，他們早已化為具體行動，透過教育和人民參與民主的訓練過程，具體實踐他們心目中理想的政治社會，使漳州成為文化運動的模範區。因此師復派「不問政治」的主張，並不是對政治漠不關心，而是他們希望透過教育與文化等社會革命的意識改造過程，達成此一任務。

無政府主義者對「政治」的限定義，可以從早年劉師復對張繼作官一事大肆批評，與吳稚暉進行爭論[65]；以及後來北伐革命期間，內部關於革命運動是民眾革命與領導它的政黨作一區分[66]，可以知道他們對「政治」的否定義集中在「作官」、「政黨政治」。從區聲白標題為〈中國目前的政治問題如何解決〉，對中國時政問題的關注已溢於言表。無政府主義者反強權的主張與落實於教育、民主理念的實踐，使得社會革命意謂著政治改革的一種新力量。但他們又不贊同俄國馬列主義，在「階級」、「國家」以及「權力」

---

64 受陳獨秀影響的青年，送上廣州無政府主義者一個尊號：「躲在老婆房間讀紅樓夢的社會革命者」，見海隅孤客（梁冰弦），《解放別錄》，頁35。

65 見師復〈師復致吳稚暉第一書〉、〈再至吳稚暉書〉，《晦鳴錄》第二期（1913年8月27日）。

66 在1926至1927年，當時無政府主義者針對無政府主義與中國革命運動的關係進行了兩場討論。其討論的核心問題在於無政府主義者應對其理想進行「學究式」宣傳，或參加革命以指導革命朝無政府主義的目標發展？而後者必然牽涉到如何參加以及與國民黨的關係問題。更詳細的討論可參看：〔美〕阿里夫・德里克著（Arif Dirlik），孫宜學譯，《中國革命中的無政府主義》（桂林：廣西師範大學出版社，2006），頁237-238。

的主張上，他們反對「階級壓迫」，將其視為一階級強加於另一階級的「強權」，也就是新支配者取代舊支配者產生的新壓迫。

回溯這段歷史，可以看出中國無政府主義發展的獨特脈絡：如果說，西方的無政府主義是針對資本主義高度發展的反撥，而中國無政府主義的在地化脈絡，卻是因應中國政治環境的發展而產生的政治解決方案。作為民初中國最富盛名的無政府主義團體，師復派無政府主義者不但提出了「社會革命」作為民主政治思想、概念的延展及實踐可能性，更提供了一種用來思考中國革命發展不可或缺的視角。尤其針對政治、權力與階級開展而來的相關批判，師復派無政府主義者較早是與辛亥革命、袁氏擅權、二次革命、軍閥割劇的時代命題相扣，重新思考中國革命，提出以平民革命作為政治革命的超越與再造；之後在與同為左派陳獨秀等人的論難過程中，對於中國未來道路的去從問題，更提出俄國路線的獨特批判視角。

民初劉師復派無政府團體，就像一顆亮眼的彗星，劃過民初晦暗的天空，照亮了渾沌的中國大地。縱使 20 年代以降，他們在嚴峻的政治現實下，漸趨沒落。然而他們的理念與行動，在歷史滔滔的洪流中，反而有如一罎陳年好酒，留給後人的思想遺產，正有待更進一步的開掘。也許可以這麼說，在往後國民革命及國共兩黨在中國政治舞台的逐鹿爭鋒，無政府主義者在這段歷史過程中的播種耕耘，以及對中國革命的另類思考，對於我們後見者思考二十世紀中國革命的歷史進程，尤具啟迪性的意義。

第二節　羅素來華風波：
社會改良主義者與《新青年》的爭論

陳獨秀在〈談政治〉一文，點名批判當時馬克思主義斥為「修正主義」思想的德國社會民主黨路線，在中國的擁護者正是張君勱，屬於社會改良派陣營，尚屬於枱面下的社會主義左右翼之爭。然而真正造成《新青年》馬克思主義者全面展開對此一路線的砲轟，是在 1920 年 10 月羅素來華講學後。當時張東蓀陪同羅素同遊內地，回到上海後，張東蓀發表一篇題為〈由內地

旅行而得之又一教訓〉，主張救中國的唯一條路是「開發實業」、「增加富力」，引起上海「馬克思主義研究會」成員李達、陳望道、邵力子的批評。至 12 月，陳獨秀在當期《新青年》8 卷 4 號開闢「關於社會主義的討論」專欄，收錄文章及書信 13 篇，由此揭開馬克思主義與社會改良主義者的論戰；稍後（1921 年 2 月）《改造》3 卷 6 號，更開闢「社會主義研究」專欄，與之回應。

　　這場論戰，不同於《新青年》與奮鬥社、《民聲》的論戰（戰場主要只集中在陳獨秀與鄭賢宗、區聲白的論戰），一直延續到《新青年》終刊。然而，隱藏其中的討論，社會主義的改良／激進路線只是其中一個層次的問題；更深層的潛問題在於──馬克思的修正／正統路線之爭，德、俄路線的差異正在於議會道路／階級專政。《新青年》馬克思群體後來在更確定自己的黨派政治（實則共產黨專政），必須在這些論戰中，反覆釐清、解釋清楚的是：為何他們當初戮力維護共和，卻又拋棄了共和政治的立憲議會道路，而又回到號稱開明專制的黨派政治。

一、羅素與中國的初次相遇

　　20 年代初，英國的大哲學家來到中國將近十個月，如彗星一現，對中國學界產生某種奇特又相互矛盾的影響。一方面羅素著有《社會改造原理》一書，羅素來華是為當時中國知識分子進行社會改造的取經對象，對他的期待自然不同；另一方面，如胡適在〈一個哲學家〉這首詩所提到的：

> 他看中了一條到自由之路，
> 但他另給我們找一條路；
> 這條路他自己並不贊成，
> 但他說我們還不配到他的路上去。[67]

---

[67] 此詩為針對 1921 年 7 月 6 日羅素離華告別演講而作的，同年 7 月 16 日胡適「在津浦車中試作一詩」，題目即〈一個哲學家〉。

詩題中的「哲學家」指的就是羅素，另一條路意即俄國專政之路。到最後，各路人馬對於羅素都不盡滿意。這個原因主要來自兩方面的可能：其一是，中國讀者往往片面選擇性的摘取羅素的言論，加以申論，以作為自己主義、思想的立論資源；其二是，羅素作為西方哲人，他思考問題的高度，不一定是純粹站在中國的立場看問題，中國更多的時候，是作為羅素批判西方文明的對立面、他者。[68]兩相激盪之下，牽引出 20 年化初期，社會改良主義者與馬克思主義的論戰。在這裏，我將以羅素來華此一事件為切入點，帶出改造中國的根本問題與兩派歧見，並由羅素所揭示的中國之路階段性的變化，進一步思考 20 年代初期中國政治經濟問題的本質。

羅素未來華之前，已漸為中國知識分子所熟知。早在 1919 年，《新青年》已刊載羅素的譯介文章，並且《新青年》8 卷 2 號封面人物即是羅素，在人物肖像下面附上兩行小註：「就快來到中國底世界的大哲學家羅素先生……」，向青年學子宣告羅素的到來；8 卷 3 號，張崧年甚至編了〈試編羅素既刊著作目錄〉，收錄羅素著作之齊，連羅素本人也嘆為觀止，凡此總總說明當時引發的羅素熱潮。

但真正邀羅素來華講學的並非《新青年》或北大知識群體，而是以梁啟超、張東蓀、張君勱等人為首的共學社，出面邀請。在此，我必須對此團體作一家門介紹。人們印象中的梁啟超等人，為文化保守主義者，似處在新文化運動的對立面。事實上，就新文化運動而言，此派旗下的《晨報》與《新青年》，都是當時引領新文化運動風潮的重要刊物。就《新青年》在〈「新思潮」的意義〉所揭示的四大要旨（研究問題、輸入學理、整理國故、再造文明）而言[69]，對照社會主義改良派的同人刊物《解放與改造》[70]，提出的十六點

68　相關的討論參見：馮崇義，《羅素與中國──西方思想在中國的一次經歷》（臺北：稻禾出版社，1996）。

69　胡適，〈「新思潮」的意義〉，《新青年》7 卷 1 號（1919 年 12 月）。

70　《解放與改造》成立於 1919 年 9 月，由新學會主辦，由梁啟超、張東蓀、張君勱等人所發起，到 1920 年 9 月，改名為《改造》。

主張來看[71]，他們主張地方自治、注意社會生計上的不平等與勞動神聖理念，並沒有不同。稍有差異的部分，是在如何面對傳統文化的態度：《新青年》是以較激烈的方式與傳統割裂；《解放》則不同，以整頓發揚先人文化遺產為己任。就政治活動來說，梁啟超等人在民初原為進步黨主幹，後來改為研究系，原抱持建設政黨政治的理念，卻在 1918 年北洋國會選舉失利，而由段祺瑞的安福俱樂部大勝。此時正為他們思想轉向時期，從政治的活躍者，到以思想文化進行改造為救中國之方，成立講學社、共學社[72]，他們邀請羅素來華講學也是基於此一理念的實踐。

其次，就此派社會主義的思想來說。早在論戰發生之前，張東蓀發表〈我們為甚麼要講社會主義〉，指出他認為的社會主義是一種「人生觀」和「世界觀」，反對將社會主義看作是單純的經濟、生活或階級問題。而西方拿資本主義和國家主義來征服我們，張氏認為，只有提倡社會主義才能廢除這兩個「怪物」；但他所提倡的社會主義，並非是各家各派的社會主義，而是一種「渾朴的趨向」，是一傾向於文化運動、普遍的勞動、互相扶助的「新文明運動」。[73]換而言之，張東蓀認為社會主義是一思想、文化的運動，而非革命的政治社會運動。

張氏此文發表不久，梁啟超甫從歐洲遊覽一年餘歸來，寫成《歐遊心影錄》一文，刊載於上海《時事新報》，該文在當時普受時人關注。這個理由來自於歐戰過後，對西方文明價值開始產生動搖，而梁啟超此文是親自遊歷歐洲觀察歐戰後的歐洲的各種現況，具有報導文學的價值。那麼，回到中國，歐戰後普遍流行的世界性社會主義，是否適用於中國？梁氏認為中國要提倡社會主義，首先必須釐清幾個問題：第一，歐美最迫切的問題是在於如何使勞動者的地位得以改善，中國最迫切的問題是如何能使多數之民得以變

---

[71] 〈改造發刊詞〉，《改造》3 卷 1 號（1920 年 9 月）。

[72] 共學社與講學社，是 1920 年 4 月由梁啟超、張東蓀等人在北京成立的思想文化團體，曾邀杜威、羅素、泰戈爾來華講學，對當時的文化交流產生深遠影響。

[73] 東蓀，〈我們為甚麼要講社會主義〉，《解放與改造》1 卷 7 號（1919 年 12 月）。

為勞動者。因此，「勞動者地位改善」在中國實為「隔靴搔癢」。第二，社會主義之所以不能實現於今日中國是由於生產衰落，無勞動階級，因此必須使生產事業發達。第三，中國真正的壓迫者是國外資本家，內部的被壓制與被掠奪者互爭短長、錙銖必較並無益處。因此中國實行社會主義必須遵守一公例：在獎勵生產的同時，亦須注重分配平均之運動，否則社會主義運動毫無意義[74]。

　　從張東蓀、梁啟超對於社會主義的理解，結合中國的國情來看，他們認為中國並沒有西方工業革命後，資本過於發達而產生勞資對立的土壤，因此不能照搬西方的社會主義，必須順應中國的國情，合理的採用。這是上述社會改良主義者主張開發富力、獎勵實業的思想基礎。這裏牽涉到與《新青年》馬克思群體理念衝突的多層次問題，以下逐一說明。

二、衝突的火花：改造中國的方法論

　　戰場的引爆點是張東蓀陪同羅素同遊歷內地後，發表一篇題為〈由內地旅行而得之又一教訓〉，主張救中國的唯一條路是「增加富力」，方法是「開發實業」。原來羅素在講學會的答辭指出，中國第一宜講教育，第二開發實業、救濟物質生活，至於社會主義不妨遲遲。對張東蓀而言，羅素在西方提倡基爾特社會主義，到中國的演講又大力鼓吹實業、教育的重要[75]，與他的主張兩相契合，因而引為同道、知音。但問題就在於羅素的演講，隨著對中國的加深了解，不但前後期有所轉變，演講上下文的側重點也有所不同。而如何理解羅素的言論，產生了經詮的不同理解方向，進一步牽涉到方法論的問題，是用社會主義還是資本主義？以及階段性目的不同衍生的複雜討論。背後的核心問題是兩派對中國政治社會、經濟現實的認知不同，關乎對於中國與世界關係的不同認識。

---

[74]　同上註。

[75]　羅素在中國的演講：〈社會改造原理〉，原載於《晨報》，1920 年 10 月 17 日；〈教育之效用〉，原載於《晨報》1920 年 10 月 24 日。

在張東蓀看來，中國的病症在於「貧乏」，中國處在物產未開發、又受外貨的壓迫，因而中國所要求的是「創造勞動」，「空談主義必定是無結果」。以此情況來看，「中國欲建勞動者專政，而悉無勞動者」，張東蓀不著痕跡的批判了馬克思主義陣營。那麼，中國要用什麼方法改造呢？張東蓀認為「協社」[76]最佳，是「以資本主義的方法而貫澈社會主義的精神。」[77]張氏的主張，引起馬克思陣營的連聲撻伐。邵力子認為社會主義與資本主義不同之處只在於「用什麼方法」，至於增加富力、開發實業是兩派的共同認知。他批評張東蓀斷章取義羅素的說法，事實上羅素強調開發實業必不可再重蹈歐美資本主義的覆轍。陳獨秀更進一步指出，張東蓀的言辭前後矛盾，反對空談主義，卻又大談協社、基爾特社會主義，資本主義更是歐美現成的主義。[78]

事實上，社會主義改良派並不反對社會主義，兩派的問題分歧關鍵在於中國在推展到社會主義的過程中，是否必須經過資本主義的階段。社會主義改良派認為，資本主義起到對於社會主義發展過程中的階段性作用。例如：楊端六即認為資本主義是達到社會主義的必經階段，如果繞過不發展資本主義（如：俄國），便難以成功。那麼，怎麼發展實業呢？他引用羅素的三個辦法：由資本家、國家或勞動階級，唯一可行的是資本家，且是國內資本家，才能避免外資壓迫、政府腐敗、勞動階級程度太低的問題。[79]在社會改良派看來，實業的發展有賴資本家，但資本家有本國／外國之別，本國資本家受外國資本家壓迫，基於愛國心的發揚與國族生存，我們應該扶植本國資本家。

基本上，他們也注意到資本家專擅的弊病，因此主張對資本家採取矯正

76　即基爾特社會主義，在中國多譯為行會社會主義。

77　張東蓀，〈由內地旅行而得之又一教訓〉，《時事新報》，1919 年 11 月 6 日。

78　張東蓀、邵力子、陳獨秀的來往辯論，收錄於《新青年》8 卷 4 號開闢「關於社會主義的討論」專欄。

79　陳獨秀，〈關於社會主義的討論‧（十一）楊端六先生「與羅素的談話」〉，《新青年》8 卷 4 號（1920 年 12 月）。

態度，提倡「協社」。[80]並且，他們也清楚的認知到中國已捲進全球的資本主義運作體系中，如梁啟超當時對中國國情的判斷：「吾國國內，曾未夢見工業革命之作何狀！而世界工業革命之禍殃，乃以我為最後之尾閭。」[81]但問題在於國內／外資本家的同構關係、勞動者的社會屬性，馬克思陣營對此有截然不同的認識，而此一問題又具體聯繫到對中國國情與世界關係的不同認識，在《新青年》馬克思群體掀起連鎖效應。

對於《新青年》馬克思群體而言，他們更多是以「階級」的視野來看中國經濟問題。陳獨秀指出中國資本家與外國資本家的掠奪方法，只是程度上的差別，本國資本家「直間接是外國資本資買辦」[82]，鮮明的指出兩者間的連帶關係。蔡和森則進一步加入政治層次的「殖民地」視野，更深一層指出帝國主義與資本主義的同構關係。他指出：農國實際上已成西方工業國的政治經濟殖民地，中國與俄國同受國際資本帝國主義的經濟壓迫。[83]這樣的思考在當時即將召開的華盛頓會議（當時又稱為「太平洋會議」）之際，由美國公使克蘭提倡國際共同管理——不管是列強分管或共管中國，大大刺激知識分子的國族意識。

《新青年》9 卷 5 號可說是「太平洋會議」專號，前四篇專文全都圍繞「太平洋會議」打轉。羅素在離華之際，即耳提面命中國人「國際管理」的問題，9 卷 5 號首篇〈太平洋會議與太平洋弱小民族〉，陳獨秀即援引羅素對英國記者所提的中國危機：「華盛頓會議底危機，即列強間苟能妥協，則中國或將被列強分割而壓迫，或不被分割而受列強共同的壓迫。」那麼，陳獨秀提出的解決之道為何？他認為唯有各國無產階級的聯合與弱小民族的攜手努力，才能逃脫帝國主義、資本主義的宰制。[84]這樣的想法，在接下來 9

80　梁啟超，〈復張東蓀書論社會主義運動〉，《改造》3 卷 6 號（1921 年 2 月）。

81　同上註。

82　陳獨秀，〈關於社會主義的討論・（十三）獨秀復東蓀先生底信〉，《新青年》8 卷 4 號。

83　蔡和森，〈馬克思學說與中國無產階級〉，《新青年》9 卷 4 號（1921 年 8 月）。

84　陳獨秀，〈太平洋會議與太平洋弱小民族〉，《新青年》9 卷 5 號（1921 年 9 月）。

卷 5 號《新青年》其他三篇，進一步加以鋪陳。第二篇是張椿年譯介第三國際執行委員會〈對于華盛頓太平洋會議的看法〉，與 1919 年巴黎和會後蘇俄發表的〈加拉罕宣言〉有異曲同工之妙。在這兩個敏感的時間點上，蘇俄都以人道、關懷、善意，形成與歐美列強的侵掠、壓迫形成強烈的對比，召喚被奴役、被壓迫的弱小民族，到蘇維埃共產國際平等、溫暖的懷抱中。不單如此，第三、四篇譯介日本左翼大將山川均、堺利彥對於太平洋會議的看法，則從日本自身被壓迫的階級著眼，召喚無產階級世界革命。從這些言論看來，9 卷 5 號《新青年》可說是因華盛頓會議而更加強了對列強帝國主義、資本主義政經同構關係的認識；同時第三國際作為一參照系，則又把他們改造中國的心願，寄託在第三國際世界聯合的無產階級革命。

除了上述「資本家」的認識不同，關於「勞動者」的性質認識差異，也凸顯兩派對中國國情判斷的著力點不同。在社會改良派（如：梁啟超）看來，不同於歐美是使多數勞動者地位改善，中國最迫切的問題反在於使人民變為勞動者，但此勞動階級與遊民階級則有所區別。[85]然而，如果按其勞動與否，一刀兩分勞動／遊民階級，這是容易作的區分；但如此一來，「遊民階級」的社會屬性——在社會環境形成之下賦予的特質，與本質性的思考不同，其中的區別較無法進一步釐清。因此，針對此一問題，李達針對梁啟超的看法，首先提出勞動／遊民階級區分的荒謬性，他指出「中國的遊民，都可說是失業的勞動者」，而勞動者的失業，源於機器發明後的產業革命，與世界經濟結構的轉變息息相關，而非個人勞動意願。[86]其次，新凱特別提到中國的兵源與失業息息相關，他們是「現在經濟制度下壓迫出來的失業者」。[87]換而言之，他們不是選擇性失業，而是在世界經濟體制下，被時代拋出的多餘人。

在上述《新青年》馬克思群體與社會改良派的論爭中，可以窺出一個爭

---

[85] 梁啟超，〈復張東蓀書論社會主義運動〉，《改造》3 卷 6 號。

[86] 李達，〈討論社會主義並質梁任公〉，《新青年》9 卷 1 號。

[87] 新凱，〈再論共產主義與基爾特社會主義〉，《新青年》9 卷 6 號（1922 年 7 月）。

論的端倪，既然資本家與勞動者的問題，是在當前世界資本主義體制下所產生的結構性問題，如何脫逸出此一循環，避免中國因資本主義不發達所受的禍害。那麼，還要再重蹈歐美資本主義的覆轍嗎？也由此而生出一種趕上世界同代人的不同思維，那就是在這些論述中屢屢提及的典範形象──俄國，仿效俄國繞過資本主義而實行社會主義，這是工業落後者，也就是後進國的特權。

三、時間差的扞格

　　從上述的分析看來，攤在枱面上的兩派爭論是關於社會主義路線：溫和（改良）／激進（革命），在地／全球經濟視野的差異。但深入一層分析，這裏其實存在解決中國政治問題的時間差，微妙地展現了民初知識分子多層次的實踐路線。

　　前面我曾提過，梁啟超、張東蓀、張君勱等人，活躍於民初政壇，希冀以政黨政治的實踐理念，作為民初政治改革之方，進步黨、研究系均是此一實踐下的產物。相較於五四前期的《新青年》，以文化運動作為民初時政改革之方；梁啟超發起護國軍之役討袁，巴黎和會的談判進程，促使國人密切注意，從而掀起五四愛國運動沸沸揚揚，介入時政的方式有著直間接及隱顯的不同。但 1919-1920 年，遊歐回來的梁啟超與來到上海的陳獨秀，相同的是對於打倒軍閥的共同要求；不同的是，因對中國文明的價值判斷不同，產生了盱衡國情、改造社會此一解決實踐路線的差異。而此存在時間差的問題：社會改良派是從政治運動轉向文化運動，《新青年》馬克思群體卻從文化運動轉向直接的政治運動。從《改造》的發刊詞看來，他們希望通過思想革命來改造中國，然而基於對中國文明作為人類珍貴遺產的認識，他們所產生的思想革命方式，就不同於《新青年》反傳統的思維方式。因此，他們在接受外來的思想資源（如：社會主義），也會產生在地化的溫和改良路線。這是兩派產生論戰的問題癥結之一：關於國情的判斷。

　　當時知識界思考的問題在於中國如何以最快的速度或最小的代價成為世界的同代人，由此而展開中國發展道路的不同抉擇，也是 20 年代初展開社

會主義論戰的根由。那麼，怎麼樣可以使中國成為世界的同代人？在此，我並無意對兩種路線作出優劣之別，事實上也沒有存在優劣之別，差異只在於他們對於未來新中國的想像圖景不同。一是《新青年》馬克思群體的俄國路線；一是社會改良派較傾向德國社會民主黨的德國路線或英國基爾特主義路線。但值得我們注意的是，從 7 卷 1 號陳獨秀發表的文章〈實行民治的基礎：地方自治與同業聯合兩個小組織〉來看，此時陳獨秀與張東蓀對中國道路的認識是非常接近的。[88]直到 8 卷 1 號，陳獨秀雖主張勞動專政，但對於俄羅斯蘇維埃一黨一派的政權仍持有存疑。[89]在社會主義的陣營中，雖然有路線之爭，但敵我界線仍不至如此分明。

問題的起源關鍵在於馬克思主義在馬克思過世後產生的內部分歧，不但產生正統派／修正派的路線之爭，也有因根據馬克思不同階段思想的詮釋，而產生的諸多派別。其中德國社會民主黨即被俄國布爾什維克黨視為馬克思主義的異端，德俄路線的差異，已於前文討論。在華盛頓會議期間，在對列強／第三國際更明確的認識前提之後，《新青年》馬克思群體明白揭示他們要走的是俄國列寧主義路線，就必須回答一個問題：何以原典馬克思無國界的「勞動專政」在俄國變成「共產黨專政」的黨派政治？這裏問題的核心在於：革命是多數人還是少數人的事業？羅素離華的告別演講〈中國到自由之路〉，則牽動了對此問題的進一步關注與討論。

四、餘波蕩漾：羅素〈中國到自由之路〉的中國道路問題

羅素來華，正處於五四過後思想澎湃的時代。如我前文所提，羅素是作

---

[88] 在杜威來華之後，陳獨秀根據杜威對於「民主」的三種分析，更明確的宣示「社會經濟民主」應當優位於「政治民主」，主張透過民間的「地方自治和同業聯合」來達成，這是陳獨秀與張東蓀等基爾特主義者路線最接近的時期。陳獨秀，〈實行民治的基礎〉，《新青年》7 卷 1 號（1919 年 12 月）。

[89] 陳獨秀，〈對於時局的我見〉：「無論是國會也好，國民大會也好，俄羅斯的蘇維埃也好，都是一階級一黨派的勢力集中，不是國民總意底表現。」，《新青年》8 卷 1 號（1920 年 9 月）。（劃線部分為筆者所加）

為中國社會改造的導師所期盼著。然而羅素在華停留的短暫的十個月中，揭示給中國人的卻是前後南轅北轍的藥方。一開始，羅素的演講是希望中國人發展實業、注重教育，給出的藥方是發展「同業工會的組織」，認為革命後的俄國「漸失革命本意」[90]。但在羅素的告別演講〈中國人到自由之路〉，卻是提出政治改革必須居於經濟發展之先，且因中國實業、教育條件缺乏，為求國民的知識儘快普及、實業不染資本主義的色彩，要到達這個程度，「最好經過俄國共產黨專政的階級」、「俄國式的方法是惟一的道路了。」[91]如果單就羅素這些文句來看，容易產生斷章取義的問題，必須回到當時的歷史語境，探究羅素何以如此敘說的時代背景。

　　如前文所提，繼 1919 年巴黎和會不遠，1921 年羅素離華後不久即將召開華盛會議討論中國問題。羅素在離別演講即指出，美國公使克林提出對中國採取「國際共管」的提議，因此羅素著眼的中國發展方案，是與列強侵略的思考緊密聯繫，把握中國工業發展的主動權，以「國家社會主義」的方式發展工業；另一方面，是在避開歐美資本主義弊端下，所形成弱肉強食的關係。因此，他才指出，俄國「社會主義革命」是人類應努力的方向，但前提是建立有效能又廉潔奉公的政府。[92]再與羅素先前的演講〈布爾什維克主義的理論與實際〉作一參照，他著意提醒人們的是少數人壟斷全部社會權力，產生政治權力分配不均的問題，影響所及社會財富的再分配已了無意義。[93]雖然《新青年》馬克思群體對於羅素提出俄國路線有深得我心之感，但他們面對的挑戰也正是羅素的「前提」是否在中國能有效達成，以及「少數人專政」如何自圓其說的問題。

　　早在 1920 年張君勱寫給張東蓀的兩封信，討論俄德革命之問題，就已

---

[90] 羅素的演講：如〈社會改造原理〉，原載於《晨報》，1920 年 10 月 17 日。

[91] 羅素的告別演講〈中國人到自由之路〉，原載於上海《民國日報》1921 年 7 月 11 日。

[92] 同上註。

[93] 羅素先前的演講〈布爾什維克主義的理論與實際〉，原載於上海《民國日報》1920 年 11 月 3、7、8、9 日。

揭示上述問題的思考。張君勱在比較俄德革命時，強調革命不是高懸的理想，而是經過、是事實，對於列寧革命所採的手段，不予苟同，而是當採法律手段加以解決。張君勱思考的焦點在於：首先，列寧組織蘇維埃，以勞動神聖為尊，排斥無所事事的其他國民，違背了法律之前人人平等的「形式」原則；其次，張君勱強調法律的程序性，「必有一定之機關，一定之程序」，不能「以少數之人從而易之」，否則最後可能變成「禍國殃民的暴舉」，動亂永無止息。[94]張君勱於五四時期對蘇維埃革命少數人專政的批評，在當時逐漸倒向俄國革命的氛圍中，堅守民主憲政的立場，以法律、議會的漸進方式達成社會主義，劃出中國應走德國路線的不同思維。當時的馬克思主義者蔡和森即視張氏為眼中釘：「張君勱以中產階級的反動眼光及賢人眼光觀察俄國革命，對於德叛逆社會黨（即多數黨）一唱而三歎（見《解放與改造》）。他對於中國主張的八條，不馬不牛，這種冬烘頭腦，很足誤人。」[95]

另外，如果從《新青年》的演變脈絡來看，「少數人」專政的問題與其早先的主張產生扞格。早在 1916 年，陳獨秀推動「國民運動」以對抗「黨派運動」[96]，提出「國民總意」取代「代議政治」。在與汪叔潛的通訊中，將此問題說得更清楚，強調「立憲政治」實施的兩要素是「庶政公諸輿論」、「人民尊重自由」，否則雖然由優秀政黨握政權，只能稱「政黨政治」，不能稱「立憲政治」。[97]以及在巴黎和會、「五四」運動爆發之後，陳獨秀悲痛的反省中國對內、對外，必須抱定兩大宗旨，其中之一即「平民

---

94 張君勱與張東蓀的三封通信，〈中國之前途：德國乎？俄國乎？〉，《改造》2 卷 14 號，1920 年。必須說明的是張君勱與張東蓀亦有路線的差異，張東蓀較傾向革命，因此，在羅素來華引起的風波之前，張東蓀與陳獨秀亦私交甚篤。

95 蔡和森，〈蔡林彬給毛澤東　共產黨之重要討論〉，1920 年 9 月 6 日。載於蔡樂蘇主編，《中國思想史參考資料集·晚清至民國卷》下編（北京：清華大學出版社，2005），頁 291。

96 陳獨秀，〈一九一六〉，《新青年》1 卷 5 號（1916 年 7 月）。

97 陳獨秀，〈答汪叔潛「政黨政治」〉，《新青年》2 卷 1 號（1916 年 9 月）。

征服政府」，並且明確指出平民包含學界、商界、農民團體、勞工團體[98]。

　　如果按照上文陳獨秀的思路，「人民」的定義應是廣泛的，但在 1920 年，陳獨秀發表〈談政治〉，決意走勞動專政之路，「人民」已漸窄化至無產階級。然而這如何使人信服《新青年》在五四前期喊出「德先生」（民主）、「賽先生」（科學）的時代之音。因此，相較第八卷《新青年》更多是在介紹馬克思主義，駁斥德國修正主義路線；第九卷《新青年》則更多是在回應時人對「無產階級專政」、「少數人專政」、「開明專制」的質問。

　　從《新青年》來看，一開始提出「開明專制」的是人在巴黎的張崧年，他提出中國改造的程序應是：革命，開明專制（美其名曰勞農專政）。馬上得到陳獨秀的讚許：「想不到你也看出中國改造非經過開明專制的程敘（序）不可」[99]。該期《新青年》通信欄下一頁即以「開明專制」為標題，刊載朱謙之的來信。信中，朱謙之即嚴厲質問陳獨秀「從政治上教育上施行嚴格的干涉主義」的主張，但陳獨秀並沒有正面回應此問題，反而從朱謙之的信仰著眼，調侃了他一番。其次，為「無產階級專政」申冤的是蔡和森，他在與陳獨秀的通信指出：中產階級專政假名為「德莫克拉西」，而無產階級專政公然叫做「狄克推多」，便引起一般人的誤會和反對。[100]隱含對中產階級「民主」的批判，實質上也是另一種專制。接下來，則由周佛海針對「少數人」加以解釋，在「隨感錄」中，周佛海指出革命都是由少數人先發，多數人附和，「革命不是要多數人來幹的」[101]，以說明革命先發群體的小眾性格。

---

[98] 陳獨秀，〈山東問題與國民覺悟——對外對內兩種徹底的覺悟〉，《每週評論》23 號（1919 年 5 月 26 日）。

[99] 張崧年致陳獨秀及陳獨秀的回覆，標題為〈英法共產黨——中國改造〉，「通信」欄，《新青年》9 卷 3 號（1921 年 7 月）。

[100] 蔡和森，〈馬克思學說與中國無產階級〉，「通信」欄，《新青年》9 卷 4 號（1921 年 8 月）。

[101] 周佛海，〈（一二七）革命定要大多數人來幹嗎？〉，《新青年》9 卷 5 號（1921 年 9 月）。

　　另外，從其目的性來看。蔡和森指出，無產階級專政是「暫時必然的手段」，其目的在「取消階級」。[102]陳獨秀則明確提出「無產階級專政」作為達成共產主義社會過渡期間的必要性，而且必須有「共產黨」作為「無產階級底先鋒隊與指導者」。[103]如果再加上新凱的說法：「無產階級專政是壓服有產階級的一種手段，是強制有產階級的一種手段，也就是削滅階級的一種手段」[104]，這個壓服結構更清楚，它形成一個由上至下的金字塔形結構。從這個結構來看，它本身是個「上智下愚」的結構，而「智」的部分只有少數人，他們作為「指導者」，負有教化的責任、改造的使命。甚至依新凱來看，少數人專政「也是要服一二個人的意志才好」[105]。至於誰來監督？新凱也只能含糊其詞的提出三點：專政的程度日減、無產階級監督、勞農會與勞動者密切。[106]或周佛海提出：「強制乃是達到真正自由的唯一道路，獨裁乃是獲得普遍平等的唯一橋樑」[107]，一種幾近弔詭的解釋。

　　從上述陳獨秀、新凱、周佛海、蔡和森等《新青年》馬克思群體的解釋看來，事實上在此時都還不能有效說服時人。因此，五四學生輩的朱謙之才會以幾近失去理智的痛罵師長輩的陳獨秀：「你是新式的段祺瑞，未來的專制魔王」[108]。但此一壓服結構所引起的後果，卻是影響深遠的。我們在中國往後的歷史發展中，看到神格化的領導人物形像（如：毛澤東），以及層出不窮、各式各樣的思想教育、整風改造的運動；更重要的是，「過渡性」的說法，隱藏了將各種暴力、權威、控制⋯⋯等等合理化的問題，也形成另一

---

[102] 蔡和森，〈馬克思學說與中國無產階級〉，「通信」欄，《新青年》9卷4號（1921年8月）。

[103] 陳獨秀回應黃凌霜的來信，標題為〈無產階級專政〉，《新青年》9卷6號「通信」欄（1922年7月）。

[104] 新凱，〈再論共產主義與基爾特社會主義〉，《新青年》9卷6號（1922年7月）。

[105] 同上註。

[106] 同上註。

[107] 周佛海，〈自由和強制——平等和獨裁〉，《新青年》9卷6號（1922年7月）。

[108] 朱謙之寫給陳獨秀的信，標題為〈開明專制〉，《新青年》9卷3號「通信」欄（1921年7月）。

種政治運作邏輯的潛規則。另一方面，這種急性改造又是在當時特定的政治社會條下的產物，如新凱所言：「軍閥的敲剝，外國資本家的侵掠，如不趕快改造，恐中國就要處於外國資本的公共掠奪政權之下了……」[109]這種特快過渡的需求，實有其根植的土壤。因此，革命／社會改良的論戰，一方面也是中國改革是搭特快車／普通號的區別；一方面，也是中國要駛往何處去的大哉問。

第三節　1920 年代《新青年》：左翼勢力與國民黨工農運動的再整合

我們知道，對馬克思主義的關注與研究，李大釗遠早於陳獨秀，而陳獨秀直到 1919 年 4 月才發表同情俄國革命的文章。那麼，一年多之後的陳獨秀，在《新青年》〈談政治〉（1920 年 9 月）一文宣告無產階級革命的政治觀點，稍後更成立共產黨，如此巨大的轉變，其實背後反映了他怎麼看待當前的中國政治結構問題。根據張國燾的回憶指出，陳獨秀之所以信仰馬克思主義與組織中國共產黨，主要是由「實際政治觀點出發」，緣於中國半殖民的處境和國內政治的黑暗，以及他個人政治上的遭遇，使之如此[110]。陳獨秀日後在其〈辯訴狀〉亦指出五四以後開始組織共產黨的原因在於：「半殖民地的中國，經濟落後的中國，外困于國際資本帝國主義，內困于軍閥官僚。」因此陳氏認為：只有最受壓迫最革命的工農勞苦人民和全世界的無產階級勢力，結合起來，才能民族解放、國家統一、發展經濟、提高人民的生活[111]。綜合張國燾與陳獨秀的說法看來，反抗帝國主義的壓迫以及尋求國家民族的獨立解放，尤其解放受壓迫最烈的工農大眾，對陳氏而言，是巴黎

---

[109] 新凱，〈今日中國社會究道怎樣的改造？〉（錄《覺悟》），《新青年》9 卷 6 號「選錄」欄（1922 年 7 月）。

[110] 張國燾，《我的回憶》第一冊（香港：明報月刊出版社，1974），頁 94。

[111] 陳獨秀，〈辯訴狀〉，寫於 1933 年 4 月 20 日，見任建樹主編，《陳獨秀著作選編》第五卷，頁 60。

和會之後，迫在眉睫的政治問題。而當時俄國十月革命的成功，提供知識分子想像未來新中國遠景的可能性，這是他從西方式的民主，轉向馬克思無產階級民主的重要動因。

　　值得進一步思考的是，原典馬克思〈共產黨宣言〉強調「工人無祖國」，國與國之間、民族與民族之間的對立、分隔消失；但就陳獨秀所領導的早期共產黨來看，他認為：工農勞苦人民的鬥爭，與中國民族解放的鬥爭，是「合流並進，而不可分離」。[112]似乎兩者互相扞格，但從列寧的「民族自決」相關理論看來，反帝、反殖民主義是作為馬列主義革命理論的一部分，也是被壓迫的民族提倡民族主義的表現方式。[113]時人的理解兩者並不相扞格，在《新青年》8 卷 3 號即刊出列寧〈民族自決〉的演說，當中就明白提到「聲明尊重各國底獨立權利，……我們的目的在於純粹的世界勞農之自由聯合。」[114]因此，以當時中國共產黨的機關刊物的《嚮導》屢屢指向外侮來看，民族解放的精神結合對帝國主義的批判，是當時中國共產黨人所觀察到的實際政治現狀中，謀尋一條國族生存之路。

　　其次，以陳獨秀切身的經歷來看，1919-1920 年，在五四落潮期的低盪空氣下，也帶著幾分歷史的偶然與必然，促使他走向這條不歸路。因為，若以天時、地利、人和來看：民族主義與馬列思想的結合，若在北京這麼一個帝王之都裏，較難以產生言論與思想的土壤；然此時陳獨秀因遭北京政府通緝來到上海，原本輪流主編的《新青年》，因陳獨秀落難上海，改由他一人主編。上海作為華洋雜處的大都會，又處在外國資本主義入侵，工人飽受剝削、勞資日漸對立的 20 年代。上海迥然不同於北京的學界氛圍，從這裏可

---

[112] 同上註，頁 60。

[113] 相關的討論，可進一步參看：姜新立，〈民族主義與馬克思主義——矛盾對立或辯證統一？〉，洪泉湖、謝政諭主編，《百年來兩岸民族主義的發展與反省》（臺北：東大圖書公司，2002）。當然，民族主義與馬克思主義當中仍有許多問題值得再進一步分梳，本文僅就陳獨秀等共產黨人在 20 年代的思想狀況來討論。

[114] 列寧演說，〈民族自決〉，震瀛譯 Liberator 本年六月號，《新青年》8 卷 3 號（1920年 11 月）。

以看出，一些促使陳獨秀思想轉變的關鍵性因素，開始發酵。另一方面，此時的《新青年》已非當年創刊之際，乏人問津的刊物；從陳獨秀主撰的前三卷，到北大教授加盟的同人雜誌時期，再經過五四運動的洗禮，《新青年》的影響力劇增，成為名重一時的刊物。因此，這份刊物的走向，其實某方面也預示了未來中國的走向。

那麼，話說回來，也就是第七卷以後的主編陳獨秀，他的思想傾向、組織動員的人脈，具有決定性的力量。因而，當陳獨秀成立上海馬克思主義研究會（1920 年 5 月），發起上海共產主義小組（1920 年 7 月），集結一些志同道合的人，第八卷《新青年》的內涵也開始有了較大的轉變。以下我將從作者群、欄目、議題內容等線索，來層層觀照出八、九卷的《新青年》，織就了怎樣一部中國未來政治趨向可能的新地圖線索。

一、八、九卷《新青年》：左翼勢力的再整合

首先，從作者群來看，除了原有的北京同人之外，新加入或先前少見的作者為：陳望道、張嵩年、李季、李達、李漢俊、周佛海、沈雁冰（茅盾）、陳公博、沈定一（玄廬）、戴季陶、楊明齋……等。其中李漢俊、陳望道、沈雁冰、袁振英為上海發起組成員，甚至之後成為上海編輯部的主幹，其他亦與上海發起小組[115]或之後中國共產黨的成立有關。其次，在欄目的設置方面，「俄羅斯研究」專欄的設置，成為當時中國讀者了解馬克思主義和俄國革命的主要窗口。除了「俄羅斯研究」之外，在「通信」及「隨感錄」等欄目，屬於編者可彈性運用的欄目，有意識的以社會主義、馬克思主義引導讀者，進行問題的探討。第三，在議題方面，出現社會主義、無政府主義的專題討論，成為八、九卷討論的熱點話題，目的是區分敵我，建立

---

[115] 根據張國燾的回憶，上海發起小組的成員有陳獨秀、李達、李漢俊、陳望道、沈定一、邵力子、施存統等七人。見氏著，《我的回憶》第一冊，頁 101。由此成員來看，除了邵力子未在八、九卷《新青年》發表文章外，其他已成為除北京同人之外的作者主力。

馬列主義思想與意識形態的確立。

因此，歐陽哲生甚至認為《新青年》從八卷一號起，開始為中共上海發起組所主控；而北京同人主要提供詩歌、小說、戲劇、文學評論等文藝作品[116]。八、九卷雖然是南北同人共存的場面，但基本上已是赤化色彩益趨濃厚，更培養了日後著名的共產黨理論家。之後，由於上海編輯部被法捕房查抄，九卷六號的《新青年》停刊，新文化運動陣線聯盟的《新青年》走入歷史。日後由瞿秋白主編的《新青年》季刊，已正式成為中共的理論機關刊物。

以上主要針對八、九卷《新青年》在馬列主義理論方面的灌溉、培育，將原先社會主義陣營的渾沌狀態，重新進行敵我路線的區分，確立馬列意識形態的建立，培養共產黨班底人才。以下，我將進一步說明《新青年》在群眾運動的努力，尤其是工農運動的推展與成果，稍後國民黨與共產黨攜手，建立合作關係，也就是史家所稱「國共合作」的發展[117]，進一步鋪就其發展的根柢。

二、《新青年》與國民黨工農運動

在上述的作者群闡述中，我們不能忽略的是沈定一與戴季陶對《新青年》開展工農運動與人脈的聯繫。這兩位均是國民黨的大將，五四運動期間，同為國民黨刊物《星期評論》的主編，大量引介西方社會主義思潮，《星期評論》亦是五四新文化運動的重要刊物。

而沈定一與戴季陶如何開展工農運動呢？首先，就農民運動來看。最早是李大釗藉由俄國革命中民粹主義發展的借鏡，將知識分子與工農群眾結合起來，提出仿效舊俄時代知識青年「到民間去」的主張。但真正落實到農民

---

[116] 歐陽哲生，〈《新青年》編輯演變之歷史考辨——以 1920-1921 年同人書信為中心的探討〉，《歷史研究》2009 年第 3 期。

[117] 當然，國共合作能拍板定案，重要的是第三國際對中國的革命政策，在 1921 至 1922 年間，馬林與孫中山會面，討論國民黨和共產黨合作的問題。見郭成棠，《陳獨秀與中國共產主義運動》（臺北：聯經出版公司，1992），頁 155-190。

運動本身，則是沈定一。在當時，革命群眾雖然包含工人和貧農，但發展的主力則在工人，沈定一卻有不同的看法，他認為：「中國機器工人不多，農民在國民中占最大多數，中國底社會革命，應該特別注意農民運動。」[118]因此沈定一展開的衙門農民運動，具有先鋒性的意義。《新青年》九卷四號的附錄是最早刊登〈衙前農民協會宣言〉、〈衙前農民協會章程〉、〈衙前農村小學校宣言〉，並且在下一卷刊出沈定一的〈農民自決〉。然而我們很容易一眼望過，而忽略它的重要性。

　　沈定一為浙江蕭山衙前人，早年為同盟會革命黨人，五四運動期間，與戴季陶同為國民黨刊物《星期評論》的主編，對社會主義、馬克思主義及俄國革命有相當的介紹，稍後又成為上海共產主義發起組織成員。1921 年之交，陳獨秀應陳炯明之邀前往廣州，創辦《勞動與婦女》雜誌，沈定一即擔任主編，由此可看出他與陳獨秀的密切合作以及對群眾力量的重視。當時沈定一看到家鄉的殘破，農民的疲弊，首先出資成立衙前農村小學校，以期改善農民教育，〈衙前農村小學校宣言〉即其成立宣言。再者，沈定一的〈衙前農民協會宣言〉和〈衙前農民協會章程〉可說是中國近代最早的農運宣言和章程，該章程第一條：「求得勤樸的生存條件」，強調在合理、合法的範圍內，與地主、田主進行減租抗爭。並且在蕭山發表「農民自決」的演說，指出「不可以無組織的暴動」、「從組織上面謀得國家底主權歸你們掌握」[119]的忠告，希望透過勞動者結成同盟的概念，發揮農民自身的力量與能動性。衙前農民運動雖然不久遭政府當局鎮壓，但它揭開農運史的序幕，未及數年，在中國各地陸續爆發農民運動，不絕如縷。

　　與沈定一資歷相仿的戴季陶，為國民黨重要理論家，主編《星期評論》期間，亦傾心社會主義思想，進行勞動相關問題的討論。早在五四運動爆發後，由於工人熱烈參與愛國運動，人在上海的戴季陶即意識到「工人直接參

---

[118] 中共浙江省委黨史資料徵集研究委員會、中共蕭山縣委黨史資料徵集研究委員會，《衙前農民運動》（北京：中央黨史資料出版社，1987），頁 2。

[119] 沈定一，〈農民自決〉，《新青年》9 卷 5 號（1921 年 9 月）。

加政治社會運動的事，已經開了幕」。[120] 與沈定一略為不同的是，戴季陶本欲加入上海發起小組，因與孫中心的關係極深，最後沒有加入[121]。在《新青年》九卷一號可看到戴季陶發表的四篇文章：第一篇是〈我所起草的三法案〉，其他三篇是戴氏所起草的「廣東省商會法草案」、「產業協作社法草案」、「廣東省工會法草案」，另有一篇是沈定一與陳公博合著的〈關于廣東工會法草案底討論〉。[122] 這與陳獨秀當時離滬來粵，應陳炯明之邀到廣州擔任教育委員會委員長，對廣州的發展當然知之甚詳有關。當時，孫中山所主時的廣東軍政府同年即公布「廢止治安警察法令」，並於隔年公布《工會條例》。從這裏，我們可以了解此時廣東軍政府的國民黨對工人運動的經營，主要以戴季陶為主力，是一種溫和漸近的方式改造社會，而不採取俄國暴動、激烈的革命方式。[123]

　　基本上，此時的廣東革命政府可以說是江匯百川，容納各式各樣的人才，陳獨秀即是一例，其他如無政府主義者、工團主義者，應有盡有。除了此時陳獨秀與戴季陶的密切友好關係，稍後（1922 年），陳獨秀亦被孫中山指派為國民黨改組方案起草委員會九委員之一。另外，國民黨本身也在重要的蛻變之中。在陳炯明叛變之後，國民黨人痛定思痛，決心重整黨務、擴張黨勢，此時俄國以一專制的落後國，俄國革命的成功提供了國民黨「政黨組織」與「革命行動」師法的對象，這正是未來國共合作的心理基礎。[124] 在「以黨治國」精神重新再肯定的前提下，透過第三國際代表鮑羅庭的協助，

---

[120] 季陶，〈訪孫先生的談話〉，《星期評論》第三號（1919 年 6 月 22 日）。

[121] 張國燾，《我的回憶》第一冊，頁 97、101。

[122] 均見於《新青年》9 卷 1 號（1921 年 5 月）。

[123] 關於戴季陶對於勞動問題及國民黨於軍政府期間頒布的法令，相關的討論可參考：呂芳上，《革命之再起——中國國民黨改組前對新思潮的回應（1914-1924）》（臺北：中央研究院近代史研究所，1989），頁 381-389。

[124] 參見：呂芳上，〈尋求新的革命策略——國民黨在廣州時期的發展（1917-1927）〉，《中央研究院近代史研究集刊》第 22 期，1993 年 6 月。另外，莫紀彭也提到「中山痛心同志叛變之餘，乃激賞俄共『以黨制軍』之辦法，終於走上『聯俄容共』之路。」參見：王聿均訪問，謝文孫紀錄，《莫紀彭先生訪問紀錄》，頁 25。

借用布爾什維克的組織手法，實施中國國民黨的改組，進行聯俄容共策略、建立黨軍——黃埔軍官學校，成為革命軍的力量來源。從陳獨秀與國民黨及國共初步合作的關係看來，在軍閥官方系統之外，另一種民間系統，其力量的整合，正逐漸形成沛然莫之能禦的力量。

第四節　結　語

如果說，1919 年以前的中國，最重要的是帝制復辟與共和民國的存續問題，著重的是民權（人民主權）對國權的超越；1919 年之後，社會問題浮出枱面，與軍閥割劇成為時政問題，社會主義作為一種世界性浪潮，成為解決中國問題的藥方。當時中國三種社會主義主要的流派：無政府主義、馬克思主義、社會改良主義，對於中國的社會問題，均有其特定角度的了解。持平而論，當時知識分子面對的共同問題是：中國雖與世界其他國家處於同一歷史時間，但處於不同發展階段，中國作為後進國，處在較落後的位置，如何克服此時間差，成為知識分子急欲克服的命題。在此，我們可以看到不管是馬克思主義者、無政府主義者或是社會改良主義者，同樣援引西方社會主義的思想資源，但對中國國情的不同判斷、以及中國與世界關係的不同認識，決定他們解決中國問題的不同思考模式，背後更大的問題則是選擇中國未來道路的趨向不同。

於其中，馬克思主義與其他兩派的差別在於從什麼角度認知社會問題。按照漢娜・阿倫特在《論革命》一書中對馬克思的批判，她認為：「馬克思將社會問題轉化為政治力量，這一轉化包含在『剝削』一詞中，……馬克思正是革命之名，將一種政治因素引入新的經濟科學之中，進而使之成為它自命的東西——政治經濟，也就是一種依賴政治權力，因而能被政治組織和革命手段推翻的經濟。」[125]這是為什麼陳獨秀在〈談政治〉一文中，必須提

---

[125] 〔美〕漢娜・阿倫特（Arendt, H.）著、陳周旺譯，《論革命》（南京：譯林出版社，2011），頁 11。另外，本段的思路亦受益於羅崗，《人民至上：從「人民當家

出：「我們正要站在社會的基礎上造成新的政治」[126]，相近於馬克思的思路。而陳獨秀將「社會問題」轉化為「政治問題」，但無政府主義與社會改良主義則仍將「社會問題」維持在文化、經濟、教育等層面，而與實體的政治革命較為絕緣。

也就是說，從中國社會主義論戰的派別：馬克思主義、社會改良主義、無政府主義來看，馬克思主義與社會改良、無政府主義最大的不同在於「經濟組織（物質）」／「心（精神）」的改造，在中國孰輕孰重的問題。社會改良主義與無政府主義在「心」的工程上，更強調文化教育的重要性，作為解決政治問題的根本之道。並且他們也針對馬克思主義提出一些深刻的批判與思考。然而，此兩種政治路線，在往後變化劇烈的政局中，各自展開對新現實的把握和回應，也面臨當時政治情勢的嚴苛考驗。

首先，從無政府派來看。上文指出，雖然師復派標榜「不談政治」，但從漳州的文化運動實踐看來，其實正是透過社會革命的方式，實踐政治改革的理想。並且針對陳獨秀推崇俄國無產階級專政，中國無政府主義者展開與此相關的國家、階級、權力的批判，在當時崇尚俄國政治路線與同為左派的立場中，實為提出思考俄國路線的獨特批判視角。無政府派與馬克思主義者早期雖有短暫的「安馬合作」（社會主義同盟）[127]，然而無政府派進行純粹的工團主義運動，由於面臨嚴苛的政治現實，導致之後與馬克思主義的工人運動領導權之爭奪，漸居下風。其次，無政府主義的基本主張「反強權」，反對強權的工具：政府與官吏，但在當時的政治形勢下，無政府派成為軍閥政

作主」到「社會共同富裕」》（上海：上海人民出版社，2012）。

[126] 陳獨秀，〈談政治〉，《新青年》8卷1號（1920年9月）

[127] 根據海隅孤客（梁冰弦）《解放別錄》，在1920年春，留守晦鳴學社的鄭佩剛，接到一封布爾什維克黨人用世界語寫的信，署名是布魯威。當時鄭佩剛將信寄與北大黃凌霜，黃凌霜約同陳獨秀、李大釗與布氏在天津敘話幾回，結果產生一「社會主義同盟」。參見《解放別錄》，頁8。對於「社會主義同盟」相關研究的進一步討論，可參見：曾慶榴，〈無政府主義與廣州共產黨之源〉，《二十一世紀雙月刊》總第125期（2011年6月）。

府眼中的過激派，壓縮無政府派的生存空間，也導致他們必須依附在某種政治權力的保護傘下，上文所提陳炯明漳洲新政即是一例。因此，無政府主義者反強權——尤其是政府強權，當時的確存在理論與實踐之間的緊張關係與複雜張力。1920 年以降，隨著國民黨與共產黨在中國政治舞台奔馳逐鹿的形勢日益鮮明，往後的問題成為無政府派與當前政黨間政治距離的問題。第一代無政府主義者（吳稚暉、李石曾）的（國民黨）護國救黨運動，與第二代無政府主義者（黃凌霜、區聲白）、第三代無政府主義者（巴金）因而產生激烈的爭論，等到國民黨北伐成功，中國無政府主義運動的衰敗漸已成定局。[128]

其次，就社會改良派而言。梁啟超與張東蓀從民初的政黨政治的經營，到 1918 年北洋國會的選舉慘敗後，痛心之餘，再回到文化教育的改造方向，恰恰與陳獨秀的路線產生了時間差。這一派主張中國應先發展資本實業再實行緩進的社會主義，代表五四之後，溫和改革派反對激進路線馬克思主義的一大流派。然而，在 1920 年代那樣激越高昂的世代，社會改良派的溫和路線不易被青年學子青睞，反而認為是過時的主張。一直到 1932 年，才由張君勱、張東蓀等人發起，正式建立「中國國家社會黨」，時梁啟超已過世（1929 年）。因此，社會改良派與無政府主義者，在 20 年代日益高漲的民族主義、反帝聲浪中漸漸退居中國政治舞台的邊緣，但仍有其影響力。[129]

另一方面，五四時期，國民黨人同樣參與了新文化運動，江納百川，吸納各種新思想的知識分子。國民黨從民初二次革命後的沉寂，至 1920 年代再起革命新形勢的形成，後來更影響中國未來的政治走向。[130]此時，國民

---

[128] 更詳細的討論可參看：〔日〕坂井洋史，〈二十年代中國安那其主義運動與巴金〉（節選），《巴金評說七十年》（北京：中國華僑出版社，2006），頁 196-211。

[129] 社會改良派與無政府主義者在 20 年代中後期雖漸漸退居中國政治舞台邊緣，但仍不斷為中國的民主政治努力，如：1926 年，張君勱與中國青年黨李璜合辦《新路》雜誌，反對國共兩黨的專制；而無政府主義者仍努力從事教育與文化的變革，一直持續到 30 年代。相關討論，限於篇幅有限，未能一一說明。

[130] 相關的討論，可參見：呂芳上，《革命之再起——中國國民黨改組前對新思潮的回應（1914-1924）》（臺北：中央研究院近代史研究所，1989）。

黨孫中山的三民主義路線借鑑俄國，而後有聯俄容共之舉，國共雙方進一步
攜手合作，走向國民革命。於此時，仿效列寧布爾什維克黨路線，中國革命
的行動方案由共產黨與孫中山所領導的國民黨攜手合作，一種新的黨派政治
亦於焉形成。

　　面對刊物性質的轉變，其他《新青年》成員如何因應此一問題？其實也
正是面對此時中國政治問題，各自有其不同的政治立場、解決之道，可看出
當時仍存在多種政治取向探索的可能性。除了陳獨秀、李大釗傾向從馬列主
義的無產階級專政，以行政治革命、社會革命兼具的改造，稍後與國民黨進
一步合流，形成一種新興且逐漸澎湃洶湧的國民革命勢力。下文筆者將從
八、九卷仍於《新青年》發表文章或論戰的《新青年》成員[131]，具有代表
性的兩派人馬著手：一是主張思想文藝啟蒙以改造社會、改造國民性的章門
弟子派，以周氏兄弟為主；二是主張透過由上層菁英的政治改革，影響下層
的社會，以制度的實踐作為民主啟蒙，以英美派胡適、張慰慈、陶履恭為
主。也就是說，《新青年》後來分裂的關鍵其實不在於談／不談政治，而是
在於同人對時政採取的立場與解決途徑，與陳、李等馬列主義的思考架構，
產生了分歧，然而亦同屬於解決中國政治問題此一核心訴求，將於下文深入
討論。

---

[131] 必須說明的是，文學革命的重要成員錢玄同、劉半農此時已很少在《新青年》發聲，
　　其中劉半農 1920 年教育部派往歐洲留學。

第六章 一枝「獨秀」的超克：
後五四同人的政治思考

> 反動初起的時候，群流並進，集中于「舊」思想學術制度，「新」派
> 思想之中，因潛伏的矛盾點——歷史上的學術思想的淵源，地理上文
> 化交流之法則——漸漸發現出來，于是思潮的起向就不像當初那樣簡
> 單了。[1]

　　如何繼續救國之路？熱血澎湃的五四運動過後，國政依舊頹唐不振，留
下的是心底的更大的虛無，這是 1919 年過後，迴盪在知識界及青年學生數
年之久的五四落潮期。這種對未來強烈的不安，伴隨著軍閥政府在往後幾年
接連上演一連串的醜劇，引發時人更大的反彈；加上歐戰後的列強，捲土重
來，經濟上的剝削，使民族工業一蹶不振，人民生活雪上加霜。民初軍閥官
僚政治在此面對民心真正嚴峻的考驗，然而如何解決中國的政治問題？1920
年代的中國，知識界正面臨一新的分化與整合的挑戰，尤其我們可以在《新
青年》看出這種現象的徵候。

　　關於後五四《新青年》北京同人之間的關係，及未來方向的選擇，學界
一般多認為陳獨秀想談政治，其他同人對此有意見而導致內部的分裂[2]；而

1　瞿秋白當時即針對從新舊之爭的矛盾，到新派之間的內部矛盾有著上述精采的描述。
　　援引：瞿秋白，〈餓鄉紀程〉，《餓鄉紀程·赤都心史·多餘的話》，頁20。

2　此一說法主要根據張靜廬，〈關於新青年問題的幾封信〉，《中國現代出版史料》甲
　　編（上海：中華書局，1959）。1920 年底，《新青年》由於陳獨秀應陳炯明之邀來
　　粵主持教育，將編輯一事交給陳望道，引發同人關於《新青年》存廢、談不談政治等

未能進一步深入討論同人的抉擇與時政之間的關係，以及解決政治問題的方式殊異，其實根本分歧並不在於談／不談政治[3]。我認為，向來標榜「不談政治」的胡適等英美派，此時發表〈爭自由的宣言〉，稍後《努力》週報努力談政治，談「好政府主義」，期待架構的新中國想像是英美式的立憲政府，已經是在談政治了。另外，周氏兄弟面對此一內部分裂，他們採取的方式仍是文藝啟蒙救國的方式，此時成立文學研究會，承續《新青年》中斷的文學革命事業，以俄國文學為典範。而俄國革命與俄國文學的緊密結合，成為文學引導政治改革的最佳範例；但他們所借鑑的是舊俄人道主義的關懷，而非十月革命後蘇俄「階級」分化的視野。

因此，在這章中，我主要以胡適、周氏兄弟為討論對象，說明在八、九卷《新青年》走向馬列路線之際，另外兩種不同典型的同人思考——以他們對中國改革理想的堅持，在不失同人和氣的前提下，或隱或顯，或迂迴或直陳，表達他們對此時陳獨秀轉向的思考。在同屬新文化陣營中，我認為考掘比對出兩造之間的差異，有助於我們了解後五四的《新青年》，內部對於國家未來想像的多元風貌。[4]此一問題正意謂著五四運動後（後五四）的中國，巴黎和會的屈辱正帶領著國人進一步思考、解決中國未來的出路與國家社會問題。關於中國未來走向的爭論，導致新文化陣營的分裂，《新青年》北京同人的內部分裂，正屬於此政治取向論爭的一環；另外，在分裂的同時，如前一章所述，另一股新的左翼勢力也正進行整合，交滙而成 20 年代初複雜多元的歷史圖景。

相關問題的討論。

[3] 目前筆者所見對此問題較深入討論的是：章清，〈1920 年代：思想界的分裂與中國社會的重組〉，《近代史研究》2004 年第 6 期。章清主要比較《新青年》群體分化後，胡適與陳獨秀之間的政治立場與思想差異。本文的處理亦納入其他《新青年》同人以作為內部多元競爭論述的一環，並說明同人對現實政治的關注並非在分裂之後，而是早在他們加入《新青年》此一團體之時及其後的相關活動。

[4] 可以說，兩造之間的明顯差別，以五四運動為區隔點：五四運動之前，新派的主力主要放在針對舊派的思想學術等作一攻擊；到五四之後，新派也因舊派逐漸消失其影響力之際，促成內部不同意見的競爭論述進而提到時代的前沿。

第一節　文學、階級與政治：周氏兄弟與俄國近代文學

陳獨秀發表〈談政治〉一文，已經標幟《新青年》的轉向，當年底同仁對《新青年》的存續問題有過一番討論。錢玄同指出爭執的焦點在於陳獨秀、胡適的俄國政治路線之爭：「一則主張介紹勞農，又主張談政；一則反對勞農，又主張不談政治」的爭論，在立場上他傾向於胡適，認為布爾什維克主義不適合中國。[5]並且錢玄同不主張政治革命：「等到略有些『人』氣了，再來開始推翻政府，才是正辦。」，他認為「要改良政治，須先改良中國社會」[6]。錢玄同念茲在茲的是國人思想的啟蒙，以期改造中國社會，進而改良政治，這是錢玄同當年從北大的知名學者，甘願為《新青年》當一名「搖旗吶喊的小卒」，進行文化與思想的改革。[7]之後周氏兄弟踏入《新青年》的歷史舞台，為深化文學革命而提倡思想革命，也正緣於錢玄同的居中牽線，一同為思想文藝啟蒙的使命而奮鬥。

為《新青年》貢獻大量文學創作、譯作的周氏兄弟，目睹《新青年》的轉變，其中周作人雖然也贊成北京編輯，但他看出彼此的癥結點：「現在《新青年》的趨勢是傾于分裂的，不容易勉強調和和統一……所以索性任他分裂，照第一條做或者倒還好一點。」也就是說從實際的眼光來談，應另創一個哲學文學的雜誌。魯迅也贊同其弟的看法，他更希望「以後只要學術思想藝文的氣息濃厚起來，——我所知道的幾個讀者極希望《新青年》如此

5　錢玄同私下說：「我對于此事絕不左右袒，若問我的良心，則以為適之所主張較為近是。（但適之反對談『寶雪維幾』（按：布爾什維克），這層我不敢以為然。」〈錢玄同致周作人〉，1921 年 1 月 11 日，《錢玄同文集》第 6 卷（北京：中國人民大學出版社，1999），頁 14。錢玄同認為可以談布爾什維克，但不贊成以布爾什維克主義為原則，指導中國的政治實踐。

6　同上註，頁 15。

7　錢玄同自述道：「我因為我的理智告訴我，『舊文化之不合理者應該打倒』，『文章應該用白話做』，所以我是十分贊成仲甫所辦的《新青年》雜誌，願意給它當一名搖旗吶喊的小卒。」錢玄同，〈我對于周豫才君之追憶與略評〉，《錢玄同文集》第二卷，頁 307。

——就好了。」[8]之前魯迅的創作為《新青年》實踐文學革命主張的具體成果，魯迅顯然也關注到第八卷以後的《新青年》文藝創作與文學討論文章日漸減少的事實。那麼面對《新青年》逐漸走向政治革命、社會革命的現實，胡適明確反對，主張「不談政治」，而同屬章門弟子的錢玄同、周氏兄弟，誠如鄭振鐸所指出的：

> 而初期的為白話文運動而爭鬥的勇士們，像錢玄同們，便都也轉向的轉向，沉默的沉默了。祇有魯迅，周作人還是不斷的努力著，成為新文壇的雙柱。[9]

在後期《新青年》，錢玄同漸漸淡出，將重心放在國故整理和漢字改革的宣傳研究；周氏兄弟的目光仍然專注在文藝，自始至終體現他們以思想文藝啟蒙作為社會改造的要求。

以下本文將進一步闡述陳獨秀與周氏兄弟文學觀的日漸差異，從周氏兄弟早年到五四時期翻譯創作的文學主張，其實已與此時逐漸產生以「階級政治」作為評斷文藝作品的傾向，日益扞格。其次是後五四周氏兄弟的走向，周氏兄弟思考的亮點在於，以俄國近代文學作為文學與政治結合的典範，探討文學如何引導政治問題，啟迪人民，以文藝逼近政治的迂迴思路，魯迅的創作其實正是中國本土創作實踐成功的典範。本文認為，後五四的周氏兄弟，從文藝思想的啟蒙、改造國民性著手，入手的仍是結合中國現實政治問題的探討，以及提出解決中國政治問題的文學思路，不單只是「啟蒙」，更不是「政治宣傳」，而是透過文學的實踐達成「文學救國」的進路。

一、文學觀：思想分歧與文學的階級性問題

在陳獨秀〈談政治〉一文發表後，周作人於《新青年》仍繼續發表譯作

---

8 張靜盧，〈關於新青年問題的幾封信〉，《中國現代出版史料》甲編，頁12。
9 鄭振鐸，〈導言〉，《中國新文學大系·文學論爭集》，頁8。

與論文，發表於《新青年》第八卷大部分是翻譯作品，只有一篇〈兒童的文學〉（8 卷 4 號）、〈文學上的俄國與中國〉（8 卷 5 號）。從文學立論，似乎看不出周作人對《新青年》此時方向的轉變有何劇烈的反應。但事實上是大多數研究者忽略周作人〈文學上的俄國與中國〉，以委婉而堅定的方式表達他的思想、立場與文學主張。

周作人〈文學上的俄國與中國〉，為一篇演講文[10]，該文從俄國革命的淵源與俄國文學脈絡發展的相應關係著眼，基本上即繼承其早年的觀點，進一步發展。周作人早在清末即關注俄國革命的發展，在《天義》報發表〈論俄國革命與虛無主義之別〉這篇文章裏，著意為「虛無黨」與「虛無主義」正名。他特別指出虛無主義非恐怖手段，而是根源於哲理，為求誠之學。[11]在該文中，周作人引用的線索來自《克羅頗特庚自敘傳》，即克魯泡特金的自傳，當時他即受到克魯泡特金的影響。〈文學上的俄國與中國〉文中也如早年〈論俄國革命與虛無主義之別〉，特別為虛無主義正名，不同的是，周作人加入此時流行的詞彙「唯心」、「唯物」的字眼來解釋。他指出從1861 至 1870 年「此時唯心論已為**唯物論**所壓倒，理想的社會主義之後也變為**科學的社會主義**了，所謂虛無主義就在此時發生」並且進一步詳細解釋「虛無主義是一種**科學態度**，不承認世俗的宗教法律道德，但承認科學與合於科學試驗的一切，並非世俗所謂的虛無黨，也與東方講虛無不同。」[12]從周作人對虛無主義的定位：「唯物論」、「科學的社會主義」，強調虛無主義是從實際社會出發的一種科學態度，並非是東方的虛無，另外又在「並非世俗所謂的虛無黨」句末加一小註：「據克魯泡特金說：世間本無這樣的東

10　此文為周作人於 1920 年 11 月在北京師範學校及協和醫學校所講。亦刊載於《晨報副刊》，1920 年 11 月 15-16 日。

11　周作人，〈論俄國革命與虛無主義之別〉，原載《天義》報 1907 年 11 月，第 11、12 期合刊，署名獨應。徵引自鍾叔河編，《周作人文類編・中國氣味》（長沙：湖南文藝出版社，1998），頁 44-48。

12　周作人，〈文學上的俄國與中國〉，《新青年》8 卷 5 號（1921 年 1 月），頁 2，粗體字為筆者所加。為求行文簡潔，以下本文引用該篇原文者，只列出頁數。

西」（頁 3）說明其立論的基礎仍在無政府主義者克魯泡特金。那麼此一說法與解釋是否有其特殊用意，我們可以再回到陳獨秀〈談政治〉一文作一脈絡的比對。

上文筆者曾提及陳獨秀〈談政治〉一文對無政府主義的批評，也批評了克魯泡特金。並在同期（8 卷 1 號），陳獨秀於「隨感錄」欄，標題為〈虛無主義〉指出中國思想界可以說是世界虛無主義的集中地，包括印度佛教空觀、中國老子無為思想、俄國虛無主義、德國形而上哲學。陳氏認為信仰虛無主義，不出於兩種結果：一是性格高尚的人出於發狂自殺；一是性格卑劣的人出於墮落，陳氏有此想法是因他認為，當時中國青年的灰暗厭世思想與虛無主義的盛行有關。因此周作人〈文學上的俄國與中國〉特別強調俄國虛無主義的科學態度，是一「科學的社會主義」，顯然暗中指向陳獨秀對無政府主義（包含虛無主義）的污名化，不著痕跡的加以澄清。周、陳兩人思想的分歧也反映在彼此文學觀的日漸差異，從周作人早年到五四時期翻譯創作的文學主張，其實已與此時日漸萌芽的以「階級政治」作為評斷文藝作品的傾向，凸顯的問題正是文學的「階級性」問題。

周作人文學觀點最重要的兩個主軸是「平等」與「人道精神」，如〈人的文學〉是站在世界主義的高度去除種族、國族、性別的差異[13]，這顯然是無政府主義的思想基調。[14]周作人日後回憶在〈關于自己〉這篇文章中充分流露他早年對克魯泡特金著作的喜愛：「克魯泡金的著作我也讀過《面包的獲得》等，又從在《英法獄中》一書中譯出一篇〈西伯利亞紀行〉，登在《民報》第二十四期上……但我最喜愛的還是別的兩種，即《一個革命者自

13　周作人，〈人的文學〉，《新青年》5 卷 6 號（1918 年 12 月）。

14　彭明偉即認為周作人在〈人的文學〉中所說的這種以個人自覺為基礎的大人類主義，特別是他所強調的人與人互助合作的精神，具有鮮明的無政府主義和烏托邦社會主義色彩。參見彭明偉，《五四時期周氏兄弟的翻譯文學之研究》，2007 年清華大學中文研究所博士論文，頁 45。

敍》與《俄國文學的理想與事實》。」[15]其中《一個革命者自敍》即為克魯泡特金的個人自傳，而《俄國文學的理想與現實》則深刻影響周作人的文學觀點。在〈人的文學〉寫作同時，周作人正深受當時日本新村主義的影響，魯迅亦然。魯迅發表武者小路實篤的著作〈一個青年的夢〉[16]，周作人於更早之前即發表〈一個青年的夢〉的讀後感[17]，也為此一反戰劇本《一個青年的夢》寫了〈與支那未知的友人〉這封信[18]，以及為提倡新村精神而寫〈新村的精神〉[19]與〈新村的理想與實際〉[20]。由這些文章看來，周作人新村主義以個人改造為基礎進而發展其互助的自由世界，正彰顯無政府主義的基本精神。[21]之後成立的文學研究會，其成員早期編輯出版的《人道月刊》其中第二期即為「新村號」，更可看出文學研究會成員對新村運動的提倡與愛好。

繼〈人的文學〉之後，周作人接著又在《每週評論》發表〈平民的文學〉，彭明偉即指出，周作人〈平民的文學〉它的獨特性在於這篇觸及了日後左翼文學理論中的一個核心問題，也就是文學的階級性問題[22]。〈平民的文學〉即與陳獨秀早期在〈文學革命論〉中將貴族文學、國民文學截然二分的立論觀點不同[23]，〈平民的文學〉強調文學精神的區別在於普遍、真摯與

---

[15] 周作人，〈關于自己〉，《周作人文類編·八十心情》（長沙：湖南文藝出版社，1998），頁3-4。

[16] 《新青年》7卷2號（1920年1月）。

[17] 周作人，〈讀武者小路君所作一個青年的夢〉，《新青年》4卷5號（1918年5月）。

[18] 周作人譯，〈與支那未知的友人〉，載《新青年》第7卷第3號（1920年2月）。

[19] 周作人，〈新村的精神〉，《新青年》7卷2號（1920年1月）。

[20] 周作人，〈新村的理想與實際〉，原載《晨報》（1920年6月23-24日）。

[21] 周作人的新村精神承繼自日人武者小路實篤的白樺派，白樺派實受托爾斯泰泛勞動主義與反戰思想的影響，上文指出的反戰劇本《一個青年的夢》即為一例。

[22] 彭明偉，《五四時期周氏兄弟的翻譯文學之研究》，頁56。

[23] 陳獨秀，〈文學革命論〉：「推倒雕琢的阿諛的貴族文學，建設平易的抒情的國民文學」，《新青年》2卷6號（1917年2月）。

否的區別，文章開宗明義便說道：

> 我們說貴族的平民的，並非說這種文學是專給貴族或平民看，專講貴
> 族或平民的生活，或是貴族或平民自己做的，不過說文學精神的區
> 別，指他普遍與否，真摯與否的區別。[24]

因此「平民文學」正是延續〈人的文學〉的一貫主張，而非提倡平民的文
學就不提倡貴族的文學此種二元對立分法。可以說周作人談論貴族或平民文學
並不是以階級區分的政治觀點，而是以文學精神的高下作為判準的標的。[25]

從以上周作人的文藝觀點看來，周作人已經敏銳地察覺當時已開始萌芽
產生的文藝傾向，那就是以「階級政治」作為評斷文藝作品的傾向，也就是
透過階級屬性決定文學作品的價值。[26]因此，〈文學上的俄國與中國〉在陳
獨秀發表〈談政治〉明確提出階級屬性的區別，周作人此文強調近代俄國文
學的精神，為社會的文學、人生的文學，愛那些「被損害與被侮辱者」的
「無階級立場」，顯然與勞農俄國工農革命文學強調的「勞農階級立場」不
同。那麼，不採取陳獨秀階級對立的政治革命方式，周氏兄弟又選擇了什麼
樣的方式來面對與解決中國的政治社會問題，他們在俄國文學與俄國革命的
關係找到了答案。[27]

---

[24] 周作人，〈平民的文學〉，《每週評論》第 5 號（1919 年 1 月），署名仲密。

[25] 彭明偉，《五四時期周氏兄弟的翻譯文學之研究》，頁 56。

[26] 在此可以舉瞿秋白從馬克思主義者出走之後，對文藝作品的重新定位與理解為例，他
說：「你從這些著作中間，可以相當親切的了解人生社會，了解各種不同的個性，而
不是籠統的『好人』、『壞人』，或是『官僚』、『平民』、『富農』等等。擺在你
面前的是有血有肉有個性的人，雖則這些人都在一定的生產關係、一定的階級之
中。」逸出對人生百態、階級屬性的標籤，瞿秋白他自己認為才進到真正的了解文藝
的初步，這其實正同於周作人的文藝觀點——超越階級對立的文藝觀點。見瞿秋白，
〈多餘的話〉，《餓鄉紀程·赤都心史·多餘的話》，頁 339。

[27] 必須說明的是，一直要到 20 年代末期，魯迅受到創造社成員的刺激，才開始研究馬克
思主義，之後加入左翼作家聯盟，對於文學的階級性觀點，才與先前有所不同，在

二、文學如何介入政治：
俄國近代文學作為文學與政治結合的典範

　　陳獨秀發表〈談政治〉一文不久，當年 11 月，文學研究會成立於北京，是最早的純文藝社團，有共通的基本態度：「文學應該反映社會的現象，表現並且討論一些有關人生一般的問題。」[28]。石曙萍即指出，文學研究會成立的緣由，其中一項即是：由於《新青年》的分化，造成新文學領域的真空狀態，「文學研究會延續並發展了《新青年》在文學上的引導地位，並使新文學得到獨立的發展。」[29]因此，文學研究會的成立，本身即具有承續《新青年》文學革命的使命。

　　另外，從其發起人來看，除了周作人以外，其中耿濟之、鄭振鐸、沈雁冰此時已翻譯一些俄國文學作品，葉紹鈞、郭紹虞、孫伏園為《新潮》社的成員[30]，以及王統照、許地山等，在他們的文學創作或自述都可看出對俄國文學的喜愛以及受到的影響。其中郭紹虞發表於《新潮》雜誌〈從藝術發展上企圖社會的改造〉，已經涉及從當時日趨流行重視物質經濟改造的唯物史觀中，另闢蹊徑。該文以藝術為例，藝術本身是獨立的，但是藝術的目的是公眾，說明精神層面從事社會改造的必要性，也提出他對社會主義的不同見解：「澈底的社會主義，決不會阻止個性的發展，決不會輕視精神的生活……」[31]

此之前與其弟周作人的文學觀點大同小異，可參看彭明偉對周氏兄弟文學觀點的梳理《五四時期周氏兄弟的翻譯文學之研究》。

[28] 茅盾（沈雁冰），〈導言〉，《中國新文學大系·小說一集》，頁 3-4。

[29] 石曙萍，《知識分子的崗位與追求——文學研究會研究》（上海：東方出版中心，2006），頁 1。

[30] 事實上，文學革命以降，至《新青年》第七卷陳獨秀主編時期，文學創作的刊載明顯較之前減少許多，文學創作的主力此時轉移至《新潮》，因此文學研究會的主要成員如：葉紹鈞等人為《新潮》成員。

[31] 郭紹虞，〈從藝術發展上企圖社會的改造〉，《新潮》2 卷 4 號（1920 年 5 月），頁 695。

　　此外，魯迅雖不列為文學研究會發起人，由周作人起草的〈文學研究會宣言〉是魯迅看過的[32]，可以說魯迅是未具名的發起人。與文學研究會發起同時，周作人也發表〈文學上的俄國與中國〉。其實從文學研究會的發起與〈文學上的俄國與中國〉一文，即可看出陳獨秀與周氏兄弟對未來中國政治問題的不同取徑與選擇。並且，歷來對〈文學上的俄國與中國〉一文，多把它放在比較文學史的角度加以討論，本文則深入分析此文的重要意義在於《新青年》內部分裂之際，作家（譯者）對於自己政治位置的反省。

　　對於俄國文學的譯介，周氏兄弟可以說是居功厥偉。從早年的《域外小說集》即譯介許多俄國及弱小國家文學的作品，加入《新青年》後，更譯介不少俄國文學，沈雁冰（茅盾）即提到他早年受《新青年》的啟發而開始注意俄國文學。[33]在中國，知識分子最早注意到是俄國革命，與當時清末革命運動有關，由對俄國革命的注意繼而關心俄國文學，並進而深究兩者之間的關係。

　　關於俄羅斯文學與俄國革命的關係，在此可以先引《新青年》其他同人李大釗的看法，作為同時代人理解俄國革命與俄國文學的方式。李大釗認為「俄國革命全為俄羅斯文學之反響」[34]，是文豪們以人道社會的文學與宗教政治制度相搏戰[35]。這樣的看法，基本上是符合當時俄國革命黨人看待俄國

---

[32] 茅盾根據鄭振鐸的說法，指出因當時北洋政府有所謂文官法，禁止各部官員參加社會上的各種社團，魯迅時任教育部僉事，因而不便參加文學研究會。據茅盾，〈革新《小說月報》的前後〉，《我走過的道路》上冊（香港：三聯書店，1981），頁145。

[33] 「從 1919 年起，我開始注意俄國文學，搜求這方面的書，這也是讀了《新青年》，給我的啟示。」茅盾，〈商務印書館編譯所〉，《我走過的道路》上冊，頁114。

[34] 李大釗，〈俄羅斯文學與革命〉，發表於 1918 年，徵引自《李大釗全集》第三卷，頁118。

[35] 李大釗，〈法俄革命之比較觀〉，《李大釗全集》第三卷，發表於 1918 年 7 月，頁57。

文學的方式。敘述俄國革命的作品《地下的俄羅斯》[36]即提到：「真正使俄國青年得著優越的感化的，還是一般知名的俄國作家。他們受了社會主義理想的感化，而以平易的字句把它們解釋出來，使人人都能明了。」[37]肯定俄國文學作為俄國青年革命精神的萌芽。並且李大釗進一步指出，俄國文學的獨特之處在於，不同於歐人將文學視為求慰安精神之法，俄國文學是將文學視為解決社會問題的綱領，為俄國革命的先聲[38]。透過社會問題的蘊釀，最終導向革命的政治解決，俄國文學已賦予俄國革命的政治屬性。

　　換句話說，也就是文學與政治的結合，並非意謂著文學為政治服務，而是作家藉由文學引出俄國當時政治社會的問題，並帶領人們思考俄國未來道路的選擇。因此，在俄國文學中，審美價值與政治社會功能並非兩相排斥；相反地，俄國文學透過它所富含的人道主義精神，以及文學可藉由本身所具的超越性位置，達成文藝的審美價值與社會功能並俱。而周作人在俄國文學中所看到的，正是俄國有一套文學與政治很好的結合方式，從此一觀點才能深入理解周作人此時發表〈文學上的俄國與中國〉的用意。

　　在周作人發表〈文學上的俄國與中國〉正是以克魯泡特金《俄國文學史》為底本[39]，將俄國近代文學與時代政治的互動作一概述：從第一期1801-1848 的黎明期十二月黨人失敗，產生「零餘者」形象，以普式金為代表；第二期 1848-1855 的反動期，俄國政府受歐洲革命的影響屬行專制，文學幾無成績；第三期 1855-1881 的發達期，政治較開明，但有理想而不能實

36　當時《晨報》即有《地底下的俄羅斯》譯文連載，可叔譯，1919 年 2 月 27 日至 5 月 24 日。

37　即俄國革命黨人 Stepniak 之作 *Underground Russia*，中文有巴金的譯本。巴金，《巴金譯文全集》第八卷《地下的俄羅斯》（北京：人民文學出版社，1997），頁 19-20。

38　李大釗，〈俄羅斯文學與革命〉，《李大釗全集》第三卷，頁 119。

39　根據筆者的查證，克魯泡特金《俄國文學史》原書題名：*Russian Literature: Ideals and Realities*，本譯為《俄國文學的理想與現實》，該書 1905 年以英文出版，上文筆者提到周作人清末即喜歡閱讀克氏《俄國文學的理想與現實》，即為該書。該書後來於 1930 年上海北新書局出版中譯本，標題即為《俄國文學史》。

現，產生虛無主義與「到民間去」的民粹運動，以屠格涅夫的虛無主義小說《父與子》與利他主義的著作[40]最盛行；第四期 1881-1917 的第二反動期，因亞歷山大二世遭暗殺，即位的亞歷山大三世屬行迫壓，而有「灰色的人生」文學產物，以契訶夫、安特萊夫為代表。

周作人藉由俄國近代文學與政治變遷的描述，其實正是提出一個嚴肅的問題：中國與俄國國情相近，俄國從普式金、果戈理、屠格涅夫、杜思妥也夫斯基、托爾斯泰等等作家，其特色是「社會的、人生的」文學，表現文學與時代政治社會的結合與反省，而在當時及以往的中國作家何以未能找到一條自己的道路？在中國以往的作品中，表現中國生活的苦痛，在文藝上只引起「賞玩」、「怨恨」的影響，而俄國文學卻富於自我譴責的精神，激發人們去思考與自我懺悔，從而養成堅忍、奮鬥與對未來光明的希望。[41]換而言之，文學並不需要迴避現實政治，而是在於如何以較好的方式結合文學與政治，周作人在此點出舊俄文學富含人道主義與自我譴責的精神，正是中國新文學作家可以仿效的對象。植基於此，周作人與《新潮》文學創作之同人葉紹鈞、學生孫伏園、嚮往新村的郭紹虞，以及喜好俄羅斯文學的《新社會》成員，成立文學研究會，主張為人生而藝術，正是承襲自俄國文學一脈。

周氏兄弟對於自己在政治與社會位置的反省，其實是一貫堅持從清末以來透過文藝改造社會、改造國家的途徑，因此在踏上《新青年》後，周氏兄弟即大量譯介舊俄時代的小說作品。那麼，除了譯作之外，在創作方面，魯迅早年發表於《新青年》的小說〈狂人日記〉、〈藥〉、〈風波〉，其實已是他在汲取俄羅斯文學的理念，有意識的思考如何將政治的向度納入文學的實踐中，對當時中國從辛亥革命以降產生的政治社會問題作一番深入的反省。[42]

---

[40] 如：托爾斯泰、杜思妥也夫斯基、科羅連珂等人的著作。

[41] 周作人，〈文學上的俄國與中國〉，《新青年》8 卷 5 號（1921 年 1 月），頁 1-7。

[42] 必須說明的是，此與梁啟超早年提倡政治小說，以政治宣傳為主的功利目的有很大的差別，下文將作說明。

三、中國本土的創作實踐：魯迅小說的政治綱領

在《新青年》中真正體現「文學革命的實績」[43]，從一系列小說創作深入剖析國民靈魂的封建心態史，得出耀眼成績的人是魯迅。為了對魯迅小說的內涵有更深入的了解，以下筆者將簡略說明魯迅踏上《新青年》之前的心路歷程。人們所熟知的魯迅棄醫從文的經過，促使魯迅從仙台醫專退學後回到東京，準備出版刊物《新生》，後來刊物雖流產，但這些論文之後發表於革命刊物《河南》，以及與其弟合譯的《域外小說集》，這是任訪秋所指的晚清兩次文學革新運動之一，以魯迅為首而未能成功的第二次文學革新運動。[44]而魯迅欲以文藝之筆改造中國的夙願，正與魯迅參與晚清革命運動拯救中國的心願相結合[45]。然而辛亥革命雖然推翻滿清，建立中華民國，但誠如魯迅後來在一封通信中回顧這段歷史的感慨：

> 最初的革命是排滿，容易做到的，其次的改革是要國民改革自己的壞根性，于是就不肯了。所以此後最要緊的是改革國民性，否則，無論是專制，是共和，是什麼什麼，招牌雖換，貨色照舊，全不行的。[46]

這樣的感慨來自於民國成立後，袁世凱當政的混亂世局，緊接著二次革命的失敗，使魯迅極度失望。這種失望包含兩個層面：一個是以政治革命改造國家的失敗，一個是自己從文藝改革中國的心願亦沒有完成。因此這段時間，魯迅處在一種頹唐的心緒，使他在公餘之暇抄寫碑帖，深居簡出[47]。最後在張勳復辟的刺激之下，魯迅接受好友金心異（筆者按：錢玄同）的建議，這是

---

[43]　魯迅，〈導言〉，《中國新文學大系‧小說二集》，頁 1。

[44]　相關的討論參看第一章第一節。

[45]　早在 1903 年，魯迅即加入具有革命性質的「浙學會」，後來又加入光復會。

[46]　魯迅，〈《兩地書》‧八〉，《魯迅全集》第 11 卷，頁 11。

[47]　林毓生，穆善培譯，《中國意識的危機──「五四」時期激烈的反傳統主義》（貴陽：貴州人民出版社，1988）頁 195。

人們所熟知的「鐵屋子」的比喻，「然而幾個人既然起來，你不能說決沒有毀壞這鐵屋的希望」，促使魯迅決定重拾文藝之筆，踏上《新青年》[48]。從上述清末民初革命運動的發展，與魯迅文藝運動之間的聯結，我們才能較為適當的理解隱含在之後魯迅文學創作內面的政治緊張性。

〈狂人日記〉發表於《新青年》4卷6號，是中國第一篇現代意義的短篇小說。魯迅提到〈狂人日記〉意在暴露家族制度和禮教的弊害，起源自俄國的果戈理、德國的尼采，但是「比果戈理的憂憤深廣，也不如尼采的超人的渺茫。」[49]從魯迅借鑒的兩位外國文學家，以及魯迅如何比較他與此二者之間的區別，筆者想從這裏著手，來談魯迅如何看待傳統、國民與時代政治的聯結。

魯迅的〈狂人日記〉以迫害狂的瘋子形象與日記體形式，取材自果戈理的《狂人日記》，果戈理生動地描寫了一名小官吏追求上司女兒的妄想過程，取材是寫實的，但魯迅的〈狂人日記〉則加入更多象徵的意蘊。[50]顯然在形式上魯迅借鑒自果戈理，至於魯迅早年的精神界戰士——尼采超人形象與如今狂人形象之間的轉換，以及賦予「不如尼采的超人的渺茫」的評價，個中深意值得我們進一步探究。在這裏，我們可以參考魯迅於〈狂人日記〉發表後不久，在5卷6號《新青年》發表的隨感錄文章，魯迅在這篇文章提到中國人沒有「個人的自大」，只有「合群愛國的自大」，所謂「個人的自大」就是獨異，對庸眾宣戰。至於「合群愛國的自大」是黨同伐異，是對少數的天才宣戰。[51]我們可以從中看出魯迅描述的「個人的自大」與早年〈摩羅詩力說〉尼采超人形象的吻合，但是我們接下來要問的是為何〈狂人日記〉的主角，以狂人的身分而非以超人的姿態出現？這裏我們必須梳理狂人與超人之間的聯結與區別，要能回答此一問題，近來的日本魯迅學研究提供

48　在〈吶喊·自序〉裏，魯迅對金心異（錢玄同）當年來找他的經過有過詳細的描述，《魯迅全集》第一卷，頁415-420。

49　魯迅，〈導言〉，《中國新文學大系·小說二集》，頁2。

50　盧今，《吶喊論》（西安：陝西人民出版社，1996），頁29。

51　魯迅，〈隨感錄三十八〉，《新青年》5卷5號（1918年11月），頁515-516。

我們一個參照的進路。

伊藤虎丸在《魯迅、創造社與日本文學》中指出，1907 年在東京從事文藝活動的魯迅，所接觸到的尼采包含作含戰鬥精神的尼采、文明批評的尼采，這兩種尼采，融攝在魯迅的接受中，成為表現在外的能動性、積極堅強的意志（戰鬥精神的尼采），以及從內面改造自己、體現個人改造的重要性（文明批評的尼采）。[52]魯迅從日本所獨特理解的尼采，日後成為魯迅民族再生的理論根源，亦即獨立的個人所造就的尼采式的堅強自主，以及透過國民性內面的自省與改造，成為重建民族生命力、國家改造的基礎。因此，在這裏我們看到魯迅對於國民的基本態度：民眾應當承當變革的舊社會的主體，而非當成被害者的歷史的客體，這其實正是與《新青年》創刊初期陳獨秀、高一涵的「國民政治」觀，以國民作為政治改革主體的內涵是一致的。從這裏我們可以去思考狂人與超人之間的不同，「超人」是超出一切庸眾之上的英雄，而「狂人」卻發現自己也在這四千年吃人的歷史當中，看到自己並非英雄；從獨自覺醒的「精神界之戰士」，到既非「英雄」也非「被害者」的普通人，這就是伊藤虎丸所說的魯迅「清醒的現實主義」的誕生過程[53]。魯迅所寫的不是尼采式的英雄，而是從辛亥革命、二次革命失敗教訓所得的清醒認識，是狂人式的內面反省者，自己也是迫害者。我亦在眾人之中，含有自我譴責的懺悔意識，也正是上文周作人〈文學上的俄國與中國〉，著力稱揚的俄國文學自我譴責的精神。

以上透過魯迅從 1907 年至 1918 年兩次文藝運動之間，展現這些內在精神的轉折，我們才能深入了解〈狂人日記〉結尾的寓意。〈狂人日記〉的結尾：「沒有吃過人的孩子，或者還有？救救孩子……」[54]如果我們從上文伊

52　〔日〕伊藤虎丸著，孫猛等譯，《魯迅、創造社與日本文學》（北京：北京大學出版社，1995），頁 53-60。

53　伊藤虎丸，《魯迅、創造社與日本文學》，頁 148。

54　魯迅，〈狂人日記〉，《新青年》4 卷 5 號（1918 年 5 月），頁 424。

藤虎丸所理解的魯迅脈絡，以及魯迅回應錢玄同鐵屋子的吶喊一段話[55]來看，魯迅在此小說的寓意是自己甘願承受千斤閘，犧牲自己[56]。並且在隨感錄表達他的心聲：「什麼是路？就是從沒路的地方踐踏出來的，從只有荊棘的地方開闢出來的。」[57]也就是將希望寄託在孩子身上，同時對自己現在能做的事情有著清醒的認識，那就是以文藝之筆剖析國民靈魂的麻木與社會文化結構的批判。

對於中國社會文化結構的批判，我們所熟知〈狂人日記〉中的一段：

> 我翻開歷史一查，這歷史沒有年代，歪歪斜斜的每頁上都寫著「仁義道德」幾個字。我橫豎睡不著，仔細看了半夜，才從字縫裏看出字來，滿本都寫著兩個字是「吃人」。[58]

一般的研究多著力分析魯迅批判吃人的封建禮教，但較少進一步分析為何以「仁義道德」作為批判的對象，以及從語言形式的層面來討論此一問題。在第一章筆者曾談及民初道德復古風潮，對應之後康有為主張君政復古、虛君共和，魯迅在〈我之節烈觀〉（5卷2號）有一諷刺性批判。其實批判吃人的「仁義道德」，表面看似只是傳統道價值的否定，更深一層在於提出新政治綱領的選擇，何以如此說呢？在當時，《新青年》提倡文學革命，文言是舊派傳統仕紳的語言，白話是新派知識分子的語言，在當時被稱作「文學的德

---

55 〈吶喊·自序〉：「是的，我雖然自有我的確信，然而說到希望，卻是不能抹殺的，因為希望是在于將來，決不能以我之必無的証明，來折服了他之所謂可有，于是我答應他也做文章了，這便是最初的一篇〈狂人日記〉。」，《魯迅全集》第一卷，頁419。

56 魯迅，〈我們現在怎樣做父親〉：「自己背著因襲的重擔，肩住了黑暗的閘門，放他們到寬闊光明的地方去；此後幸福的度日，合理的做人。」《新青年》6卷6號（1919年11月），頁555。

57 魯迅，〈隨感錄六十三·生命的路〉，《新青年》6卷6號，頁634。

58 魯迅，〈狂人日記〉，《新青年》4卷5號，頁416-417。

謨克拉西」[59]。語言作為一種文化權力，背後即突顯新舊派面對中國不同政治綱領的選擇，因此魯迅要用現代白話去挑戰傳統世界的價值觀（仁義道德），帶來的效果是語言與道德的雙重挑戰。我們可以試想，〈狂人日記〉若以文言書寫，那麼它挑戰傳統文化的力道就會被削弱。從這個角度來看，〈狂人日記〉表面上看來是對傳統價值的不選擇，其實它正意謂著否定此一價值背後的政治體系，而暗示另一套「不吃人」的中國政治體制，那就是「民國」這個招牌。而這些思路乃承繼自清末魯迅受幻燈片國民麻木的刺激，以迄民國共和理想的維持，透過文藝改變國民的精神，政治的企圖其實即包含在魯迅的文藝運動中。

　　〈狂人日記〉中，魯迅訴諸一民國理想的政治綱領，到了〈藥〉，魯迅將時空背景定位於辛亥革命之前，透過革命烈士殉難一事，民眾的具體反應來反省辛亥革命何以未能真正成功的原因。〈藥〉發表於《新青年》6 卷 5號，寫的是華家和夏家兩個先後死去兒子的故事。華家的是華小栓，因生了癆病，華老栓為了讓兒子治病，買了人血饅頭。此一故事原型在〈狂人日記〉就曾經提過：「去年城裏殺的犯人，還有一個生癆病的人，用饅頭用蘸血舐。」而華老栓買的人血饅頭正是夏家烈士夏瑜的血。小說中有兩個線索暗示讀者烈士的身分：首先，小說提到「太陽也出來了……後面也照見丁字街頭破匾上『古□亭□』這四個黯淡的金字」[60]對照秋瑾在徐錫麟被害後不久，也遭清政府殺害，當時就義的地點就在紹興城內的軒亭口，街旁有一牌樓，匾上題有「古軒亭口」四字；其次，烈士夏瑜與秋瑾同為被人告密後遭到逮捕，可以得知小說中的人物夏瑜隱喻清末女革命黨人秋瑾。小說中華家與夏家聯合起來正是「華夏」，也正是中國的古稱。小說藉由華與夏兩家人的遭遇來隱喻當時中國的處境：只要民眾不從根本的思想覺醒，革命烈士為

59　陳獨秀，〈我們為甚麼要做白話文？——在武昌文華大學講演底大綱〉，原載於1920 年 2 月 12 日《晨報》，微引自任建樹主編，《陳獨秀著作選編》第 2 卷，頁193。

60　魯迅，〈藥〉，《新青年》6 卷 5 號（1919 年 5 月），頁 442。

「共和」政體革命的意義：「這大清的天下是我們大家的」[61]，革命烈士的鮮血仍然會白流，而且革命烈士的鮮血反而成為民眾治病迷信的良方。那麼，縱使有再多的烈士投身革命，國家專制政體依舊。

〈狂人日記〉小說結尾，透過兩位母親華大媽與夏四奶奶，同為死去兒子上墳的場景收束全文。在這裏，我們看到作者有意安排夏瑜墳前花環的出現。花環在這裏是一重要象徵物，它意味著有人來獻祭烈士，更意味著革命事業後繼有人，革命烈士的鮮血沒有白流。[62]而烈士正是魯迅「鐵屋子」比喻的少數覺醒者，少數覺醒者的努力終將能喚醒沉睡的大眾。魯迅也在〈吶喊·自序〉提到這段經過，在當時主將（筆者按：指《新青年》同仁）不主張消極的情況下，魯迅往往不恤用了曲筆，在瑜兒的墳上憑空添上了一個花環。[63]而其實結尾從花環到烏鴉的回應，魯迅以一極抒情感人的上墳場景，為革命烈士的殞落表達哀悼之意，也凸出革命的希望，這不但是「聽將令」，而是魯迅對未來的期待。

如上文所討論，〈藥〉是魯迅以辛亥革命前夕烈士的犧牲為背景，發表於 1920 年 9 月的〈風波〉則是以張勳復辟為背景，描寫張勳復辟事件在江南小村莊釀起的風波。作者從民初社會的小人物著眼，透過小人物眼中的「皇帝坐龍庭」與「張大帥保駕」，反映當時一般社會大眾面對當時重大政治事件的心態與反應。[64]在〈風波〉這篇小說中，我們看到作者如何呈現復辟的鬧劇，以辮子的存否與老百姓的日常生活緊密結合。而其中深具的諷刺寓意的更在於所謂民主共和與封建帝制之別，對於市井小民而言，只是頭頂毫毛之爭，所謂民主思想、共和體制在他們身上尚未生根。〈風波〉提出共

61　同上註，頁 482。

62　周作人即指出，魯迅與秋瑾當年同時在日本留學，在秋瑾犧牲、革命成功七、八年之後，魯迅發表〈藥〉這篇小說紀念秋瑾，同時於文末在荒草離離的墳上有人插花，以表明中國人不曾忘記了她。周作人，〈二十·秋瑾〉，《周作人自編文集·魯迅的故家》，頁 235。

63　魯迅，〈吶喊·自序〉，《魯迅全集》第一卷，頁 419。

64　魯迅，〈風波〉，《新青年》8 卷 1 號（1920 年 9 月）。

和十年人民心態史的觀察角度，更貼近的思考在於展現人民對「專制」、「共和」招牌更換的無動於衷，這是魯迅所要呈現的「民國」危機。尤其是〈風波〉中的趙老爺挾著張勳復辟的威勢，恐嚇剪掉辮子的七斤，造成全家的惶恐不安。趙老爺之流，正是魯迅最厭惡帶有「遺老」臭味的舊式人物。而魯迅刻意以「辮子」剪掉與否作為小說論述的主軸，不但是凸顯辮子作為腐朽的舊王朝象徵，也藉此諷刺性地點出引發此一小村莊風波的關鍵人物：張勳與他所屬部兵仍留著辮子，以示忠於清王朝，因而被稱為「辮子軍」的緣由。1917 年 7 月張勳發動辮子兵擁溥儀復辟，失敗未久，魯迅發表與寫作此篇小說於 1920 年 8、9 月之時。此時五四運動過去未久，當時市井小民的封建舊思想仍無異於辛亥革命初期，對照當時中國政情，1920 年初即有復辟的謠傳[65]，說明〈風波〉正是回應當時現實政治的波瀾而作，藉以反省共和政體何以未能真正穩固，帝制復辟頻仍的理由。

　　從以上魯迅發表於《新青年》的小說創作〈狂人日記〉、〈藥〉、〈風波〉看來，魯迅小說蘊含的內面懺悔意識、自我譴責與人道主義的精神，其實正與他早期大量翻譯的俄國文學一脈相承[66]。並且從辛亥革命到兩次復辟事件，魯迅小說中對辛亥革命失敗的反省（〈藥〉）、訴諸民國理想的政治綱領（〈狂人日記〉），以及國民意識與共和理想的落差（〈風波〉），可以說深入反省民初政治困境與文學創作最好的結合方式。由此一觀點來看，周作人在〈文學上的俄國與中國〉所提出的思考，中國作家可以俄國文學精神為仿效的對象，其實魯迅在他的小說創作中已經做到了，並且早在周氏兄弟加入《新青年》之後，從創作、譯作不約而同地實踐此一內涵。而周作人在陳獨秀傾向政治革命、社會革命之際，藉由〈文學上的俄國與中國〉再次重申

65　陳獨秀，〈中國革命黨應該補習的功課〉，《星期評論》31 號（1920 年 1 月 3 日），徵引自《陳獨秀著作選編》第二卷，頁 165。

66　魯迅創作與俄國文學的關係可以參看：馮雪峰，〈魯迅和俄羅斯文學的關係及魯迅創作的獨立特色〉，《馮雪峰憶魯迅》（石家莊：河北教育出版社，2002）。及王富仁，《魯迅前期小說與俄羅斯文學》（西安：陝西人民出版社，1985 年初版二刷／初版 1983 年）等相關文章著作。

此一內涵。

四、小結

　　從周氏兄弟的思想文藝啟蒙路線來看。周氏兄弟從清末到走入《新青年》為深化文學革命而提倡思想革命，始終堅持透過文藝改造社會，也就是透過文學實踐來達成「文學救國」的目的，其中俄國文學正是周氏兄弟仿效的對象。因此表現在魯迅發表於《新青年》的白話小說創作，其實正是當時現實政治的問題綱領。然而在《新青年》逐漸走向馬列主義的政治戰線，此時亦逐漸產生以「階級政治」作為評斷文藝作品的傾向，加上《新青年》已容納不了多少文學發展的空間，有違周氏兄弟當初的夙願。因此周氏兄弟將創作、譯作逐漸轉移至《小說月報》等其他刊物，成立文學研究會，延續文學革命的命脈，繼續擴大新文學在知識界的影響力。換言之，周氏兄弟一本初衷，仍堅持文藝作為改造國民性，進而改造國家社會——透過文學所造成的國民自覺，為政治問題解決的藥方。

　　於此時《新青年》已容許不了多少文學發展的空間，有違周氏兄弟當初文藝啟蒙以改造社會，解決中國政治問題的夙願。因此，周氏兄弟將創作、譯作逐漸轉移至改組後的《小說月報》、《文學旬刊》等其他刊物，文學研究會與《小說月報》形成一會一刊的結合。稍晚 1924 年，面對廢止清室優待條件導致溥儀出宮的政治事件，周氏兄弟與錢玄同隨即創辦《語絲雜誌》，成為堅決抨擊清遺民的陣營[67]，也是延續《新青年》推動新文學建設的重要刊物[68]，更再度說明了周氏兄弟文藝理念其實正是結合當時政治問題

---

67 關於此事的討論詳見：林志宏，《民國乃敵國也：政治文化轉型下的清遺民》，頁259-264。

68 劉半農在巴黎致書周啟明（作人）：「就《語絲》的全體看，乃是一個以文學為主，學術為輔的小報，這個態度我很贊成，我希望你們永遠保持著，若然《語絲》的生命能夠永遠。我想當初《新青年》，原也應當如此。而且頭幾年已經做到如此。後來變了相，真是萬分可惜。」原載於《語絲》周刊第 20 期（1925 年 3 月 30 日），微引自鮑晶編，《劉半農研究資料》（天津：天津人民出版社，1985），頁 205-206。

的具體實踐。

相較於周氏兄弟，當年提出〈文學改良芻議〉的胡適，日後造就《新青年》頗富盛名的文學革命，在後五四時期，並沒有如周氏兄弟繼續堅守耕耘文學這塊園地，卻也走上了「談政治」的議政歧路。

第二節　胡適的《努力》歧路：走向議政之路

胡適日後在口述自傳指出，1919 年發起的學生運動是對中國文藝復興運動的一種「干擾」，學生運動把「一個文化運動轉變成為一項政治運動」[69]，並且對照胡適追憶《新青年》合辦的文字敘述看來，「不談政治」之約，目的在「教育思想文化等等非政治的因子上建設政治基礎。」[70]根據胡適的說法，我們也容易將新文化運動視為純粹的文化運動，並將他視為與政治無關的文化改革者。然而，胡適關於五四運動的定位評價與新文化運動性質的論述，其實也是有變化的，而且在胡適本身五四時期的言說，尤與其晚年的指稱頗有差距。羅崗的研究指出，晚年胡適之所以改變對五四學生運動的評價，其實是不自覺的接受中共以「新民主主義論」為核心的「五四」敘述，中共認為「五四運動」其實是為中國共產黨的成立做思想、組織上的準備，而胡適為了與中共的「五四」論述進行對話，因而改變五四運動的評價。[71]也就是說，胡適五四時期當時對五四運動的看法與後來有一定的差異，事後的追憶不免摻雜日後兩岸分裂的歷史包袱與個人政治立場。那麼，追溯胡適五四時期的主張，其意義在於以下兩種問題的關聯思考：第一，五四時期國家政治局勢的急劇變化，胡適採取的因應之道；第二，關於「文化」與「政治」之間關係的變化，如何影響他先前「不談政治」的約定，也

---

[69] 胡適口述，唐德剛注譯，《胡適口述自傳》，頁 224。

[70] 胡適，〈陳獨秀與文學革命〉，《胡適學術文集‧新文學運動》，頁 188。

[71] 羅崗，〈五四：不斷重臨的起點——重讀李澤厚《啟蒙與救亡的雙重變奏》〉，《杭州師範大學學報》2009 年第 1 期，頁 2-3。

為其政治主張鋪下張本，從而突顯出胡適與陳獨秀不同選擇的政治之路。

　　以下，筆者首先回溯胡適從留美時期的政治傾向，五四時期對五四運動「非政治」的政治看法，及暗中主持的《新中國》雜誌，其實恰恰說明胡適的政治傾向；而《努力週報》的產生，正是此一傾向的必然結果，也代表當時英美派對中國政治道路方向的抉擇，代表議政、監督政府此一政治路線的形成。

一、走上「談政治」的歧路

　　早在 1920 年底《新青年》傾向分裂之際，胡適提出的辦法「另創一個哲學文學的雜誌」、要求陳獨秀聲明「不談政治」[72]。然而在這之前，陳獨秀發表〈談政治〉一文，已指出胡適等發表〈爭自由的宣言〉：「我們本不願意談實際的政治，但是實際的政治卻沒有一時一刻不來妨害我們。」為免除此一妨害，胡適等人免不了要談政治。[73]〈爭自由的宣言〉主要由胡適領銜，和蔣夢麟、張慰慈、李大釗、陶孟和等人聯名發表，要求北京政府廢除一切侵害自由的法律條例，保障言論、出版、集會結社和書信秘密的自由等。並且宣言甫一發表，胡適便南下採取更進一步的行動，最後組成「自由同盟」。此一行動說明胡適早就想從政治方面改革現狀，而這正是他創辦《努力週報》的動機。[74]

　　稍後，1921 年胡適已在北京中國大學演講〈好政府主義〉[75]，1922 年

72　張靜廬，〈關於新青年問題的幾封信〉，《中國現代出版史料》甲編，頁 9。胡適當
　　時要求陳獨秀作此聲明，主要原因在於胡適將《新青年》定位為思想、文學革命的刊
　　物，也與第八卷的《新青年》胡適認為「成了 Soviet Russia 的漢譯本」有關。

73　陳獨秀，〈談政治〉，《新青年》8 卷 1 號（1920 年 9 月），頁 2。

74　胡適從〈爭自由的宣言〉到《努力》的辦報經過，詳細的討論參見李達嘉，〈胡適在
　　「歧路」上〉，《胡適與近代中國》（臺北：時報文化出版公司，1991），頁 222-
　　223。以及潘光哲，〈胡適與《努力週報》的創辦〉，收入：李金銓編著，《文人論
　　政──民國知識分子與報刊》（桂林：廣西師範大學出版社，2008），頁 68-94。

75　見曹伯言整理，《胡適日記全編》3（合肥：安徽教育出版社，2003），1921 年 8 月
　　5 日，頁 414。

創辦《努力週報》[76]，大量刊載他的政論文字，更與蔡元培等人聯袂發表〈我們的政治主張〉，明確提出政治改革的基本要求：憲政的政府、公開的政府、有計劃的政治[77]。《努力》的創辦已非他先前提出的辦法「另創一個哲學文學的雜誌」，於此時胡適已承認自己是走在「談政治」的歧路上了！[78]羅志田即指出，胡適所謂實際的政治其實恰提示著胡適在談「非『實際』的政治」，就是到「實際」的層面，也只是忍著不談而已，胡適後來說他出來談政治是「忍不住了」，才是最接近真相的話。[79]事實上早在留美時期，胡適便已顯露出對政治的高度興趣。

胡適自己曾自述道：「我是一個注意政治的人」，當他在美國留學時，政治經濟佔了他三分之一的時間，從 1912 年至 1916 年，他一方面為中國的民主辯護，一方面注意世界的政治。等到 1917 年胡適回國時，聽到張勳復辟的消息，看到出版界的孤陋、教育界的沉寂，才打定「二十年不談政治的決心」，要在「思想文藝上」替中國政治建築一個革新的基礎。[80]從「注意政治」到「不談政治」，這中間當然也涉及到民初北京學界反對學人涉足政治的傾向[81]，而思想文藝作為手段，正是要達到日後革新政治的基礎，目的也正欲達成胡適心目中的理想政治——英美憲政民主。等到 1919 年 6 月中，陳獨秀被捕，胡適接辦《每週評論》，他自述道：才有不能不談政治的

---

76 為求行文簡潔，以下《努力週報》省稱《努力》。

77 〈我們的政治主張〉發表於《努力》第 2 期（1922 年 5 月 14 日）。該主張的發起人為《新青年》同人者有蔡元培、李大釗、陶孟和、張慰慈等人。除了李大釗，此派《新青年》同人代表議政、監督政府此一政治改革路線的形成。

78 胡適，〈我的歧路〉，《努力》第 7 期（1922 年 6 月 18 日）。

79 羅志田，〈走向「政治解決」的「中國文藝復興」——五四前後思想文化運動與政治運動的關係〉，《近代史研究》1996 年第 4 期，頁 125。

80 胡適，〈我的歧路〉，《努力》第 7 期（1922 年 6 月 18 日）。

81 羅志田，〈走向「政治解決」的「中國文藝復興」——五四前後思想文化運動與政治運動的關係〉，頁 124。其中蔡元培在〈就任北京大學校長之演說〉即提出反對求學為干祿、做官之晉階。高平叔編，《蔡元培全集》第 3 卷（北京：中華書局，1984），頁 5-7。另外蔡元培於北大提倡進德會，不作官亦為其宗旨之一。

感覺，正是受到當時輿論界的刺激，「不談具體的政治問題，卻高談什麼無政府主義與馬克思主義。」於是在《每週評論》第三十一號裏提出他的政論導言，叫做〈多研究些問題，少談些主義〉。[82]事實上胡適當時對具體政治問題的關注，必須放在胡適如何看待當年 5、6 月發生的學生愛國運動此一脈絡來理解。

近來由張德旺新近發現胡適在五四運動中的一封信，是以〈北京學生受辱記──大學教授胡適之先生來函〉為題，刊登在 1919 年 6 月 8 日上海《時事新報》第二版頭條，對當時軍警包圍北大，將北大變成拘押學生的監獄，有一全面的描寫。信中胡適勸導學生不能以絕食的方式抗爭，因為段芝貴之流的政府是非人道的政府，亦對軍警鎮壓愛國學生的罪行予以揭露，相較《每週評論》6 月 8 日報導更為深入。[83]此信似與我們認知中胡適不贊同學生運動的印象有一扞格，事實上他在當時對學生運動的看法是與日後截然不同，胡適指出：

> 正是這些非政治的勢力──學生、商人、遊行與街頭演講，以及聯合抵制購買──起了作用並取得了勝利。……正是透過這新的活動途徑，帶著再覺醒的希望與活力的年輕中國的民主重建一個新的基礎而緩慢地但卻穩步地工作著。[84]

胡適此時批判的「政治」勢力，正是軍閥政客賣國殃民的陰謀，也就是具體

82　胡適，〈我的歧路〉，《努力》第 7 期（1922 年 6 月 18 日）。

83　張德旺，〈新發現胡適在五四運動中的一封信簡析〉，沈寂主編，《胡適研究》第 3 輯（合肥：安徽教育出版社，2001），頁 433-438。另外，《每週評論》25 號「國內大事述評」欄標題為「軍警壓迫中的學生運動」，1919 年 6 月 8 日。

84　原為胡適於 1919 年 12 月對該年的活動所寫的英文摘要，今轉引自〔美〕格里德（Jerome B. Grieder）著，魯奇譯，《胡適與中國的文藝復興：中國革命中的自由主義 1917-1950》（南京：江蘇人民出版社，2005 年第 3 刷／中譯初版 1993 年），頁 150。格里德並已針對胡適晚年與當時對五四運動的看法作一比對。

的政治問題，而他所稱贊的正是學生運動這些「非政治」的勢力。

那麼，又為什麼外界對於胡適五四運動的看法，又普遍有此誤認？原因在於 1920 年 5 月 4 日，由蔣夢麟、胡適聯合發表的〈我們對於學生的希望〉一文，文中反對學生以罷課作為武器，是最不經濟的方法、是下下策，作者希望學生從今以後要注重「課堂裡、自修室裡、操場上、課餘時間裏的學生活動。……」[85]。但細察全文，胡、蔣二人反對的是荒廢學業的罷課行動，但對於學生運動是肯定的，文末指出：「學生運動已發生了，是青年活動力的表現，是一種好現象，決不能壓下去的；也決不可把它壓下去的……」並且在文中，亦給予學生運動正當性的理由：「在變態的社會國家裡面，政府太卑劣腐敗了，國民又沒有正式的糾止機關（如代表民意的國會之類）。那時候，干預政治的運動——是從青年的學生界發生的。」而學生干政正是中國知識階層自漢末太學生以降的歷史傳統，胡適並在隔年發表〈黃宗羲論學生運動〉對此論點更進一步闡明。該文的背景在於當時很多人批評胡適等做大學教授的人，不應該這樣鼓勵學生運動，胡適就從黃宗羲《明夷待訪錄》找出理論根據，證明這是「三代遺風」。胡適指出黃宗羲「不但希望國立大學要干預政治，他希望一切學校都要做成糾彈政治的機關。」胡適據黃氏之說，提出學生運動是「保國的上策」，是「謀政治清明的唯一方法」[86]。因此胡適當時談五四運動，事實上是贊成學生干預政治，而且認為五四學生運動是以非政治的勢力，試圖解決現實的政治問題，反對的是學生以荒廢學業作為武器。

另外，較鮮為人所知的是胡適在創辦《努力》之前，已暗中主持《新中國》雜誌。根據李大釗致胡適的信[87]，以及陶行知、楊杏佛致胡適的信看來

---

85 蔣夢麟、胡適，〈我們對於學生的希望〉，《晨報·五四紀念增刊》1920 年 5 月 4 日。

86 胡適，〈黃梨洲論學生運動〉，1921 年 5 月 2 日。徵引自《胡適文存》第 2 集第 3 卷《我們的政治主張》（臺北：遠流出版事業公司，1992 年初版 3 刷），頁 11。

87 李大釗致胡適：「聽說《新青年》同人中，也多不願我們做《新中國》。既是同人不很贊成，外面又有種種傳說，不辦也好。」《李大釗全集》第三卷，頁 217。

88，胡適與《新中國》脫離不了關係，其中最具爭議的是一卷七期花了四十餘頁的篇幅，刊載關於閻錫山山西新政的報導（1919 年 11 月），該期也遭《晨報》戲稱為「閻錫山號」89。原來該期的出現是因當年 10 月，胡適陪同他的老師杜威至山西考察教育90。針對該期《新中國》，《時事新報》的張東蓀稍後不久有一戲謔的評述：「書面三個血紅的大字，是閻錫山的手筆。翻過來一張清鮮耀目的圖畫，是閻錫山的玉照。再翻過來是閻錫山的傳略。底下便是閻錫山的訓話啊，閻錫山的言論啊，山西的用民政治啊，山西的教育計畫啊，山西的告示啊，活像是一冊狠豐富的山西閻錫山號。」91軍閥閻錫山的山西新政與陳炯明在漳州的改革，一南一北，在 1919 年底被譽為文化運動的模範。胡適對山西新政的高度關注，似乎與他所宣稱的「不談政治」有所扞格，而此必須放在他如何理解國家、政府、法律的效能，以及他此後如何走向「好人政府」的議政之路。在此我們必須先回到胡適在留美時期所受杜威以及新和平主義的影響。

　　從胡適早年的思想傾向來看，他從一位不抵抗主義者到新和平主義者，最大的差異在於捨棄原有的不抵抗哲學轉而接受新和平主義，其中便是受到杜威兩篇論文：〈力量、暴力與法律〉與〈力量與強迫〉的影響，使胡適相信法律是一種能使力量作更經濟有效利用的說明書，並且相信透過集體力量能維護世界和平、防制戰爭的可能性。92此一前提是國家之內必須有政府，國與國之間必須有一國際組織，才能使此法律的力量得到最有效的力量。從

88　陶行知致胡適（1919 年 3 月 12 日），楊杏佛致胡適（1919 年 4 月 6 日），中國社會科學院近代史研究所、中華民國史研究室編，《胡適來往書信選》上（香港：中華書局香港分局，1983），頁 29、35。

89　《晨報》1919 年 11 月 24 日「編輯余譚」欄。

90　胡適在致高一涵等人的信中指出，「今天去見閻督軍，他是一個很脫略的人，杜威先生頗滿意。」只是對街上路燈柱上張貼「聖諭廣訓」式的道德教育略有不滿。胡適，〈致高一涵、張慰慈、章洛聲〉，《胡適來往書信選》上，頁 72。

91　張東蓀，〈《新中國》的「主義」〉，《時事新報》1919 年 11 月 27 日，「時評一」欄。

92　胡適，《胡適口述自傳》，頁 96-105。

此一觀點出發，我們方能理解在《每週評論》，胡適掀起的問題與主義的論
爭，挖苦了無政府主義者空談，不談具體的政治問題，不要法律、國家與政
府；其次才是馬克思主義。[93]胡適五四時期對於無政府主義的不滿溢於言
表，他批評要談無政府主義是很容易的，只要「買一兩本《實社自由錄》，
看一兩本西文無政府主義的小冊子，再翻一翻大英百科全書，便可以高談無
忌了！」[94]並反對當時周作人大力提倡的新村運動是「獨善主義」[95]。

　　胡適矛頭指向無政府主義者的主要原因，正是其「無政府」的主張，根
本否定了「政府」的功用及效能；相對的，他肯定有作為的「政府」，如閻
錫山的新政。此一論爭，有無政府只是檯面上的問題，羅志田的研究進一步
指出，胡適實際上攻擊的真正目標是當時的「安福系」政權，而「問題與主
義」之爭恰恰凸顯外來的主義或學理（尤其是社會主義），如何納入中國國情
的思考；背後展開的問題癥結在於當時知識分子如何看待中國問題，是局部
解決還是整體解決，各種流派展衍的複雜思路。[96]

　　此時，胡適承認已「發憤要想談政治」，而〈多研究些問題，少談些主
義〉正是其「政論的導言」[97]，已經漸漸走向議政的道路了。不久，胡適即
提出「好政府主義」的構想（1921 年 6 月），批評時人的無政府主義熱潮
「現在的少年人把無政府主義看作一種時髦東西，這是大錯的。我們現在決

93　李良玉，〈關于五四時期『問題與主義之爭』的歷史考辨〉，《南京大學學報》1993
　　年第 1 期。

94　胡適，〈多研究些問題、少談些主義〉，《每週評論》31 號（1919 年 7 月 20 日）。

95　胡適〈非個人主義的新生活〉發表於 1920 年 1 月 15 日《時事新報》，該文反對新村
　　運動。

96　相關的討論參見羅志田，《再造文明的嘗試：胡適傳（1891-1929）》（北京：中華
　　書局，2006），頁 192-194。及羅志田，〈對「問題與主義」之爭的再認識〉，《激
　　變時代的文化與政治——從新文化運動到北伐》（北京：北京大學出版社，2006），
　　頁 90-99。

97　胡適，〈我的歧路〉，《努力》第 7 期（1922 年 6 月 18 日）。

不可亂談無政府，應談有政府主義，應談好政府主義……」[98]稍後，胡適在中國公學演講〈好政府主義〉，他自認為「第一次公開談政治」，也就是說，先前也是在談政治，只是「不公開」罷了！在該演講中，胡適公開反對「無政府主義」，明確的釐清「政府」的功用及效能。對胡適而言，有政府主義／無政府主義之別，關鍵在於認清「政府」的必要性及效能，也就是「工具主義的政府觀」，認為好政府是「社會用來謀最大多數的最大福利的工具」。[99]從胡適該文中，對無政府主義的批判在於人性本善的道德基設，與反對一切法律政府的主張，與陳獨秀〈談政治〉一文相對照，有著驚人的相似。因此陳獨秀當時將攻擊中國人思想中萬國虛無主義——原有的老子說，印度空觀，歐洲形而上學及無政府主義此一任務，致信胡適「非請吾兄擔任不可」[100]，說明他們當時在反對國人虛無主義思想的一致性。只不過陳獨秀所主張的政府是馬列主義無產階級專政的政府，而胡適的主張「好人政府」在之後進一步闡明。

在胡適提出「好政府主義」構想稍早之前，已與丁文江、蔣夢麟等人成立一個秘密團體「努力會」[101]。「努力會」簡章中列出四項信條，其中之一：「我們當盡我們的能力，——或單獨的，或互助的——謀中國政治的改善與社會的進步。」[102]說明此時在胡適「政治」的概念，已從稍早「軍閥政治」的被動意涵，轉為知識分子主動參與政治改善的意涵，此一概念的轉變其實正代表胡適身上烙印的傳統與西方雙重影響的痕跡。

---

[98] 曹伯言整理，《胡適日記全編》第 3 冊（合肥：安徽教育出版社，2003），記於 1921 年 6 月 18 日，頁 325。

[99] 胡適在北京中國大學的演講〈好政府主義〉（1921 年 8 月 5 日），演講內容徵引自《胡適文集》第二卷（北京：北京燕山出版社，1995），頁 125-127。

[100] 陳獨秀致胡適（1920 年 8 月 2 日），《陳獨秀著作選編》第 2 冊，頁 242。

[101] 根據胡適日記（1921 年 5 月 21 日），《胡適日記全編》第 3 冊，頁 274；及胡適致丁文江信（1921 年 5 月 23 日），《胡適遺稿及秘藏書信》第 18 冊（合肥：黃山書社，1994），頁 1-2，「努力會」約成立於 1921 年 5 月。

[102] 胡適著，耿雲志主編，《胡適遺稿及秘藏書信》第 13 冊，頁 374-375。

二、透過議政干預政治：從「好人政府」到「聯省自治」

　　胡適日後在口述自傳提到他一生之中，除了四年戰時中國駐美大使之外，甚少參與實際政治；然而他也提到，他對政治始終採取的態度是「不感興趣的興趣」，而此來自於一個知識分子對社會應有的責任。[103]羅志田即指出，「議政」的「輿論家」一直是胡適想要做的[104]，而從胡適一生當中除了出任駐美大使四年之外，胡適不感興趣的實為「實際參政」與加入政黨。從胡適早年留美親見教授們直接參與實際政治的事例，給予他極大的影響之外[105]，中國傳統士大夫議政的傳統，從胡適撰寫〈黃宗羲與學生運動〉可知這是古已有之的「三代遺風」，也就是知識分子主持正義的社會責任感。在五四時期，從士大夫過渡到知識分子的落日餘暉階段，以國家興亡為己任的士大夫觀念，恰恰在胡適身上有一體現與繼承。[106]因此胡適所宣稱的「不感興趣的興趣」，正應當從兩個層面來看：胡適「不感興趣」的是宦海浮沉，也就是直接當官，因此他批評梁啟超不能堅守言論事業[107]；而他「感興趣」是如美國教授參與國家大事批評的辯論會與集會遊行、中國「清議」的傳統──也就是現代政治中監督政黨的「獨立評論家」[108]。

　　《努力》的創辦正是從胡適於《每週評論》發表〈問題與主義〉兩年多以來，中國輿論界仍然「高談主義而不研究問題」的結果，使他忍不住想要

---

[103] 胡適，《胡適口述自傳》，頁 64。

[104] 羅志田，《再造文明之夢──胡適傳》（成都：四川人民出版社，1995），頁 248-250。

[105] 胡適，《胡適口述自傳》，頁 63-64。

[106] 關於知識分子邊緣化問題，可參看：余英時，〈中國知識分子的邊緣化〉，《二十一世紀》網路版，2003 年六月號。

[107] 曹伯言整理，《胡適日記全編》第 3 冊，1922 年 2 月 7 日。原文為：「梁任公吃虧在于他放棄了他的言論事業去做總長。我可以打定主意不做官，但我不能放棄我的言論的衝動。」，頁 552。

[108] 胡適在〈政論家與政黨〉指出：「在這個本來不慣政黨政治，近來更厭惡政黨政治的中國，今日最大的需求決不在政黨的政論家，而在獨立的評論家。」《努力》第 5 期（1922 年 6 月 4 日）。

談政治。而〈我們的政治主張〉一文的聯署發表之後，《努力》更增加發表
每週的政論點評〈這一週〉[109]，並刊登於每期首版，可見胡適等人對時政
的關切日迫。胡適稍後的回顧指出，〈我們的政治主張〉正是產生於一個政
治改革的時機點：時值直奉戰爭，奉軍大敗，安福國會消沉之際，當時北方
的知識分子希望政治能有較清明的機會，因此聯合發表此一主張。[110]〈我
們的政治主張〉提出「好人政府」的主張，希望社會優秀的分子，也就是好
人，能出來和惡勢力奮鬥。基本上，好人政府的思維仍是一種菁英政治的概
念，正代表胡適想從根源是傳統的士大夫議政，方式是現代民主政治一環的
「無黨政治論」[111]，在當時逐漸群聚青年知識分子的國民黨、共產黨的政
黨政治，無政府主義者的社會革命之外，走出第三種解決中國問題的改革方
式；也就是透過「清議」造成一種輿論政治，但相對的也似乎遠離了他當初
堅持的文學革命的道路。

　　走上「談政治」的胡適，當時即遭到昔日北大學生，《國民公報》的編
輯孫伏園的反對，他說胡適之三個字之所以可貴，全在先生的革新方法能在
「思想」方面著手，他希望能將已被政治史奪去的先生，替文化史爭回來。
胡適的回答看似出乎意料之外，一反他後來傾向將文化／政治對立的觀點，
他回答說：「沒有不在政治史上發生影響的文化；如果把政治劃出文化之
外，那就又成了躲懶的，出世的，非人生的文化了。」[112]其實恰與胡適當

---

[109] 從《努力》第 7 期到 64 期。

[110] 見胡適，〈一年半的回顧〉，《胡適作品集》第九卷（臺北：遠流出版事業公司，
1992 年初版三刷），頁 105。

[111] 〈我們的政治主張〉發表後，接獲許多讀者來信，程振基當時提出發起一「好政府
黨」的構想，胡適基於「我們在此時和最近的將來，都應該處於中間人，公正人，評
判員，監督者的地位。」否決此項提議，見《胡適作品集》第九卷，頁 45-46。日後
胡適在日記指出「無黨政治論」是超然於黨派之上，名字在八年前就有了，叫做「好
政府主義」。見 1931 年 7 月 31 日、8 月 6 日之日記，《胡適日記全集》第 6 冊（臺
北：聯經出版公司，2004），頁 592、596。

[112] 《努力》第 7 期，通訊欄，〈我的歧路・（二）《晨報副刊》孫伏盧（按：孫伏園）
君來信〉、〈我的歧路・（四）我的自述〉，1922 年 6 月 18 日。

年回國之際，聽到張勳復辟的消息，主張「透過思想文藝為中國的政治下一個堅實的基礎」[113]一致，「文化」立意仍在「政治」革新的訴求。政治與文化在胡適當年看來，正是我中有你，你中有我的密切關係，因此之後走向「談政治」的胡適，正是此一思想脈絡發展的結果。

可惜好景不常，〈我們的政治主張〉成員組成的「好人內閣」[114]，羅文幹被誣告貪污入獄，王寵惠內閣只存在三個多月即宣告下台。此時胡適只好改弦易轍，將議政的重心由中央的「好人政府」轉向地方，也就是 1922年知識界的「聯省自治」運動。

聯省自治的主張起因於 1918、1919 年之交，南北進行和議之際，知識界對和平會議寄予厚望，其中便提出「廢除督軍」、「裁撤軍隊」的主張，作為解決軍閥之禍的良藥。[115]然而，要求南北和議的軍閥實施「廢督裁軍」的主張，無異是與虎謀皮，在此一情勢下，尋求實際可行途徑的「國民制憲」、「聯省自治」於焉產生。其中「國民制憲」的主張，有鑑於國會不能代表民意，以及當年袁氏政府「天壇憲法草案」以中央集權為基礎，缺乏地方自治的內容。因而提倡「國民制憲」的人們認為，唯有擴大地方的權力，以包括省一級的地方自治為基礎，才能建立民主制度，從根本杜絕專制政治。然而，此一主張在當權軍閥極力反對下，轉而與「聯省自治」運動合流，成為其內涵。除了地方軍閥贊同此一主張外，在當時知識界，亦將此一運動視為打破軍閥「武力統一」、去除軍閥割據勢力、和平統一、為人民爭取民主的有效途徑。[116]

---

[113] 胡適，〈我的歧路〉，《努力》第 7 期（1922 年 6 月 18 日）。

[114] 當時於〈我們的政治主張〉參與提議的有蔡元培、王寵惠、羅文幹等各大專院校校長、教員，其中王寵惠在直奉戰爭直系勝利後，繼任為內閣總理，羅文幹也入閣為財政總長，湯爾和為教育次長，因此該內閣被稱為「好人內閣」。

[115] 〈各方面對於和平會議的意見〉，《每週評論》第 2 期「國內大事述評」欄（1918 年 12 月 29 日）。

[116] 以上參見：「從五四運動到人民共和國成立」課題組，《胡繩論「從五四運動到人民共和國成立」》（北京：社會科學文獻出版社，2001），頁 217-221。

　　其中胡適等人即主張仿美國聯邦制，建立以省自治為基礎的民主國家制度；而上文提及區聲白等主張的「人民自治」則更強調根本的人民民主的訓練，兩者之間的差別，在於分權於省／分權於民。在聯省論者看來，「分權於民」，必定要分給「有組織有團體的人民」，而不是「孤立的個人」，否則如同「主權在於全體人民」的規定一樣，只能享有一個法律上的空名，而聯省正是分權於「群」。[117]然而，胡適所沒有注意到的是，「好人政府」主張有效率的政府，較接近中央集權；而「聯省自治」強調的是地方自治，較接近地方分權，這兩者之間其實是有矛盾的。

　　針對軍閥割據的禍害，《努力》的目標在於息兵與提倡聯省自治，是為一種政治改良運動；但在當時另有反對的聲浪，如共產黨人陳獨秀、國民黨人孫中山主張北伐統一中國，以及北洋直系軍閥吳佩孚，皆是反對聯省自治的重要勢力。胡適為了吸引讀者的注意，還在《努力》以 W.G.T. 的假名作了一篇〈假如我們做了今日的國務總理？〉，並在上文先以胡適的真名大力宣揚「請讀者注意本期由 W.G.T. 的一篇對於目前時局的計畫」，自唱雙簧，提出兩項主張：由北京政府速即召開一個各省會議（聯省會議）、由北京政府公開調解直奉的私鬥。[118]其實這仍然是由中央政府運作的思維。

　　在當時反對聯省的勢力中，實力雄厚的吳佩孚意圖以武力統一中國，在一封電文中表達他對聯省自治的反對。胡適即以此電文為藍本，發表〈吳佩孚與聯省自治〉，一再強調聯省並非割據，而是「像美國那樣的聯邦式統一」，並以「民治的本身就是公民教育」，反對吳佩孚以人民「組織未備，鍛鍊未成」為藉口[119]。對於胡適而言，人民只有在民治制度下才能得到政治上的訓練，成為好公民，不能以人民能力為藉口，作為延緩民治制度施行的藉口，是制度方能賦予人民成為好公民的可能。因此，民主制度的堅持，

---

[117] 高一涵，〈希望反對聯邦論者注意最近的國家性質新論〉，《努力》第 37 期（1923年 1 月 14 日）。

[118] W.G.T.（胡適），〈假如我們做了今日的國務總理？〉，《努力》第 20 期（1922 年 9 月 17 日）。

[119] 胡適，〈這一週・吳佩孚與聯省自治〉，《努力》第 15 期（1922 年 8 月 13 日）。

是制度決定人民的民主素養的形成，胡適希望藉此走出中國政治的民主之路。

　　以上主要闡述胡適於 1920 年陳獨秀〈談政治〉之際，至 1922 年胡適創辦《努力週報》政治思路的轉折。那麼，胡適的政治主張與陳獨秀的馬列主義路線之間又產了什麼樣的張力？從他們往來的書信中可以看出，雖然陳獨秀應陳炯明之邀至廣東，將《新青年》託付陳望道一事，引起北京《新青年》同人不快，但此不快並沒有如後人所說的徹底決裂，彼此之間私人友誼仍篤，只是在面對如何解決當前中國政治問題，同人不同政治立場之間的競爭論述，逐漸浮出歷史地表。

　　1922 年 8 月，陳獨秀發表〈對於現在中國政治問題的我見〉，指出中國政治的三大問題是國際帝國主義的壓迫、軍閥的擾亂、政黨的萎弱。該文原發表於《東方雜誌》[120]，陳獨秀又將此文寄到胡適的《努力週報》，胡適即於 9 月 3 日發表該文。胡適在該文前作了一小段引言，他指出對於獨秀「集中全國民主主義的分子組織強大的政黨」的主張，是完全贊同的，但不能贊同獨秀「反對聯邦制的議論」。[121]之後胡適又發表〈國際的中國〉，對於共產黨提出第二次全國大會宣言，願與資產階級的民主主義革命運動聯合起來，做一個「民主主義的聯合戰線」，胡適即指出「這件事不可不算是一件可喜的事。」[122]這些贊同、可喜之事背後相關論述的參照，才能較為全面的觀照胡、陳兩種政治觀點，同中有異、異中有同的差異脈絡。

三、胡、陳政治觀的差異脈絡

　　首先，在政府形式方面，胡適與陳獨秀最大的分歧在於「聯省自治」。陳獨秀〈對於現在中國政治問題的我見〉認為中國的亂源在於封建軍閥各佔

---

[120] 陳獨秀，〈對於現在中國政治問題的我見〉，《東方雜誌》19 卷 15 號（1922 年 8 月 10 日）。

[121] 胡適按語，陳獨秀著，〈對於現在中國政治問題的我見〉，《努力》18 期（1922 年 9 月 3 日）。

[122] 胡適，〈國際的中國〉，《努力》第 22 期（1922 年 10 月 1 日）。

一方，把持兵權財權政權，法律、輿論都歸無效，並不是中央權大、地方權小的問題，而聯省自治不啻是替武人割據的現狀加一層憲法的保障，增長亂源。胡適在9月3日轉載陳獨秀此文，下一期《努力》即發表〈聯省自治與軍閥割據〉回覆陳的看法，他認為陳氏的看法只是舉出亂的現狀，並不是亂源。中國集權形式的政治組織，使得督軍權大，而地方權小，是造成中國今日軍閥割據的一大原因。胡適指出，解決之道在於增加地方的實權，使地方能充分發展它的潛力，來和軍閥作戰，這是省自治的意義、聯邦運動的作用。[123]隔幾天，陳獨秀再發表〈聯省自治與中國政象〉一文，反駁胡適的主張。陳氏指出，他並非反對聯邦制本身，也非反對人民自治，然而中國近來產生的聯省自治論，事實上是發起於軍閥首領，而非出自於人民的要求。現在中國已是群雄割據的擾亂，政府權力已極度的分散，中國政治的實質是武人割據的地方專權，而不是中央政府的專權，因此拿聯省自治來救中國，是藥不對症。[124]

　　從以上胡、陳的觀點看來，胡適與陳獨秀最大的分歧在於他們對於當時中國政情的判斷，但不妨礙於他們對於國家統一的一致要求。所不同的是：胡適希冀採取和平、改革的方式達成國家的統一，而陳獨秀則認為唯有「革命」才能達成統一的目標[125]；在國家政制形式上，也表現為中央集權制與聯邦分權制的不同權力分配要求。

　　其次，對於帝國主義的看法。胡適〈國際的中國〉特別提到，陳獨秀於《嚮導週報》標出兩大目標：「一是民主主義的革命，一是反抗國際帝國主

---

[123] 胡適，〈聯省自治與軍閥割據〉，《努力》第19期（1922年9月10日）。

[124] 陳獨秀，〈聯省自治與中國政象〉，《嚮導》週報第1期（1922年9月13日）。徵引自《陳獨秀著作選編》第2卷，頁476。

[125] 胡適日記附上陳獨秀的來信（編者按語指出：原信未署名作者，但由內容和筆跡推斷，此信當為陳獨秀所寫）：「中國事無論統一聯治，集權分權，無論民主的政治或社會主義政治，不取革命的手段，都只是一場滑稽劇。這是我牢不可破的迷信。」1922年9月25日。胡適著，曹伯言整理，《胡適日記全編》第3冊（合肥：安徽教育出版社，2001），頁811。

義的侵略」，胡適贊成陳氏民主主義的革命，但對於反抗國際的帝國主義侵略，認為應該包含在民主主義的革命之列。在胡適看來，現在的中國「已經沒有很大的國際侵略的危險了」，稍明白事理的外國政治家，大概都曉得「征服統治中國」是做不到的了，最要緊的是國家「政治的改造」，是抵抗帝國侵略主義的先決問題。[126]從該文看來，胡適未能意識到，正視帝國主義的侵略事實，其實正與五四過後民族主義意識的高漲息息相關。在這一點上，胡適較未能掌握時人的心態變化，可能來自於他本身民族主義意識的較為缺乏，與胡適在美留學時所受的影響有關[127]，造就胡、陳兩人在面對中國問題的認知差異。陳獨秀此時在共產黨機關刊物《嚮導》所提出種種具體的帝國主義問題：〈英國帝國主義者所謂退回威海衛〉、〈請看國際帝國主義怎樣宰制中東路〉；胡適對於中國如何處理迫在眉睫的國際政治與民族主義問題，基本上是較缺乏回應能力的，而此亦間接造成胡適與當時知識青年的疏離。

　　當時張君勱即指出，胡適發表〈我的歧路〉一文，屢屢提及「談政治」一詞，張氏認為「政治者實行之事，非空言之事」，是「行」政治，而非「譚」政治，否則對於實際政治並不能產生影響，已預知胡適談政治的窘境。[128]此時國共兩黨在政治組織的要求，與武力奪取政權手段，相較胡適仍保持傳統士大夫「議政」的角色，集中討論「應該實行什麼」，而非具體的實踐問題的解決之道，無疑國共兩黨更具有行動能力，也較能吸引知識青年的參與。此時，超乎政黨、走議政路線的胡適，堅持少數菁英的漸進改良

---

126 胡適，〈國際的中國〉，《努力》22 期（1922 年 10 月 1 日）。

127 原因可能為：胡適是在美留學時，透過美國民主政治的土壤進入現代世界，因此在他身上所背負民族的包袱，沉重感與陳獨秀等人大不相同。並且胡適在留美時期所受的影響主要為對世界主義、和平主義和國際主義的信仰，參見《胡適口述自傳》，頁88-110。

128 張君勱，〈直奉戰後政變之教訓〉，《努力》第 8 期（1922 年 6 月 25 日）。

方式，而當時的國共兩黨則大舉吸收五四運動的知識青年[129]，陳獨秀、李大釗先後正式加入國民黨，已為之後國共合作鋪路。胡適的聯邦式政治改良的路線，在國共兩黨傾向俄國式革命統一路線——號召青年與工農群眾，形成未來國民革命的動員力量——更顯孤掌難鳴。

20 年代初中國中央集權制與聯邦分權制的政體選擇，兩方角力後的結果，在 1928 年國民革命完成北伐，劃下清楚的抉擇點。甚至連胡適當年在北伐進行期間，也將國民革命包括在新文化運動之中，認為五四前後是運動的第一階段，聯俄容共到北伐的國民革命是第二階段。[130]而此正是新文化運動的尾聲，從文學革命、倫理革命等文化運動為「政治」而造的因，其後所結的果也必相應為「政治」的果。

而胡適對於政治「不感興趣的興趣」，在《努力》結束之後，在 20 年代末的《新月》雜誌、30 年代的《獨立評論》、50 年代的《自由中國》，仍然堅守他獨立評論家的本色。而《努力》、《新月》、《獨立評論》、《自由中國》，形成了章清所謂「胡適派學人群」，大致涵蓋了現代中國自由主義知識分子聚集與發展的縮影，通過辦刊物表達他們對時局的看法，也彰顯了他們的政治理念與價值歸趨。[131]

第三節　小結：20 年代的時代命題

上文筆者花了許多的篇幅，目的在於澄清人們對於《新青年》既定的看法，一般雖認為第八、九卷《新青年》傾向馬列主義的政治屬性，然而在當時《新青年》其實仍存在政治走向探索的多種可能性，而同人彼此相互競逐

---

[129] 胡適指出當時所有的政黨都想爭取青年知識分子的支持，結果便弄得人人對政治都發生了興趣。見《胡適口述自傳》，頁 249-250。

[130] 胡適日記，1923 年 4 月 3 日。相關的討論可參見：羅志田，《亂世潛流：民族主義與民國政治》（上海：上海古籍出版社，2001），頁 228。

[131] 章清，〈胡適派學人群與中國現代自由主義的趨向〉，《史林》1998 年第 1 期，頁 36-49。

論述之間的競爭性與複雜性，仍需較全面的觀照，謹慎處理此一內部仍存在的多元聲音。而此關係到當時《新青年》同人怎麼理解中國的政治問題，提出各自的解決之道，從中展衍出 1920 代中國政治發展的多樣性與可能性。

一、何去何從：《新青年》成員後五四的政治探索

　　以上一、二兩節，筆者分別從周氏兄弟的文藝啟蒙改造社會路線、胡適等英美派的議政路線，說明主編陳獨秀走向馬列主義，《新青年》其他成員此時亦從事不同政治新形式與方法的探索。關鍵在於後五四的中國，《新青年》成員在原先文學革命、倫理革命的共同旗幟下，此時面對中國政治走向與時政解決途徑的分歧產生的思想論爭。然而除了陳獨秀與無政府派較為明確的公開論爭，陳獨秀與胡適、周氏兄弟在保有原先的私人交情下，雖然彼此的思想差異日益鮮明，基本上仍在新文化運動陣營的統一戰線上。因此胡適、周氏兄弟與此時陳獨秀的分歧，必須從旁敲側擊的方式，說明三者之間的差異與不同的政治藥方。此時（1920-1923 年）中國未來的政治走向如何，仍然有諸多不確定的因素，各種勢力、各種途徑的探索可能，同時在此運作著。由此可以進一步思考的是，上述《新青年》成員其他兩種政治路線，在往後 20 年代以降，中國時局急劇的變化下，各自生產與展開對新現實的把握和回應，也必須接受當時政治情勢的嚴苛考驗。

　　首先，從周氏兄弟的思想文藝啟蒙路線來看。周氏兄弟從清末到走入《新青年》為深化文學革命而提倡思想革命，始終堅持透過文藝改造社會，也就是透過文學實踐來達成「文學救國」的目的，其中俄國文學正是周氏兄弟仿效的對象。因此表現在魯迅發表於《新青年》的白話小說創作，其實正是當時現實政治的問題綱領。然而在《新青年》逐漸走向馬列主義的政治戰線，此時亦逐漸產生以「階級政治」作為評斷文藝作品的傾向，加上《新青年》已容納不了多少文學發展的空間，有違周氏兄弟當初的夙願。因此周氏兄弟將創作、譯作逐漸轉移至《小說月報》等其他刊物，成立文學研究會，延續文學革命的命脈，繼續擴大新文學在知識界的影響力。

　　換言之，周氏兄弟一本初衷，仍堅持文藝作為改造國民性，進而改造國

家社會──透過文學所造成的國民自覺,為政治問題解決的藥方。問題也在於周氏兄弟對於此時中國政治問題的解決看法與陳獨秀不同,在周氏兄弟看來,根本問題並不在於政體形式、政治權力的掌握,而在於「人心」的轉變。一直到北京政變(1924 年)、溥儀出宮事件,再度引發他們深重的「民國」危機,在此反思與覺悟之下,以刊物創辦延續《新青年》思想革命的提議由此而生,於是催生了《語絲》、《莽原》雜誌,扶植「未名社」、「狂飆社」,培養更年輕的思想界戰士。

復次,胡適等英美派的議政與好人政府路線,以《努力》雜誌的創辦為代表。稍早,胡適等發起〈我們政治主張〉以及發起成員被網羅成立好人內閣。胡適在當時政治看似較清明的局勢中,努力扮演獨立評論家議政的角色,主張息兵,希望剷除中國軍閥割據的局面、達成和平統一的目的,在當時的王寵惠內閣似乎露出光明的一線曙光。與周氏兄弟的思想革命路線不同的是,英美派認為英美式民主制度的啟蒙才是實施民主的關鍵,但制度的變革實有賴於當權者的支持,而此當權者正是軍閥。然而軍閥與民主制度基本上即兩相扞格,好人政府垮台後,又轉為支持聯省自治,中央集權(好人政府)與地方分權(聯省自治)其實本身亦自相矛盾。但對胡適等英美派產生負面效應,其實類同於無政府派的問題──如何回應日益迫切的國族平等與民族解放問題──無政府派因其思想根源的世界主義傾向,胡適的思想傾向對歐美的「西方」較樂觀與期待,相對較易忽略中國此時受壓迫的具體情境。以及主張「救國須從救出你自己下手」[132],強調點滴式的從根做起的改革,在那樣動盪劇變的年代,此一溫和漸進的路線,較不易受青年學子青睞。

基本上,無論是周氏兄弟或是胡適,依據新文化運動的啟蒙者思維來說,他們認為群眾是需要被教育、被啟迪。因此相對來說,他們也對群眾保持一定距離與一定的戒心。然而,從五四運動以降,新的組織形態,無論是學會、工會、商會等新興的團體組織,已漸形成中國社會的新樣態,這無疑

---

132 胡適,〈愛國運動與求學〉,《現代評論》2 卷 39 期(1925 年 9 月 5 日)。

是一場後五四與前五四的區別。而誰能掌握這樣新型的社會樣態，並作出回應的，意謂著成為時代真正的弄潮兒。那麼回到陳獨秀、李大釗的馬列主義路線，在《新青年》北京同人離心求去、社會主義陣營分裂之際，如何能匯聚更大的力量？從上文的環環推衍分析看來，其中的關鍵在於如何把握與進一步吸收五四運動以降群眾運動的能量，進而加以組織化。而此正是 20 年代以降，隨著軍閥、帝國主義的勢力壓迫與各種矛盾加深，中國民族主義意識的高漲，群眾運動將成為一股沛然莫之能禦的力量。

二、20 年代的時代命題：國民革命與政治轉型

從清末以孫中山為首的革命派，以革命作為改朝換代的行動策略；然而，五四新文化運動正是為辛亥革命補上一課，從思想、文化著手，並以善巧的方式介入時政。但此後新文化運動分了家，而繼續堅持文化運動路線的胡適、周氏兄弟及張東蓀等社會改良派；陳獨秀、李大釗則走向行動派，奉馬列主義為圭臬，與孫中山的三民主義路線，成了此時推翻軍閥、國民革命的行動主流。如同當年袁氏稱帝、張勳復辟產生的轉轍器作用，20 年代重要的轉轍器發生在 1926 年。在北京三一八慘案發生之後，許多青年學子從「救國不忘求學」，到現在感覺到非革命不可，不但思想轉向，更落實為行動上的直接參與革命組織。[133]此後，南方革命政府的發展更是一日千里，大環境的局勢與輿論風氣更是有助於國民革命北伐此一形勢的形成。

但值得我們注意的是，不論是陳獨秀、李大釗的共產黨或是稍後孫中山改組的國民黨（1924 年），在形式上一樣，都是列寧式的政黨，主張一黨專政，有別於民初施行西方政黨政治的政黨。作為歷史的後見者，我們看到的是結果，然而歷史若能改寫，中國命運轉變的關鍵在於合作之初，國共兩黨

---

[133] 在北京三一八慘案發生之前，北京青年學子仍深受胡適「救國不忘求學」觀點的影響，但三一八慘案發生之後，奉系軍閥進入北京，北京陷於恐怖時代，當時新文化知識分子紛紛離京南下。相關的討論參見：程凱，《革命的張力：「大革命」前後新文學知識分子的歷史處境與思想探求》（北京：北京大學出版社，2014），頁 83-129。

將以什麼樣的方式進行融合，或許將會產生不同的歷史結果。

　　從張國燾的回憶錄來看，一開始，中共黨員對加入國民黨一事，與共產國際的指導者馬林產生很大的歧異。從黨外合作到後來雖然接受中共黨員加入國民黨的範圍，但堅持中共組織獨立。換而言之，是國共「聯合」而不是國共「混和」，形成一種兩黨聯合的形式。[134]也就是上文曾提到，共產黨第二次全國大會宣言指出，願與資產階級的民主主義革命運動聯合起來，做一個「民主主義的聯合戰線」。而此一模式若能順利發展，或許有可能得以形成兩黨或多黨運作的民主制度，然而此種可能性存在嗎？

　　就陳獨秀而言，中共第二次全國大會通過「聯合戰線」的決議，與國民黨合作，是為兩黨之間的一種政治聯盟，目的僅是為了打倒共同的敵人——封建軍閥和帝國主義的暫時需要。[135]從其思想淵源上來說，係來自於列寧有關於民族與殖民地問題的理論，共產黨應與「資產階級民主派結成臨時同盟」，同時也要保持其獨立性，以進行無產階級運動。[136]然而此時中國共產黨在第二次全國大會亦通過加入共產國際的決議，馬林在共產國際（事實上是蘇俄的國家利益前提下）的指示下，要求中共加入國民黨，中共事實上此時已成為共產國際運作的一枚螺絲釘而已。換而言之，陳獨秀是以列寧主義的無產階級革命作為目的，國共合作作為階段性的手段；但中國共產黨在共產國際眼光看來，只是一盤棋中的小卒罷了。往後的問題，也在於陳獨秀與共產國際間的拉鋸戰，如何維持中國革命的純粹性與獨立性，成了陳獨秀難以承受之重。而馬列理論與在中國具體實踐的實際距離，再加上「共產國際」作為領導的變數，成為中國共產黨往後必須面對的艱難挑戰。

　　另一方面，革命黨從批判民元時章太炎的「革命軍起，革命黨消」的歷

---

[134] 張國燾，《我的回憶》第一冊，頁290-302。

[135] 王健民編，〈中國共產黨第二次全國大會決議案〉（1922 年 7 月經大會通過），《中國共產黨史稿》（臺北：漢京出版社，1988）第一冊，頁59。

[136] 列寧，〈民族和殖民地問題提綱初稿〉，中共中央馬克思恩格斯列寧斯大林著作編譯局編《列寧選集》第四卷（北京：人民出版社，1995 年 6 月第 3 版）原發表於 1920 年 6 月。

史情結中，一直到 20 年代並沒有真正消解章太炎的核心內涵——是使革命黨成為具有承擔共和民國的政黨[137]。這也是在未成為馬克思主義者的陳獨秀，在 1920 年初，撰寫〈中國革命黨應該補習的功課〉，所提的三項課題：第一，多數人民應該懂得民主政治究竟是什麼；第二，怎樣完全取消帝政；第三，怎樣建設民主政治。[138]然而，歷史錯綜複雜的因緣下[139]，促使孫中山決定採用俄國列寧式的政黨路線作為重整國民黨的範式。這股建立革命黨具有軍事戰鬥力量，稍後國民黨 1924 年改組後，正式成立黃埔軍校。同年，國民黨在其第一次全國代表大會發佈的宣言正式確立聯俄、聯共、扶助農工三大政策。

　　基本上，如同上文所提及的，既然國共雙方所取法的對象是列寧式的一黨專政，本身即具高度的排他性。國共兩黨和平共存、合作共榮，基本上只能是空中樓閣。然而，就陳獨秀與孫中山而言，他們本身都含蘊有世界大同的理想，儘管其強調點有所不同。[140]但他們在採納列寧式的政黨路線時，對中國未來的想像與實踐方式，因其理想性之高遠與救國救民之熱切，與國共兩黨後來的領導者的實踐方式、目的，有著其大的差別。然而，歷史的滔滔洪流，長江後浪推前浪，一代新人換舊人。而歷史的後果也在於此後列寧式的一黨專政，在未來國民革命北伐統一中國後，成為中國的歷史主流。

---

[137] 孫中山在 1920 年重建國民黨前後和 1924 年國民黨改組期間，曾多次提及此一口號，視其為導致辛亥革命失敗的主要原因。關於章太炎在民元時期的提倡，參看第一章第一節。

[138] 陳獨秀，〈中國革命黨應該補習的功課〉，發表於《星期評論》31 號（1920 年 1 月 3 日）。見任建樹主編，《陳獨秀著作選編》第 2 卷，頁 165-166。

[139] 孫中山試圖組織一嚴密又能使黨員獻身革命的「革命職業家黨」，與 1922 年陳炯明的叛變息息相關，而 1923 年蘇俄鮑羅廷來華，因緣際會，可能正好提供他此一組黨的方法。相關之討論，參見呂芳上，《革命之再起——中國國民黨改組前對新思潮的回應（1914-1924）》（臺北：中央研究院近代史研究所，1989）。

[140] 郭成棠即認為孫中山強調的理想是中國傳統中的博愛與和平，而陳獨秀主張的則是現代哲學中的世界主義。見氏著，《陳獨秀與中國共產主義運動》（臺北：聯經出版公司，1992），頁 421。

第六部　蛻變：
再造革命──國民革命的前奏

結論　《新青年》：
探索民初中國政治轉型的蛻變之路

> 新文化運動影響到政治上，是要創造新的政治理想，不要受現實政治底羈絆。[1]

> 社會主義要起來代替共和政治，也和當年共和政治起來代替封建制度一樣，按諸新陳代謝公例，都是不可逃的運命。[2]

　　這是 1920 年陳獨秀在《新青年》對於中國未來政治命運所下的定語。從推翻封建制度到走向共和，再到社會主義的推行，短短不到十年之間，陳獨秀對未來中國政治結構的前景想像，產生出人意表的轉變。這樣的轉變是怎樣產生，它與原有的思想資源又有什麼樣的連續性？是否能代表五四那一

---

[1]　陳獨秀，〈新文化運動是什麼？〉，《新青年》7 卷 5 號（1920 年 4 月）。
[2]　陳獨秀，〈國慶底價值〉，《新青年》8 卷 3 號（1920 年 11 月）。

代人的典型想法？或者這當中仍有多層次的發展與問題，值得進一步探索深究；以及對未來中國的政治命運，又可能產生什麼樣的影響？這將是本書嘗試回答的問題。

在本書即將邁入尾聲之際，讀者一開始可能提出的疑問是，關於《新青年》與五四新文化運動的相關研究，幾如恆河沙數，而我為何仍願深陷五四的汪洋裏？我希望在這本書裏能提供一些不同思考的線索。如果我們將解讀《新青年》的分析背景作一置換，不同於既有的五四新文化運動的思想文化啟蒙進路，而是將《新青年》作為文本置於清末民初的政治論爭的背景中進行分析解讀，那麼《新青年》也許有其不同的歷史功能尚待梳理考掘。這條歷史語境的長線，必須上溯至辛亥革命、二次革命，來到袁氏稱帝、張勳復辟、南北和議失敗、聯省自治運動、建立聯合戰線的努力，進而將時間軸往下延伸至國民黨聯俄容共、國民革命軍北伐，其中《新青年》實具承上啟下的關鍵探索性位置。於此，我於本書從中展開民初政治如何影響《新青年》；而《新青年》藉由刊物介入時政，隨著時局的變動、《新青年》編輯方針的調整，以及同人心態的轉變，於此轉折時期，呈現各自論述實踐的不同位置，以致於生產中國新政治的原理，又反過來影響民初政治的發展。

在這裏，我們可以再進一步思考五四以前最重要的帝制復活問題，與五四後反軍閥、反帝國主義思潮的激盪，如何在《新青年》展開各種類型的言說、討論，背後折射出的是中國從帝制走向現代民族國家的政治轉型的視野。那麼，我們看到的《新青年》就不再只是一本思想啟蒙的刊物，而是民初五四那一代人漫長而曲折的政治求索之路。換言之，當我們將論述的背景從思想啟蒙調動置換為政治轉型，那麼《新青年》也許就可以成為一個窗口，提供我們一個看待清末民初的中國，從帝制走向民族國家的建構過程。甚至與彼時東亞其他國家，如：韓國、日本等國政治轉型之趨勢有何不同，於此從中看出民初中國政治脈絡有其展演的特殊性與潛在的普世性。那麼《新青年》研究也許能有往前推進的更大空間——提供民初中國政治轉型理論的關鍵素材，從而發展東方現代化過程中的獨特政治理論，而非僅是西方政治或各種思潮影響後的結果。

一、「民國」危機：《新青年》的主旋律

　　細心的讀者或許注意到，我在本書中一開始探索的是《新青年》核心同人在清末的動向。我注意到這些人多為革命黨人，且與革命報業有關，但他們與同盟會以軍事為主的革命大業不同，主要著重於教育思想文化的改革。而革命報業對於促進近代公共領域的建構，誠如許紀霖所指出的，公共領域的建構直接與救亡和變革這些政治問題息息相關，因此它並不是以文學，而是直接以「政治」作為中介聚集起來。[3]因此我們在清末革命黨人如：陳獨秀《安徽俗話報》等革命報刊，讀出報刊在文藝啟蒙之外的政治取向，是以建立民主國家人民權利的自覺。

　　基本上，這樣的民主國家訴求並非在武昌起義砲聲一隆，清帝下遜位詔書那一刻起，政體問題自然而然的解決。[4]然而，問題的激化則出於《清帝遜位詔書》本身的模稜性，民國的正統出現分歧：革命黨所建立的南方臨時政府與袁世凱受命自清朝，所引發的政權屬性問題。甚至為使清帝順利退位而擬定的《清室優待條件》，引後日後袁氏恢復帝制及張勳復清朝之辟，都是在這些可能性下的歷史產物。

　　上述這個問題成為民國抹不去的一道裂痕，在之後的革命黨一派與袁氏繼位為大總統，各自認定自己為正統，視彼此為異端，加上共和政體的政黨政治、議會政治運作失序，引發舊派欲恢復禮治秩序以匡正國家的種種舉

3　許紀霖，〈近代中國的公共領域：形態、功能與自我理解──以上海為例〉，《史林》2003 年第 2 期，頁 83。

4　如我在〈緒論〉提到的日本學者溝口雄三的思路：日本學者溝口雄三的研究，提供我們看待辛亥革命的另一個視角。溝口指出，辛亥革命之時，並沒有預定某一種取代清朝的新體制，因為辛亥革命的特質是令滿清帝國統治解體，並非以建立某一新體制為目標，因此於其時可說有多種可性。其中包含的可能選擇性：或以新的王朝取而代之，或建立新的君主立憲國家，或各省聯合的聯邦制共和國，或軍閥割據分裂，或列強瓜分統治，或建立新的中央集權制民族國家。參見〔日〕溝口雄三、陳光興、孫歌、劉雅芳，《重新思考中國革命：溝口雄三的思想方法》（臺北：臺灣社會研究雜誌出版：唐山出版社發行，2010），頁 111。

措。而舊派的文化復古運動與袁氏的帝制運動，雖然對象不同，但帝制復辟的目的則一，這是五四運動以前中國最重要的政治問題。而我們看到袁氏帝制運動如火如荼之際，《新青年》正是在《甲寅》的政論性論文失效以後，尋求一種新的輿論平台，在袁氏之外試圖藉由傳媒建立另一種民間道統。於此可以重新思考，我們日後耳熟能詳的《新青年》文化改革，如：文學革命、倫理改革、女權運動，甚至在通訊欄等邊緣欄目，圍繞的文本潛主題，仍是在於共和政體的捍衛和傳統文化的改革，目的在於捍衛國家基本面貌的要求：具西方共和政體的現代性民族國家。

　　除了上述的文化運動以外，《新青年》其實正善用晚清以來逐步發展的報刊傳媒「公共輿論」的力量。《新青年》作為雜誌公共輿論空間的形成，對政府當局政治權力的監督與批評，透過欄目的安排、議題的進行，進行有意識的整合與動員的議政功能。[5]這個力量與實踐方式，可以分為兩個方面來進行：第一是形成政治公共輿論空間的啟蒙與實踐，透過邊緣欄目如：國內外大事記、通信欄、讀者論壇、隨感錄等，配合正文政治思想論文的參照，不但藉由民權思想的啟蒙，反撥袁氏的國權至上論，也藉由較不為官方所注意的邊緣欄目，側面提出當前的政治問題；第二是納入當時反政府的其他勢力，尤其是民初劉師復底下的無政府主義團體成員，納入《新青年》的隊伍中，便是抵抗國家所形成的民間動員。那麼《新青年》目光下移的結果，恰恰是完成當初它的建刊使命，這是陳獨秀在《新青年》第一卷發表的重要文章〈一九一六年〉，他認為國人都關心和參與政治，中國才能變為現代化的民主國家。[6]這正是《新青年》不同於之前政論報刊之處，讀者與作者在身分平等的基礎上，建立了新型的公共交往關係，乃至最後發展為國民和公眾這樣完全現代的平等性的自我理解。[7]這是《新青年》念茲在茲的國

5　在說明此一力量之前，我們也必須了解民初袁氏政府對於言論自由的限制、新聞檢查制度的確立，如此我們較能了解《新青年》此時在政府壓縮言論空間之外，展現對抗政府當局的行動能力。

6　陳獨秀，〈一九一六年〉，《新青年》1 卷 5 號（1916 年 1 月）。

7　晚清以來逐步發展的報刊傳媒「公共輿論」的力量，相關討論可參見：許紀霖，〈近

體危機問題，透過共和國民精神素質的培養，訓練而成為一健全的共和國民。

　　《新青年》對於復辟懷有高度的戒心，不單是袁氏帝制、張勳復辟的實際政治事件，最重要的是「民心」的向背，以及當時展衍各種不同的復辟變形，隨時有捲土重來的危險。這是《新青年》同人透過政論文章、各種雜文甚至小說（例如：魯迅〈風波〉），反覆申辯的主題。這樣的憂心忡忡並非空穴來風，《新青年》於 1922 年 6 月終刊不久，1924 年即發生溥儀出宮的事件，全國人民如喪考妣[8]。經歷五四大風大浪的魯迅，也忍不住說了重話「我覺得仿佛久沒有所謂中華民國。……我覺得有許多民國國民而是民國的敵人。」[9]語意多麼的沉痛。而後魯迅與周作人聯袂出擊，創辦《語絲》雜誌。復辟的幽靈揮之不去，甚至與二十世紀中國上半葉相始終。[10]

二、扣問 1920 年代的中國：
帝國走向民族國家的艱難轉型

　　歷史的巨輪不斷向前邁進。作為歷史的後見者，我們也許會說，若沒有歐戰的發生，就沒有巴黎和會，也就沒有五四學生運動，那麼俄國對華友好宣言〈加拉罕宣言〉不會產生如此致命的影響力。但歷史不會重新來過，所有的偶然正是在特殊歷史條件下，才會發生其致命影響力。20 年代的中國政治舞台，帝國主義的壓迫與時俱進，民族主義情緒不斷高漲，誰能解決日

　　代中國的公共領域：形態、功能與自我理解——以上海為例〉，《史林》2003 年第 2 期。

[8] 相關的討論，參見：程凱，〈思想革命的張力——1925 年前後北京新文化言論界的重整與分化〉，「中文知識生產與亞洲社會轉型國際學術研討會」會議論文集，彰化師範大學國文系暨臺文所，2011 年 10 月，頁 122-123。

[9] 魯迅，〈忽然想到〉，《魯迅全集》第三冊，頁 12。

[10] 直到抗戰期間，復辟的幽魂始終不散，溥儀甚至在日本人扶植下成立「偽滿洲國」，欲成為一理想的「王道樂土」。

益嚴重的國族壓迫的問題，終結軍閥割據混亂的狀態，這是《新青年》與其週刊《每週評論》在五四期間灌溉的思考園地。於其時知識界「西方」認同的分裂，本身南方政府與北方軍閥的南北和議又破局，聯省自治雖然帶來一線曙光，卻也如曇花一現，留下的是更大的真空。但我們在《新青年》八、九卷看到的是新的政治整合路線的逐漸形成：《新青年》原有北京同人雖然內部分裂，即使是胡適，仍不脫陳獨秀「聯合陣線」此一新文化運動同盟的共同戰線；另外，陳獨秀所領導的共產黨，與國民黨也展開密切合作，而後有「國共合作」之舉。

基本上，看似紛亂無章的 20 年代中國，有別於軍閥官方的主流，逐漸形成另一種非主流的道統，在官方之外，逐漸凝聚更大的共識——反帝、反軍閥，進而成為日後國民革命的主力。這種力量的產生不但是五四運動過後，受《新青年》影響而形成風起雲湧的白話報刊雜誌及各種社團組織的成立，後者又進一步帶領中國讀者思考這一切身的國族命運問題。並且，《新青年》產生特有的論述，其價值更在於其精神史的發展與歷史發展之間的錯位、互動，尤其展現在《新青年》與當時工農運動、學生運動、中國社會變化，四者之間的相互關聯性。

三、國民革命的前奏：
《新青年》與國民革命力量的凝聚

在這裏，筆者想先帶領讀者簡要回顧《新青年》對之後蓬勃發展的工運、農運、學生運動，起了什麼樣的催波助瀾之效，這些影響透過《新青年》雜誌的暢銷風行，為青年學子廣泛閱讀，且在精神、思想意識上開啟振聾發聵之效，之後更蔚為汪洋大瀾，逐步產生社會實際變革，影響此後中國政治的發展，進而成為國民革命的前奏。

首先，在學生運動方面。《新青年》從一開始的《青年》雜誌到第二卷之後改名為《新青年》，可以清楚的看出，刊物讀者的對象定位為「青年」，也說明了它潛在欲影響的讀者群體。在此可能提出的疑惑是，《新青

年》在第四卷之後成為同人雜誌，不對外購稿，如何能使刊物與青年學子具對話性的可能？其實，「通信」欄在《新青年》實發揮了與讀者互動的關鍵影響力，並且，通過「通信」欄而成為《新青年》的撰稿人，不乏其人。而「通信」欄所討論的話題，其實恰與當時現實政治、文化與社會思潮息息相關。[11]並且，《新青年》的閱讀頻率，在沒有網路的 20 年代，在青年學子當中的流行、傳播，以今天的眼光來看，難以想像。[12]換而言之，已不是出售的書籍、雜誌本數，而是閱讀影響力。因此，鄧金明在其《新青年》的閱讀接受史的影響研究指出，通過「閱讀」的影響力，《新青年》創造了一個時代的新人，即「新青年」，即爾後「五四青年」的自我形象建構。[13]

那麼，我們可以進一步追問的是，「五四青年」的自我形象，《新青年》給予較深刻的影響，主要在哪些層面？首先是對於傳統文化的認知，傳統在《新青年》是作為被批判的對象，而無法作為一創造性的轉化動能，作為中國政體轉變的思考資源。因此，歷來對《新青年》非議最多的是反傳統的文化主張，然而如果我們將《新青年》置於當時的歷史語境來看，《新青年》文化議題表述的政治問題，在當時有其特定的政治狀態、社會結構等歷史語境[14]。但受《新青年》影響的新一代文學青年，他們的理解卻是接受為

---

[11] 相關的討論，參見本書第三章第二節及楊琥，〈民初上海進步報刊「通信」欄與五四時期社會文化互動〉，楊金銓主編，《文人論政：知識分子與報刊》（桂林：廣西師範大學出版社，2008），頁 43-67。

[12] 舉許欽文為例，他回憶自己五四時期的學生生活，提到《新青年》、《新潮》等雜誌都為好學的青年所注意，「報刊、書籍、已經翻閱得破破碎碎了，還是郵寄來，郵寄去。」並且形成了一種同儕效應：「如果不寄給朋友看，好像是對不起朋友似的。友誼往往建築在書籍的借閱、贈送和學術的討論上。」許欽文，〈五四時期的學生生活〉，中國社會科學院近代史所編，《五四運動回憶錄》下（北京：中國社會科學出版社，1979），頁 984-985。

[13] 鄧金明，《從《新青年》到「新青年」——五四青年對《新青年》雜誌的閱讀研究》，2005 年首都師範大學博士論文。

[14] 這與當時「傳統」資源特定的使用狀況有關，也就是進一步再深化追問：《新青年》反的是什麼樣的「傳統」？以及《新青年》為何反傳統？我在本書第一、二章的鋪陳，說明這是民國肇建之初的混亂、失序，表現在新舊派文化與政治取向的多元分

以割裂傳統為當然前提的思考，中國此時欲產生新文明的主體典範來自西方
——不管是歐美或俄國所代表的「西方」。

於此產生的歷史後果，舉當時最大的學生社團「少年中國學會」為例，
其發行的刊物《少年中國》、《少年世界》。在《少年世界》發刊詞（1920
年 1 月）提出改造中國的三種步驟[15]，強調的思想資源是來自西方的「現代
思潮」，中國原有的思想、道統，成為被摒棄、落伍的「他者」。當時為
《新青年》前輩運用反傳統的策略解決政治問題的方式，傳統資源無形中被
負面化、否定化。此一雙面刃（策略／後果），影響之後《新青年》部分同人
及青年學子，形成透過引進西方「現代思潮」（特別是社會主義思潮）來解決
中國問題的模式，可以從上述「少年中國學會」改造中國的步驟看出端倪。

其次，在工人運動方面。《新青年》鋪陳的社會問題，從一開始的青年
問題、家庭問題、婦女問題到工農問題，刊物本身的思想日趨激進、左傾。
因而當時盛極一時的「主義」熱，學會、社團的發展日趨蓬勃，跨越省際範
圍的組織日益密切，正是此一特定歷史脈絡下的產物，也影響中國未來道路
的走向。而《新青年》不但影響學生刊物的思想傾向、學生運動的發展，也
對工人運動起了推波助瀾之效，並且串聯起知識分子與工人之間思想架接的
橋樑。

從民國五年袁氏過世之後，至北伐前夕，將近十年，中國的政治現狀呈
現軍閥割據、武人統治的局面。基本上，巴黎和會之前，新知識分子的政治
典範是英美立憲政治；歐戰之後，隨著世界性的社會主義浪潮席捲中國，對
於中國未來出路的思考漸有分歧。此一分歧，表現在《新青年》的是，提出

歧；日後《新青年》的文化改革，正是鎖定部分舊派以文化復古之名行政治復辟之
實，延續至五四前期，在時政無法直接介入，而有《新青年》以文學革命、倫理改革
等文化運動及邊緣欄目的設計，進行對現實政治的批判與發揮啟蒙功能。

15 《少年世界》發刊詞（1920年1月）提出改造中國的三種步驟：
第一步，本科學的精神，研究現代思潮，使中國人對于現代思潮有一個明確觀念。
第二步，詳細記載由現代思潮演成的事實，給中國人一種更深的刺激。
第三步，根據思潮和事實的趨勢，草一個具體改造中國的方案。

影響日後甚鉅，有關勞動問題、工人運動的論述資源。《新青年》關於歐戰的演說共有三篇，其中就有兩篇指出工人作為世界的主流身分：李大釗〈庶民的勝利〉及蔡元培〈勞工神聖〉。[16]

此時的李大釗、蔡元培思想傾向無政府主義，都不是馬克思主義者，但李大釗與蔡元培對青年學生的影響力，尤其在稍後出刊的著名學生刊物《新潮》、《國民》及《少年中國》，都留下深刻的痕跡。尤其《少年中國》領導者王光祈本身即發起工讀互助團，雖然發起不久即宣告失敗，但此社團對五四那一代青年影響深遠[17]。舉施存統為例，他道出了那一代青年的苦惱：「我很慚愧，我現在還不是一個工人」，知識分子／工人的位置在傳統士農工商的階序產生了極大的逆轉。[18]並且在具體實踐上，曾積極參與五四學生運動的北大學生鄧中夏（1897-1933）日後即指出，五四運動有些學生領袖，甚且到工人中辦工人學校、辦工會、辦報[19]。此一舉措無疑加強了勞工運動的組織和勢力，催生了後來日益澎湃的工人運動。[20]

16　李大釗〈庶民的勝利〉提出「我們要想在世界上當一個庶民，應該在世界上當一個工人」；蔡元培〈勞工神聖〉提出「此後的世界，全是勞工的世界」，並對「勞工」一詞加以定義：「我說的勞工，不但是金工木工等等凡用自己的勞力作成有益他人的事業，不管他用的是體力、是腦力，都是勞工」。李大釗，〈庶民的勝利〉、蔡元培，〈勞工神聖〉，均載於《新青年》5卷5號（1918年10月15日）。另一篇為陶履恭〈歐戰以後的政治〉（亦載於《新青年》5卷5號），雖然不是直接關注勞工，但之後亦在《新青年》發表〈歐洲勞動問題〉，可見他對此一問題亦相當關注。

17　詳細的討論可參見：趙泓，《中國人的烏托邦之夢：新村主義在中國的傳播及發展》（臺北：獨立作家，2014）第三章〈曇花一現的工讀互助團〉，頁86-144。

18　相關的討論參見：王汎森，〈近代知識分子自我形象的轉變〉，《中國近代思想與學術的系譜》，頁290-292。

19　鄧中夏，《中國職工運動簡史》（上海：上海書店，1990年／據東北書店1948年版影印），頁8。即如鄧中夏本人，五四時期亦參與工人小報工作，且為共產黨北方組織的開創者之一，策劃並組織各地勞工運動。

20　另外，關於工人罷工的數據，周策縱《五四運動史》（長沙：岳麓書社，2001年第3刷／初版1999年）已作詳細的整理，參見氏著：〈附錄・四、有關1918-1926年中國工人罷工的數據〉。從此一數據看來，以1922年為第一次罷工高潮，其後、五卅事件，稍後又有省港大罷工，達到最高峰，工人運動日益激烈。

　　並且於此時，《新青年》即針對工讀互助團的失敗，《新青年》重要成員陳獨秀、胡適、李大釗都加入了這場討論，刊登於 7 卷 5 號。下一期 7 卷 6 號，更是《新青年》少有的專號之一「勞動節專號」，可以看出對勞動問題的重視。[21]從第七卷開始，陳獨秀離開北大，南下上海，他除了編輯《新青年》外，幾乎把所有的精力投注於工人運動[22]。七卷六號「勞動節紀念號」的刊行，集結同人及孫中山、吳敬恆[23]、蔡元培、師復派弟子[24]等各方人馬，說明 1920 年中國知識界對於職工問題的重視，亦可看出《新青年》此時的人脈聯結。這一段合作時間亦相當促成後來全國各地工人組織、運動的蓬勃發展，此一發展又在《新青年》八、九卷產生相關的討論，進一步形成一股輿論風氣。[25]而在《新青年》終刊號，李大釗甚至提出「平民政治」為中產階級的平民政治，欲以「工人政治」來取代「平民政治」的看法[26]，已經在思想準備上，宣告工人時代的來臨。也為三、四年後五卅事件、省港大罷工，埋下發展的線索。

21　該專號提出除了回顧〈「五一」（MayDay）運動史〉（李大釗）之外，也提出了〈勞動者的覺悟〉（陳獨秀）、〈勞動問題是些什麼？〉（劉秉麟）等，勞動人權與工人覺醒的問題。並且除了介紹歐美日各國勞動組織運動外，並且討論中國各大省分及工業城市的勞動狀況，佔了幾近一半的篇幅。

22　相關的細節說明可參看上一章第一節。

23　吳敬恆（稚暉）在 1918 年 3 月於上海創辦《勞働》雜誌，是中國最早報導勞工相關問題的雜誌。

24　前面曾經提到，《新青年》與民初最具影響力的無政府主義團體師復派有其密切關聯，而師復派早在民初即有計畫的指導工人團體與工人運動。劉師復在廣州首創理髮工會和茶居工會，其後繼者在南方工會有很大的影響力，特別是在廣州，長達十餘年。（參見：鄧中夏，《中國職工運動簡史》，頁 4。）當時師復派與陳獨秀聯合出版工人小報，如：《勞動者》、《勞動音》等；1922 年之後與陳獨秀、李大釗等馬克思主義者因思想路線分歧而逐漸分道揚鑣，後來無政府主義勢力逐漸衰落，更由馬克思主義者主導中國工人運動的發展。

25　例如：《新青年》9 卷 1 號即討論戴季陶「產業協作社法草案」、「廣東工會法」；9 卷 5 號即刊載〈上海十二工團宣言〉，準備召開「工人的國是會議」。

26　李守常，〈平民政治與工人政治〉，《新青年》9 卷 6 號（1922 年 7 月）。

　　不單是學生、工人運動，《新青年》對於農民運動，亦有先鋒的作用。《新青年》從四卷三號開始，由同人也是社會學專家的陶履恭，首撰〈社會調查〉的導言[27]，之後《新青年》陸續展開農民生活的社會調查[28]。五四運動以後，當時已是上海發起小組成員的沈定一，展開衙門農民運動，提出農民運動的核心思想：「農民自決」。《新青年》最早刊登沈定一農民運動的綱領[29]，具有先鋒性的意義。雖然沈定一領導的農運，為軍閥當局所鎮壓，但促成農人力量的覺醒，對爾後國民革命軍北伐順利的進行，亦有一定的助力。

　　從上述學生運動、工農運動來看，喚起一般民眾、知識青年思想的覺醒，落實到實際的社會運動，《新青年》實具不可忽視的影響力。於其時，國民黨改組前對五四新思潮的回應[30]，以及改組後設置「青年部」及「容共」政策，大量吸收這些受《新青年》影響的五四青年學生[31]。並且國民革命的目的：終結軍閥統治、打倒帝國主義，正與五四運動「外除強權、內除國賊」的精神一脈相承，亦切合 20 年代日益高漲的民族主義情緒，使國民黨與五四新文化運動的主流部分滙合。[32]國民革命與《新青年》、五四新文化運動，三造之間，形成文化改革與政治動員的共振。

---

[27] 該導言提出：「我們現在第一要務，調查『郡國病利』，就是先從鄉村生活，農民生活方面著手就是了。」陶履恭，〈社會調查（一）導言〉，《新青年》4 卷 3 號（1918 年 3 月）。

[28] 如：張祖蔭，〈震澤之農民〉，《新青年》4 卷 3 號（1918 年 3 月）。孟真（傅斯年），〈山東底一部分農民狀況大略記〉，《新青年》7 卷 2 號（1920 年 1 月）。

[29] 沈定一，〈衙前農民協會宣言〉、〈衙前農民協會章程〉，《新青年》9 卷 4 號附錄。

[30] 相關的討論，可參看：呂芳上，《革命之再起——中國國民黨改組前對新思潮的回應（1914-1924）》（臺北：中央研究院近代史研究所，1989）。

[31] 相關的討論，可參看：呂芳上，《從學生運動到運動學生（民國八年至十八年）》（臺北：中央研究院近代史研究所，1994），頁 171-176、264-281。

[32] 相關的討論，可參看：羅志田，《亂世潛流：民族主義與民國政治》（上海：上海古籍出版社，2001），頁 187-189。

　　然而，在當時中國政治命運的選擇，並不如後見者的想當然爾，「國民革命」是自然而然共同的政治思路。事實上，原本辛亥革命成功的因素「各省之力」的滙聚[33]，在日後袁世凱去世，引發軍閥割據的狀態，憲法成為一紙公文，徒具形式。在巴黎和會的屈辱之後，重新召開的南北會議又失效，新興的聯省自治運動原是對此而起的反動。循此，中國應走向一聯邦制、各省自治的地方分權政體形式，這是胡適、無政府主義者等人主張的思路[34]。然而，從上述的發展形式來看，在當時巴黎和會的屈辱之後，隨著帝國主義侵逼的「感覺」滲透人心，再加上五四運動後，受五四新文化刊物《新青年》的洗禮、影響下澎湃形成的各種刊物、學會、工農運動等，跨越省際的範圍，南北和談會議失敗後，它所形成的氛圍是再造一中央集權的民族國家，以禦外侮。加上 1920 年代，從五卅慘案到三一八慘案，一連串的政治事件發生，使得中國的政體轉型，大環境的氛圍更有利於推翻軍閥、國民革命的時代訴求。

　　於其中，重視組織的力量、善用群眾運動，這是陳獨秀、孫中山一脈，推翻軍閥、再造革命的行動與思路。後者無論是陳獨秀創辦的共產黨，或是孫中山創辦的黃埔軍校，都吸收了受五四新文化洗禮的青年，成為再造革命的主力。那麼，歷史的走向也或許就可能取決於陳獨秀共產黨或孫中山改組國民黨，政黨的性質往往也就決定中國未來可能的走向。如果以 1920 年代初陳獨秀的想法來看，國共兩黨間的「聯合陣線」，仍有可能塑造類似西方的兩黨政治；但是，既然共產黨與改組後的國民黨皆脫胎於列寧一黨專政的思路，中共又受制於第三國際的制約，那麼，兩黨互相牽制的民主政治，只能是曇花一現的幻影罷了。

　　在上述政體改革、革命路線之外，又有周氏兄弟一路撤除了政體神話的

---

[33] 「各省之力」看法的提出，參看：陳光興、孫歌、劉雅芳編，《重新思考中國革命：溝口雄三的思想方法》其中一章〔日〕溝口雄三作，林少陽譯，〈辛亥革命新論〉（臺北：臺灣社會研究雜誌出版：唐山出版社發行，2010），頁 109-130。

[34] 無政府主義者主張「地方自治」，是小地方的自治，與各省自治又有不同。

迷思。基本上他們不相信政體的改革，能對中國的政局造成多大的影響，重要的是「人心」的改變。這是他們在《新青年》分裂之際，始終堅守文學的陣營，成立文學研究會，作為新文學命脈的薪火相傳。這使他們較傾向於對民眾的精神狀態作一批判性的解讀，雖然同情群眾運動但又與他們保持距離。五四過後，又成立《語絲》雜誌，傾向以言論展開社會和文化批評，藉以動搖現有秩序，試圖超越黨派輪替、政權更迭、法律修訂等表面的政治變動。[35]這是後來新文化運動分了家的產物，周氏兄弟等堅持思想革命，著力於培養更年輕「思想界戰士」，因此大力扶植「未名社」、「狂飆社」等年輕社團。而胡適等人提倡好人政府，編《努力週報》，與英美自由主義派徐志摩等人合編《現代評論》，也試圖用獨立評論的方式干預政府決策。這一派大抵體現了文人論政的思維。

四、追尋「現代」中國及其革命進程

「現代」中國如果從 1911 年成立中華民國，那麼所謂的「現代」的內涵如何被建構，以及在這過程中其實常常是處於不穩定、多重辯證的複雜結構，常常是我們作為歷史的後見者，想當然爾接受主流敘事下，容易忽略的多樣可能。林志宏在其著作《民國乃敵國也：政治轉型下的清遺民》是從清遺民的角度來看王朝走向民族國家的政體轉型，這一思考焦點給我極大的觸發。清遺民面對鼎革之際，面對的文化認同、政治歸屬，其中的複雜糾葛，自不待言；相反的，處在清末民初政治轉型下的這一代新知識分子，新舊對抗，甚至新中有舊、舊中有新，無不曲折的反映這一代人從天下一家到現代民族國家轉型的艱難。

再者，「現代」包含新思維、新觀念的內核，它更是一動態性的辯證過

---

[35] 關於 1925 年前後這一派知識分子的想法，相關的討論，可參閱：程凱，《革命的張力：「大革命」前後新文學知識分子的歷史處境與思想探求》（北京：北京大學出版社，2014）。

程，我在本書一開始曾經提到，中國是在受帝國主義壓迫的歷史情境進入到「現代」世界。清末從學習西方的船堅砲利到中體西用，一直到帝制／民國的政體變革，學習西方與抵抗西方，兩造之間一直存在著緊張關係。民國肇建，以共和政體取代之前的君主專制，實踐的內涵是代議制度、政黨政治；另一方面，隨著立憲政治徒具一紙虛文，軍閥割據也依舊如故，一種取代現有政權的概念逐漸形成。巴黎和會過後，陳獨秀、李大釗建立中國共產黨與之後國民黨的改組，背後皆與此思維息息相關。

　　民初政治看似直線式的從議會政黨政治，走向北洋軍閥官僚政治，到後來走向北伐國民革命。其實這當中呈現一幅，遠較我們後見者所能想像的更為複雜的歷史圖景、非主流的多元樣貌。中國的未來要革命還是改革？走德俄路線還是英美路線？這一趟新文化運動的列車，載滿了許多不同選擇的旅客，有人中途換車、上車，有人改搭特快車，亦有人堅持平緩的普通號。當時新知識分子思考的焦點在於：中國雖與世界其他國家處於同一歷史時間，但處於不同發展階段，中國作為後進國，處在較落後的位置，如何克服此時間差，成為知識分子欲克服的命題。在此，我們可以看到基於對中國國情的不同判斷、以及中國與世界關係的不同認識，決定他們解決中國問題的不同思考模式，背後更大的問題則是選擇中國未來道路的不同趨向。

　　而本書以《新青年》為切入點，目的也在於作為民初五四時期的代表性刊物，它的前身與刊物發行時間（1915-1922）橫跨了民初中國最風雨飄搖的動盪時期：袁氏稱帝、張勳復辟、巴黎和會、南北和議失敗，步步是險棋，《新青年》如何探尋中國成為現代文明國家的救國之路。尤其是短時段引發的轉轍器效果，如何不斷推進歷史的巨輪，前往不同的道路。這也是我在本書中背後思考的一個大問題：同樣是 20 世紀初接受西方思潮的東亞國家（甚至中國是以日本為中介，接受西方思潮）何以中國王朝解體，走向國民革命，日後甚且在 1949 年成立共產政權；而日本卻保有天皇制，走向資本主義的軍事集權國家？那麼，中國作為東亞國家的一環，它的政治轉型過程的獨特性，將不只是單一國家特殊個案，而是作為潛在普遍性的珍貴理論線索。

　　從清末以來，「三千年未有之變局」一直驅動著有志之士探尋解決之道。而中國自 19 世紀中葉以降，以迄 20 世紀上半個世紀，即是不斷思索與不斷實踐的中國革命進程。特別是在 21 世紀中華經濟實體的崛起，為世人所關注的時刻，人們不斷問著，這條中國革命的道路是怎麼形成？為何有如此的樣態。那麼，我在本書中，希望提供的是：透過影響中國 20 世紀重要的報刊《新青年》為切入口，從其歷史性溯源與文本歷史語境的考察，將《新青年》置於 20 世紀中國革命進程中的重要一環。那麼我們將對《新青年》作為新文化運動核心刊物的政治動能有一番新的認識，從而對中國革命能有更多元的理解。

　　換言之，如果我們對於《新青年》的研究能從原有的思想啟蒙的研究進路，置換不同的思考背景——如何從封建王朝邁向現代民族國家的艱難轉型——我們也許會有更好的「同情之理解」來看待他們對傳統文化的清理。包括：如何接納西方思潮以進行現代文明國家的精神改造，與時政的密切互動，背後的認真求索精神。那麼《新青年》所上演的這一齣時代歷史劇，正是動態的展衍這一代新知識分子，怎麼看待自己的角色與中國定位，從中摸索中華民族面臨政體轉型實踐之艱難，「理想」與「現實」之間的各種緊張關係，紛至沓來。

　　接近尾聲之際，我也必須承認這本書的有限性，尚不能充分展現 1911-1922《新青年》創刊前夕至終刊之際，面對當時中國以及內部各種多元聲音複雜的「相互競逐」[36]的狀態。但，希望本書的嘗試與努力，已經較能貼近民初歷史感覺的《新青年》。歷史並不是一開始就註寫好的，《新青年》也並非提倡之初就暴得大名，歷史是在溫火細燉中，我們驀然回首遇見他們的身影。而這也是我們時隔將近一百年，我們仍喜歡談五四、談《新青年》。因為在那樣的時代，人們充滿理想，並且勇於實踐；中國有各種可能、各種論述競爭追逐，百家爭鳴。

36　「相互競逐」的概念援引自：王汎森，〈中國近代思想文化史研究的若干思考〉，《新史學》14 卷 4 期（2003 年 12 月）。

後　記

　　呈現於讀者面前的這本書，是我在 2010 年提出的博士論文經過五、六年所修改而成。博論的題目從一開始的林紓到現在的《新青年》，從文化保守派到激進派，轉變不可謂不大，當年我在林紓的翻譯兜圈子繞不出來，有一天老同學明偉告訴我，何不試著做《新青年》，而我就這樣一頭栽進民初五四的世界。這樣的選題毋寧是更切合我的才性的，因此在追溯《新青年》的前世今生，掌握當時的歷史感同時亦進行某種內在意識的自我梳理，因此閱讀史料的暢快感，自己彷彿與前人同遊，有時也到了廢寢忘食的地步。這本書見證了我過去將近十年的歲月裏，無悔的熱情與執著。

　　這本書的產生，得益於許多人的幫助，我心中漾滿無限的感激。在人社院指導老師劉人鵬的研究室裏，時常一討論就將近三、四個小時，望向研究室的窗口，從日正當中到日照西斜，窗外相思湖畔的樹海枝影搖曳，而論文從不成熟的架構到現在的模樣，劉老師的耐心教導實功不可沒。在此，我尤需特別感謝社科院的趙園老師，她是我另一個指導老師，儘管她從來不願意我感謝她什麼。2008 年我得到陸委會的獎助，至北京訪學兩個月，跟隨趙園老師學習。在社科院每週二的上班日子裏，現代史研究室的老師們：張中良、趙京華、趙晞方、程凱、胡博老師，以及港澳研究室的老師們：黎湘萍、張重崗、李娜老師，給予我許多知識學問上的啟迪與情感上的扶助鼓勵，衷心感謝他（她）們對異鄉學子的關懷與照顧。並且經由趙園老師的居中牽線，我有幸認識北大做現代文學的碩博生，並跟著王風老師學習，也因而認識我的好姐妹春凌，成為無話不談的好朋友。以及在北京的好友：饒翔、文誠與芷凡相處的點點滴滴，那種異鄉友誼的溫馨，至今回想起來，仍懷念不已。而趙園老師，要我如何形容對趙老師的感情，亦師亦母的情誼；

而我何其有幸，能在那兩個月以及之後的魚雁往返裏，親炙老師學問的浩博與對青年學子無私的關懷。而因為趙園老師，我感受到那一代學人的高度與胸襟，在往後的歲月裏，期許自己，有為者亦若是。

2009 年我亦與好友文倩、靜渝至上海進行為期一周的訪學之旅。在上海，認識到左派學者對於學子的關懷與鼓勵，也令我尤其感動。其中王曉明、羅崗、蔡翔、薛毅等老師，在我們密集的求知砲轟下，老師們不但欣然接受，對於我們瘋狂的求學熱情，更讚美有加。在當中我更體會到魯迅「救救孩子」，對青年學子無怨無悔的付出，在這些老師們身上的實踐與體現。而我尤其感謝呂家班及讀書會的朋友們，學姐棋椿與好友文倩、明偉、靜渝，謝謝你們伴我渡過這一路來有點坎坷的求學歲月，並且給予我堅持下去的勇氣與信心。碩士班的指導老師呂正惠老師，雖然現在並非直接指導於您的門下，但您對學生的關懷與照顧，這些年來一直持續，還有師母對我們的愛，更令我感念在心。以及口試委員賀照田老師，若非先前老師來臺課座的啟發，以及視我們如己出的關懷鼓勵，這本著作也不容易產生。而口試委員孫歌老師批判眼光的精準銳利與擁有赤子之心的結合，以及劉紀蕙老師以其慣有的優雅與掌握架構的超高能力，都讓我的論文修改有更豐富、成熟的可能。

而在口考結束後的兩、三年，羅崗老師亦給予我許多寶貴的建議，使這本書的架構更趨於成熟、完整。

最後感謝我的家人，尤其是我的兄長在資料處理上的諸多協助。更希望這本書能告慰祖母於在天之靈，這些年我跑得太遠，竟來不及見您最後一面，深以為憾；而您在我童年及叛逆的年少歲月裏，一種溫厚的情感始終滋潤我的心田。以及外子宗德，他承受的壓力不亞於我，這些年埋首於論文寫作的歲月裏，感謝有外子的支持與體諒。以及在這段求學旅程中，無論相識或不相識的人們。

周麗卿

2016 年 1 月於風城新竹

附　錄

附錄一：1902-1911《新青年》撰稿人於報刊雜誌等傳播無政府主義或社會主義

人物	革命團體成員、從事活動	介紹無政府主義或社會主義思想
陳獨秀	光復會成員，1905 年初與柏文蔚創立岳王會，並未加入同盟會。	與蘇曼殊合譯法人囂俄（Vitor Hugo）的《慘世界》（Les Miserables）（1903 年 10 月 8 日至 12 月 1 日連載於《國民日日報》）；《安徽俗話報》章回小說《黑天國》（1904 年 8-10 月連載於《安徽俗話報》第 11，12-15 期。
蘇曼殊	華興會創辦者之一	翻譯〈女傑郭耳縵〉，署名子穀於 1903 年 10 月 7、9、12 日的《國民日日新報》「譚苑」專欄。
吳稚暉	同盟會成員	無政府主義刊物《新世紀》創辦人之一，發表多篇文章。
蔡元培	為第一任光復會會長，1905 年同盟成立，被推為上海分會長。	1904 年 2 月 17-25 日《警鐘日報》發表小說《新年夢》；3 月 31 日介紹黑格爾和巴枯寧的哲學，該年 3-4 月各期介紹〈俄國虛無黨源流考〉[1]、〈神聖虛無黨〉、〈俄虛無黨之斬妖狀〉。
魯迅	光復會成員	在〈文化偏至論〉熱烈贊頌斯契納爾〔施蒂納〕，為無政府個人主義之宗師，該文發表於《河南》第七號，1908 年 8 月。
周作人		〈西伯利亞紀行〉從克魯泡特金《在英法獄中》一書譯出，該文發表於《民報》24 期，署名仲密；〈論俄國革命與虛無主義之別〉為周作人從《克羅頗特庚自敘傳》（又譯《克魯泡特金自傳》）的觀點闡發俄國革命與虛無主義的區別，發表於 1907 年《天義報》第 11、12 期合刊。
馬君武	同盟會創建者之一	1902 年在上海廣智書局出版（英）克咯伯著《俄羅斯大風潮》，署名獨立之個人（馬君武）譯

1　為〔日〕烟山專太郎《近世無政府主義》意譯。

附錄二：《新青年》「通信欄」批孔、孔教問題一覽表

讀者	主要內容	回覆者	回覆內容	卷期年月
陳恨我	主張尊崇孔教，因為「孔教固我國之精神之國魂」。	記者（陳獨秀）	無有一語在析理辯難範圍，建議通信者閱讀〈孔子平議〉、〈吾人最後之覺悟〉二文。	2卷1號（1916年9月）
常乃惪	直指陳獨秀駁康書，應區分真正孔子之教與漢宋儒者及今孔教諸會所依傍之孔教。	記者（陳獨秀）	儒家之說雖歷經變遷，但根本教義仍歸孔子。因而反駁孔教為後人所壞的說法，根本謬誤在不信「孔教與帝制有不可離散之因緣」。	2卷4號（1916年12月）
曅	以女子立場，盛讚該刊為女子揚眉，並批判嗜古者以莊嚴之國憲，定孔道為修身之大本，可知將來教育方針，危及共和國體。			2卷5號（1917年1月）
吳虞	自述其非儒經歷及著述，承認孔子為當時偉人，但若欲藉此揚專制之餘焰，不得不攻之。	記者（陳獨秀）	肯定其說，學派不能定為一尊，且儒術孔道多與近世文明社會絕不相容。	2卷5號
常乃惪	「孔道與帝制有不可離散之因緣」為以偏概全之說，反對孔學為純然專制之學。	記者（陳獨秀）	提醒來信者何以歷代帝王於九流十家之中何以獨好儒家，且綱常之說適與近世自由平等思潮背道而馳。	2卷6號（1917年2月）
佩劍青年	反對急詆孔教態度，提出孔教又何傷於中國。	記者（陳獨秀）	指出《新青年》詆孔，在於「宗法社會之道德，不適於現代生活」，與歐化背道而馳。並指責孔門假君權以行教權，排異議而阻思想自由。	3卷1號（1917年3月）
傅桂馨	孔子之道為宗法社會思想，不適於今之軍國社會，但又指出其消極道	記者（陳獨秀）	儒者作偽干祿，為民德墮落之源泉，反不能挽救世風敗壞，至於廉恥等道	3卷1號

	德，如禮義廉恥仍足以針 砭今日頹俗。		德，非為孔教所專有。	
俞頌華	孔教為汎神、倫理的宗 教，只可改良，不可廢 棄，且孔教為吾國精神無 形統一人心之具。	記者（陳 獨秀）	再申孔教非宗教，否則今 倫理、哲學無一不是宗 教，且孔教必當廢棄理由 在於二千年來至今仍不圖 根本革新，仍欲以封建宗 法社會之孔教，統一全國 人心。	3 卷 1 號
常乃悳	今日尊孔批孔兩方旗鼓相 當，但缺中立之人據學理 權衡之。學術定於一尊， 根本上不能成立，欲求共 和政治實現，舍教育不為 功。	記者（陳 獨秀）	重申孔教問題乃在於實行 於今世有益與否之問題， 非無故廢棄數千年之國 粹，且今之批孔重點在 於「學理而至為他種勢力 所擁護所利用」，此為吾 人自袁氏執政以來，破壞 孔教之理由。	3 卷 2 號 （1917 年 4 月）
劉競夫	孔子只為士子說法，非為 眾生說法，相較耶教專愛 貧民而抗高位者不同，故 納於民國憲法中，未能使 全社會蒙受利益。	記者（陳 獨秀）	同意社會若必需宗教，推 行耶教勝於崇奉孔子。	3 卷 3 號 （1917 年 5 月）
俞頌華	再申孔子教義為汎神、倫 理的宗教，非一神教。欲 變吾國宗法習俗，以打破 大家族制為要端，不在一 昧詆孔、廢棄孔教，以為 改革宗法習俗的捷徑，宗 教在今仍有其價值，孔教 可改革不可廢棄。	記者（陳 獨秀）	宗教迷信為文明改進的障 礙，其有益部分可由美術 哲學代替。孔子學說在今 仍支配人心，如足下主張 改良家族制度，倘孔教倫 理學說不破，無力打破大 家族制度。	3 卷 3 號
李杰	一方面闢孔，一方面須提 倡古人學說有益於現代而 與孔子相反者，作為破壞 之建設。	記者（陳 獨秀）	墨子兼愛、莊子在宥、許 行並耕，為人類最高理 想，奈均為孔孟所不容。	3 卷 3 號
蔡元培	推薦丙辰學社發行《學 藝》第一號，為兼具純粹	記者（陳 獨秀）	緣由：《學藝》第一號， 許崇清著〈批判蔡子民在	3 卷 3 號

	學理及據學理以談法政，為好學者不可不讀之雜誌，並附蔡元培致許崇清君函（附錄）。		信仰自由會之演說並發表吾對於孔教問題之意見〉蔡元培的回覆：國家自國家，宗教自宗教，不能以教限國，亦不能以國限教。其次，宗教必有形而上之人觀及世界觀，孔子皆無，所言者皆倫理教育政治規範，故孔子非宗教家。	
錢玄同	近日解散國會呼聲日高，多以「制憲不善」為詞，尤其康有為更以「不定國教」為議員萬惡不赦之罪。	記者（陳獨秀）	今之左袒孔教者，罔不心懷復辟，康南海意在做大官，尊孔復辟皆為其手段。	3卷4號（1917年6月）
《新青年》愛讀者	詢問培風君指出「我國今日非行孔子之道不足以自救」其言當否。	記者（陳獨秀）	培風君假定之前提「以禮非孔子之道」，誠屬創聞。	3卷5號（1917年7月）
愛讀《新青年》吳人顧克剛	《新青年》教誨青年，當以純正學說固其基礎，不當摻以時政，亂其思想。即以孔教問題而論，是否可為青年修身之大本固在學說範圍，至於可否定為國教，已入政治範圍。	記者（陳獨秀）	國民生活倘不以全力解決政治問題，必無教育實業可言。本誌主旨，固不在批評時政，青年修養，亦不在討論政治，「然有關國命存亡之大政，安忍默不一言。」	3卷5號

重要參考書目

說明：由於資料龐雜，在此僅能列舉重要的著作。為了便於檢索，按作者（或編者）的姓名筆畫排列，並由中文到外文文獻排列（順序：中文、中譯、外文原著）。書目分類索引如下：

一、報刊雜誌
二、史料、專著、文集
三、單篇論文
四、學位論文

一、報刊雜誌

《新青年》1915-1922 年，上海群益書社、新青年社發行，本論文依據 1988 年上海書店影印本

《蘇報》，1903 年據中國國民黨中央委員會黨史史料編纂委員會影印本（臺北：中央文物供應社發行，1968 年）中央研究院館藏

《俄事警聞》（後改名《警鐘日報》）（上海：俄事警聞社，1903-1904）國立清華大學圖書館藏本

《國民日日報》（臺北：臺灣書局，1965 年重印光緒廿九年六、八等兩月分本）

《國民日日報彙編》一至四集，上海：東大陸圖書譯印局，1903-1904（臺北：中央文物供應社發行，1968 年影印本）

《安徽俗話報》，原為蕪湖：科學圖書社發行，1904-1905 年（合肥：安徽人民出版社，1983 年影印本）

《天義》報，震生主編（1907 年），據中央研究院部分藏本

《新世紀》，巴黎新世紀社，1907-1910 年（上海：上海世界工廠，1947 年 5 月重印）據北京中國社會科學院藏本

《民報》1905-1910 年（北京：中華書局，2006 影印本）

《政府公報》（官方發行）國家圖書館館藏

《不忍雜誌彙編》（臺北：華文書局，1987 年／據民國三年上海書局石印本影印）

《甲寅》月刊，東京：1914-1915 年（臺北：東方文化書局，1975 影印本）

《東方雜誌》，上海：商務印書館，1904-1948 年（臺北：臺灣商務印書館，1970 影本）

《新潮》，北京大學出版社發行，1919-1922 年（臺北：東方文化書局，1975 複印本）

《每週評論》1918.12-1919.7（北京：北京大學出版社，1999 年複印本）

《努力週報》，北京：北京努力週報社，1922-1924 年（長沙：岳麓書社，1999 複印本）

《獨立評論》（北京：獨立評論社，1932-1937）國立清華大學圖書館藏

《自由錄》第一、二集，北京實社編輯（上海：民聲社發行，1918）北京國家圖書館藏

《北京大學日刊》，北京大學編（北京：人民出版社，1917-1932）北京大學館藏

《北京大學月刊》，北京大學月刊編輯處（北京：商務印書館，1919-1922）北京大學館藏

《北京大學學生周刊》，1920 年（北京：北京人民出版社，1980 年複印本）

《星期評論》，1919-1920 年（北京：人民出版社，1981 年複印本）

《勞働》，勞働雜誌社編（上海：大同書局，1918）北京大學圖書館藏

《嚮導》原廣州：廣州嚮導周報社，1922-1927 年，現有複刻本《中國共產黨早期刊物
　　彙編》（北京：全國圖書館文獻縮微複制中心，2005）

《時事新報》上海時事新報社印行，北京大學館藏

《晨報》（北京：全國圖書館文獻縮微複制中心，2004）

《解放與改造》（北京：北京新學會，1919-1920）中央研究院館藏

《民聲》第一期至第三十三期合訂本，臺灣大學館藏

《共產黨》，據《中國共產黨早期刊物彙編》（北京：全國圖書館文獻縮微複制中心，
　　2005）

《現代中國》，陳平原主編，第 1 輯至第 6 輯（北京：北京大學出版社，2001-2005 年）

《陳獨秀研究動態》（又稱《簡報》），唐寶林主編，從 1993 年 10 月創刊，至 2004 年
　　2 月終刊，共 39 期

二、史料、專著、文集

丁守和，《從啟蒙運動到馬克思主義的傳播》（北京：三聯書店，1963）

丁守和主編，《辛亥革命時期期刊介紹》（北京：人民出版社，1983）

丁守和主編，《中國近代啟蒙思潮》（北京：社會科學文獻出版社，1999）

中共中央馬克思、恩格斯、列寧、斯大林著作編譯局研究室編，《五四時期期刊介紹》
　　（香港：三聯書店，1979）

中共中央馬克思恩格斯列寧斯大林著作編譯局編《列寧選集》第四卷（北京：人民出版

社，1995 年 6 月第 3 版）

中國人民政治協商會議全國委員文史資料研究委員會編，《辛亥革命回憶錄》共五集，
　　第 1 集 1961 年，第 2、3 集 1962 年，第 4、5 集 1963 年（北京：中華書局）

中國史學會主編，《辛亥革命》（上海：上海人民出版社，1957）

中國社會科學研究院近代史研究所中華民國史研究室編，《胡適來往書信選》（香港：
　　中華書局香港分局，1983）

中國社會科學研究院近代史研究所編，《五四運動回憶錄》上、下、續（北京：社會科
　　學出版社，1979）

中國社會科學院文學研究所魯迅研究室編，《魯迅研究學術論著資料匯編》（1913-
　　1983）（全 6 冊）（北京：中國文聯出版公司，1985）

中國社會科學院近代史研究所中華民國史研究室等合編，《孫中山全集》（北京：中華
　　書局，1986）

中國社會科學院近代史研究所民國史研究室、四川師範大學歷史文化學院編，《一九一
　　〇年代的中國》（北京：社會科學文獻出版社，2007）

中國社會科學院現代史研究室、中國革命博物館黨史研究室選編，《「一大」前後》
　　（一）（二）（北京：人民出版社，1980）

中國社會科學院現代史研究室、中國革命博物館黨史研究室選編，《「一大」前後》
　　（三）（北京：人民出版社，1984）

中國革命博物館整理，榮孟源審校，《吳虞日記》上冊（成都：四川人民出版社，
　　1984）

中國第二歷史檔案館編，《中國無政府主義和中國社會黨》（南京：江蘇人民出版社，
　　1981）

中華文化復興運動推行委員會編，《新文化運動》（臺北：臺灣商務印書館，1986）

巴金，《巴金譯文全集》第八卷《地下的俄羅斯》（北京：人民文學出版社，1997）

戈公振，《中國報學史》（臺北：臺灣學生書局，1964 年再版／初版 1926 年）

木山英雄，《北京苦住庵記：日中戰爭時期的周作人》（北京：三聯書店，2008）

毛澤東，〈新民主主義論〉，《毛澤東選集第二卷》（北京：人民出版社，1991）

水如編，《陳獨秀書信集》（北京：新華出版社，1987）

王聿鈞，《中蘇外交的序幕：從優林到越飛》（臺北：中央研究院近代史研究所，1978）

王聿均訪問，謝文孫紀錄，《莫紀彭先生訪問紀錄》（臺北：中央研究院近代史研究
　　所，1997）

王栻主編，《嚴復集》（北京：中華書局，1986）

王富仁，《魯迅前期小說與俄羅斯文學》（西安：陝西人民出版社，1985 初版二刷／初
　　版 1983 年）

王爾敏，《中國近代思想史論》（臺北：臺灣商務印書館，1995）

王爾敏，《中國近代思想史論》（臺北：臺灣商務印書館，1995）

王爾敏，《晚清政治思想論集》（臺北：臺灣商務印書館，1995）

王爾敏，《中國近代思想史論續集》（北京：社會科學文獻出版社，2005）

王觀泉，《被綁的普羅米修斯：陳獨秀傳》（臺北：業強出版社，1996）

王跃、高力克編，《五四：文化的闡釋與評價——西方學者論五四》（太原：山西人民
　　出版社，1989）

北京魯迅博物館編，《錢玄同日記》（福州：福建教育出版社，2002）

北京魯迅博物館魯迅研究室編，《魯迅研究資料》（天津：天津人民出版社，1983）

民初時期文獻編輯小組編輯，《中華民國建國文獻：民初時期文獻》第二輯，史著二
　　（臺北：國史館，2001）

田保國，《民國時期中蘇關係（1917-1949）》（濟南：濟南出版社，1999）

白浩，《無政府主義與 20 世紀中國文學》（北京：中國社會科學出版社，2008）

白蕉，《袁世凱與中華民國》（成都：四川人民出版社，1985）

石曙萍，《知識分子的崗位與追求：文學研究會研究》（上海：東方出版中心，2006）

伍啟元，《中國新文化運動概觀》（合肥：黃山書社，2008 年再版）（上海：現代書
　　局，1934 年初版）

任建樹、唐寶林，《陳獨秀傳（上）——從秀才到總書記》、《陳獨秀傳（下）——從
　　總書記到反動派》（上海：上海人民出版社，1995）

任建樹，《陳獨秀大傳》（上海：上海人民出版社，2004 年第 2 刷／初版 1995 年）

任建樹主編，《陳獨秀著作選編》全六卷（上海：上海人民出版社，2009）

任訪秋，《中國近現代文學研究論集》（鄭州：河南人民出版社，1992）

全國政協文史和學習委員會編，《文史資料選輯》第 160 輯（北京：中國文史出版社，
　　2012 年 2 月）

朱文通等整理編輯，《李大釗全集》3 卷（石家莊：河北教育出版社，1999）

朱文通主編，《李大釗傳》（天津：天津古籍出版社，2005）

朱謙之，《現代思潮批評》（北京：新中國雜誌社，1920）

庄森，《飛揚跋扈為誰雄：作為文學社團的新青年社研究》（上海：東方出版中心，
　　2006）

何玲華，《在歷史語境中審視——《新青年》同人反「傳統問題研究」》（北京：中國
　　社會科學出版社，2009）

余英時等著，《「五四」八十周年紀念論文集——五四新論：既非文藝復興亦非啟蒙運
　　動》（臺北：聯經出版公司，2005 初版 2 刷／1999 初版 1 刷）

吳小龍，《少年中國學會研究》（上海：上海三聯書店，2006）

吳稚暉，《吳稚暉先生文粹》（臺北：華文書局，1968）

吳虞，《吳虞文錄》（上海：上海書店，1990／1927年亞東圖書館影印版）

呂芳上，《革命之再起——中國國民黨改組前對新思潮的回應（1914-1924）》（臺北：中央研究院近代史研究所，1989）

呂芳上，《從學生運動到運動學生（民國八年至十八年）》（臺北：中央研究院近代史研究所，1994）

呂芳上主編，《五四運動八十週年學術研討會論文集》（臺北：政大文學院，1999）

李大釗年譜編寫組編，《李大釗年譜》（蘭州：甘肅人民出版社，1984）

李大釗著，裴贊芬編，《李大釗全集》第三卷（石家莊：河北教育出版社，1999）

李永中，《文化傳播與文學想像——《新青年》雜誌研究》（武漢：武漢出版社，2006年）

李永春，《少年中國與五四時期社會思潮》（長沙：湖南人民出版社，2005）

李存光編選，《克魯泡特金在中國》（珠海：珠海出版社，2008）

李孝悌，《清末下層社會啟蒙運動 1901-1911》（臺北：中央研究院近代史研究所，1992）

李怡，《近代中國無政府主義思潮與中國傳統文化》（武昌：華中師範大學出版社，2001）

李金銓主編，《文人論政——知識分子與報刊》（桂林：廣西師範大學出版社，2008）

李根源，《雪生年錄》（臺北：文海出版社，1966）

李博著：趙倩、王草、葛平竹譯，《漢語中的馬克思主義術語的起源與作用：從辭彙、概念角度看日本和中國對馬克思主義的接受》（北京：中國社會科學出版社，2003）

李新、陳鐵健主編，《中國新民主革命通史》第 1 卷《偉大的開端：1919-1923》（上海：上海人民出版社，2001）

李劍農，《最近三十年中國政治史》（臺北：臺灣學生書局，1976年臺三版／初版1930年）

李歐梵，《現代性的追求——李歐梵文化評論精選集》（臺北：麥田出版社，1998）

李澤厚，《中國近代思想史論》（臺北：三民書局，1996）

李澤厚，《中國現代思想史論》（北京：三聯書店，2008／初版 1987 年 6 月東方出版社）

沈寂，《胡適政論與近代中國》（臺北：臺灣商務印書館，1994）

沈寂主編，《胡適研究》第 3 輯（合肥：安徽教育出版社，2001）

沈寂主編，《陳獨秀研究》第二輯（合肥：安徽大學出版社，2003）

沈寂，《陳獨秀傳論》（合肥：安徽大學出版社，2007）

沈寂主編，《陳獨秀研究》第三輯（合肥：安徽大學出版社，2007）

汪原放，《回憶亞東圖書館》（上海：學林出版社，1983）

汪原放，《亞東圖書館與陳獨秀》（上海：學林出版社，2006 年）

汪朝光，《中國近代通史》第六卷《民國的初建（1912-1923）》（南京：江蘇人民出版
　　社，2007）

汪暉，《無地彷徨：「五四」及其回聲》（杭州：浙江文藝出版社，1994）

汪暉，《現代中國思想的興起》（北京：生活・讀書・新知三聯書店，2004）

汪榮祖主編，《五四研究論文集》（臺北：聯經出版公司，1980）

周作人著，止庵校訂，《周作人自編文集》（全 37 冊）（石家莊：河北教育出版社，
　　2003 年 1 版 2 刷）

周佳榮，《蘇報及蘇報案──1903 年上海新聞事件》（上海：上海社會科學出版社，
　　2005／1979 年香港昭明出版社重版）

周昌龍，《新思潮與傳統──五四思想史論集》（臺北：時報文化出版公司，1995）

周策縱等著，《胡適與近代中國》（臺北：時報文化出版公司，1991）

周策縱著，陳永明譯，《五四運動史》（長沙：岳麓書社，2001 年第 3 刷／初版 1999
　　年）

周陽山主編，《五四與中國》（臺北：時報文化出版公司，1989）

周陽山主編，《從五四到新五四》（臺北：時報文化出版公司，1989）

孟慶澍，《無政府主義與五四新文化：圍繞《新青年》同人所作的考察》（開封：河南
　　大學出版社，2006）

岳凱華，《五四激進主義的緣起與中國新文學的發生》（長沙：嶽麓書社，2006）

林志宏，《民國乃敵國也：政治文化轉型下的清遺民》（臺北：聯經出版公司，2009）

林紓著，朱羲冑編，《林畏盧先生學行譜記四種・貞文先生年譜卷二》（臺北：世界書
　　局，1965）

林琴南，《林琴南文集・畏廬續集》（北京：中國書店，1985）

林琴南著、吳俊標校，《林琴南書話》（杭州：浙江人民出版社，1999）

林毓生，《思想與人物》（臺北：聯經出版公司，1983）

林毓生，穆善培譯，《中國意識的危機：「五四」時期激烈的反傳統主義》（貴陽：貴
　　州人民出版社，1988）

林毓生，《中國傳統的創造性轉化》（北京：生活・讀書・新知三聯書店，1988）

知識出版社編，《「一大」回憶錄》（北京：知識出版社，1980）

姜義華主編，《胡適學術文集・新文學運動》（北京：中華書局，1998 年第 2 刷／初版
　　1993 年）

姚崧齡編譯，《芮恩施使華記要》（臺北：傳記文學出版社，1971）

施瑋等整理，《胡適文集》（北京：北京燕山出版社，1995）

柳亞子編，《蘇曼殊全集》（北京：中國書店，1985）

柳無忌，《蘇曼殊傳》（北京：三聯書店，1992）

洪泉湖、謝政諭主編，《百年來兩岸民族主義的發展與反省》（臺北：東大圖書公司，
　　2002）

胡平生，《民國初期的復辟派》（臺北：臺灣學生書局，1985）

胡明，《正誤交織陳獨秀──思想的詮釋與文化的評判》（北京：人民文學出版社，
　　2004）

胡適口述，唐德剛注譯，《胡適口述自傳》（合肥：安徽教育出版社，2005）

胡適，《胡適文存》（臺北：遠東圖書公司，1961）

胡適，《四十自述》（合肥：安徽出版社，2006）

胡適，《胡適留學日記》（合肥：安徽教育出版社，2006）

胡適著，《胡適作品集》（臺北：遠流出版事業公司，1992 初版三刷）

胡適著，耿雲志主編，《胡適遺稿及秘藏書信》（合肥：黃山書社，1994）

胡適著，曹伯言整理，《胡適日記全編》第 3 冊（合肥：安徽教育出版社，2001）

范玉秋，《清末民初孔教運動研究》（青島：中國海洋大學出版社，2006）

茅盾，《茅盾散文速寫集》（北京：人民文學出版社，1980）

茅盾，《我走過的道路》（香港：三聯書店，1981）

凌雲嵐，《五四前後湖南的文化氛圍與新文學》（北京：北京大學出版社，2008）

唐寶林、林茂生編，《陳獨秀年譜》（上海：上海人民出版社，1988）

唐寶林主編，《重新認識陳獨秀》（香港：新苗出版社，2006）

孫郁，《魯迅與胡適》（瀋陽：遼寧人民出版社，2000）

徐國琦著，馬建標譯，《中國與大戰：尋求新的國家認同與國際化》（上海：上海三聯
　　書店，2008）

徐善廣、柳劍平，《中國無政府主義史》（武漢：湖北人民出版社，1989）

海隅孤客（梁冰弦），《解放別錄》（臺北：文海出版社，1968 年影印本／原載於香港
　　《自由人》半週刊 1952 年 11 月連載 16 篇）

馬大中，《大中華民國史》（北平：中華印書局，1929）

高平叔編，《蔡元培全集》（北京：中華書局，1984）

高平叔編，《蔡元培全集》第 3 卷（北京：中華書局，1984）

高軍、王檜林、楊樹標主編，《五四運動前馬克思主義在中國的介紹與傳播》（長沙：
　　湖南人民出版社，1986）

高軍、王檜林、楊樹標編，《無政府主義在中國》（長沙：湖南人民出版社，1984）

國家圖書館參考組編輯，《五四運動論著目錄初稿》（臺北：國家圖書館，2009）

張九海，《執著的烏托邦追求——劉師復無政府主義研究》（北京：中國社會科學出版社，2011）

張允侯等著，《五四時期的社團》（北京：三聯書店，1979）

張玉法，《清季的革命團體》（臺北：中央研究院近代史研究所，1974）

張玉法編，《中國現代史論集》第六輯五四運動（臺北：聯經出版公司，1980）

張玉法，《辛亥革命史論》（臺北：三民書局，1993）

張朋園，《梁啟超與清季革命》（臺北：中央研究院，1964）

張朋園，《立憲派與辛亥革命》（臺北：中央研究院，1983）

張朋園，《梁啟超民國政治》（臺北：食貨出版社，1987）

張俊才、薛綏之編，《林紓研究資料》（福州：福建人民出版社，1983）

張品興主編，《梁啟超全集》（北京：北京出版社，1999）

張靜廬輯註，《中國近代出版史料》丁編（北京：中華書局，1957）

張靜廬輯註，《中國現代出版史料》甲編（上海：中華書局，1959）

張靜廬輯註，《中國現代出版史料》丁編（北京：中華書局，1959）

張寶明、王中江主編，《回眸《新青年》‧語言文學卷》（鄭州：河南文藝出版社，1998）

張寶明，《現代性的流變：《新青年》個人社會與國家關係聚集》（北京：社會科學文獻出版社，2005）

張寶明，《多維視野下的《新青年》研究》（北京：商務印書館，2007）

張繼，《張溥泉先生回憶錄‧日記》（臺北：文海出版社，1985）

張耀杰，《北大教授與《新青年》——新文化運動路線圖》（北京：中國言實出版社，2007）

張耀杰，《北大教授：政學兩界人和事》（上海：文匯出版社，2008）

張灝著，崔志海、葛夫平譯，《梁啟超與中國思想的過渡 1890-1907》（南京：江蘇人民出版社，2005）

張枬、王忍之編，《辛亥革命前十年時論選集》上下（北京：三聯書店，1978）

「從五四運動到人民共和國成立」課題組，《胡繩論「從五四運動到人民共和國成立」》（北京：社會科學文獻出版社，2001）

曹世鉉，《清末民初無政府派的文化思想》（北京：社會科學文獻出版社，2003）

曹伯言整理，《胡適日記全編》（合肥：安徽教育出版社，2003）

曹伯言整理，《胡適日記全集》（臺北：聯經出版公司，2004）

梁啟超，《中國近三百年學術史（「清代學術概論」）合刊》（臺北：里仁書局，1995）

梁啟超，《梁啟超全集》（北京：北京出版社，1999）

郭正昭、林瑞明，《王光祈的一生與少年中國學會》（臺北：環宇出版社，1974）

郭成棠，《陳獨秀與中國共產主義運動》（臺北：聯經出版公司，1992）

郭廷以編著，《中華民國史事日誌》（臺北：中央研究院近代史研究所，1979 年）

郭廷以，《俄帝侵略中國簡史》（臺北：文海出版社，1983）

郭延禮，《中國近代文學發展》（北京：高等教育出版社，2001）

郭湛波，《近五十年中國思想史》（上海：上海古籍出版社，2005／1935 年初版）

陳三井，《中國躍向國際舞台──從參加歐戰到出席巴黎和會》（臺北：秀威資訊科技
　　公司，2009）

陳子善、張鐵榮編，《周作人集外文》上、下（海口：海南國際新聞出版中心，1995）

陳平原、山口守編，《大眾傳媒與現代文學》（北京：新世界出版社，2003）

陳平原，《觸摸歷史與進入五四》（臺北：二魚文化事業公司，2003）

陳平原，《中國現代小說的起點──清末民初小說研究》（北京：北京大學出版社，
　　2005）

陳東原，《中國婦女生活史》（臺北：上海書店，1990 影印本／初版 1926 年）

陳東曉編，《陳獨秀評論》（上海：上海書店，1989）

陳建華，《「革命」的現代性：中國革命話語考論》（上海：上海古籍出版社，2000）

陳萬雄，《新文化運動前的陳獨秀》（香港：香港中文大學出版社，1979 年）

陳萬雄，《五四新文化的源流》（香港：三聯書店，1992）

陳萬雄，《歷史與文化的穿梭》（北京：中國社會科學出版社，2000）

陳獨秀，《實庵自傳》（臺北：傳記文學出版社，1967）

陳獨秀著，《陳獨秀文章選編》上、中、下（北京：三聯書店，1984）

陶文釗，《中美關係史，1911-1950》（重慶：重慶出版社，1993）

章永樂，《舊邦新造：1911-1917》（北京：北京大學出版社，2011）

章含之、白吉庵編，《章士釗全集》（上海：文匯出版社，2008）

彭明，《五四運動史》（北京：人民出版社，1984）

彭鵬，《研究系與五四時期新文化運動──以 1920 前後為中心》（廣州：中山大學出版
　　社，2003）

曾樂山，《五四時期陳獨秀思想研究》（福州：福建人民出版社，1983）

湯志鈞編，《康有為政論集》（北京：中華書局，1981）

程凱，《革命的張力：「大革命」前後新文學知識分子的歷史處境與思想探求》（北
　　京：北京大學出版社，2014）

舒新城，《中國近代教育史資料》上中下（北京：人民出版社，1985 年第 9 刷／初版
　　1961 年）

舒蕪，《周作人的是非功過（增訂本）》（瀋陽：遼寧教育出版社，2000）

馮自由，《革命逸史》上中下（北京：新星出版社，2009）

馮崇義，《羅素與中國——西方思想在中國的一次經歷》（臺北：稻禾出版社，1996）

黃艾仁，《胡適與中國名人》（南京：江蘇教育出版社，1993）

黃郛，《歐戰之教訓與中國之未來》（臺北：文海出版社，1968 影本／原本 1919 年 3 月第二版）

新潮社編，《蔡孑民先生言行錄》，《民國叢書》第二編 96 集（臺北：文海出版社，1973）

楊幼炯，《近代中國立法史》（臺北：臺灣商務印書館，1966 年）

楊早，《清末民初北京輿論環境與新文化的登場》（北京：北京大學出版社，2008）

楊念群，《「五四」九十周年祭：一個「問題史」的回溯與反思》（北京：世界圖書出版公司北京公司，2009）

楊楊編，《自述與印象》（上海：上海三聯書店，1997）

楊聯芬，《晚清至五四：中國文學現代性的發生》（北京：北京大學出版社，2003）

萬仕國輯校，《劉申叔遺書補遺》（揚州：廣陵書社，2008）

葛懋春、蔣俊、李興芝編，《無政府主義思想資料選》（北京：北京大學出版社，1984）

董麗敏，《想像現代性：革新時期的《小說月報》研究》（桂林：廣西師範大學出版社，2006）

路哲，《中國無政府主義史稿》（福州：福建人民出版社，1990）

趙泓，《中國人的烏托邦之夢：新村主義在中國的傳播及發展》（臺北：獨立作家出版社，2014）

趙家璧主編，《中國新文學大系》10 卷（上海：上海文藝出版社，2003 影印本／據 1935 年上海良友圖書公司版）

趙清、鄭城編，《吳虞集》（成都：四川人民出版社，1985）

趙園，《明清之際士大夫研究》（北京：北京大學出版社，1999）

趙園，《想像與敘述》（北京：人民文學出版社，2009）

劉人鵬，《近代中國女權論述——國族、翻譯與性別政治》（臺北：臺灣學生書局，2000）

劉禾著，宋偉杰等譯，《跨語際實踐：文學，民族文化與被譯介的現代性（中國，1900-1937）》（北京：三聯書店，2002）

劉志琴主編，《近代中國社會文化變遷錄》第一卷（杭州：浙江人民出版社，1998）

劉桂生主編，《時代的錯位與理論的選擇——西方近代思潮與中國「五四」啟蒙思想》（北京：清華大學出版社，1989）

劉納，《從五四走來——劉納學術隨筆自選集》（福州：福建教育出版社，2000）

劉納，《嬗變：辛亥革命時期至五四時期的中國文學》（修訂版）（北京：中國人民大學出版社，2010 年 4 月）

劉望齡，《辛亥革命後帝制復辟和反復辟鬥爭》（北京：人民出版社，1985）

劉紹唐主編，《錢玄同先生與手扎合刊》（臺北：傳記文學出版社，1972）

劉黎紅，《五四文化保守主義思潮研究》（北京：中國社會科學出版社，2006）

廣東省社會科學研究院歷史研究所等編，《孫中山全集》（北京：中華書局，1986）

歐陽哲生、耿雲志編，《胡適書信集》（北京：北京大學出版社，1995）

潘豔慧，《《新青年》翻譯與現代中國知識分子的身分認同》（濟南：齊魯書社，2008）

蔣俊、李興芝編，黎顯衡等編寫，《陳延年》（廣州：廣東人民出版社，1985）

蔣俊、李興芝，《中國近代的無政府主義思潮》（濟南：山東人民出版社，1990）

蔡尚思主編，《中國現代思想史資料簡編》第一卷（杭州：浙江人民出版社，1986 年第 2 刷）

蔡國裕，《一九二〇年代初期中國社會主義論戰》（臺北：臺灣商務印書館，1988）

鄭大華、鄒小站主編，《西方思想在近代中國》（北京：社會科學文獻出版社，2005）

鄭學稼，《陳獨秀傳》（臺北：時報文化出版公司，1989）

鄧中夏，《中國職工運動簡史》（上海：上海書店，1990／據東北書店 1948 年版影印）

魯迅，《魯迅全集》（全 16 卷）（北京：人民文學出版社，1996 年 1 版 4 刷／初版 1981 年）

魯迅博物館藏，《周作人的日記》（鄭州：大象出版社，1996）

盧今，《吶喊論》（西安：陝西人民出版社，1996）

蕭公權等撰，《近代中國思想人物論：社會主義》（臺北：時報文化出版公司，1980）

蕭超然，《北京大學與五四運動》（北京：北京大學出版社，1995.12）

賴光臨，《中國近代報人與報業》（臺北：臺灣商務印書館，1980）

錢玄同，《錢玄同文集》（北京：中國人民大學出版社，1999）

錢理群、溫儒敏、吳福輝著，《中國現代文學三十年》（臺北：五南圖書公司，2002）

錢理群，《周作人研究二十二講》（北京：中華書局，2006）

鮑晶編，《劉半農研究資料》（天津：天津人民出版社，1985）

薛君度著，楊慎之譯，《黃興與中國革命》（香港：三聯書店，1980）

薛綏之、張俊才編，《林紓研究資料》（福州：福建人民出版社，1982）

鍾叔河編，《周作人文類編》（全 10 卷）（長沙：湖南文藝出版社，1998）

鍾叔河編訂，《周作人散文全集》第一卷（桂林：廣西師範大學出版社，2009）

瞿秋白，《餓鄉紀程・赤都心史・多餘的話》（長沙：岳麓書社，2000）

顏浩，《北京的輿論環境與文人團體：1920-1928》（北京：北京大學出版社，2008）

羅志田，《再造文明之夢──胡適傳》（成都：四川人民出版社，1995）

羅志田，《權勢轉移：近代中國的社會、思想與學術》（武漢：湖北人民出版社，1999）

羅志田，《亂世潛流民族主義與民國政治》（上海：上海古籍出版社，2001）

羅志田，《裂變中的傳承：20 世紀的中國文化與學術》（北京：中華書局，2003）

羅志田，《再造文明的嘗試：胡適傳（1891-1929）》（北京：中華書局，2006）

羅志田，《激變時代的文化與政治——從新文化運動到北伐》（北京：北京大學出版社，2006）

羅秀美，《近代白話書寫現象研究》（臺北：萬卷樓圖書公司，2005）

羅崗，《人民至上：從「人民當家作主」到「社會共同富裕」》（上海：上海人民出版社，2012）

羅貴祥，《德勒茲》（臺北：東大圖書公司，1997）

蘇曼殊、陳由己合譯，《慘世界》（上海：東大陸圖書譯印局，1904）

蘇曼殊譯，《悲慘世界》（上海：泰東圖書局，1929 年 5 版／初版 1921 年 10 月）

觀渡廬（伍廷芳），《共和關鍵錄》（臺北：文海出版社，1981）據著易堂書局民國元年本

· 外文原著、譯著：

〔日〕小野川秀美，林明德、黃福慶合譯，《晚清政治思想研究》（臺北：時報文化出版，1985 初版二刷／1982 初版）

〔日〕小野和子，《五四時期家族論的背景》（東京：同朋舍，1992）

〔日〕木山英雄著，趙京華編譯，《文學復古與文學革命——木山英雄中國現代文學思想論集》（北京：北京大學出版社，2004）

〔日〕石川禎浩，袁廣泉譯，《中國共產黨成立史》（北京：中國社會科學出版社，2006）

〔日〕伊藤虎丸，《魯迅、創造社與日本文學》（北京：北京大學出版社，1995）

〔日〕佐藤慎一著，劉岳兵譯，《近代中國的知識分子與文明》（南京：江蘇人民出版社，2006）

〔日〕坂井洋史、嵯峨隆編纂解題，《原典中國アナキズム史料集成》（東京都：綠蔭書房，1994）復刻本

〔日〕島田虔次著，甘萬萍譯，《中國近代思維的挫折》（南京：江蘇人民出版社，2005）

〔日〕溝口雄三，陳光興、孫歌、劉雅芳編，《重新思考中國革命：溝口雄三的思想方法》（臺北：臺灣社會研究雜誌出版：唐山出版社發行，2010）

〔日〕藤田正典等編，《新青年總目錄》、《五四運動文獻目錄》（東京：汲古書院，1977）

〔美〕阿里夫·德里克著（Arif Dirlik），《革命與歷史：中國馬克思主義歷史學的起源，1919-1937》（南京：江蘇人民出版社，2008）

〔美〕阿里夫·德里克著（Arif Dirlik），孫宜學譯，《中國革命中的無政府主義》（桂林：廣西師範大學出版社，2006）

〔美〕史華慈（Benjamin I. Schwartz）著，葉鳳美譯，《尋求富強：嚴復與西方》（南京：江蘇人民出版社，1989）

〔美〕班納迪克·安德森（Benedict Anderson）著，吳叡人譯，《想像的共同體：民族主義的起源與散布》（臺北：時報文化出版公司，2004）

〔美〕格里德（Jerome B. Grieder）（漢名賈祖麟），魯奇譯，《胡適與中國的文藝復興：中國革命中的自由主義 1917-1950》（南京：江蘇人民出版社，2005 年第 3 刷／中譯初版 1993）

〔美〕費正清（John K. Fairbank）主編，張玉法主譯，《劍橋中國史·晚清篇 1800-1911》第十、十一冊（臺北：南天書局，2000／初版 1987）

〔美〕費正清（John K. Fairbank）主編，《劍橋中華民國史》上卷（北京：中國社會科學出版社，1994）

〔美〕柯文（Paul A. Cohen）著，林同奇譯，《在中國發現歷史——中國中心觀在美國的興起》（臺北：稻鄉出版社，1991）

〔美〕魏定熙（Timothy B. Weston）著，金安平、張毅譯，《北京大學與中國政治文化（1898-1920）》（北京：北京大學出版社，1998）

〔美〕舒衡哲（Vera Schwarcz）著，劉京建譯，《中國啟蒙運動：知識分子與「五四」遺產》（北京：新星出版社，2007）

〔英〕克喀伯著，獨立之箇人（馬君武）譯，《俄羅斯大風潮》（上海：廣智書局，1902）

〔德〕哈伯瑪斯（Jürgen Habermas）著，曹衛東、王曉珏、劉北城、宋偉杰譯，《公共領域的結構轉型》（臺北：聯經出版公司，2005 年初版第 3 刷／初版 2002 年）

〔德〕韋伯（Max Weber），康樂等編譯，《支配的類型：韋伯選集》III（臺北：遠流出版事業公司，2001 年 2 刷 3 刷／初版 1989 年）

〔德〕卡爾·施米特（Schmitt, C.），劉宗坤等譯，《政治的概念》（上海：上海人民出版社，2003）

〔德〕考茨基（Kautsky, Karl）著，鄭學稼譯，《論無產階級專政》（臺北：黎明文化事業公司，1980 年四版）

Arif Dirlik, *The Origins of the Chinese Communism*(Oxford: Oxford University Press, 1989)

Erez Manela, *The Wilsonian Moment: Self-Determination and the International Origins of Anticolonial Nationalism* (New York: Oxford University Press, 2007)

Lee Feigon, *Chen Duxiu: founder of the Chinese communist party* (Princeton: Princeton University Press, c1983)

Maurice Meisner, *Li Ta-chao and the Origins of Chinese Maxism* (New York: Atheneum, 1979)

Roxane Witke, *Transformation of attitudes towards women during the May Fourth Era of Modern China* (Berkeley: University of California Press, 1970)

三、單篇論文

丁曉原，〈從新文體到「隨感錄」〉，《中國現代文學研究叢刊》2006 年第 1 期

尤小立，〈五四新文化派的政治轉向及其思想差異──以《每周評論》時期為中心的分析〉，《南京大學學報》2006 年第 6 期

王汎森，〈傅斯年早期的「造社會」論──從兩份未刊殘稿談起〉，《中國文化》14 期，1996 年秋季號

王汎森，〈思潮與社會條件：新文化運動的兩個例子〉，《五四新論：既非文藝復興，亦非啟蒙運動》（臺北：聯經出版公司，1999）

王汎森，〈反西化的西主義與反傳統的傳統主義──劉師培與「社會主義講習會」〉《中國近代思想與學術的系譜》（石家莊：河北教育出版社，2001）

王汎森，〈中國近代思想文化史研究的若干思考〉，《新史學》14 卷 4 期，2003 年 12 月

王紅霞，〈試論陳獨秀和區聲白關于無政府主義的論戰〉，《四川理工學院學報》22 卷第 3 期，2007 年 6 月

王楓，〈五四前後的林紓〉，《中國現代文學研究叢刊》2000 年 1 期

王遠義，〈李大釗到馬克思主義之路〉，《人文及社會科學集刊》13 卷 4 期，2001 年

王遠義，〈儒學與馬克斯主義：析論梁漱溟的歷史觀〉，《臺大文史哲學報》56 期，2002 年

王遠義，〈無政府主義概念史的分析〉，《臺大歷史學報》第 33 期，2004 年 6 月

王曉明，〈一份雜誌和一個「社團」：重評五四文學傳統〉，《批評空間的開創：20 世紀中國文學研究》（上海：東方出版中心，1998）

王樹才、劉敬忠，〈也談《清室優待條件》問題──兼評溥儀充當日本帝國主義傀儡的原因〉，《中國社會科學院研究院學報》2000 年第 2 期

丘為君，〈戰爭與啟蒙：「歐戰」對中國的啟示〉，《國立政治大學歷史學報》第 23 期，2005 年 5 月

丘為君，〈「歐戰」與中國的現代性〉，《思與言》46 卷 1 期，2008 年 4 月

石學勝，〈胡適、陳獨秀有關「新青年」存續問題來往書信〉，《傳記文學》59 卷 6 期，1991 年 12 月

任慧群，〈試析魯迅〈風波〉與《新青年》的「政治」的關係〉，《現代語文》（文學研究版）2010 年第 1 期

匡互生，〈五四運動紀實〉，《新文學史料》第三輯，1979 年

曲廣華，〈五四時期中國無政府主義的思想分流〉，《求是學刊》1998 年第 6 期

余英時，〈文藝復興乎？啟蒙運動乎？——一個史學家對五四運動的反思〉，《五四新論：既非文藝復興，亦非啟蒙運動》（臺北：聯經出版公司，1999）

余英時，〈中國知識分子的邊緣化〉，《二十一世紀》網路版，2003 年六月號

吳文星，〈評介小野著《五四時期家族論の背景》〉，《近代中國婦女史研究》第一期，1993 年 6 月

吳漢全，〈近十年李大釗研究的進展及相關問題的討論〉，《近代史研究》2006 年第 4 期

呂芳上，〈尋求新的革命策略——國民黨在廣州時期的發展（1917-1927）〉，《中央研究院近代史研究集刊》第 22 期，1993 年 6 月

李良玉，〈關于五四時期「問題與主義之爭」的歷史考辨〉，《南京大學學報》1993 年第 1 期

李達嘉，〈胡適在「歧路」上〉，《胡適與近代中國》（臺北：時報文化出版公司，1991）

李輝，〈《新青年》「隨感錄」研究〉，《重慶工學院學報》（社會科學版）21 卷 8 期，2007 年

李橫，〈五四運動與少年中國學會的成立〉，《傳記文學》16 卷 4 期，1978 年

李龍牧，〈五四時期傳播馬克思主義思想的重要刊物——《新青年》〉，《新聞戰線》1、2 期，1958 年

李龍牧，〈一個「五四」時期的政治刊物——《每週評論》〉，《中國現代出版史料》丁編（北京：中華書局，1959）

沈衛威，〈從《新青年》到《新潮》——中國現代文學發生的歷史背景〉，《中國現代文學研究叢刊》1996 年第 3 期

汪暉，〈文化與政治的變奏：戰爭、革命與 1910 年代的「思想戰」〉，《中國社會科學》2009 年第 4 期

周震鱗，〈關於黃興、華興會、和辛亥革命後的孫黃關係〉，《黃興評傳》（臺北：傳記文學出版社，1968）

林志宏，〈情感和社會的互動：清末民初文言與白話地位的轉變〉，《思與言》41 卷 2 期，2003 年 6 月

金耀基，〈中國文化意識之變與反省——從「五四」到「四五」的歷史轉折〉《五四與中國》（臺北：時報文化出版公司，1979）

金觀濤、劉青峰，〈近代中國「權利」觀念的意義演變——從晚清到「新青年」〉，

《中央研究院近代史研究所集刊》32 期，1999 年 12 月

金觀濤、劉青峰，〈「新青年」民主觀念的演變〉，《二十一世紀》56 期，1999 年 12 月

金觀濤、劉青峰，〈五四新青年群體為何放棄「自由主義」？──重大事件與觀念變遷
　　互動之研究〉，《二十一世紀》82 期，2004 年 4 月

胡適，〈紀念「五四」〉，《獨立評論》第 149 號，1935 年 5 月 5 日

胡適，〈陳獨秀與文學革命〉，《胡適學術文集·新文學運動》（北京：中華書局，
　　1998 年第 2 刷／初版 1993 年）

茅盾，〈《新青年》談政治之前後〉，《茅盾散文速寫集》下（北京：人民文學出版
　　社，1980）

韋政通，〈序二〉，《回眸《新青年》·語言文學卷》（鄭州：河南文藝出版社，1998）

唐寶林，〈近年中國陳獨秀研究簡況〉，《二十一世紀》網路版，2005 年 9 月號，總第
　　42 期

馬以鑫，〈「問題與主義」之爭的再評價〉，《華南師範大學學報》1995 年第 4 期

高力克，〈「新青年」與兩種自由主義傳統〉，《二十一世紀》42 期，1997 年 8 月

高力克，〈李大釗與民粹民主主義〉，《二十一世紀》網路版，2002 年 6 月號

張全之，〈從虛無黨小說的譯介與創作看無政府主義對晚清小說的影響〉，《明清小說
　　研究》2005 年第 3 期

張全之，〈從《新世紀》到《新青年》：無政府主義與五四文學革命〉，《中國現代文
　　學研究叢刊》2005 年第 5 期

張全之，〈魯迅與無政府主義關係的研究述評與反思〉，《西南民族大學學報》2006 年
　　第 7 期

張俊才，〈林紓年譜簡編〉，《林紓研究資料》（福州：福建人民出版社，1982）

張奚若，〈社約論考〉，《張奚若文集》（北京：清華大學出版社，1989）

張德旺，〈新發現胡適在五四運動中的一封信簡析〉，《胡適研究》第 3 輯（合肥：安
　　徽教育出版社，2001）

張靜廬，〈關於新青年問題的幾封信〉，《中國現代出版史料》甲編（上海：中華書
　　局，1959）

張寶明，〈現代性空間的開拓：「新青年派」知識群體走向社會主義的心路歷程〉，
　　《近現代史研究》2005 年第 5 期

張寶明，〈闡釋與啟示：20 世紀初年民族主義譜系的嬗變──以《安徽俗話報》與《新
　　青年》為例〉，《鄭州大學學報》39 卷 2 期，2006 年 3 月

張耀傑，〈林紓與「新青年」的文化之爭〉，《傳記文學》卷 86 卷 2 期，2005 年 2 月

張灝，〈中國近代轉型時期的民主觀念〉，《二十一世紀》18 期，1993 年

許紀霖，〈近代中國的公共領域：形態、功能與自我理解──以上海為例〉，《史林》

2003 年第 2 期

連玲玲，〈四十年來家國：評介 Chinese Visions of Family and State, 1915-1953〉，《近代婦女史研究》第 12 期，2004 年 12 月

陳平原，〈《新青年》研究〉上、下，《中國現代文學研究叢刊》2002 年第 2 期、2003 年第 1 期

陳平原，〈一份雜誌：思想史／文學史視野中的《新青年》〉，《觸摸歷史與進入五四》（臺北：二魚文化事業公司，2003）

陳平原，〈「妙手」如何「著文章」──為《新青年》創刊九十周年而作〉，《同舟共進》2005 年第 5 期

陳平原，〈文學史視野中的「報刊研究」──近二十年北大中文系有關「大眾傳媒」的博士及碩士學位論文〉，「文學史視野中的『大眾傳媒』」學術研討會（香港中文大學，2008 年 6 月 13 日）

陳旭麓，〈「五四」前夜的政治思想逆流──民國初年的反動復辟思想〉，《陳旭麓學術文存》（上海：上海人民出版社，1990）

陳萬雄，〈談雨果《悲慘世界》最早的中譯本〉，《歷史與文化的穿梭》（北京：中國社會科學出版社，2000）

章清，〈胡適派學人群與中國現代自由主義的趨向〉，《史林》1998 年第 1 期

章清，〈傳統作為「知識資源」的失落〉，《二十一世紀》56 期，1999 年 12 月

章清，〈1920 年代：思想界的分裂與中國社會的重組──對《新青年》同人「後五四時期」思想分化的追踪〉，《近代史研究》2004 年第 6 期

章開沅，〈「孫黃軸心」的歷史演變〉，《黃興與近代中國學術討論會論文集》（臺北：政治大學歷史研究所，1993）

程農，〈重構空間：1919 前後中國激進思想裏的世界概念〉，《二十一世紀》雙月刊，1997 年 10 月號，總第 43 期

舒蕪，〈「文白之爭」溫故錄〉，《新文學史料》第三輯（北京：人民文學出版社，1979 年）

賀照田，〈後社會主義的歷史與中國當代文學批評觀的變遷〉，《當代中國的知識感覺與觀念感覺》（桂林：廣西師範大學出版社，2006）

黃克武，〈民國初年孔教問題之爭論（1912-1917）〉，民初時期文獻編輯小組編輯，《中華民國建國文獻：民初時期文獻》第二輯，史著二（臺北：國史館，2001）

黃金麟，〈歷史的儀式戲劇──「歐戰」在中國〉，《新史學》7 卷 3 期，1996 年 9 月

黃源盛，〈晚清繼受外國法中「無夫姦」存廢的世紀之爭〉，《東亞傳統家禮、教育與國法（一）家族、家禮與教育》（臺北：國立臺灣大學出版中心，2005）

黃興濤、張丁，〈中國人民大學博物館藏「陳獨秀等致胡適信札」原文整理注釋〉，

《中國人民大學學報》2012 年第 1 期

黃興濤，〈中國人民大學博物館藏「陳獨秀等致胡適信札」釋讀〉，《中國人民大學學報》2012 年第 1 期

楊天石，〈蘇曼殊、陳獨秀譯本《慘世界》與中國早期的社會主義思潮〉，原載《中國社會科學研究院研究生學報》1995 年第 6 期。今轉引自《哲人與文士》（北京：中國人民大學出版社，2007 年）

楊芳燕，〈激進主義、現代情境與中國無政府主義之崛起〉，《臺大歷史學報》第 33 期，2004 年 6 月

楊芳燕，〈道德、正當性與近代國家：五四前後陳獨秀思想轉變及其意涵〉，《自由主義與人文傳統：林毓生先生七秩壽慶論文集》（臺北：允晨文化，2005）

楊貞德，〈到共產主義之──陳獨秀愛國主義中的歷史和個人〉，《中國文哲研究集刊》16 期，2000 年

楊琥，〈《新青年》「通信」欄與五四時期社會、文化的互動〉，《文人論政──知識分子與報刊》（桂林：廣西師範大學出版社，2008）

董秋英、郭漢民，〈1949 年以來的《新青年》研究述評〉，《近代史研究》2001 年第 6 期

董國強，〈論「問題與主義」之爭前後的李大釗思想〉，《二十一世紀》網路版，總第 18 期，2003 年 9 月

劉岳兵，〈中江兆民的中國觀及其他──由《中江兆民：鬼子兵的思想家》一文所想到的〉，徵引自網站：http://www.zdrbs.com/jc/Docs/Detail.aspx?P=514，取得日期 2010 年 1 月 4 日

劉阿榮，〈清末民初社會主義傳入中國的流派與發展〉，《中華民國建國文獻：民初時期文獻》第二輯，史著二（臺北：國史館，2001）

歐陽哲生，〈新發現一組關于《新青年》的同人來往書信〉，《北京大學學報》46 卷 4 期，2009 年 7 月

歐陽哲生，〈《新青年》編輯演變之歷史考辨──以 1920-1921 年同人書信為中心的探討〉，《歷史研究》2009 年第 3 期

潘光哲，〈「華盛頓神話」在晚清中國的創造與傳衍〉，《西方思想在近代中國》（北京：社會科學文獻出版社，2005）

潘光哲，〈胡適與《努力週報》的創辦〉，《文人論政：知識分子與報刊》（桂林：廣西師範大學出版社，2008）

潘光哲，〈追索晚清閱讀史的一些想法──「知識倉庫」、「思想資源」與「概念變遷」〉，《新史學》16 卷 3 期，2005 年 9 月

蔣俊，〈辛亥革命有關無政府主義的書刊資料述評〉，《中國哲學》第 13 輯（北京：人民出版社，1985）

蔣俊，〈外國無政府主義論著漢譯目錄〉，《中國哲學論叢》（濟南：山東大學出版社，1986 年）

蔣俊，〈民國初年的無政府主義思潮〉，《中國哲學論叢》（濟南：山東大學出版社，1986）

蔡樂蘇主編，《中國思想史參考資料集・晚清至民國卷》下編（北京：清華大學出版社，2005）

鍾揚，〈從《慘世界》到《黑天國》──論陳獨秀的小說創作〉，《安慶師院社會科學學報》1996 年第四期

鍾揚，〈陳獨秀與桐城謬種〉，《古今藝文》29 卷 2 期，2003 年

羅志田，〈林紓的認同危機與民初的新舊之爭〉，《歷史研究》1995 年第 5 期

羅志田，〈走向「政治解決」的「中國文藝復興」──五四前後思想文化運動與政治運動的關係〉，《近代史研究》1996 年第 4 期

羅志田，〈西方的分裂：國際風雲與五四前後中國思想的分裂〉，《中國社會科學》1999 年第 3 期

羅家倫，〈對五四運動的一些感想〉，《逝者如斯集》（臺北：傳記文學出版社，1967）

羅家倫口述、馬星野記錄，〈蔡元培時代的北京大學與五四運動〉，《傳記文學》54 卷第 5 期，1978 年 5 月（該文口述於 1931 年）

羅崗，〈一九一六：「民國」危機與五四新文化的展開〉，《書城》2009 年第 5 期

羅崗，〈五四：不斷重臨的起點──重讀李澤厚《啟蒙與救亡的雙重變奏》〉，《杭州師範大學學報》2009 年第 1 期

嚴家炎，〈評五四、文革與傳統文化的論爭〉，《二十一世紀》雙月刊，總第 42 期，1997 年 8 月號

顧維鈞，〈巴黎和會的回憶〉，《傳記文學》7 卷 6 期，1965 年

〔日〕小野和子，〈吳虞與刑法典論爭〉，《中國文化》第 11 期，1995 年

〔日〕石川禎浩，〈李大釗早期思想中的日本因素──以茅原華山為例〉，《一九一〇年代的中國》（北京：社會科學文獻出版社，2007）

〔日〕竹內善朔，〈本世紀初日中兩國革命運動的交流〉，譯自《國外中國近代史研究》第 2 輯（北京：中國社會科學出版社，1981）

〔日〕坂井洋史，〈二十年代中國安那其主義運動與巴金〉（節選），《巴金評說七十年》（北京：中國華僑出版社，2006）

〔日〕嵯峨隆，《中國黑色革命論：師復とその思想》（東京：社會評論社，2001）

〔日〕溝口雄三，〈俯瞰中國近代的新視角〉，《清史研究》，2001 年 2 月第 1 期

〔法〕Louis Althusser，杜章智譯，〈意識形態和意識形態的國家機器〉，《列寧和哲學》（臺北：遠流出版事業公司，1990）

〔美〕漢娜・阿倫特（Arendt, H.）著、陳周旺譯，《論革命》（南京：譯林出版社，2011）

〔美〕奧爾格・朗，〈巴金和他的著作（節選）〉，《巴金評說七十年》（北京：中國華僑出版社，2006）

〔美〕賈祖麟（Jerome B.Grieder）著，楊肅獻譯，〈五四時代的「政治」問題〉，《五四與中國》（臺北：時報文化出版公司，1979）

〔英〕Chantal Mouffe 著，張榮哲譯，〈葛蘭西的霸權和意識形態論〉，《島嶼邊緣》1卷1期，1991

四、學位論文

王志宇，《歐事研究會初探（1914-1916）》，1991年東海大學碩士論文

李惠惠，《《新潮》雜誌與五四新文化運動》1985年臺灣師範大學歷史研究所碩士論文

李景雯，《章士釗政治思想中的「民權」》，2005年政治大學歷史研究所碩士論文

李憲瑜，《《新青年》雜誌研究》，1999年北京大學中文系博士論文

袁一丹，《新文化運動發生考論》，2008年北大中文系碩士論文

張全之，《無政府主義與中國近現代文學》，2004年南京大學博士論文

張豔，《五四運動闡釋史研究（1919-1949）》，2008年浙江大學博士論文

陳志紅，《五四時期的抉擇——陳獨秀如何轉向了馬克思主義》，1999年北大哲學系碩士論文

彭明偉，《五四時期周氏兄弟的翻譯文學之研究》，2007年清華大學中文研究所博士論文

黃碧雲，《清末民初知識分子的「社會」觀念》，1996年清華大學歷史研究所碩士論文

楊早，《清末民初北京的輿論環境與新文化的登場》，2005年北京大學博士論文

楊琥，《民初進步報刊與五四新思潮：對〈甲寅〉、〈新青年〉等的考察》，2000年北京大學博士論文

劉貴福，《錢玄同思想研究》，2000年中國社會科學院研究生院博士論文

衛純，《「文學革命」的另一面——民初言論視野中的「政治」與「文學」》，2008年北京大學碩士論文

鄧金明，《從《新青年》到「新青年」——五四青年對《新青年》雜誌的閱讀研究》，2005年首都師範大學博士論文

國家圖書館出版品預行編目資料

探索現代中國的政治轉型：
《新青年》與民初政治、社會思潮
周麗卿著.－初版.－臺北市：臺灣學生，2016.09
面；公分

ISBN 978-957-15-1707-0 (平裝)

1. 中國大陸研究　2. 政治轉型

574.1　　　　　　　　　　　　　　　105012539

探索現代中國的政治轉型：
《新青年》與民初政治、社會思潮

著　作　者：周　　　　　麗　　　　　卿
出　版　者：臺 灣 學 生 書 局 有 限 公 司
發　行　人：楊　　　　　雲　　　　　龍
發　行　所：臺 灣 學 生 書 局 有 限 公 司
　　　　　　臺北市和平東路一段七十五巷十一號
　　　　　　郵 政 劃 撥 帳 號 ： 0 0 0 2 4 6 6 8
　　　　　　電　話　：（0 2）2 3 9 2 8 1 8 5
　　　　　　傳　眞　：（0 2）2 3 9 2 8 1 0 5
　　　　　　E-mail：student.book@msa.hinet.net
　　　　　　http://www.studentbook.com.tw
本 書 局 登
記 證 字 號：行政院新聞局局版北市業字第玖捌壹號
印　刷　所：長 欣 印 刷 企 業 社
　　　　　　新北市中和區中正路九八八巷十七號
　　　　　　電　話　：（0 2）2 2 2 6 8 8 5 3

定價：新臺幣五六〇元

二 〇 一 六 年 九 月 初 版